献给恩师李洁教授!

过失共同正犯研究

谭堃 ◎ 著

A Study of Negligent
Co-Perpetration in Criminal Law

序 一

谭堃的《过失共同正犯研究》是在其博士学位论文的基础上修改而成的。2014年春,我应邀到吉林大学法学院做讲座,机缘之下与谭堃相识。彼时他刚完成博士学位论文的写作,曾经与我详细地谈了他的写作思路,并赠予我博士学位论文的打印稿,让我先睹为快,当时读完后印象就颇为深刻。现在的这个版本,是近十年来他在过失犯领域持续发力与不断积累之后做大幅修改与增补的结果,研究成果以更为完善的面目呈现在读者的面前。

过失共同正犯处于过失犯罪与共同犯罪的交叉领域,是一个颇具理论难度的研究主题。一则,我国刑法理论上有关过失犯的研究整体上偏落后,至今尚未摆脱故意犯模式的窠臼。晚近以来,尽管这样的状况有所改观,但由于我国相关主流理论深受日本刑法理论的影响,仍不免拘泥于旧过失论、新过失论与新新过失论之间的争论,所以过失犯理论并未在整体上完成体系性的转型。二则,共同犯罪作为总则中的"绝望之章",本身就极为复杂。鉴于共同犯罪的理论是针对故意犯而构建的,对相应的理论构建究竟能否适用于以及如何适用于过失共同正犯,都有必要进行审慎甄别并做出有针对性的调整。过失共同正犯是过失犯罪与共同犯罪的重叠,要想在理论上做体系性的推进与构建,难度可想而知。

我国刑法学界对过失共同正犯的研究基本上还处于理论发展的初步阶段,对是否应当在规范层面承认过失共同犯罪的存在、是采用过失共同犯罪还是过失共同正犯的概念、共犯与正犯之间如何界分、过失型共犯是否有处罚的必要、过失共同正犯归责理论及其成立要件如何构建等方面,都存在较大的争议而未有定论。这意味着,要想对过失共同正犯展开相应的研究,由于现有理论并未做好框架方面的奠基工作,应当将过失共同犯罪理论向什么方向推进就成为首先需要思考与解决的问题。在我看来,这本书最值得称道的地方便是,厘清了过失共同正犯理论的应然发展方向,并展开教义学层面的理论构建,为推进我国过失共同正犯的理论构建奠定了良好的基础。

首先,这本书以故意犯与过失犯不法构造的不同为前提,明确过失共同正犯应根据过失犯独特的不法构造来展开构建。在很长一段时期里,过失犯理论都深受传统故意犯理论模式的影响,不仅对二者共用相同的犯罪构造,而且认为过失犯的不法与故意犯的不法并无区别。时至今日,我国主流理论仍未接受这样的立场,尽管局部的理论发展已体现与传统理论相异的立场。与此同时,共同犯罪理论也根据故意犯的特点进行归责构建。因而,这本书能打破故意犯模式的束缚可谓难能可贵。在推进过失共同正犯的理论构建时,作者清醒地意识到故意犯与过失犯的不法构造殊异这一重要前提,并据此对以意思联络说为基础的过失共同正犯理论的构建思路提出批评,转而将关注重心放在行为之上,以机能的行为支配说为基础来展开构想。这样的探索反映了作者敏锐的方向感,为我国过失共同正犯的发展路径指明了可行的方向。

其次,这本书明确应当以新过失论而非旧过失论为基础来展开构建。旧过失论以及修正的旧过失论体现的是结果无价值的立场,将不法的关注重心放在结果而非行为之上,认为过失犯与故意犯只是在主观方面有所不同,从而以预见可能性为中心对过失犯理论进行构建。因而,在旧过失论的语境中,难以对过失共同正犯的研究做实质性的法教义学推进。只有在新过失论的基础上,以行为无价值作为不法论的基本立场,承认过失犯具有独特的行为构造,对过失共同正犯作不同于故意共同正犯的理论构建才具有现实的可行性。就此而言,这本书明确主张新过失论的立场,为合理展开对过失共同正犯的理论构建打下坚实的基础。

最后,这本书明确需要结合客观归责学说来展开对过失共同正犯的理论构建。客观归责学说的兴起,有力地促成构成要件论的全新发展,对客观构造按"制造风险—实现风险"的框架来理解,同时也使得对过失犯理论进行体系性重构成为可能。鉴于共同犯罪理论本质上属于归责理论,对过失共同正犯理论进行探索时,从客观归责学说中汲取相应的灵感,是富于建设性的思路。这本书由共同义务的共同违反的设定出发,结合客观归责学说的三大基本准则,尝试展开过失共同正犯的归责理论,这样的尝试具有重要的意义。

除前述突出的优点外,这本书值得肯定之处颇多,包括文献综述做得非常扎实,对现有学说与进路归纳梳理得很清晰,所做的提炼分析也很到位;还有,文字功底好,表述简洁准确,可读性较强。

与此同时,这本书的写作也存在一些不足之处:其一,在与客观归责理论的结合如何做相应的推进、对将该理论运用于过失共同犯罪的情形时是否须作相应调整以及具体如何调整等方面,均未能做进一步的法教义学建构。其二,意思联络与因果支配等因素在正犯性、共同性与因果性等部分的论述中反复用到,不免给人重复之感。其三,第六章有关因果性的论述应该涉及过失共同正犯结果归责的问题,但现有的内容在安排上可能存在一些偏差。在共同犯罪中,一旦认为对他人的行为需要负责,相应的结果自然也在负责的范围之内,不需要再单独讨论共犯人的具体行为对结果的因果力贡献。与之相应,该章有关结果归责的论述重心有必要放在以下两个方面:一是什么样的结果有可能超出共同过失人的负责范围;二是特定行为人实施超出共同义务范围的行为,导致其他行为人无须对超出的结果负责。但是,该章并未讨论这样的问题,而是按单独正犯的设定来展开论述,导致该章的内容似有偏题之嫌。尤其是,还花了大量的篇幅来讨论教唆帮助自杀的行为,而该章明明要讨论过失共同正犯的结果归责问题。其四,第七章的内容较为庞杂,看不出各节之间在逻辑上是什么关系;同时,对如何将这本书前几章构建的相应理论运用于各相关领域的具体探讨,也未见明显的体现,导致该部分与前述章节之间缺乏呼应。就结果加重犯部分而言,对它是否属于这本书所讨论的过失共同正犯的范畴,与这本书的理论构建是否以及如何适用也都需要做必要的交代;即便讨论的话,也应紧扣这本书过失共同正犯的主线来有针对性地展开探讨,但现有内容只是在一般意义上探讨结果加重犯的问题。

此外,这本书所主张的观点,可能也存在未充分顾及内在逻辑性的问题。比如,强调因果性在结果归责中的重要性是否与违反共同行为规范与相互监视的义务之间存在内在的逻辑矛盾?再如,按这本书的理论立场推理,狭义的过失竞合与过失共同正犯之间应以相互监视义务的存在与否为标准来区分较为合理,这应该是需要论述的重点,但现有相关章节并未对此做必要的论述,反而花大量篇幅讨论过失竞合的限定问题。由于过失竞合无法适用共同犯罪的归责原理,仍需单独讨论各行为人与结果之间的归责关联,这使得过失竞合中的结果归责与单独过失犯的结果归责应无本质性的差异。现有论述主要讨论过失竞合的限定问题,却放在过失共同正犯适用的标题下来进行,多少存在不相适配的问题。

  尽管如此,无论是立足于博士学位论文的标准还是专著的标准,这本书都不失为一本学术佳作,对于提升我国过失共同正犯的研究水准具有积极而重要的价值。相信这本书出版以后,会在刑法学界产生持久的学术影响力。

劳东燕

2024 年 6 月 18 日

序 二

在西北政法大学刑法学科获得硕士学位授予权四十周年之际,很欣喜地看到谭堃的个人专著《过失共同正犯研究》出版。这既标示着西北政法大学刑法学科薪火相承、后继有人,也为中国刑法学的发展添砖加瓦、增光添彩。

西北政法大学刑法学科的创始人是周柏森教授。周老师是新中国第一批刑法学者,是第一部《刑法学》全国统编教材的作者之一,和高铭暄老师、马克昌老师同为中国人民大学第一届刑法学研究生。1953年研究生毕业后,周老师被分配到北京大学法律学系。1952年院系调整时,北京大学法学院整体被并入北京政法学院,在董必武董老的关怀下,北京大学准备重建法律学系,但由于各种原因,1953年未能招生,1954年才重新复建。这样,周老师在毕业后的第一年因没有教学任务,就被借调到西北大学讲授刑法学,本来第二年是要返回北京大学的,但周老师后来爱上了这片土地,就一直在古都西安待了下来。1958年,西北大学法律系整体被并入西北政法学院,周老师成为西北政法学院刑法学科的创始人。1979年,西北政法学院和北京政法学院、华东政法学院同时恢复重建。西北政法学院刑法学科在1980年开始招收硕士研究生,在1984年取得了硕士学位授予权。四十年来,周柏森教授、解士彬教授、张瑞幸教授、陈明华教授、贾宇教授、宣炳昭教授等一代代的刑法学人在这里弦歌不辍,治学则钩深致远,教学则曲尽精微,研讨问题时抽丝剥茧,指导学生时循循善诱,为刑法理论的发展、刑法人才的培养作出了无愧于时代的贡献。

共同犯罪是刑法学中最困难、最复杂的课题,过失共同正犯问题更是长期困扰着我国刑法的理论与实践。囿于我国《刑法》第25条第2款的规定,我国刑法理论对该问题的研究一直较为薄弱。在我国刑法学体系中,过失共同正犯一般置于共同犯罪之下的"不构成共同犯罪的情形",将过失共同正犯视为理论体系中的边缘性问题。这种情形和过失共同正犯的地位并不匹配。学术界对过失共同正犯的研究成果较少,个人专著更是寥寥,以我所见,除了谭堃的这本书,只有浙江大学李世阳的《共同过失犯罪研究》、西北政法大学王东明教授的《共同过失犯罪理论争鸣与探索》。三位年轻学者的著作基本成书于同一时期,代表了我国刑法理论中过失共同犯罪研究的现状与所达到的水平。值得一提的是,谭堃的这本著作是在其2014年通过答辩的博士学位论文的基础上修改而成的,与李世阳的著作均为同一年通过博士学位论文答辩的成果。

在我看来,谭堃的研究有以下几方面的创新点:

第一,资料新。这本书对德日刑法理论中最新、最前沿的文献进行了系统的梳理,引介了大量的外文一手资料,使我们能够看到德日刑法中过失共同正犯研究的全貌。

第二,方法新。传统见解认为,共同正犯的成立以数行为人主观上形成对结果的意思联络为前提,由于意思联络在过失犯的场合难以产生,故过失共同正犯的成立也就无从谈起。对于这一问题,作者在论证路径上一改常态,基于故意犯与过失犯构造上的区别,主张分别探讨故意共同正犯与过失共同正犯的共性问题,认为行为人客观行为的相互补充、相互促进是共同正犯的本质,过失共同正犯的成立不以意思联络为必要条件。这就破除了传统理论始终受制于过失共同正犯不存在意思联络的桎梏,从而突破了过失共同正犯理论的瓶颈。

第三,观点新。作者以言语行为理论对我国《刑法》第25条第2款的规范构造进行分析,认为过失共同正犯行为本身是被《刑法》禁止的,所以,面对过失共同正犯的事例,需要先判断数人的行为是否构成过失共同正犯。在判定成立过失共同正犯、需要将结果归责于数行为人的情况下,应当依照各行为人的行为分别定罪量刑。这就为过失共同正犯理论在解释论上的展开奠定了基础,从而改变了我国刑法理论通说受制于《刑法》第25条第2款,仅在立法论上进行过失共同正犯理论构建的传统样貌。

第四,能够理论联系实际。这本书研究的内容具有一定的理论难度,但是作者并未停留于高深理论的建构,而是试图将所建构的理论运用于司法实践,解决具体的问题,具有较好的问题意识和实践意识。

相信谭堃的这本著作能够得到刑法理论界、实务界的认可和重视。

谭堃在吉林大学读硕士、博士期间的导师都是李洁教授。李洁教授和我都是属羊的,她刚好比我大一轮,多年来一直像个大姐姐一样关心我、支持我。有一年中南财经政法大学召开学术会议,几个人和李洁教授在一起,有人说李老师现在就德高望重,再过上若干年,我们该怎么称呼李老师呢?总不能叫"老爷子"吧。我说,那时可以叫"李太君",杨家将里有佘太君,《红楼梦》里有史太君,刑法学界将来就有"李太君"或"李老太君",大家都抚掌同意。近几年李老师身体有恙,谭堃的这本书也凝结着她的心血,这本书的出版是对李老师最大的安慰。

谭堃生在浙江、学在长春、工作在西安,烟雨江南的灵秀、清新,白山黑水的直爽、热忱,八百里秦川的朴厚、诚笃,共同塑造着谭堃的性格和治学路径。相信在以后的学术生涯中他会继续努力,挥洒激情,传承薪火。

王政勋
2024 年 5 月 16 日

目　录

导　论 ………………………………………………… 001
　一、选题的背景和意义 ……………………………… 001
　二、研究现状 ………………………………………… 007
　三、本书的框架 ……………………………………… 011
　四、研究方法 ………………………………………… 012

第一章　我国《刑法》视域下过失共同正犯的问题性 ……… 015
　第一节　我国《刑法》共同犯罪的规定与过失共同正犯 …… 015
　　一、我国《刑法》共同犯罪规定的基本特点 ……………… 015
　　二、基于立法规范的我国过失共同正犯论的基本立场 …… 021
　第二节　我国过失共同正犯否定说面临的困境 …………… 025
　　一、处理案件缺乏合理依据 …………………………… 025
　　二、司法解释与立法相抵触 …………………………… 029
　　三、难以贯彻同等对待原则 …………………………… 031
　　四、理论研究与司法实践相脱节 ……………………… 033
　第三节　小结——徘徊于规范与事实之间的过失共同正犯问题 …… 034

第二章　过失共同正犯的理论纷争及其启示 ………… 037
　第一节　过失共同正犯否定说 ……………………………… 037
　　一、基于犯罪共同说的否定说 ………………………… 037
　　二、基于共同意思主体说之否定说 …………………… 039
　　三、基于统一的正犯概念的否定说 …………………… 042
　　四、过失同时犯解消说的兴起 ………………………… 046
　第二节　过失共同正犯肯定说 ……………………………… 054
　　一、基于行为共同说的肯定说 ………………………… 054

二、基于意思联络的肯定说 ································ 056
　　三、共同义务共同违反说 ·································· 059
　　四、基于因果共犯论的肯定说 ····························· 066
　　五、规范共同说的基本路径 ································ 070
　第三节　过失共同正犯理论纷争的启示 ······················· 075
　　一、过失犯的正犯概念与过失共同正犯 ··················· 075
　　二、意思联络与过失共同正犯 ····························· 076
　　三、过失犯的构造与过失共同正犯 ························ 077

第三章　过失理论与过失共同正犯的构造 ··················· 079
　第一节　旧过失论下过失共同正犯独立构造之不能 ········· 079
　　一、旧过失论下过失共同正犯的构造难题 ················ 079
　　二、修正的旧过失论下过失共同正犯的构造 ············· 081
　第二节　新过失论下过失共同正犯的独立构造 ·············· 083
　　一、新过失论的产生及其基本内容 ························ 083
　　二、新过失论的妥当性及其对过失共同正犯独立构造
　　　　的创建 ·· 087
　　三、新过失论的问题性及其对过失共同正犯构造的
　　　　影响 ·· 090
　第三节　客观归责理论下过失共同正犯构造的演进 ········ 094
　　一、客观归责理论的基本内容 ······························· 094
　　二、客观归责理论的妥当性 ································· 096
　　三、客观归责理论之于过失共同正犯构造的意义 ········ 107
　第四节　小结——过失共同正犯构造的基本样貌 ············ 108

第四章　过失共同正犯构造要素之正犯性 ··················· 110
　第一节　过失共同正犯的正犯性问题之所在 ················· 110
　　一、扩张的正犯概念·统一的正犯概念与过失共同
　　　　正犯的必要性问题 ·· 111
　　二、限制的正犯概念下过失共同正犯之正犯性的问题 ···· 113
　第二节　过失犯正犯概念问题的产生经过 ··················· 114
　　一、条件说的限定与故意正犯背后的过失参与 ··········· 114

二、Welzel 的二元正犯概念及其难题 …………………… 120
　第三节　过失犯正犯概念的现代展开 ……………………………… 125
　　一、客观归责论下过失犯统一的正犯概念的问题性 ……… 125
　　二、过失犯限制的正犯概念的产生 ………………………… 129
　第四节　限制的正犯概念下过失共同正犯的正犯性 ……………… 133
　　一、言语行为论与刑法法规的规范构造 …………………… 133
　　二、规范论与过失正犯和共犯的区分 ……………………… 141
　　三、过失共同正犯之正犯性的具体判断 …………………… 146
　　四、过失共犯的不可罚性 …………………………………… 149
　第五节　小结——肯定过失共同正犯的必要性 …………………… 150

第五章　过失共同正犯构造要素之共同性 ……………………… 152
　第一节　基于意思联络的共同性的起源及其问题 ………………… 152
　　一、费尔巴哈的相互教唆说及其问题 ……………………… 152
　　二、全体意思论与特殊危险的概念 ………………………… 155
　　三、共同性问题的本质 ……………………………………… 156
　第二节　基于意思联络的共同性的学说及其批判 ………………… 158
　　一、基于共同意思主体说的共同性 ………………………… 158
　　二、基于因果共犯论的共同性 ……………………………… 159
　　三、基于机能的行为支配说的共同性 ……………………… 163
　第三节　机能的行为支配说下过失共同正犯的共同性 …………… 171
　　一、机能的行为支配说立场的肯定说 ……………………… 171
　　二、过失犯一般主观违法性要素之否定 …………………… 173
　　三、基于机能的行为支配说的共同性之重构 ……………… 177
　第四节　小结——过失共同正犯意思联络之否定 ………………… 180

第六章　过失共同正犯构造要素之因果性 ……………………… 182
　第一节　过失共同正犯中共同制造法所不允许的危险 …………… 182
　　一、制造法所不允许的危险的判断资料 …………………… 183
　　二、共同制造法所不允许的危险的判断标准 ……………… 185
　　三、共同制造法所不允许的危险的具体判断 ……………… 195
　　四、没有制造法所不允许的危险 …………………………… 196

第二节　过失共同正犯中实现法所不允许的危险 …………… 200
　一、未实现危险 …………………………………………… 201
　二、未实现法所不允许的危险 …………………………… 203
　三、结果不在注意规范的保护范围之内 ………………… 203
　四、合法则的替代行为与危险增高理论 ………………… 204
　五、答责领域论与过失共同正犯的结果归责 …………… 206
第三节　构成要件的保护范围 …………………………………… 209
　一、参与他人故意的自我损害行为的归责界限 ………… 209
　二、教唆、帮助自杀行为的可罚性根据的具体展开 …… 212
　三、同意他人造成危险 …………………………………… 221
　四、第三人的责任范围 …………………………………… 222

第七章　我国刑法中的过失共同正犯及其适用 …………… 224

第一节　我国过失共同正犯的规范前提 ………………………… 224
　一、《刑法》第 25 条第 2 款的规范构造 ………………… 224
　二、行为规范的内容与《刑法》第 25 条第 2 款的机能 …… 227
　三、小结——解释论上的过失共同正犯肯定说及其
　　　使命 ……………………………………………………… 228
第二节　过失共同正犯与过失竞合 ……………………………… 229
　一、过失竞合及其问题之所在 …………………………… 229
　二、过失竞合中结果归责的主体特定 …………………… 234
　三、过失竞合中结果归责的限定标准 …………………… 240
第三节　结果加重犯的共同正犯 ………………………………… 246
　一、结果加重犯的共同正犯的教义学功能 ……………… 247
　二、结果加重犯的共同正犯的构造特征 ………………… 251
　三、结果加重犯的共同正犯的结果归责 ………………… 258
第四节　交通肇事罪的共同正犯 ………………………………… 266
　一、交通肇事罪共犯的理论争议 ………………………… 266
　二、交通肇事逃逸的规范保护目的与交通肇事罪的过失
　　　共同正犯 ………………………………………………… 268
　三、交通肇事罪共同正犯的成立范围 …………………… 270
第五节　我国司法实践中具体案例的认定 ……………………… 274

一、误射行人案 …………………………………………… 274
　　二、央视大火案 …………………………………………… 274
　　三、上海静安特大火灾事故案 …………………………… 276

结　　论 …………………………………………………… 281

参考文献 …………………………………………………… 283

博士学位论文后记 ………………………………………… 303

出版后记 …………………………………………………… 307

导 论

一、选题的背景和意义

二十世纪中后期以来,随着新技术的广泛运用,由其所衍生出的各类技术风险遍布社会各个领域。"风险被认为是一个未来的不确定的、充满危险的可能。"[①]为了应对这种不确定风险的威胁,社会各领域都在尝试自我反思与建构。刑法作为法律体系的最后一道"防线",也被社会寄予厚望,期盼其在社会治理中发挥应有的功用。这主要体现为刑法的保护机能被不断强化,刑事立法与司法都处于急剧扩张当中。具体到过失犯,刑法正在通过过失共同正犯以及狭义的过失竞合等的适用实现自身的扩张。这是因为,分工高度细化的社会状况使得完成任何一项工作都需要"复数人"、需要多环节之间的通力合作,任何一个参与人的行为、任何一个作业环节都存在未知风险,而这些风险最终也都有可能转化为刑法所禁止的法益侵害结果。可是现实中,当复数过失行为导致一个构成要件结果产生时,却往往难以判断行为与结果之间的因果关系。不过,刑法为了实现风险防控的目的,仍然可以通过过失共同正犯的成立,将所产生的构成要件结果归责于复数行为人,以期让所有人形成风险防范意识。

刑法理论中过失共同正犯理论的价值即在于此。在复数过失行为与构成要件结果之间的因果关系难以判明的情况下,通过承认过失共同正犯的成立,可以免去单独判断每一个过失行为与构成要件结果之间的因果性,实现构成要件结果在复数过失行为人之间的归责。此种判断上的便利被各国司法实践敏锐地察觉,过失共同正犯的适用范围也在回应实践需求的过程中被不断地扩大。在我国,司法实践中存在以"一部行为全部责任"的原理来处理共同过失行为导致结果发生的案例。例如,1993年5月2日,雷某、孔某相约至某旅游区招待所阳台,使用JW-20型半自

[①] 周桂田:《风险社会典范转移:打造为公众负责的治理模式》,远流出版事业股份有限公司2014年版,第33页。

动运动步枪,选中离阳台8.5米左右处的一个树干上的废瓷瓶为目标比赛枪法。两人轮流各射击子弹3发,均未打中瓷瓶。其中一发子弹穿过树林和花溪河上空,飞向距离该招待所阳台约133米远的人行道上的某电线杆附近,恰逢行人龙某途经该处,龙某右肩中弹,倒地身亡(以下简称"误射行人案")。[①] 在德国,著名的"皮革喷雾剂案"引发了德国刑法理论界与实务界探讨过失共同正犯成立与否的热潮。该案中某公司制造了一款喷雾式皮鞋亮光剂,使用该产品的多数消费者确有呼吸困难等身体伤害结果。德国联邦法院就该制造公司的董事会成员没有作出召回产品决定的行为,以过失伤害罪以及危险伤害罪判处罪刑。[②] 而在日本,经过"甲醇事件"的最高法院判决肯定过失共同正犯之后,类似的判例不断出现,并引发理论上关于过失共同正犯理论的持续讨论。该案中,两名被告人共同经营一家饮食店,被告人A负责采购,被告人B负责销售威士忌,二人因不注意而未检查威士忌中是否含有甲醇,在贩卖的意思联络之下将该酒贩卖给多数消费者,客人饮后死亡。[③] 如此等等,各国司法实践中广泛存在的过失共同正犯的事例,推动着刑法理论对过失共同正犯问题的研究,尽管成果丰硕,却也存在许多悬而未决的问题。

本书是在博士学位论文的基础之上修改而成的,在这里不得不重新审视过失共同正犯这一选题的意义。对研究的主题是否有成为真正意义上的刑法论题的资质是需要进行认真审视的。"所谓刑法论题的资质,就是一个问题之所以能够作为刑法论证题的资格或性质。"[④]刑法论题的资质包括对立性、明确性以及具有相当的现实基础。[⑤] 刑法论题的对立性是指其应当是"一个与其他命题或结论对立的问题"[⑥]。而且,这种对立性应当是"真"对立,也即该论题是一个真正存在的问题,而不是通过现有的方法就可以轻易解决的虚幻的问题。"问题的标志是一个对本学科前沿

[①] 参见最高人民法院中国应用法学研究所编:《人民法院案例选·刑事卷(1992年—1996年合订本)》,人民法院出版社1997年版,第46—51页。
[②] 参见[德]克劳斯·罗克辛:《德国最高法院判例·刑法总论》,何庆仁、蔡桂生译,中国人民大学出版社2012年版,第249页。
[③] 案例来源参见[日]山口厚、佐伯仁志、桥爪隆:《判例刑法总论》(第7版),有斐阁2018年版,第416页。
[④] 陈航:《刑法论证及其存在的问题》,载《环球法律评论》2008年第2期。
[⑤] 参见陈航:《刑法论证及其存在的问题》,载《环球法律评论》2008年第2期。
[⑥] 陈航:《刑法论证及其存在的问题》,载《环球法律评论》2008年第2期。

理论都了解的人,用现有的方法解决不了,就有可能产生问题。"①本研究的选题是"过失共同正犯研究",整个研究的核心是论述过失共同正犯的成立。若以过失共同正犯为研究主题,则至少在以下几个问题上存在着理论上的"真对立",即过失共同正犯成立的必要性、可能性,如何成立过失共同正犯以及成立过失共同正犯的界限。

第一,肯定过失共同正犯的必要性。关于是否有承认过失共同正犯的必要,理论上争议颇多。例如,日本学者大谷实教授认为,"就共同行为所发生的过失犯来看,虽然可以肯定共同行为人中有一方具有过失,但结果和各个过失行为之间的因果关系不能特定,或者即便能够特定而作为单独的过失犯来把握的话,只能是轻微的过失,不能满足人们的处罚感情。另外,对于高度危险的共同行为,在作为单独犯的场合,即便是轻微的过失,也可能导致重大犯罪结果的发生,因此,将其作为共同行为人全体的过失来把握,不仅处罚得当,而且从预防犯罪的角度来看,也有必要"②。也即,在被作为过失共同正犯的问题加以研究的事例中,往往难以确定各行为人的行为与结果之间的因果关系。而所谓的同时犯,"是指二人以上的行为人没有意思联络,同时对同一客体实行同一的犯罪"③。一般认为,"由于同时犯在其性质上不外乎是单独正犯的并列,各行为人都只就自己的行为所产生的犯罪结果承担作为正犯者的责任。即使发生了犯罪结果,在不清楚它是由谁的行为引起的时候,与共同正犯不同,对所有行为人都只能追究未遂的责任"④。而就传统刑法理论而言,过失犯一般被认为是结果犯,因此过失犯中不存在未遂形态。如此一来,用同时犯的理论来解决上述案例,各过失行为人都只能被认定为无罪。在法益侵害结果业已产生的情况下,却难以实现结果的归责,刑法对类似情况的预防将失去其效用。"创造生产法教义学知识的一个主要径路,本来就是在新案件的刺激下,在理论上发展出新的一般性规则,然后推而广之,适用于同类案件。"⑤刑法教义学通过肯定过失共同正犯,并架构其成立的一般性构造,以实现在因果关系不明的状态下结果在复数过失行为人之

---

① 陈瑞华:《如何做好博士论文》,东方法眼网:http://www.dffyw.com/faxuejieti/zh/200512/20051231221218.htm(已失效),最后访问日期为:2014年3月31日。
② 〔日〕大谷实:《刑法講義総論》(新版第4版),成文堂2012年版,第415页。
③ 〔日〕大塚仁:《刑法概説(総論)》(第四版),有斐阁2008年版,第278页。
④ 〔日〕大塚仁:《刑法概説(総論)》(第四版),有斐阁2008年版,第278页。
⑤ 车浩:《刑法教义的本土形塑》,法律出版社2017年版,第32页。

间的归责,以此为司法实践提供必要的指引。这就是肯定过失共同正犯的价值。

第二,成立过失共同正犯的可能性。从德日刑法理论的历史演进来看,肯定过失共同正犯的成立渐成趋势。在此前提之下,更为棘手的问题是在过失犯中成立共同正犯何以可能?对处于过失犯论与共犯论交叉位置上的过失共同正犯而言,对其成立可能性的判断牵涉如何处理过失犯与共同正犯之间的关系的问题,是过失犯的构造特征是否允许成立共同正犯的问题。对此,我国刑法理论的研究虽有涉及,却显得不够深入且缺乏动力。囿于我国《刑法》第25条第2款的规定,在教义学上探讨过失共同正犯的成立条件似乎丧失了现实基础。鉴于此,我国学者对于过失共同正犯的研究多着眼于成立的必要性问题,即实践意义、刑事政策的价值等方面的考量,而较少从共犯论与过失犯论的基础理论本身出发来探讨成立过失共同正犯的可能性。从构造论的角度来看,成立过失共同正犯的可能性的问题主要涉及以下几个方面:

一是意思联络的问题。一般认为,共同正犯的成立要求二人以上在主观上存在共同实行的意思(意思联络)。在过失共同正犯的场合,是否存在意思联络是过失共同正犯能否成立所要解决的前提性问题。如果认为复数过失行为人之间在主观上不存在意思联络,那么作为共同正犯形态之一的过失共同正犯如何有可能成立,并为"一部行为全部责任"提供实质依据就成为问题。共同正犯的基本特性在过失共同正犯的场合如何体现与协调,是研究过失共同正犯问题时必须面对的难题。反之,如果认为过失犯中存在意思联络,那么势必要对意思联络的内容及形式作出新的界定。毕竟,过失犯不可能存在与故意犯完全相同的意思联络。张明楷教授就认为,"意思的联络不应当限定为犯罪故意的联络,只要就共同实施构成要件的行为具有一般意义的意思联络即可。因为一般意义的意思联络也完全能够起到相互促进、强化对方不履行注意义务的作用,从而使任何一方的行为与他方行为造成的结果具有因果性,因而任何一方对他方造成的事实、结果,只要具有预见可能性,就必须承担刑事责任"[①]。

张明楷教授对意思联络的这一新界定实际上是基于行为共同说作出的。以行为共同说作为共同正犯的本质,或许可以解决过失共同正犯中的意思联络问题。尽管在我国传统的理论与实务中,犯罪共同说

[①] 张明楷:《共同过失与共同犯罪》,载《吉林大学社会科学学报》2003年第2期。

占了重要的位置,但是近年来,这一立场逐渐松动。在我国司法实践中,采用部分犯罪共同说来处理现实案件的情况陆续出现。不过,与其说部分犯罪共同说是与犯罪共同说相亲近的理论,不如认为部分犯罪共同说已经倒向行为共同说。部分犯罪共同说已经成为主张犯罪共同说的学者最后的"遮羞布",因为部分犯罪共同说在对共同正犯本质的认识上已经与犯罪共同说背道而驰,反而更接近行为共同说。所以,如果部分犯罪共同说可以被理论界与实务界接受为处理共同犯罪问题的基本主张,那么采取行为共同说也不会有太多的障碍。此外,近年来有学者通过引入机能的行为支配理论处理过失共同正犯论的问题,成为有益的新尝试,当然其能否妥当解决过失共同正犯中的意思联络问题有待理论上的进一步检验。

二是共同过失行为的问题。刑法理论上对如何界定过失犯的实行行为莫衷一是,这使得过失共同正犯的共同实行行为也会成为问题。旧过失论认为,"在评价行为客观面的构成要件该当性与违法性阶段,过失犯和故意犯并没有本质上的差别,故意犯与过失犯的行为类型相同,都是对法益有造成实害或者危险的行为,只有肯定了因果关系的存在,才在检验主观面的责任阶段区别过失和故意的不同,过失的内容是预见可能性"①。在旧过失论下,过失犯的客观方面仅仅被界定为危害结果的因果惹起,过失只是责任的形式之一,过失犯的实行行为并无独立的体系地位。在此理论背景下,过失共同正犯的共同行为就难以从过失犯论中被推导出来。相反,新过失论认为,故意犯与过失犯在构成要件阶段就存在差别,过失不再仅仅是责任的要素,而同时是构成要件要素和违法性要素。在新过失论下,过失犯的本质是客观注意义务的违反。符合过失犯构成要件的行为,必定是违反客观注意义务而实施的作为或不作为。新过失论认为过失犯有不同于故意犯的实行行为,这就为过失共同正犯的成立提供了可能性。但是,新过失论并不是不存在问题,以客观归责理论为基础,对过失犯的不法行为进行重构的见解开始引起学者们的关注。由此,也为过失共同正犯的成立条件开拓了新的视野。

三是成立要件的问题。如果能够克服过失犯与共同正犯在构造上的冲突而成立过失共同正犯,那么其具体条件为何?关于过失共同正犯的

---

① 陈建旭:《论过失犯的实行行为与危险》,载刘明祥主编:《过失犯研究——以交通过失和医疗过失为中心》,北京大学出版社2010年版,第94页。

成立条件，我国学者一般认为需要包括以下几个要件：(1) 在犯罪主体方面，必须是二人以上，而且各行为人必须达到刑事责任年龄，且具有刑事责任能力；(2) 数行为人都负有防止危害结果发生的共同注意义务；(3) 复数行为人都实施违反共同注意义务的共同行为，从而导致危害结果的发生；(4) 二人以上的行为人在违反共同注意义务上具有共同过失的心理态度。[1]

我国学者在过失共同正犯的成立条件上的观点实际上大同小异，且从违反共同注意义务这一核心要件来看，与日本理论通说的"共同义务共同违反说"没有本质的区别。笔者认为，我国理论中关于过失共同正犯成立条件的学说基本上借鉴了日本理论中的通说性见解。尽管日本理论中的"共同义务共同违反说"已经发展得较为成熟，但是其自身的理论架构却仍然值得被进一步检视。更何况该学说在我国是一个未经实践检验的"舶来品"，其可适用性与妥当性有待进一步观察。例如，什么是共同注意义务？如何产生共同注意义务？产生共同注意义务是否需要意思联络？我国刑法理论针对这些问题恐怕还有进一步深入探讨的余地。对过失共同正犯成立条件的探讨受制于过失犯论与共犯论各自研究领域的广度和深度，更受制于对两者交叉范围的问题研究，这使得过失共同正犯成立条件问题的解决之路遍布"荆棘"。

一般认为，过失犯的成立以违反注意义务为本质特征。基于此，对过失共同正犯中共同义务的共同违反的判断又会面临新的疑问。有学者就指出，在要求共同注意义务的情况下，会产生以下两个问题："如果必须认定每个行为人之间的共同注意义务，就会出现这种结论，即行为人 A 和 B 是共同行为人，如果否定了 B 存在过失，那么就可以否定 A 的共同过失。因为，在有共同行为的情况下，必须有共同的注意义务。另一个问题是，在社会生活中，每个行为人的活动内容并不一定相同，因而法律上的注意义务也不相一致，如果以'共同注意义务'为构成要件，许多情况则不能认为是共同过失犯罪。"[2] 可见，界定共同注意义务，是划定过失共同正犯之

---

[1] 参见林亚刚：《论共同过失正犯及刑事责任的实现（下）》，载《江西公安专科学校学报》2001 年第 3 期；舒洪水：《共同过失犯罪的概念及特征》，载《法律科学（西北政法学院学报）》2005 年第 4 期；侯国云、苗杰：《论共同过失犯罪》，载胡驰、于志刚主编：《刑法问题与争鸣（总第三辑）》，中国方正出版社 1999 年版，第 310—318 页；李希慧、廖梅：《共同过失犯罪若干问题研究》，载《浙江社会科学》2002 年第 5 期；等等。

[2] 张凌：《论过失犯罪中的监督过失责任》，吉林大学 1995 年博士学位论文，第 58 页。

共同性的关键。但是,刑法理论界针对过失共同正犯的共同性依旧争论不休。

四是成立的界限问题。探讨过失共同正犯的成立条件对于该问题本身来说只是完成了一半的工作。在肯定过失共同正犯成立的前提之下,如何合理地限制过失共同正犯的成立范围的问题即刻浮现于眼前。过失共同正犯与过失同时犯(狭义的过失竞合)都属于复数过失行为导致一个结果产生的情况,如果将过失同时犯不当地认定为过失共同正犯,混淆两者的界限,则必然使过失共同正犯的成立范围被不当地扩大。因此,界分过失共同正犯与过失同时犯是划定过失共同正犯的成立范围时需要明确的重要课题。此外,是否承认过失共同正犯还与如何看待结果加重犯的共同正犯的问题紧密相关。依据责任主义的原则,成立结果加重犯,应当"坚持'对加重结果至少有过失'的原则"①。那么,在结果加重犯成立的问题上,实际上会产生对加重结果的过失共同正犯。否认过失共同正犯之可能性的观点必须面对这一问题,以达到体系的自洽,这是刑法体系性思考的应有之义。肯定过失共同正犯的见解则需要表明其在结果加重犯的共同正犯的成立问题上的基本立场。

以上关于过失共同正犯成立条件的诸多问题,可谓错综复杂,理论上存在极为不一致的看法,且尚未得到妥善解决。因此,对过失共同正犯展开整体性的研究具有一定的理论价值与实践价值。

二、研究现状

从笔者所掌握的文献来看,过失共同正犯理论在德日刑法中是历久而弥新的课题,特别是近几十年来不断地掀起股股研究的热潮。尽管如此,当前德日刑法中的过失共同正犯理论仍然是争议最大的理论问题之一,在许多关键性、基础性问题上远未形成理论共识。可以说,当前过失共同正犯理论仍然是德日刑法理论中的前沿性问题,学者们对其的关注以及由此形成的理论热度长期不衰。特别是在日本,过失共同正犯在第二次世界大战之前就已经为刑法理论界所讨论,并形成了行为共同说的肯定说与犯罪共同说的否定说之间的对立。第二次世界大战之后,随着新过失论的兴起,共同注意义务共同违反说逐渐成为通说。而且,在日本司法实务上,肯定过失共同正犯成立的判例也层出

---

① 张明楷:《刑法学》(第六版),法律出版社2021年版,第219页。

不穷,为理论研究积累了丰富的素材。进入 21 世纪以来,过失共同正犯问题再度引起学者们的兴趣,迎来了又一轮理论探讨的热潮。其中,系统性的研究包括金子博准教授的立命馆大学博士学位论文《共同正犯的再构成——以过失犯和不作为犯的共同正犯为素材》①以及内海朋子教授在其庆应义塾大学博士学位论文的基础之上所出版的专著《过失共同正犯》。② 但是,金子博准教授的论文是以过失共同正犯的成立不以意思联络的主观要件为必要条件作为核心观点的。相反,内海朋子教授则从犯罪共同说出发,认为鉴于共同正犯以通过意思联络实施共同行为的特殊性取代了因果关系的判断,进而适用"一部行为全部责任"的原理进行结果归责,所以过失共同正犯的成立也以意思联络为必要。③ 可见,在过失共同正犯中是否存在意思联络的问题上,理论纷争依旧,难题仍然未获彻底解决。关于过失共同正犯的意思联络、成立条件等核心问题的争论,除了上述属于体系性研究范畴的学术专著,日本学者的讨论还大量存在于各类学术期刊的论文之中。④ 而且,在日本学者们所撰写的刑法学教科书中,一般会给予过失共同正犯以一定的体系

---

① 其中,关于过失共同正犯的部分以《過失犯の共同正犯について——「共同性」の規定を中心に》为题发表在《立命館法学》2009 年 4 号(326 号)上。
② 该书为日本学者内田文昭所著《刑法における過失共働の理論》(1973 年)之后的一部,也是最新一部研究过失共同正犯问题的专著。2013 年,吉林大学法学院的郑军男先生赴日讲学,将此书寄赠与我,使得笔者有幸在写作博士学位论文的过程中接触日本刑法理论中关于过失共同正犯问题的最新研究成果,在此对郑军男先生的鼎力相助深表谢意。
③ 参见〔日〕内海朋子:《過失共同正犯について》,成文堂 2013 年版,第 246—247 页。
④ 主要包括:〔日〕大塚仁:《過失犯の共同正犯の成立要件》,载《法曹時報》43 卷 6 号(1991);〔日〕土本武司:《過失犯と共犯》,载阿部纯二等编:《刑法基本講座》(第四卷),法学书院 1992 年版;〔日〕北川佳世子:《我が国における過失共同正犯の議論と今後の課題》,载《刑法雑誌》138 卷 1 号(1998);〔日〕山口厚:《過失犯の共同正犯についての覚書》,载西原春夫先生古稀祝賀論文集編集委員会编:《西原春夫先生古稀祝賀論文集 第二卷》,成文堂 1998 年版,第 387—401 页;〔日〕嶋矢貴之:《過失犯の共同正犯論(一)》,载《法学協会雑誌》121 卷 1 号(2004);〔日〕嶋矢貴之:《過失犯の共同正犯論(2)》,载《法学協会雑誌》121 卷 10 号(2004);〔日〕甘利航司:《過失犯の共同正犯についての一考察》,载《一橋論叢》134 卷 1 号(2005);〔日〕嶋矢貴之:《過失の共同正犯論》,载《刑法雑誌》45 卷 2 号(2006);〔日〕松生光正:《客観的帰属論と過失共犯》,载《刑法雑誌》50 卷 1 号(2010);〔日〕大塚裕史:《過失犯の共同正犯》,载《刑事法ジャーナル》28 号(2011);〔日〕松宮孝明:《「明石步道橋事故」と過失犯の共同正犯について》,载《立命館法学》2011 年 4 号(338 号);〔日〕北川阳祐:《過失犯の共同正犯について》,载《法学研究》13 号(2011);〔日〕松宫孝明:《「過失犯の共同正犯」の理論的基礎について——大塚裕史教授の見解に寄せて》,载《立命館法学》2011 年 5・6 号(339・340 号);〔日〕大塚裕史:《過失犯の共同正犯の成立範囲:明石花火大会步道橋副署長事件を契機として》,载《神戸法學雑誌》62 卷(转下页)

位置,即一般将过失共同正犯问题置于共同正犯之特殊形态中予以讨论。①

与此不同的是,目前德国刑法理论中否定过失共同正犯成立的见解仍然处于通说的地位。② 德国刑法理论一般将作为共同正犯成立的主观要件之共同行为决意理解为共同惹起结果的意思,通说见解即以过失犯中不存在对结果发生的意思决定为理由,否定过失共同正犯成立的可能性。③ 但是,德国的法教义学注重对实践问题的回应,具有较强的实践面向。"从实践层面上看,法教义学的规范分析必然以法律事实、法律行为和法律问题的经验描述为基础,对法律制度和司法裁判的评价也必然建立在对实在的法律制度和实际的个案裁判的描述基础之上,有时候它还可能涉及通过描述来澄清某个法律规范制定者(立法者)的实际意图。"④20世纪80年代末,司法实践中出现了(德国著名的)"皮革喷雾剂案"以及(瑞士的)"滚石案",案件的判决结论促进了德国刑法理论界重新审视过失共同正犯问题,肯定过失共同正犯的学

(接上页)1/2号(2012);〔日〕今井康介:《過失犯の共同正犯について(1)》,载《早稻田大学大学院法研論集》143号(2012);〔日〕今井康介:《過失犯の共同正犯について(2)》,载《早稻田大学大学院法研論集》144号(2012);等等。

① 例如,持肯定说立场的有〔日〕牧野英一:《日本刑法改訂版》,有斐阁1932年版;〔日〕木村龟二:《刑法總論增補版》,〔日〕阿部纯二增补,有斐阁1978年版;〔日〕佐久间修:《刑法講議(總論)》,成文堂1997年版;〔日〕山中敬一:《刑法總論》(第3版),成文堂2015年版;〔日〕大塚仁:《刑法概說(總論)》(第4版),有斐阁2008年版;〔日〕山口厚:《刑法總論》(第3版),有斐阁2016年版;〔日〕大谷實:《刑法講議總論》(新版第4版),成文堂2012年版;〔日〕松宫孝明:《刑法總論講義》(第5版),成文堂2017年版。持否定说立场的有〔日〕泉二新熊:《改正日本刑法論》,有斐阁1908年版;〔日〕齐藤金作:《刑法總論》(改订版),有斐阁1955年版;〔日〕团藤重光:《刑法綱要總論》(第三版),创文社1990年版。〔日〕西原春夫:《刑法總論》,成文堂1977年版;〔日〕冈野光雄:《刑法要說總論》(第2版),成文堂2009年版;〔日〕井田良:《刑法總論の理論構造》,成文堂2005年版;〔日〕西田典之:《刑法總論》(第二版),弘文堂2010年版;〔日〕曾根威彦:《刑法總論》(第四版),弘文堂2008年版;〔日〕高桥则夫:《刑法總論》(第3版),成文堂2016年版;〔日〕前田雅英:《刑法總論講議》(第6版),东京大学出版会2015年版。

② 通说的观点可见于〔德〕汉斯·海因里希·耶赛克、〔德〕托马斯·魏根特:《德国刑法教科书》,徐久生译,中国法制出版社2017年版;〔德〕约翰内斯·韦塞尔斯:《德国刑法总论:犯罪行为及其构造》,李昌珂译,法律出版社2008年版;〔德〕Ingeborg Puppe:《反对过失共同正犯》,王鹏翔译,载《东吴法律学报》2006年第4期。

③ 参见〔日〕内海朋子:《過失共同正犯について》,成文堂2013年版,第54页。

④ 舒国滢:《法学的知识谱系》,商务印书馆2020年版,第1626页。

者开始增加。① 但是,不可否认理论上对过失共同正犯的研究尚处于混沌的状态,学说见解层出不穷,学者们在基本立场和观点上远未达成一致。可以说,在德日刑法理论中,过失共同正犯是一个历久弥新的刑法理论难题,伴随着实践问题的出现以及刑法理论的发展,其成为刑法理论中逐渐获得关注的新课题。

我国刑法理论中也存在关于过失共同犯罪问题的研究。② 但是,现存研究体现出零星性的特点。尽管存在过失共同犯罪肯定说与过失共同正犯否定说的对立,但是,理论对立的根基未必是明确的。如上所述,日本学者的研究,往往以共犯论或者过失犯论上的基本立场为出发点,并将其延伸至过失共同正犯的研究,进而形成肯定说与否定说的对立。但是,在我国学者之间缺少这种基本立场意识的情况下,自然只能就过失共同犯

---

① 主要包括:〔德〕冈特·施特拉腾韦特、〔德〕洛塔尔·库伦:《刑法总论Ⅰ——犯罪论》,杨萌译,法律出版社 2006 年版;〔德〕克劳斯·罗克辛:《德国刑法学 总论(第2卷)》,王世洲等译,法律出版社 2013 年版;〔德〕Walter Gropp:《過失における共同作用——「相互に」と「同時に」を考慮して》,山本紘之译,载《比較法雜誌》43 卷 3 号(2009)。此外,德国学者 Otto 和 Renzikowski 是近年来支持过失共同正犯肯定说的主要学者,两者的观点主要可以见于〔德〕Joachim Renzikowski:《過失共同正犯》,内海朋子译,载《法学研究:法律·政治·社会》92 卷 2 号(2019);〔日〕松宫孝明:《過失犯論の現代的課題》,成文堂 2004 年版;〔日〕内海朋子:《過失共同正犯について》,成文堂 2013 年版;〔日〕安达光治:《客観的帰属論の展開とその課題(三)》,载《立命館法学》2000 年 2 号(270 号);〔日〕金子博:《過失犯の共同正犯について——「共同性」の規定を中心に》,载《立命館法学》2009 年 4 号(326 号);〔日〕松生光正:《客観的帰属論と過失共犯》,载《刑法雑誌》50 卷 1 号(2010);等等。

② 主要包括:陈一榕:《过失共同犯罪的定性》,载胡驰、于志刚主编:《刑法问题与争鸣(第 3 辑)》,中国方正出版社 1999 年版,第 337—343 页;陈珊珊:《过失共同正犯理论的重新审视》,载刘明祥主编:《过失犯研究——以交通过失和医疗过失为中心》,北京大学出版社 2010 年版,第 155—167 页;冯军:《论过失共同犯罪》,载胡驰、于志刚主编:《刑法问题与争鸣(第 3 辑)》,中国方正出版社 1999 年版,第 328—335 页;侯国云、苗杰:《论共同过失犯罪》,载胡驰、于志刚主编:《刑法问题与争鸣(第 3 辑)》,中国方正出版社 1999 年版,第 310—318 页;刘永贵:《过失共同正犯研究》,载胡驰、于志刚主编:《刑法问题与争鸣(第 3 辑)》,中国方正出版社 1999 年版,第 345—372 页;孟庆华:《从央视大火案看共同过失犯罪的成立》,载刘明祥主编:《过失犯研究——以交通过失和医疗过失为中心》,北京大学出版社 2010 年版,第 142—154 页;熊万林:《共同过失犯罪浅析》,载胡驰、于志刚主编:《刑法问题与争鸣(第 3 辑)》,中国方正出版社 1999 年版,第 320—326 页;张明楷:《共同过失与共同犯罪》,载《吉林大学社会科学学报》2003 年第 2 期;程新生、汤媛媛:《共同过失犯罪与刑法因果关系——从"误射行人案"切入》,载《法律适用》2008 年第 9 期;舒洪水、张永江:《论共同过失犯罪》,载《当代法学》2006 年第 3 期;童德华:《共同过失初论》,载《法律科学(西北政法学院学报)》2002 年第 2 期;刘克河、金昌伟:《危险物品肇事中共同过失犯罪的认定——"央视大火"案法律评析》,载《人民司法》2010 年第 16 期;黎宏:《"过失共同正犯"质疑》,载《人民检察》2007 年第 14 期。

罪论过失共同犯罪,没有进一步与共犯论以及过失犯论的基本理论相联系,为过失共同犯罪问题的讨论提供必要的理论根基。此外,主要的研究成果限于学术期刊中的论文,缺少系统研究过失共同犯罪的理论专著,过失共同犯罪问题也没有被纳入传统的刑法体系书,因此,其实际上处于我国刑法理论体系之外。在研究内容上显示出缺乏体系性的特点,也即没有注意过失共同犯罪既与共同犯罪问题相关,又与过失犯的理论相联系,过失共同犯罪在我国刑法理论上更像是游离于刑法理论体系之外并被作为独立的刑法问题而展开研究的。笔者认为,这主要是由于理论上一般认为《刑法》第25条第2款的规定明确否定了过失共同犯罪的成立,因此缺乏将过失共同犯罪问题纳入以刑法解释学为主体的刑法学体系的规范依据。

三、本书的框架

本书除导论、结论外共七章,将依照以下基本框架对过失共同正犯展开研究:

第一章题为"我国《刑法》视域下过失共同正犯的问题性"。该部分就我国刑法理论在解释《刑法》第25条第2款的通说见解采取过失共同正犯否定说的背景下,分析由此导致的理论与实践的困境,展现徘徊于规范与事实之间的我国过失共同正犯问题的基本样貌。

第二章题为"过失共同正犯的理论纷争及其启示"。该部分以过失共同正犯理论的历史沿革与发展脉络为主线,对刑法中过失共同正犯的理论学说进行全面的考察,据此归纳出学说争议的基本对立点,为在本体论上展开过失共同正犯的研究划定范围。

第三章题为"过失理论与过失共同正犯的构造"。该部分以过失犯论为出发点,探讨过失犯不法的本质及其构造。以过失犯的构造为基点,引申出过失共同正犯的基本构造。过失共同正犯的基本构造包括正犯性、共同性以及因果性三个要素。

第四章题为"过失共同正犯构造要素之正犯性"。探讨过失犯应当采取的正犯概念,以回应过失共同正犯否定说基于过失犯统一的正犯概念否定过失共同正犯成立必要性的见解。过失犯中应当采取限制的正犯概念,因此,有以肯定过失共同正犯来解决相关事例的必要。同时,确定过失共同正犯的正犯性以及其与过失共犯的区别标准。

第五章题为"过失共同正犯构造要素之共同性"。过失共同正犯与过失单独正犯的区别就在于过失共同正犯在构造上具有共同性。传统共同性理论以意思联络的存在为核心展开探讨。依照重构的机能的行为支配说,过失共同正犯的共同性不以意思联络的存在为必要,其共同性存在于以相互补充、相互促进的过失行为共同支配犯罪的实现中。

第六章题为"过失共同正犯构造要素之因果性"。过失共同正犯中的结果归责就是因果性所要探讨的问题。在结果归责的判断中,引入客观归责理论,使得过失共同正犯的行为与结果之间建立规范的关联,能够合理地限定过失共同正犯的成立范围。

第七章题为"我国刑法中的过失共同正犯及其适用"。这一章试图明确我国《刑法》第25条第2款的规范构造,对理论上认为我国《刑法》明确否定了过失共同犯罪的传统观点进行分析,为过失共同正犯在解释论上的展开扫清障碍。进而运用在客观归责理论之下判断过失共同正犯不法的见解,来指导我国过失共同正犯的具体适用。

四、研究方法

(一)体系性思考与问题性思考并重

"体系是一个法治国刑法不可放弃的因素。"[1]体系性思考对于刑法学而言无疑是重要的。体系性思考可以分为对犯罪论体系进行的思考和根据犯罪论体系进行的思维。[2] 而问题性思考是"从具体案件中获得解决问题的方法"[3]。体系性思考与问题性思考都是刑法学的研究方法,但是,有时两者会产生不协调。过分强调体系的完整性以及前后一贯性,力图建立一个完美的体系,往往也使得体系难以应付复杂多变的社会现状。当一个被认为完美无缺的体系遇到了难以依据其自身推理而得出合理解决措施的疑难案件时,问题性的思考就在所难免。在日本,"迄今为止的刑法学(尤其是犯罪论)的最大特色,就是追求体系的完整性和首尾一贯性,力求与时代的要求以及社会实际发展之间维持一定距离,以保持自己相对的独立性。即在犯罪论的体系和概念分析的严密化上下功夫。但是,现在人们认识到,刑法学中重要的是:正视社会发展的多样化的现实

---

[1] 〔德〕克劳斯·罗克辛:《德国犯罪原理的发展与现代趋势》,王世洲译,载梁根林主编:《犯罪论体系》,北京大学出版社2007年版,第3页。
[2] 参见陈兴良:《教义刑法学》(第三版),中国人民大学出版社2017年版,第15页。
[3] 陈兴良:《教义刑法学》(第三版),中国人民大学出版社2017年版,第14页。

所提出的要求,实证地分析刑法对于社会实体所应起到的作用以及刑法的局限性,实现从'体系性思考'向'解决问题的个别思考'的研究方法的转换"①。笔者认为,日本刑法学在研究方法上的这种变革主张,是与其自身的研究阶段和发展水平相适应的。

反观我国刑法理论的研究范式,笔者认为,主张由体系性思考彻底转向问题性思考恐怕为时尚早。"在中国刑法学界,犯罪论体系之争在 21 世纪的头十年曾经达到一个高潮。在最近的十年间,尽管大规模针锋相对的公开论战已难得一见,但这并不意味着不同方案之间的较量已归于平息。"②我国刑法理论中体系架构的共识远未形成,探讨具体问题时并不存在一个作为前提的无须质疑的犯罪论体系。因此,体系性思考与问题性思考并重才是符合我国目前理论发展阶段的理智之举。就共犯论而言,德日刑法中的精致化构建始于正犯与共犯的界分。由于我国刑法立法中没有正犯与共犯的明确规定,自然无法自觉形成以处理两者关系为核心内容的精致化理论体系。这使得我国刑法共犯论的理论体系显得较为单薄,与建构精致化的共犯理论体系的目标相去甚远。另外,诸如我国通说理论既承认结果加重犯的共同正犯,又否定过失共同正犯的成立的自相矛盾的情况还是较多地存在。依据理论体系的推论实际上并不能解决这样的矛盾。可以说,我国有关的体系性思考,不论是"对犯罪论体系进行的思考",还是"根据犯罪论体系进行的思考",都还有待完善。体系性思考仍然是我国刑法理论研究的首要方法。

就问题性思考而言,其也应当尽早进入我国学者的研究视野。仍然以过失共同正犯为例,如果说肯定过失共同正犯具有积极意义,那么,过失共同正犯如何成立就会成为需要进一步解答的问题。在体系性思考之余,过失共同正犯的成立,需要共犯论以及过失犯论的相关基础理论作出必要的回应。例如,过失共同正犯的成立是否需要意思联络? 与传统的意思联络的内容如何协调? 过失共同正犯的行为共同又会向过失犯论提出什么样的新课题? 这些都是我们的理论体系在面对过失共同正犯这个具体问题时需要作出回应的问题。

综上所述,在发展阶段上,就我国的理论现状而言;以及在对象上,就过失共同正犯的具体问题而言,理论的研究应当坚持体系性思考与问题

---

① 黎宏:《日本刑法精义》(第二版),法律出版社 2008 年版,第 22 页。
② 陈璇:《不法与责任的区分:实践技术与目的理性之间的张力》,载《中国法律评论》2020 年第 4 期。

性思考并重的研究方法。

(二)比较研究的必要性

我国刑法理论中尽管存在对过失共同犯罪问题的研究,但是基本处于停滞不前的状态。而且现有关于过失共同正犯的理论也是受日本理论的影响而形成的。此外,不可否认的是,我国刑法理论中过失共同正犯的研究受制于《刑法》第 25 条第 2 款的规定,长期游离于刑法理论体系之外。可以说,过失共同正犯问题是我国刑法理论中的一个薄弱环节。在此情况下,有必要通过比较研究的方法,探明他国刑法理论中过失共同正犯研究的状况,为我国过失共同正犯的理论展开提供必要的借鉴。

当然,比较的研究绝不是照搬照抄,而是在借鉴他国先进的刑法理论的基础上,结合我国的实际问题,独立地展开研究。正如日本学者大木雅夫教授指出的,"如果我们把耗费时间和财力的基础理论研究留待欧美的学者去完成,而直接专注于实际应用,或许不失为获得实利之捷径。然而,这样将永远无法脱离追随欧美之窠臼。因此,我们亦须义不容辞地承担起基础理论的研究。崭新的构想往往发端于基础研究,据此必将开拓出科学的新视野。但如果我们不首先对周围的基础理论进行知识积累,是不可能追根溯源亲自将这些积累充分消化的"[①]。所以,笔者坚持,他国的过失共同正犯理论应当通过比较研究的方法为本研究提供必要的素材,而不是直接作为本研究的结论。

---

① 〔日〕大木雅夫:《比较法》,范愉译,法律出版社 2006 年版,中文版序第 2 页。

第一章 我国《刑法》视域下过失共同正犯的问题性

第一节 我国《刑法》共同犯罪的规定与过失共同正犯

一、我国《刑法》共同犯罪规定的基本特点

刑法中所规定的犯罪,有通过单个人的行为予以实现的情形,也有复数人参与共同实现的情况,后者即刑法上所称的共同犯罪。刑法立法中关于共同犯罪的规定,是立法者对现实中存在的复数人参与犯罪的现象进行规范评价所形成的法律规范,根本上是规范评价之后的结果。对此,也有学者认为,"刑法上并没有对犯罪参与概念本身赋予任何法律效果,因此严格来说,'犯罪参与'并不是一个刑法概念,而是一个事实概念而已"[1]。但是,刑法中的共同犯罪并不等同于现实生活中存在的共同犯罪现象,而是经过立法者一定的规范评价所形成的犯罪类型。立法者并非要在立法中单纯地描述犯罪现象,而是要通过刑法的明确规定,对共同犯罪的成立构造与归责原则提供必要的规范指引。因此,刑法中关于共同犯罪的规定在司法实践具体的定罪量刑过程中必然起到规范性的指引作用。

关于共同犯罪的犯罪形态,各国立法上大多存在明确的规定,或以正犯与共犯的概念区分之,或以共同犯罪的概念统称之。这些刑法规定为追诉复数行为人参与犯罪时的刑事责任的判断提供了规范根据。我国《刑法》总则第二章第三节以第 25 条至第 29 条五个条文专门对共同犯罪作出了规定,是我国《刑法》认定共同犯罪并追究其刑事责任的规范根据。与德日刑法相比,我国《刑法》共同犯罪的规定体现出以下基本特点:

---

[1] 黄荣坚:《基础刑法学(下)》,元照出版公司 2012 年版,第 740 页。

(一) 共同犯罪的概念式规定

《刑法》第 25 条第 1 款规定:"共同犯罪是指二人以上共同故意犯罪。"这是我国《刑法》对共同犯罪的概念式规定,即以下定义的方式明确规定了何为共同犯罪。相比来看,德日刑法中关于共同犯罪的规定,并未就共同犯罪之整体下一个明确的定义。依据我国《刑法》第 25 条第 1 款的规定,共同犯罪在主观上被限定为故意。特别是结合第 25 条第 2 款的规定,从反面进一步否定共同过失犯罪可以构成共同犯罪。可见,我国《刑法》对共同犯罪所下的定义,注重体现主客观相统一的原则,除规定客观上的共同行为外,还特别强调主观上的罪过形式。与此不同的是,例如,《日本刑法典》第 60 条:"二人以上者共同实行犯罪的,皆为正犯。"在该规定中,只对二人以上共同实行的客观方面作了规定,没有将正犯成立的主观罪过形式限定于故意。① 此种规定方式为肯定过失共同正犯的成立提供了规范解释的空间。因此,我国《刑法》中共同犯罪的概念式规定使得在我国理论上探讨过失共同正犯首先面临的是规范解释障碍的问题。

此外,我国《刑法》对共同犯罪的概念式规定是从广义共犯的角度所下的定义,因而与区分正犯与共犯的概念式规定又存在差别。我国理论上对此种规定方式存在较多非议。但实际上,即便立法中采取区分正犯与共犯的定义方式,在具体适用时仍然可能存在解释上的难题。例如,《德国刑法典》第 25 条明确列举了单独正犯、间接正犯和共同正犯三种正犯类型,此种规定方式无法将有组织犯罪中仅仅参与共谋而未实行犯罪的幕后"大人物"认定为正犯,对其在犯罪中所起到的关键性作用也无法作出合理的评价。对此,近年来,有学者在行为支配理论之下,以组织支配的形式赋予其正犯性,并将其归为间接正犯。"意志支配……可以存在于幕后者指挥某个权力机构的情形,在此,幕后者的命令可以不受单个执行者的制约而确保得到贯彻。"② 以扩张原本作为填补处罚漏洞的间接正犯的方式处理单纯共谋者的正犯性,侵蚀了间接正犯的概念,使得间接正犯朝着进一步扩张的方向发展,这无疑体现出了《德国刑法典》第 25 条明

---

① 实际上,《日本刑法典》第 61 条关于教唆犯、第 62 条关于帮助犯的规定,都没有涉及主观罪过的内容,这一点与《德国刑法典》将教唆犯、帮助犯限定于故意教唆、故意帮助的规定方式又有所不同。
② 〔德〕克劳斯·罗克辛:《关于组织支配的最新研讨》,赵晨光译,载《刑事法评论》2014 年第 2 期。

确列举正犯类型的规定模式之于实践问题解决的局限性。

因此,立法上明确区分正犯与共犯的优劣并非立法模式所能自现,不能一概而论。所以,在探讨应然立法模式之前,明确我国所采取的实然立法模式是首先要解决的问题。我国《刑法》从广义共犯的角度对共同犯罪所进行的定义是否就决定了我国在立法采取的是不区分正犯与共犯的单一制犯罪参与体系呢?例如,有学者就认为,"我国刑法否定了区分正犯与共犯的共同犯罪理论的传统格局,确立了统一的共同犯罪的概念"①。由此,就引申出我国《刑法》共同犯罪规定的第二个特征。

(二)未规定正犯和共犯概念的区分制参与体系

我国《刑法》是"以作用为主兼顾分工对共同犯罪人予以分类的"②。立法上不存在正犯与共犯的概念,使得近年来有学者认为我国刑法立法采取的是单一制的犯罪参与体系。③ 更多的学者希望从现行《刑法》的规定中推导出正犯与共犯的概念,以便在共同犯罪理论的建构中在将正犯与共犯的区分作为根基时能够在《刑法》中找到规范上的依据。例如,有学者认为,"像组织犯、实行犯、帮助犯,在条文中已内涵了"④,也即,"组织犯、实行犯、帮助犯在我国刑法条文中实际也是有所反映的,只是没有组织犯、实行犯、帮助犯的概念"⑤。也有学者倾向主张将《刑法》中所规定的主犯等同于正犯,将从犯等同于帮助犯。⑥ 笔者认为,不能单纯因为没有规定正犯与共犯的概念就得出我国《刑法》采取的是单一制的犯罪参与体系。正如不能因为立法在形式上规定了正犯与共犯的概念,就认定其属于区分制犯罪参与体系。例如,所谓的机能的单一制犯罪参与体系,即"放弃了特定犯罪形式的价值等级界分,但是维持了其概念性的、类型性区别的体系"⑦。采取机能的单一制犯罪参与体系的典型的立法例包

---

① 陈兴良:《共同犯罪论》(第三版),中国人民大学出版社 2017 年版,第 38 页。
② 高铭暄、马克昌主编:《刑法学》(第十版),北京大学出版社、高等教育出版社 2022 年版,第 171 页。
③ 参见刘洪:《我国刑法共犯参与体系性质探讨——从统一正犯视野》,载《政法学刊》2007 年第 4 期;江溯:《犯罪参与体系研究——以单一正犯体系为视角》,中国人民公安大学出版社 2010 年版;刘明祥:《论中国特色的犯罪参与体系》,载《中国法学》2013 年第 6 期。
④ 高铭暄编著:《中华人民共和国刑法的孕育和诞生》,法律出版社 1981 年版,第 54 页。
⑤ 马克昌主编:《犯罪通论》,武汉大学出版社 1999 年版,第 541 页。
⑥ 参见张明楷:《刑法学》(第六版),法律出版社 2021 年版,第 519 页。
⑦ 〔日〕高桥则夫:《共犯体系と共犯理论》,成文堂 1988 年版,第 27 页。

括挪威、丹麦、奥地利等国的刑法典。例如,丹麦《刑法》第23条规定,"适用于某一犯罪的刑罚也适用于以煽动、建议、实际行动的方式促成这种犯罪实施的行为。如果只是意图对犯罪给予微小的帮助,或者增强已经存在的犯罪意图,并且犯罪没有完成或者意图给予的帮助未能成功,可以减轻处罚"①。该条规定所有犯罪的参与形式都适用某一犯罪的刑罚,对不同类型的参与人未在行为性质上作区分,但是仍然保留了狭义的共犯相关形态的概念。总之,界定某一立法采取的是单一制犯罪参与体系还是区分制犯罪参与体系,不能完全以形式上是否存在正犯与共犯的概念为判断标准,而应当分析是否在根本价值上对不同的犯罪参与形态进行区分。

既然我国《刑法》中犯罪参与体系的属性需要通过对刑法规范进行必要的解释才能够最终确定,那么解释的过程就需要遵循法教义学的基本特征和基本方法。所谓法教义学,"是在某种特定的、历史地形成的法律秩序框架中并以这种法律秩序为基础来致力于解决法律问题"的规范科学。② 具体到我国《刑法》中犯罪参与体系的归属,正如周光权教授指出的,"对刑法是否采用区分制的判断,不能只考虑总则的文字表述,而应进行体系解释。而体系性解释要求将个别的刑法规定和观念放到整个法律秩序的框架之中加以思考,发现条文间、法律规范和法律制度间的内在关联"③。但是,笔者认为,仅仅通过体系解释的方法对刑法规范进行分析来判断我国《刑法》的犯罪参与体系尚不充分,刑法规范在司法实践中的逻辑展开也是其中必须考量的因素。如上所述,法教义学以立法规范为前提和对象,以至于往往把法教义学完全等同于对法律规范的解释。"但法教义学与描述—经验的维度并非没有任何关系。从实践层面上看,法教义学的规范分析必然以法律事实、法律行为和法律问题的经验描述为基础,对法律制度和司法裁判的评价也必然建立在对实在的法律制度和实际的个案裁判的描述基础之上,有时候它还可能涉及通过描述来澄清某个法律规范制定者(立法者)的实际意图。"④所以,法教义学既包括分

---

① 〔丹麦〕梅兰妮·弗里斯·詹森等编:《丹麦刑事法典(第三版)》,魏汉涛译,武汉大学出版社2011年版,第7—8页。
② 参见〔德〕卡尔·拉伦茨:《法学方法论》(全本·第六版),黄家镇译,商务印书馆2020年版,第9页。
③ 周光权:《行为无价值论的中国展开》,法律出版社2015年版,第297页。
④ 舒国滢:《法学的知识谱系》,商务印书馆2020年版,第1626页。

析的维度,也包括实践的维度。法教义学需要在对法律制度的分析之外,同时关照法律实践的基本面向。鉴于法教义学的上述特征,对我国《刑法》犯罪参与体系的属性,也应当从规范分析与实践逻辑的双重维度进行界定。

1. 我国区分制犯罪参与体系的规范依据

从我国的立法上看,尽管对关于区分制的犯罪参与体系没有做集中式的规定,但是,体现区分制犯罪参与体系特征的立法散见于我国《刑法》总则与分则的规定当中。例如,《刑法》第23条对犯罪未遂的规定:"已经着手实行犯罪,由于犯罪分子意志以外的原因而未得逞的,是犯罪未遂。"其中明确使用了"实行"的概念,所谓"已经着手实行犯罪"是指实行犯开始实施刑法分则基本构成要件的行为,即实行行为。又如,《刑法》第284条之一第1款规定了组织考试作弊罪,而第2款却规定,"为他人实施前款犯罪提供作弊器材或者其他帮助的,依照前款的规定处罚"。如果认为刑法分则针对具体罪名规定的罪状中就包括了帮助、教唆行为,则该第2款的规定尽显多余。有学者就认为,该款规定的是帮助行为,"只是帮助犯量刑的正犯化"[①]。笔者认为,该第2款的规定既不属于帮助行为正犯化的立法,也不属于帮助犯量刑正犯化的规定,而仅仅是注意规定。"注意规定是在刑法已作基本规定的前提下,提示司法工作人员注意,以免司法工作人员忽略的规定。"[②]由于其起到的仅仅是提示性的作用,并未改变刑法对注意规定所涉及行为的规范评价。相反,第284条之一第2款这一注意规定的存在正好说明,我国《刑法》中所规定的帮助犯应当从属于正犯而被处罚。即帮助犯不存在专属于自身的法定刑,对其量刑应当参照《刑法》对正犯的法定刑规定,在正犯的法定刑幅度之内,结合《刑法》总则共同犯罪的处罚原则确定之。

此外,近年来,我国《刑法》分则的各罪立法出现了所谓"共犯行为正犯化"的立法现象。例如,由《刑法修正案(三)》增设,经《刑法修正案(九)》修订的第120条之一所规定的帮助恐怖活动罪即其中典型一例。如果认为《刑法》分则条文所规定的基本构成要件行为中就包括帮助行为、教唆行为,则完全没有必要再对帮助行为单独作重复的规定,直接与具体实施恐怖活动的行为一并适用相同的罪名定罪量刑即可。共犯行为

[①] 张明楷:《刑法学》(第六版),法律出版社2021年版,第1369页。
[②] 张明楷:《刑法分则的解释原理(下)》(第二版),中国人民大学出版社2011年版,第622页。

正犯化的立法现象恰恰说明,在立法者看来,《刑法》分则条文所规定的不过是正犯行为,教唆行为、帮助行为原本并不处于基本构成要件行为的"射程"之内,即便从刑事政策的角度考量需要进行早期化的处罚,也必须通过立法的规范评价先对教唆行为、帮助行为予以正犯化方可实现。

2. 我国区分制犯罪参与体系的实践逻辑

从《刑法》实际适用的状况来看,我国司法实践中也是以区分正犯与共犯为前提来认定不同共同犯罪人的刑事责任的。例如,在于某、戴某故意杀人案中:

于某欲与丈夫阚某离婚,而与戴某结婚。于某因离婚不成,便产生使用安眠药杀害丈夫的念头,并将此告知戴某。某日,于某与戴某一起回到家中。于某到药店买到6片安眠药后回家,乘其丈夫外出买酒之际将安眠药碾碎,并告诉戴某要乘机杀害阚某。当晚,于某与阚某及其儿子和戴某一起喝酒、吃饭。待阚某酒醉后,于某乘机将安眠药冲兑在水杯中让阚某喝下。因阚某呕吐,于某怕药物起不到作用,就指使戴某将其儿子带出屋外。于某用毛巾紧勒阚某的脖子,用双手掐其脖子,致其机械性窒息死亡。戴某见阚某死亡,将毛巾带离现场后扔掉。①

本案的判决认定,戴某受于某指使将孩子带离现场的行为符合共同犯罪的构成要件,构成故意杀人罪。在犯罪中,戴某起辅助作用,属从犯,应予以从轻处罚。裁判理由认为:

"共同犯罪行为的分工情况可能表现为四种情况:实行行为、组织行为、教唆行为或者帮助行为。也就是说,共同犯罪行为可以分为实行行为和非实行行为,非实行行为包括组织行为、教唆行为或者帮助行为。共同行为有两种表现形式:一是简单共同行为,所有行为主体的行为都符合具体的作为犯罪构成要件行为的基本特征,而组合成共同行为;二是复杂共同行为,行为具有明确的分工,每一行为主体的单独行为并不完全具备完整的行为结构,甚至不属于犯罪构成要件的行为,但经过组合后,整体的行为不仅能够全面满足具体的行为要件,并且成为危害结果的合一原因的共同行为。"②"可将我国刑法中的共同犯罪人分为两类:第一类,以分工为标准分为组织犯、实行犯、帮助犯、教唆犯;第二类,以作用为标准分

---

① 案例参见最高人民法院刑事审判一至五庭主办:《中国刑事审判指导案例1(刑法总则)》,法律出版社2017年版,第128—129页。

② 最高人民法院刑事审判一至五庭主办:《中国刑事审判指导案例1(刑法总则)》,法律出版社2017年版,第130页。

为主犯、从犯、胁从犯。对组织犯,应按我国刑法规定的主犯处罚。对实行犯,依照其在共同犯罪中所起的作用,分别按主犯、从犯、胁从犯处罚。帮助犯,在我国刑法中属于'起次要作用的'从犯。"[1]"从犯在客观上担当配角,不直接实施具体犯罪构成客观要件的行为,帮助准备、实施犯罪,为共同犯罪创造有利条件和环境,或者虽然直接参与实施了犯罪行为,但罪行较轻,没有直接造成危害后果或者危害后果并不严重。"[2]

从该案的裁判理由来看,共同犯罪人的分工分类法之下所形成的实行犯、帮助犯、教唆犯的概念在我国司法实践对共同犯罪的认定中起到了重要作用。特别是,如果认为帮助犯由于在共同犯罪中起到的是次要作用,只能构成从犯,那么对帮助行为性质的认定最终会决定对其适用刑罚的轻重。这与单一制的犯罪参与体系有本质的差异,因为在单一制的犯罪参与体系之下,行为性质的界定对刑罚适用并不具有决定性意义。

总之,尽管我国《刑法》总则中未明确规定正犯与共犯的概念,但是这并不代表我国《刑法》采取的是不区分正犯与共犯的单一制犯罪参与体系。从体系解释与实践适用的角度来看,我国立法采取的仍然是区分制的犯罪参与体系。对各参与人行为性质的界定决定了刑罚轻重的基本位阶。因此,对各参与人适用不同刑罚的前提是准确的行为定性。就各参与人行为性质的界定而言,我国《刑法》并不是无视正犯与共犯的行为性质界分。只不过对共同犯罪人行为进行定性的标准不同于量刑标准的集中式规定,其采取的是分散式的规定,因而散落于刑法规范的各个角落。正是这些规定决定了司法实践中认定共同犯罪时采取的是区分制的犯罪参与体系这一基本思考路径。所以,将这些分散式的规定结合为一个统一的体系,从整体性的角度予以把握,才能准确判断我国《刑法》犯罪参与体系的真实属性。

二、基于立法规范的我国过失共同正犯论的基本立场

(一)《刑法》第 25 条第 2 款与过失共同正犯否定说

毋庸置疑,对我国《刑法》第 25 条第 2 款进行解释的结论会对过失共

---

[1] 最高人民法院刑事审判一至五庭主办:《中国刑事审判指导案例 1(刑法总则)》,法律出版社 2017 年版,第 131 页。
[2] 最高人民法院刑事审判一至五庭主办:《中国刑事审判指导案例 1(刑法总则)》,法律出版社 2017 年版,第 131 页。

同犯罪的成立与否产生直接的影响。一般认为,刑法思考方法可以分为立法论的思考与司法论的思考。"立法论的思考是关于法律的思考,而司法论的思考是指根据法律的思考。"①因此,法律的存在是司法论之思考的前提,法律所规定的内容是司法论思考的根据。刑法理论以及刑事司法中采用的是司法论的思考,所以不能超出上述思考方法的一般规则,也即刑法理论以刑法规定为前提,刑事司法也以现行法的存在为逻辑演绎的起点。

过失共同正犯是刑法理论中的一个较为复杂的问题,在司法实践中也存在着大量涉及过失共同正犯的案件。比较考察日本刑法中的过失共同正犯理论,可以发现其已然形成自身的特色。在日本刑法理论中,过失共同正犯肯定说并不是从来都占据主导地位的。进入20世纪70年代,肯定过失共同正犯的见解才开始增加,并逐渐成为多数说。其中一个主要原因便是"肯定过失的共同正犯的判例早就已经存在。最高裁在昭和28年(1953年,笔者注)肯定了过失的共同正犯(最判昭28·1·23刑集7·1·30),告别了大审院时代的否定说"②。在此之后,日本下级法院的审判例对过失共同正犯也予以了肯定。但是,根据上述司法论之思考方法的法则,判例的观点必须有实定法的支撑,与实定法相违背的判决无疑是违反罪刑法定原则的。《日本刑法典》第60条规定:"二人以上共同实行犯罪的,都是正犯。""60条的规定在表述上,并未将共同正犯的成立限定于故意。因此,过失犯的场合肯定共同正犯的可罚性也不是不可能。"③也即,日本刑法理论认为,该条规定仅仅表明二人以上共同实行犯罪的行为人为共同正犯,至于共同正犯是只能由故意犯构成,还是也能存在于过失犯之间,并未明确规定。正是这种简洁的立法规定模式,使得法条具有足够的解释空间,为学说与判例肯定过失共同正犯的成立提供了可能。

与日本的情况不同,我国的立法一直被认为明确否定了过失共同正犯的成立。我国《刑法》第25条第2款规定:"二人以上共同过失犯罪,不以共同犯罪论处;应当负刑事责任的,按照他们所犯的罪分别处罚。"这一规定,一般被认为是我国《刑法》明确否定过失共同正犯成立的规范根据。理论与实践也都是以这种对法条的解释与判断为前提,来对待过失共同

---

① 陈兴良:《教义刑法学》(第三版),中国人民大学出版社2017年版,第2页。
② 〔日〕山中敬一:《ロースクール講義 刑法総論》,成文堂2005年版,第385页。
③ 〔日〕北川阳祐:《過失犯の共同正犯について》,载《法学研究》13号(2011)。

正犯问题的。例如,传统通说都将过失共同犯罪作为不构成共同犯罪的情况之一列举在"共同犯罪的认定"问题当中。① 此外,也有学者认为:"中国现行刑法的规定,明确否定了过失的共同犯罪,不仅否认过失的教唆犯与帮助犯,而且否认过失的共同正犯。因此,试图从解释论上肯定过失的共同犯罪,几乎不可能。"② 又如"按照我国《刑法》第 25 条的规定,共同犯罪仅限于故意犯罪,共同过失犯罪不是共同犯罪,应当分别定罪量刑"③。基于此,在我国刑法理论上,认为立法上否定了过失共同正犯的见解仍然处于通说的地位。

(二)区分制犯罪参与体系之下的过失犯

在我国《刑法》立法规范被认为否定过失共同正犯成立的前提之下,过失犯中是否区分正犯与共犯的问题自然难以引起理论界的重视。长期以来,过失犯采取何种正犯概念、是否区分正犯与共犯以及是否处罚过失共犯等问题,被我国刑法理论忽视。

但是,过失犯中是否也应当采取区分制的犯罪参与体系,区分过失正犯与过失教唆、帮助犯,是过失犯可罚性层面的重要问题,特别对过失共同正犯的成立与否具有重要影响。众所周知,德国刑法理论通说认为,区分正犯与共犯的限制正犯概念只适用于故意犯,过失犯应当采取统一的正犯概念。这是因为,《德国刑法典》第 26 条规定的教唆犯和第 27 条规定的帮助犯皆以"故意教唆……""故意帮助……"这种限定了主观故意的方式进行表述,也即以立法明文规定的方式否定了过失教唆、过失帮助的存在。以该立法规定为前提,在德国理论上主张对故意犯与过失犯分别采取不同的正犯概念,并以统一的正犯概念理解过失犯就成为可能。如果过失犯中采取的是统一的正犯概念,则所有与结果惹起之间具有因果性的过失行为都应当被评价为过失单独正犯,也就完全没有必要肯定过失共同正犯。进而就会产生在故意犯的情况下不过是教唆、帮助行为,却要在过失犯中被评价为正犯的现象。众所周知,过失犯在刑法中属于例外处罚的犯罪类型,若过失犯采取统一的正犯概念而不区分正犯与共犯,则"较故意犯,在过失犯中会更为广泛地处罚正犯,这是比例权衡原则

---

① 参见高铭暄、马克昌主编:《刑法学》(第十版),北京大学出版社、高等教育出版社 2022 年版,第 164 页。
② 张明楷:《共同过失与共同犯罪》,载《吉林大学社会科学学报》2003 年第 2 期。
③ 程新生、汤媛媛:《共同过失犯罪与刑法因果关系——从"误射行人案"切入》,载《法律适用》2008 年第 9 期。

（禁止为了达到预防目的而过度处罚）所不允许的"①。

由于涉及处罚范围的差异，对过失犯是否应当区分正犯与共犯的问题就需要在探讨过失共同正犯时慎重考虑。统一正犯概念与限制正犯概念尽管只是解释构成要件的两种方法，但无疑会受到刑法实际所采取的犯罪参与体系的制约。如上所述，我国《刑法》采取的是区分制的犯罪参与体系，那么这种区分制的犯罪参与体系是否会由于《刑法》第 25 条第 2 款的规定而仅限于故意犯的适用呢？也即我国立法上是否还存在区分过失正犯与过失教唆、帮助犯的解释空间？

我国《刑法》不论是对共同故意犯罪的规定，还是对共同过失犯罪的规定，采用的都是广义共犯的概念，因此立法没有就正犯与共犯的主观要素作出不同的规定。也即，不论是正犯还是共犯，主观上为故意的适用第 25 条第 1 款；如果主观上为过失，则适用第 25 条第 2 款。此外，第 25 条第 1 款是对故意地构成共同犯罪的全体下的定义，因此应当适用于第 26 条规定的主犯、第 27 条规定的从犯、第 28 条规定的胁从犯以及第 29 条规定的教唆犯。② 至于过失的教唆、帮助，尽管不受第 26 条至第 29 条的规制，但其却包含在第 25 条第 2 款规定的"共同过失犯罪"中。因为第 25 条第 2 款规定的是"二人以上共同过失犯罪，不以共同犯罪论处"，此处的"共同过失犯罪"、"共同犯罪"显然是从广义共犯概念的角度所作的规定。广义的共犯，既包括过失共同正犯，也包括过失教唆、帮助犯。所以第 25 条第 2 款的规定为在理论上区分过失正犯与过失教唆犯、帮助犯，探讨各自的可罚性提供了可能，也为在故意犯和过失犯上采取相同的正犯概念留有余地。

---

① 〔日〕长井圆：《日本における過失犯の正犯・共犯の基礎理論》，载《比較法雑誌》50 卷 3 号（2016）。

② 有学者认为，"在共同过失犯罪中，不存在主犯、从犯、教唆犯的区分，只存在过失责任大小的差别，因而也不需要对他们以共同犯罪论处，而只根据各人的过失犯罪情况分别负刑事责任就可以了"（高铭暄、马克昌主编：《刑法学》（第十版），北京大学出版社、高等教育出版社 2022 年版，第 164 页）。笔者认为，此种观点并不符合我国《刑法》第 25 条第 1 款与第 2 款的规定，没有对第 1 款和第 2 款以及第 29 条之间进行体系的解释。结合上述条文，应当认为，第 29 条教唆犯的规定是第 25 条第 1 款规定的广义的故意共同犯罪的延伸。至于过失教唆，本不应当认为该由第 29 条进行规定，因为其已经被规定在第 25 条第 2 款的广义的过失共同犯罪当中。

第二节　我国过失共同正犯否定说面临的困境

如果依照我国传统通说,将《刑法》第 25 条第 2 款之规定理解为法律规范明确否定了过失犯成立共同犯罪的可能,进而采取过失共同正犯否定说,则将导致我国刑法理论与司法实践陷入一系列困境。

一、处理案件缺乏合理依据

坚持我国立法明确否定过失共同正犯的前提,司法实践中对诸多案件的判决难言坚守了罪刑法定原则。面对实践中广泛存在的过失共同正犯现象,不以共同正犯的基本原理进行处理,得出的不合理结论恐怕我们自己秉持的正义观念都难以接受。与过失共同正犯相关的案例中,往往难以确定各行为人的过失行为与结果之间的因果关系。而所谓的同时犯,是指两人以上的行为人没有意思联络,同时对同一客体实行同一的犯罪。一般认为,同时犯在其性质上只是数个单独正犯的并列,因此各行为人都只应对自己的行为所导致的结果承担作为正犯者的责任。在数人的行为导致结果产生的情况下,由于无法查明所产生的结果由谁的行为引起,对所有行为人都只能追究未遂的责任。就刑法理论的通说性见解而言,过失犯一般被认为是结果犯,结果未发生则过失犯不成立,过失犯不存在未遂形态。如此一来,用同时犯的理论来解决数行为人的过失行为导致一个结果发生,却又无法判明各行为与结果之间因果关系的案例显然会得出不合理的结论。基于这种情况,对涉及过失共同正犯的案例,法官难免在正义观念上产生预先的判断,即不处罚是不合理的。法官在判案过程中,针对案件事实在正义观念上形成某种预判是合理的思维阶段。"康德早就注意到,我们的思考总是以初步的判断为导向展开的;这种初步判断为理性的运用提供了目标和方向:'初步的判断是十分必要的,它是所有的思考和调查过程中的理性的运用都不可缺少的;因为它在研究过程中对理性起引导作用,为理性提供不同的工具。当我们思考某一对象时,我们定然总是作出初步的判断,似乎对我们通过思考将要认识到的(最终的)认知已经有所感觉。'人们也可以把这种初步的判断称为'预见','因为早在人们对某一事物得出确定判断之前,已经对其有所预见'。"① 正是基于相关案例不成立过失共同正犯就难以得出妥当结论的预先判断,法官会考虑选择适用过失共同正犯的归责原理来处理这些案件,这种思维模式在我国的司法实践中也可以看到。

一方面,有学者认为我国《刑法》仅仅承认了过失共同正犯现象的客观存在,对于过失共同正犯的成立仍持否定态度。现实案件的处理是司法人员对共同正犯原理的"悄悄适用"。② 例如,"误射行人案"中:

1993年5月2日,雷某、孔某相约至某旅游区招待所阳台,使用JW-20型半自动运动步枪,选中离阳台8.5米左右处的一个树干上的废瓷瓶为目标比赛枪法。两人轮流各射击子弹3发,均未打中瓷瓶。其中一发子弹穿过树林和花溪河上空,飞向距离该招待所阳台约133米远的人行道上的某电线杆附近,恰逢行人龙某途经该处,致龙某右肩中弹,倒地身亡。③

在该案中,显然只有一人的过失行为导致了他人死亡结果的产生,由于因果关系难以查明,二人都无法单独地符合犯罪成立的条件,进而产生无人需对死亡结果承担刑事责任的不合理结论。此种结论无法为司法实践所接受。实际上,类似的案件也不会由于因果关系不明,就通过过失未遂不可罚的路径排除结果归责。所以,最后对本案中两被告均以以危险方法致人死亡罪定罪处罚,实际上是认定了过失共同正犯的成立。之所以说是"悄悄适用",是因为在案件处理中,法官未分别查明数行为人的行为与结果之间的因果关系,所以不是通过适用同时犯的归责原理来处理该案;也没有明确宣示适用了过失共同正犯的归责原理。因此,只能在适用过失共同正犯的归责原理处理案件上"悄悄"为之。

另一方面,随着相关案件的不断涌现,显然"悄悄适用"是难以为继的。因此,实践中出现了司法人员以我国《刑法》承认过失共同正犯的现象或事实客观存在为由,明确认定过失共同正犯成立的情况。但是,为何我国《刑法》承认了过失共同正犯现象的客观存在,就可以视为我国《刑法》承认了过失共同正犯的成立?论者并未对此进行充足的说理。例如,"央视大火案"中:

徐威在任职期间,擅自决定在央视新址施工区内燃放烟花,并指派邓炯慧等人筹办相关工作。2008年12月至2009年2月,沙鹏在徐威的授

---

① 〔德〕齐佩利乌斯:《法学方法论》,金振豹译,法律出版社2009年版,第21页。
② 参见张明楷:《共同过失与共同犯罪》,载《吉林大学社会科学学报》2003年第2期。
③ 案例参见最高人民法院中国应用法学研究所编:《人民法院案例选·刑事卷(1992年—1996年合订本)》,人民法院出版社1997年版,第46—51页。

意下,与刘发国、李小华、宋哲元共同商定从湖南购买 A 级烟花。耿晓卫带领刘发国、沙鹏、李小华、宋哲元等人进入央视新址工地确定燃放地点。胡德斌则按照徐威的指示通知田可耕、陈代义协助办理燃放前的工作。2009 年 2 月初,刘发国委托物流公司使用汽车将 A 级烟花及燃放设备从湖南省运至河北省永清县,存放于刘桂兰的只具备 C 级仓储资质的供销社仓库内。2009 年 2 月 6 日,沙鹏带领刘发国、曾旭等人再次进入工地查看燃放地点。陈代义协助并联系李俊义安排烟花进入工地的事宜。刘发国同宋哲元、薛继伟、张炳建使用没有烟花爆竹运输资质的厢式货车将烟花及燃放设备运至央视新址燃放地点。在刘发国的指挥下,曾旭等 7 人在燃放地点进行摆放烟花、填药、连线、测试等工作。2009 年 2 月 9 日,胡德斌按照徐威的指示通知田可耕及高耀寿做好燃放烟花的工作。田可耕、高耀寿即分别通知李俊义及陈子俊安排消防、保安工作。戴剑霄按照邓炯慧的指示,为燃放活动布置准备工作。2009 年 2 月 9 日 20 时许,王世荣在徐威的授意下,点火启动了烟花燃放活动。结果该烟花燃放造成重大火灾。一审法院认为徐威等 21 人的共同过失行为均构成危险物品肇事罪,应分别以危险物品肇事罪定罪处罚。在上诉审中,上诉被驳回,维持原判。①

又如,蒋勇、李刚过失致死案中:

两被告受人雇用驾驶农用车于 2005 年 8 月 13 日在某道路上行驶时,与驾驶农用车的当地的徐某对向相遇,双方因让道问题发生争执并扭打。尔后,徐某持手机打电话,蒋勇、李刚以为其在纠集人员,即上车调转车头欲驾车离开现场。徐某见状,即冲上前拦在车的前方并抓住右侧反光镜,意图阻止蒋勇、李刚离开。蒋勇、李刚将徐某拉至车后,由李刚拉住徐某,蒋勇上车驾驶该车以约 20 公里的时速缓慢行驶。后李刚放开徐某跳上该车后车厢。徐某见状迅速追赶,双手抓住该车右侧护栏欲爬上车。蒋勇从后视窗看到徐某的一只手抓住右侧护栏,但未停车。李刚为了阻止徐某爬进车厢,将徐某的双手沿护栏扳开。徐某因双手被扳开而右倾跌地且面朝下,被该车右后轮当场碾轧致死。②

---

① 参见刘克河、金昌伟:《危险物品肇事中共同过失犯罪的认定——"央视大火"案法律评析》,载《人民司法》2010 年第 16 期。
② 案例参见最高人民法院刑事审判一至五庭主办:《中国刑事审判指导案例 2(危害国家安全罪・危害公共安全罪・侵犯公民人身权利、民主权利罪)》,法律出版社 2017 年版,第 523—524 页。

这两个案例,实务部门都认为属于过失共同正犯,只是按照我国《刑法》的规定不按照共同犯罪处理。但是,认定行为人构成犯罪必然借用了过失共同正犯"一部行为全部责任"的原理先行判断复数过失行为应当共同对结果承担责任,在此基础之上再按照各行为人构成的犯罪分别定罪处罚,否则就难以解释案件处理的结论是如何得出的。

不承认过失共同正犯,采用"一部行为全部责任"的原理来处理上述案例,就会得出违背我们自身正义观念的结论。因此,对上述几个案例所遇到的因果关系难以判明的问题,实际上仍然是采用过失共同正犯的归责原理来进行解决的。因为,在因果关系难以判定的场合,只有采用"一部行为全部责任"的原理替代因果关系的判断,才可以将结果归责于数行为人。实际上,在"央视大火案"以及蒋勇、李刚过失致死案中,法官也都没有分别证明各行为人的行为与结果之间的因果关系,且以《刑法》承认了过失共同正犯的事实或者现象为理由认定共同过失犯罪的成立,只是在定罪处罚时分别处理。但是,仅仅以《刑法》承认过失共同正犯之事实或者现象的客观存在为理由,是难以为上述案件的处理提供充分依据的,因为事实与规范毕竟是不同的,这里缺乏司法上据以裁判的法律规范。如果认为《刑法》明确否定过失共同犯罪的成立,则不能适用"一部行为全部责任"的原理来处理上述案件,各行为人与结果之间的因果关系就应当分别证明,这不会因为过失共同正犯作为事实、现象的客观存在以及这种客观存在被法律承认而改变。正如黎宏教授所言,"共同过失犯罪是否成立共同犯罪,与共同过失犯罪现象是否存在,是两个完全不同的问题。前者是一种刑法制度,其存在与否,取决于刑法上是不是具有明文的规定;后者是一种社会现象,对其概括和总结,在犯罪学的研究上或许具有不同寻常的意义,但并不因此就直接说明其是刑法上所规定的一种处罚制度"①。进而依照我国《刑法》明确否定过失共同正犯成立的法律解释前提,难免会产生法官违反罪刑法定原则,在没有合理依据的情况下妄下裁判的现象。对这种案件处理方式的合法性担忧在现存的法律解释的前提之下是无法得到化解的,学者们在批判之外对司法实践也不会有更多助益。

---

① 黎宏:《"过失共同正犯"质疑》,载《人民检察》2007年第14期。

二、司法解释与立法相抵触

坚持将我国《刑法》第 25 条第 2 款解释为立法明确否定了过失共同正犯,则难以对最高人民法院关于《审理交通肇事刑事案件具体应用法律若干问题的解释》第 5 条的规定作出合理解释。该条第 2 款规定:"交通肇事后,单位主管人员,机动车辆所有人、承包人或者乘车人指使肇事人逃逸,致使被害人因得不到救助而死亡的,以交通肇事罪的共犯论处。"交通肇事罪是过失犯罪,如果坚持我国《刑法》明确否定了过失共同正犯,那么难以证明这一司法解释的合理性。

司法实践中,受该司法解释的指导,也存在将单位主管人员,机动车辆所有人、承包人或者乘车人认定为交通肇事罪共犯的判决。例如,孟新武、余胜文交通肇事一案:

2012 年 2 月,被告人余胜文从何养现处购得改装拖拉机一辆,2013 年 3 月余胜文雇用无相关驾驶资质的被告人孟新武,安排孟新武在渭南市临渭区闫村镇闫村村四组砖厂驾驶该车从事运输工作。同年 6 月 24 日,被告人余胜文明知该车经过改装,前部加装的大灯不能正常使用,后部灯具缺失,指使被告人孟新武驾驶该车与自己一同前往北闫村汽车修理厂修理该车。当晚 22 时许,余胜文驾驶自己的摩托车在前,从修理厂返回闫村村四组砖厂。当孟新武驾驶改装的拖拉机沿关中环线由北向南行驶至北闫村段时,与被害人李某驾驶的两轮摩托车发生追尾,致摩托车倒地、李某头部受到严重撞击后死亡。事故发生后孟新武驾驶肇事车辆逃离现场,赶上车主余胜文,将肇事经过告诉余胜文,余胜文即驾驶摩托车来到肇事现场,发现倒在地上的摩托车后并未立即报警,反而驾车离开,并让孟新武与其一同返回砖厂。[①]

对于该案,渭南市临渭区人民法院认定:

被告人孟新武无证驾驶车辆违反道路交通安全法规,发生交通事故,致一人死亡,且肇事逃逸,负事故全部责任,其行为已构成交通肇事罪共犯。被告人余胜文明知自己的车辆经过改装,前部大灯断路、后部没有灯光装置,其车安全装置不全,仍指使被告人孟新武驾驶,发生交通事故,且发现发生事故后,不立即报警,反而指使被告人孟新武一起逃离现场,性质严重,影响极坏,其行为亦构成交通肇事罪。

---

① 参见陕西省渭南市临渭区人民法院(2014)临渭刑初字第 00106 号刑事判决书。

有学者对此解释持支持态度,认为:"第一,车辆驾驶人员肇事引发交通事故虽然是过失的,但在交通肇事后的逃逸行为却是故意的。尽管前后在主观方面发生变化,有所不同,但刑法并非因此对故意逃逸的行为单独定罪,而是将'交通肇事后逃逸'以及'因逃逸致人死亡的行为'规定为交通肇事罪的加重处罚情节,一罪论处。第二,指使者虽未帮助或教唆实施肇事行为,但在明知肇事已发生的情况下,仍指使、教唆肇事人实施逃逸行为。最终,肇事行为与共同逃逸行为造成了被害人死亡的后果,指使者和肇事者对肇事后的逃逸具有共同的故意,故指使者应与肇事者共同对这一后果承担刑事责任,并且只能以交通肇事罪的共犯论处。"[1]可见,这一观点仍然力图将上述司法解释的规定纳入共同犯罪只限于故意犯的逻辑前提。但是,正如张明楷教授所言,这一肯定观点"意味着过失的交通肇事罪包含了故意的结果加重犯,换言之,存在着'基本的过失犯+故意的加重犯'的情形,这是难以被人理解和接受的"[2]。此外,一般认为,结果加重犯中行为人对于加重结果至少有过失,也就是说,行为人对加重结果的主观罪过既可以是故意也可以是过失。那么上述观点将司法解释的规定理解为对加重结果的罪过仅限于故意,而完全排除过失则缺少充分的理由。

总之,笔者认为,基于我国《刑法》明确否定过失共同正犯的法律解释前提,对于上述司法解释规定的合理性,甚至是合法性都应当提出疑问。其存在着与立法相抵触,进而否定立法的缺陷。而司法解释尽管也属于对法律的解释,但是由于我国有权司法解释自身的特点,其一旦被制定,对于司法实务就具有广泛的效力。例如,实践中就有观点认为"共同过失问题在我国司法实践中并不是一个陌生的概念,如《最高人民法院关于审理交通肇事刑事案件具体应用法律若干问题的解释》中就有交通肇事罪的共犯问题的规定,处于监督与被监督关系的重大责任事故类犯罪也普遍存有共同过失"[3]。由此可见,此处的观点不仅认同上述司法解释对共

---

[1] 孙军工:《〈关于审理交通肇事刑事案件具体应用法律若干问题的解释〉的理解与适用》,载中华人民共和国最高人民法院刑事审判第一、二庭编:《刑事审判参考(第12辑)》,法律出版社2001年版,第76—79页。

[2] 张明楷:《共同过失与共同犯罪》,载《吉林大学社会科学学报》2003年第2期,第44页。

[3] 最高人民法院刑事审判一至五庭主办:《中国刑事审判指导案例2(危害国家安全罪·危害公共安全罪·侵犯公民人身权利、民主权利罪)》,法律出版社2017年版,第525页。

同过失犯罪的规定,而且进一步将共同过失扩展到"处于监督与被监督关系的重大责任事故类犯罪",在处理时"按照我国现行刑法规定,不能以共同犯罪论处,只能对他们分别定罪处罚"①。因此,对以这种具有违反罪刑法定原则嫌疑的司法解释指导司法实务显然存在疑问。

三、难以贯彻同等对待原则

坚持我国立法明确否定过失共同犯罪的前提,会产生相同事物不同处理的不公正结论。

一般认为,基于责任主义原则,结果加重犯中行为人对于加重结果在主观上至少要具备过失。因此,在结果加重犯的场合下,当数行为人对于加重结果都存在过失时,是否承认结果加重犯的共同正犯就会存在问题。如果认为在这种情况下不成立结果加重犯的共同正犯,则仍然会遇到在因果关系难以确定的情况下,结果无法归属的问题。如果承认结果加重犯的共同正犯的成立则又会产生新的疑问。例如,有学者指出:"在结果加重犯的情况下,共同犯罪人既然共谋实施某一犯罪,那么其对于犯罪中可能发生的加重结果应当是有所预见的,所以主观上亦有过失。因此,共同实行犯中的各共同犯罪人对加重结果都应承担刑事责任,而不论其加重结果是否由本人的行为直接造成。例如,甲、乙共谋伤害丙,在共同伤害的过程中,甲不意一石击中丙的头部致其死亡,构成了故意伤害罪的结果加重犯。为此,甲、乙应成立结果加重犯的共同实行犯。"②

司法实践中,复数行为人共同对加重结果承担过失责任的判决同样存在。例如,在赵金明等故意伤害案中:

被告人赵金明与马国超曾经有矛盾,案发前赵金明听说马国超放风要把自己砍掉,决定先下手为强。2003 年 8 月 14 日晚 7 时许,被告人赵金明在汉川城区欢乐商城得知马国超在紫云街出现后,邀约被告人李旭及韩成雄、韩愈杰、韩波、汪冲、谢泉(均另案处理)前往帮忙,并在一租住处拿一尺多长的砍刀 7 把,一行人乘"面的"到紫云街。在车上被告人赵金明发给每人一把砍刀,车行至紫云街看见马国超正在街上同人闲聊后,被告人赵金明等人下车持刀向马国超逼近,距离马国超四五米时被马国

---

① 最高人民法院刑事审判一至五庭主办:《中国刑事审判指导案例 2(危害国家安全罪・危害公共安全罪・侵犯公民人身权利、民主权利罪)》,法律出版社 2017 年版,第 525 页。

② 陈兴良:《共同犯罪论》(第三版),中国人民大学出版社 2017 年版,第 381 页。

超发现,马国超见势不妙立即朝街西头向涵闸河堤奔跑,被告人赵金明持刀带头追赶,被告人李旭及韩成雄、韩愈杰、韩波、汪冲跟随追赶。当被告人赵金明一行人追赶40余米后,马国超从河堤上跳到堤下的水泥台阶上,摔倒在地后又爬起来扑到河里,并且往河心游。被告人赵金明等人看马国超游了几下,因为怕警察来,就一起跑到附近的棉花田里躲藏,等了半小时未见警察来,逃离现场。同年8月16日马国超的尸体在涵闸河内被发现。经法医鉴定,马国超系溺水死亡。①

判决认定数被告人皆构成故意伤害(致人死亡)罪,并指出:被害人被逼跳水的行为是被告人等拿刀追赶所致,被害人跳水后死亡与被告人的行为有法律上的因果关系,即使被告人对被害人的死亡结果出于过失,但鉴于事先被告人等已有伤害故意和行为,根据主客观相一致原则,亦应认定构成故意伤害(致人死亡)罪。

由此可见,判决认定数行为人对死亡结果只存在过失,不构成故意杀人罪的共同犯罪。但是,在也没有进一步说明数行为人对死亡结果均存在过失的情况下,如何共同对该加重结果承担责任。在没有确定加重结果与数行为人的行为之间皆具备因果关系的情况下,认定都需要对加重结果承担责任,实际上是运用了共同正犯的处理原则解决了加重结果的归责问题。

但是,相同事物相同处理是实现正义的基本要求。"法律思考所使用的一种特别重要的理性考量模式是同等对待原则。该原则要求对实质上相同的事物同等对待,而对实质上不同的事物不同对待。"②在数人过失行为共同导致损害结果发生的场合,对加重结果存在共同过失的结果加重犯中可以存在共同正犯,而不承认单纯共同实施过失行为的行为人构成过失共同正犯,笔者认为是不符合同等对待原则的。尽管相同的事物也存在不同处理的可能,也即,相同事物同等对待的考量模式还是为相同事物不同对待留有空间,只是这种不同对待需要正当的理由。那么,承认结果加重犯的共同正犯而否定过失共同正犯是具有正当理由的吗?学者对此也未有更多的研究。

---

① 案例参见最高人民法院刑事审判一至五庭主办:《中国刑事审判指导案例2(危害国家安全罪·危害公共安全罪·侵犯公民人身权利、民主权利罪)》,法律出版社2017年版,第557—558页。

② 〔德〕齐佩利乌斯:《法学方法论》,金振豹译,法律出版社2009年版,第20—21页。

四、理论研究与司法实践相脱节

坚持将我国《刑法》第 25 条第 2 款解释为立法明确否定了过失共同正犯,在理论上导致的状况是学者们主要集中于研究过失共同正犯成立与否的问题,以及主张在立法论上肯定过失共同正犯。[1] 一方面,主张在立法论上承认过失共同正犯,对我国立法关于共同犯罪的规定进行修改、重构,固然是一劳永逸的解决办法。但是,这实际上对现实中已然存在的过失共同正犯案件的处理毫无益处。另一方面,在肯定说的前提下,对于过失共同正犯如何成立,过失共同正犯的成立条件是什么等问题的研究缺乏动力。由于上述法律解释前提的存在,现今肯定过失共同正犯的研究是与实定法以及通说观点不相容的,致使过失共同正犯不过是共同犯罪成立问题上需要反向排除于处罚范围之外的事例,肯定过失共同正犯的见解只能游离于理论体系之外。但是体系性的思考有其自身的优点,即"通过维持法适用过程中的统一性和合理性,防止在解决具体的事例中所可能出现的法适用者的恣意性和不合理性"[2]。"明确犯罪有哪些成立要素,检讨具体的事实属于哪个要素,就可以从具体案件的复杂多样的案情中区分出重要者与不重要者。在体系上考察诸要素的关系,这个事实所具有的意义会更加明确。事先建立理论的体系,裁判官在处理各个案件时,感情、案件的特殊性受到限制,就能做出公正统一的裁判"[3]。肯定过失共同正犯的见解长期游离于我国刑法理论体系之外,理论体系的效用在该问题上自然难以发挥。

此外,实践中不断出现关于过失共同正犯的刑事判决,使得过失共同正犯可以成立的观点正在缓慢地获得效力,其所面对的实践难题及解决该难题的可能性使得这种观点获得司法部门的接受的或然性正在不断增大。"一个持续出现的事实是,在法律发展的一定阶段,某种解释的可能性、某项一般法律原则或者某一漏洞填补的做法会被提出并讨论,并缓慢地获得其效力;也就是说,它们被司法/执法机关接受的或然性不断增

---

[1] 参见邹兵:《过失共同正犯研究》,人民出版社 2012 年版,第 220—221 页;张明楷:《共同过失与共同犯罪》,载《吉林大学社会科学学报》2003 年第 2 期;郑延谱、邹兵:《试论过失共同正犯——立法论而非解释论之肯定》,载《中国刑事法杂志》2009 年第 7 期。

[2] 〔韩〕金日秀:《关于犯罪论体系的方法论考察》,郑军男译,载赵秉志主编:《刑法论丛》(2012 年第 2 卷)(总第 30 卷),法律出版社 2012 年版,第 54 页。

[3] 〔日〕平野龙一:《刑法総論 I》,有斐阁 1972 年版,第 87 页。

大。"[1]而过失共同正犯论却长期游离于理论体系之外,对其研究得不到深入展开,也就无法为实践中认定过失共同正犯的成立提供必要的知识供给。法官恣意审判产生的危险性增大了,关于过失共同正犯的适用也处于极不安全与不稳定的状态之下。如上述"央视大火案"中,对被告人薛继伟、张炳建使用没有烟花爆竹运输资质的厢式货车将烟花及燃放设备运至央视新址燃放地点的行为,被告人刘桂兰为A级烟花及燃放设备的存放提供只具备C级仓储资质的供销社仓库的行为何以成为危险物品肇事罪的客观行为,以及这些行为与危害结果之间的因果关系如何等问题,判决并没有展开详细的说理。但是,将明显与危害结果之间不存在因果关系的行为纳入过失共同正犯的共同行为进行处罚,即便站在承认过失共同正犯的立场上也不能被认为是妥当的。

第三节 小结——徘徊于规范与事实之间的过失共同正犯问题

综上所述,我国《刑法》第25条第1款对共同犯罪限于故意犯罪的定义以及第2款关于共同过失犯罪不以共同犯罪论处的规定,给我国刑法理论在解释论上探讨过失共同正犯的成立带来了规范解释上的障碍。基于刑法解释学之解释对象的限制,我国刑法理论上关于过失共同正犯的研究长期处于停滞不前的状态,除了引介日本理论中在20世纪70年代就提出的"共同注意义务共同违反说",没有继续探索解决过失共同正犯问题的其他路径,也缺乏应对该理论难题的本土化方案。

与此理论研究现状形成鲜明对比的是,当前我国社会状况的急剧转型以及刑事司法实践的迫切需求使得刑法理论在处理复数过失参与行为的结果归责问题时显得捉襟见肘。在现代风险社会的背景之下,"生产力在现代化进程中的指数式增长,使风险和潜在自我威胁的释放达到了前所未有的程度"[2]。风险广泛存在于各个领域,使得风险管控成为社会治理的中心议题。刑法越来越被视为一种风险管控的手段,不断扩大介入社会生活的范围。过失共同正犯、过失竞合等结果归责的路径,正是在刑

---

[1] 〔德〕齐佩利乌斯:《法学方法论》,金振豹译,法律出版社2009年版,第12页。
[2] 〔德〕乌尔里希·贝克:《风险社会:新的现代性之路》,张文杰、何博闻译,译林出版社2018年版,第3页。

法的持续扩张中获得了一席之地,自身也呈现出扩张适用的趋势。近年来,这种风险社会的不安全性与不确定性的特征逐渐浮现于我国社会的方方面面。在我国社会快速发展、公共交通不断完善、工业领域自动化水平不断提高的同时,诸如天津港"8·12"特别重大火灾爆炸事故、吉林长春长生生物疫苗事件、上海踩踏事故等重大生产安全责任事故、大型火灾事故、产品责任事故、医疗事故以及群体踩踏事故频发,带来了巨大的社会危害,引起了社会各界的广泛关注。我们发现在类似大型事故的背后,一个重大危害结果的发生往往与复数参与人的过失行为之间存在因果关联。如何在数个过失参与人之间就该结果进行归责,已经成为刑法理论上的重大关切与司法实践中的疑难问题。解决大型事故类犯罪的结果归责问题,过失共同正犯、过失竞合等便于复数过失参与行为结果归责的路径自然成为首选。

另外,由于"风险意识加剧了公众的焦虑感与不安全感,如何为个人存在提供制度上的安全保障开始支配政策的走向"[1]。民意也不断介入立法与司法领域,试图推动立法与司法采取有效举措,保障个人的安全。诸如有关醉驾入刑、高空抛物入刑、降低刑事责任年龄下限等立法动向以及关于加重拐卖妇女、儿童犯罪的处罚、增设暴行罪等社会问题的争议,体现的正是全社会在应对风险时的惊慌失措,以及对具有社会控制功能的刑罚措施的盲目信赖。面对汹涌的民意,法律领域自然需要作出回应,只是如何能在风险治理过程中保持理性,避免刑事处罚的强制手段蜕变为风险防控诉求的宣泄口,是社会风险转向背景下刑法理论变迁所面对的重要课题。而过失共同正犯恰有可能成为刑罚扩张的正当化政策手段,用以填补复数人过失竞合的情况下由于证明各个行为人的行为与结果之间存在因果关系存在的困难所形成的处罚漏洞。[2] 因为,共同正犯是通过共同性的判断取代了单个行为人的行为与结果之间因果性的判断,在行为与结果之间的因果关系的判断上省去了公诉机关的证明责任。[3] 所以,"在共同正犯中,证明个别犯罪行为与结果之间的因果关系是多余

---

[1] 劳东燕:《风险社会中的刑法:社会转型与刑法理论的变迁》,北京大学出版社2015年版,第33页。
[2] 参见〔日〕长井圆:《日本における過失犯の正犯・共犯の基礎理論》,载《比较法雑誌》50卷3号(2016)。
[3] 参见陈子平:《团队医疗与刑事过失责任(上)》,载《月旦法学杂志》2011年第190期。

之事"①。在大型责任事故等复数行为人过失参与的犯罪中,处于问题核心位置的恰恰是作为结果归责判断前提的因果关系。能否以肯定过失共同正犯的成立来替代因果关系的判断,已经超出了共同正犯类型范围的问题,而与现实中解决社会问题的路径的法治化拷问紧密结合在一起。

有鉴于此,徘徊于规范与事实之纠葛间的我国过失共同正犯问题长期游离于我国刑法理论体系之外而缺少必要的理论架构,实在不利于理性划定刑罚处罚的范围,有损刑事法治的实现。因此,笔者认为,我国刑法理论也有必要对过失共同正犯的理论构造进行精致架构,为该问题的解决提供一个体系框架之下的可行道路。

---

① 〔德〕Ingeborg Puppe:《反对过失共同正犯》,王鹏翔译,载《东吴法律学报》2006年第4期。

第二章　过失共同正犯的
理论纷争及其启示

关于过失共同正犯的理论学说，围绕着过失共同正犯成立与否的问题形成了肯定说与否定说的对立。在日本刑法理论中，过失共同正犯论的发展大体上经历了四个时期。[①] 在这四个不同的理论发展时期中，肯定说与否定说的对立始终存在，且交替占据理论的上风。与此不同的是，在德国刑法理论中，否定过失共同正犯的主张始终处于通说的地位。不过，近年来，德国理论中肯定过失共同正犯的见解开始兴起，成为新的发展方向。我国关于过失共同正犯的理论见解，是在借鉴日本理论的基础上形成的，因此比较考察德日理论中关于过失共同正犯的学说对于正确认识我们自身的理论状况具有积极的作用。鉴于此，本章以过失共同正犯肯定说与否定说的对立为线索，探寻刑法理论中过失共同正犯的研究历程与现状，以期为我国过失共同正犯的进一步研究提供一些启示。

第一节　过失共同正犯否定说

一、基于犯罪共同说的否定说

犯罪共同说与行为共同说是日本刑法共犯理论中关于共犯本质问题所形成的基本对立的观点。日本刑法理论中的过失共同正犯论最初是以犯罪共同说与行为共同说的对立为基轴展开探讨的，学者们将其称为"古典的对立"。[②] 第二次世界大战之前，日本刑法理论的共犯学说处在学派

[①] 参见〔日〕大塚裕史：《過失犯の共同正犯》，载《刑事法ジャーナル》28号（2011）。关于日本刑法中的过失共同正犯论的分歧，可见〔日〕北川阳祐：《過失犯の共同正犯について》，载《法学研究》13号（2011）；〔日〕北川佳世子：《我が国における過失共同正犯の議論と今後の課題》，载《刑法雑誌》38卷1号（1998）。

[②] 参见〔日〕松宫孝明：《「明石步道橋事故」と過失犯の共同正犯について》，载《立命館法学》2011年4号（338号）；〔日〕中山研一：《口述刑法総論》，成文堂2005年版，第299页。

之争的背景之下,一般在牧野·木村的主观主义共犯论与小野·泷川的客观主义共犯论的对抗关系上进行理解。① 客观主义的犯罪共同说与主观主义的行为共同说之间的对立,是学派之争在共犯本质问题上的体现。客观主义之所以采犯罪共同说,是因为犯罪共同说将为客观的构成要件所特定的犯罪之共同作为共犯的本质,与古典学派的基本立场相一致。而主观主义之所以往往采行为共同说,是因为基于犯罪征表说,即便是脱离了构成要件的自然意义上的行为,也足以体现出行为人的社会危险性,因此,共犯以前构成要件的·自然的行为的共同为已足。② 此种学派之争的对立反映到过失共同正犯论中,聚焦于过失共同正犯成立与否的问题上,形成了客观主义的犯罪共同说的否定说与主观主义的行为共同说的肯定说之间的对立。③

犯罪共同说认为,共犯就是数人共同实施特定的一个犯罪,也即"数人一罪"。依照犯罪共同说,共同正犯的成立以共同实现特定犯罪结果的意思联络为必要条件,过失犯不存在对犯罪结果的认识,因而不可能形成共同实现特定犯罪结果的意思联络,所以否定过失共同正犯的成立。例如,泉二新熊主张,共同正犯的成立以共犯者相互间的共同犯罪认识为必要,进而认为共同正犯的成立条件中,客观的要件要求"二人以上的有责者共同实行构成同一犯罪事实的行为"④;主观的要件要求"共同行为者

---

① 参见〔日〕中山研一、浅田和茂、松宫孝明:《レヴィジオン刑法 1》,成文堂 1997 年版,第 1 页。
② 参见〔日〕大塚仁:《刑法概説(総論)(第四版)》,有斐阁 2008 年版,第 282 页。
③ 需要指出的是,在日本刑法理论中,关于共犯本质的学说除了犯罪共同说与行为共同说,还有所谓的共同意思主体说。就共同意思主体说的地位,存在不同的见解。草野豹一郎和齐藤金作将共同意思主体说作为与犯罪共同说、行为共同说并列的第三种学说。而植松正、西原春夫则将共同意思主体说作为犯罪共同说的一种来对待。例如,西原春夫认为,共同意思主体说是犯罪共同说中明确并强调共犯者应当负责任的实际状态的存在构造的学说(参见〔日〕西原春夫:《刑法総論》,成文堂 1977 年版,第 326 页)。尽管如此,共同意思主体说与犯罪共同说对待过失共同正犯问题的态度是不同的。如后所述,随着肯定过失共同正犯的判例的出现,主张犯罪共同说的学者也开始承认过失共同正犯的成立。但是,对于采共同意思主体说的学者,由于该学说强调在共同犯罪中必须有共同意思主体的形成,所以行为人之间主观上的意思联络是不可欠缺的要件,使得共同意思主体说难以存在承认过失共同正犯的余地。近期的学者,如冈野光雄仍然以共同意思主体说为立场,否定过失共同正犯的成立(参见〔日〕冈野光雄:《刑法要説総論》(第 2 版),成文堂 2009 年版,第 296 页)。因此,在过失共同正犯的问题上,共同意思主体说与犯罪共同说存在重大区别。但是,就古典对立时期而言,主要的争论还是存在于犯罪共同说与行为共同说之间。共同意思主体说的观点后文详述。
④ 〔日〕泉二新熊:《改正日本刑法論》,有斐阁 1908 年版,第 369 页。

相互间的共同犯罪观念,特别是以自己的实行意思与他共同者的实行意思相互作用达到完成同一犯罪事实的观念"[1]。由此,泉二新熊以真正主观要件的欠缺为由,得出不存在过失犯的共同正犯的结论。

泷川幸辰也从犯罪共同说的立场否定过失共同正犯,其认为,共同正犯,"在客观方面,集合了各个共同行为人的行为,全面地满足了特定的犯罪构成要件,并且只是由不相同的人的数个行为组成了全体,此外再没有任何特别的性质。与此相反,在主观方面,则显示出其固有的本质特征。各个共同者补充他人的行为,同时认识到自己也为他人行为所补充,且以按照这一认识去实施行为为必要。以相互补充、结合的行为达到同一个结果的决心是共同犯罪的综合要素,也是其独自具有的特征。这种相互理解的心理状态只存在于故意行为之中,因此,共同正犯以故意为前提。过失犯的共同正犯不予考虑。共同企望什么的观念,也可以同过失的共同动作结合起来,但是,包含着想共同地引起结果的一部分行为的决心,却不能与过失的共同动作相结合"[2]。

二、基于共同意思主体说之否定说

(一)基于共同意思主体说之否定说的基本观点

共同意思主体说是由日本刑法学者草野豹一郎所创立的学说,其后由齐藤金作、西原春夫等学者继承与发展,在现今的日本刑法理论中仍然为部分学者所主张。

草野豹一郎认为:"一般来说,社会现象既可以依个人的单独行为而产生,亦可以由数人的共同行为而产生。这一共同现象在经济上被作为一种分工或者合同关系来研究;在民商法上被规定为一种法人或者合作制度。而从刑法角度来观察这种现象时,则产生了共犯的观念。二人以上者为实现共同目的而融为一体,就产生了一种特殊的社会心理现象……因此,可以认为共犯立法就是鉴于这种特殊的社会心理现象而制定的。"[3]"共同意思主体说的特色在于,二人以上的异心别体的个人为实现其实施一定犯罪的共同目的而结成同心一体。但是,这种共同意思主

---

[1] 〔日〕泉二新熊:《改正日本刑法論》,有斐閣 1908 年版,第 370 页。
[2] 〔日〕泷川幸辰:《改訂犯罪論序説》,有斐閣 1947 年版,第 229 页。
[3] 〔日〕草野豹一郎:《刑法總則講議(第一分册)》,南郊社 1935 年版,第 193—194 页。

体并非自然现象,而是二人以上者就实施一定的犯罪所进行协议而成立的,此协议又被称为通谋或者共谋。"①齐藤金作在共同意思主体说的基本观点上大体继承了草野豹一郎的见解。②

西原春夫是草野豹一郎和齐藤金作之后主张共同意思主体说的主要学者之一。就过失共同正犯来说,西原春夫认为:"过失犯的共犯存在各种形态。各自基于不注意而实施行为,导致结果发生的场合,即使过失行为是共同实施的,由于对各个人可以认定为单独犯的过失犯,没有援用共犯规定的必要。认为有必要的场合,例如,各人在意思疏通的基础上各自向下扔石头,无法证明是谁扔的石头导致被害人受到伤害的情况。但是,这种场合,让全体成员承担过失伤害罪的责任是不当的,不得已地应当采取无罪的结论……过失犯的场合,不应当援用共犯的规定,适用部分行为全部责任的法理,也没有援用的必要。应当否定过失共犯以及对过失犯的共犯。"③

共同意思主体说认为,共同犯罪的成立必须有两人以上者为实现一定犯罪的共同目的,并基于这种共同目的而结成共同意思主体。过失犯由于不具有实现一定犯罪的共同目的,本身就不可能结成共同意思主体,因而否定过失共同正犯的成立。例如,齐藤金作指出,"法律之所以规定共犯,是由于二人以上者在共同目的上合而为一,而产生了特殊的社会心理现象,据此,一定的犯罪以故意犯为必要。因为,没有在一定目的上的相互了解,进而产生特殊的社会心理现象,就没有进行特别对待的必要。从而对过失犯的共犯或者过失共犯都不应当承认"④。

近年来,基于草野·齐藤的共同意思主体说以过失犯本质上欠缺对结果的意欲为由否定过失共同正犯的见解,在理论上基本得以维持。⑤ 例如,冈野光雄即采共同意思主体说的学者,⑥其认为,"一部行为全部责任"法理的根据即便在于"相互利用、补充的关系",也要对犯罪结果存在

---

① 〔日〕草野豹一郎:《刑法改正上の重要問題》,严松堂书店1950年版,第315页。
② 齐藤金作的观点以及具体论述可以参见〔日〕齐藤金作:《刑法總論》(改订版),有斐阁1955年版,第226—227页。
③ 〔日〕西原春夫:《刑法總論》,成文堂1977年版,第335—336页。
④ 〔日〕齐藤金作:《刑法總論》(改订版),有斐阁1955年版,第233页。
⑤ 主要包括〔日〕冈野光雄:《刑法要説總論》(第2版),成文堂2009年版,第296页;〔日〕曾根威彦:《刑法總論》(第4版),弘文堂2008年版,第257页;〔日〕立石二六:《刑法總論》(第4版),成文堂2015年版,第322页。
⑥ 参见〔日〕冈野光雄:《刑法要説總論》(第2版),成文堂2009年版,第276页。

目的,欠缺对结果的认识(故意)的过失犯的场合,承认以"一部行为全部责任"法理为基础的共同正犯是不妥当的。①

(二)基于共同意思主体说之否定说存在的问题

一般来说,在共同意思主体说的立场上,否定过失共同正犯的成立是当然的结论。② 但是,从共同意思主体说的立场来否定过失共同正犯的观点,在作为其理论基础的共同意思主体说自身理论方面就存在妥当与否的问题。由草野豹一郎所创立的共同意思主体说,为共谋共同正犯提供了理论支柱。③ 所谓共谋共同正犯,是指二人以上者共谋实施一定的犯罪,在其中的一部分共谋者实行了该犯罪的时候,包括没有参与实行行为的人在内,所有共谋者都成立共同正犯的情况。共谋共同正犯在日本刑法理论上是一个长期争论的问题。依照共同意思主体说的见解,二人以上者通过实施一定犯罪的共同目的的共谋而结成共同意思主体,只要其中一人实行了犯罪,就可以将该实行行为作为共同意思主体的活动,全体共谋者成立共同犯罪。因此,就为共谋共同正犯提供理论基础这一点来看,共同意思主体说具有存在的价值。

但是,共同意思主体说也受到了理论上的诸多批判。其一,共同意思主体说立足于团体责任主义的立场,与近代以来刑法所确立的个人责任原则背道而驰。④ 其二,将犯罪实行作为共同意思主体的活动,而刑事责任的承担者却不是共同意思主体,而是构成共同意思主体的个人,这又会产生责任的转嫁,违背刑法的责任原则。⑤ 共同意思主体说对此批判进行了有力的反驳,认为实行共同正犯中的"一部行为全部责任"实际上与共同意思主体说是同一原理。"通说虽然强调个人责任原理,但实际上就实行行为主体承认了超个人的存在。最终,各分担者应当对这种超个人的存在所实施的全部实行行为承担各自的责任。关于这一点,通说与共同意思主体说的理论构成是相同的。两者的差异只在于,是否将实行行为

---

① 参见[日]冈野光雄:《刑法要说總論》(第2版),成文堂2009年版,第296页。
② 理论上也有少数的学者立足共同意思主体说而肯定过失共同正犯的成立。例如,日本学者小泉英一认为,即便是过失犯,在行为人所认识的限度内,也可能存在意思的共同,在此限度之内可以成立过失共同正犯(参见[日]小泉英一:《刑法總論》(新订版),敬文堂1968年版,第193页)。
③ 参见[日]冈野光雄:《共同意思主体説と共謀共同正犯》,载《刑法雜誌》31卷3号(1990)。
④ 参见[日]大塚仁:《刑法概説(總論)》(第4版),有斐阁2008年版,第304页。
⑤ 参见[日]泷川幸辰:《改訂犯罪論序説》,有斐阁1947年版,第235页。

的主体着眼于其实体,进而将其直率地表现为超个人的存在。因此,如果通说对共同意思主体说提出非难,指出其实行行为的主体(共同意思主体)与责任的主体(个人)相分离的问题的话,那么这种非难同样适用于通说本身,因此,应当说这种非难是失当的。"①

笔者认为,尽管共谋共同正犯中存在团体责任的现象,但这只能被视为对个人责任原则在有限范围内的修正,不能将其在所有的共犯现象中进行一般化。"共同正犯中的'部分行为全部责任的原则',是在整体上追究共同正犯的行为责任,虽然没有必要像单独正犯那样要求所有的实行行为都自己实施,但原则上也应当是参与者个人自己实施部分行为,并非只要他人有实行行为即可。否则,实行和教唆、帮助的区别,只能以是否发挥'重要作用'的标准来判断,就会丧失明确性。"②因此,共同意思主体说以团体责任主义为理论的基础,并将之贯彻到整个共犯论中,在诸多问题上难以得出正确的结论,是不妥当的。

综上所述,从共同意思主体说出发,认为过失犯的场合由于不能具有实施一定犯罪的共谋,难以形成共同意思主体,而否定过失共同正犯的成立,这在理论上是站不住脚的。共同正犯的成立并不以共同意思主体的形成为前提,这一点不论是在故意共同正犯中还是在过失共同正犯中,都是相同的。

三、基于统一的正犯概念的否定说

(一)基于统一的正犯概念之否定说的起源与基本见解

在德国刑法理论中,一般认为过失犯中应采统一的正犯概念,复数行为人过失地惹起结果的,皆为过失正犯,应当构成过失同时犯。因此,过失犯中无需共同正犯的形态存在,进而否定过失共同正犯。

过失犯适用统一的正犯概念的主张源于 Welzel 的二元的正犯概念。Welzel 认为,过失犯是惹起犯,适用"惹起构成要件"。③ 故意作为犯的构成要件与过失的惹起构成要件是不同的,因此对故意的构成要件与过失的构成要件采取同一的正犯概念的主张是不正确的。故意犯中应当区别

---

① 〔日〕西原春夫:《共同正犯における犯罪の実行》,载植松正等编:《现代の共犯理论:齐藤金作博士还暦祝贺》,有斐阁1964年版,第130页。
② 〔日〕山中敬一:《刑法総論》(第3版),成文堂2015年版,第931页。
③ 参见〔日〕松宫孝明:《過失犯論の現代的課題》,成文堂2004年版,第46—47页。

正犯与共犯的观点,在过失犯中并不是当然妥当的。即故意犯采取的是正犯与共犯相区别的限缩的正犯概念,与此相对,在过失犯中,对结果有因果性态度的行为人原则上就是正犯的扩张的正犯概念是妥当的。进而区分故意犯与过失犯的不同情况,采取二元的正犯概念。Welzel这种主张是由其目的行为概念所决定的。Welzel认为,目的的(故意的)正犯者,是犯罪的决意与实行的支配者,因此,以目的行为的支配的有无来区别正犯与共犯。正犯是以目的意识的形成支配犯行者;作为共犯的教唆者、帮助者不过是参与了他人的犯行支配。而过失犯的正犯,都是通过违反社会生活上必要程度的注意的行为,来惹起非故意构成要件该当结果的人。过失犯作为惹起犯,以违反社会生活上必要程度的注意的行为惹起了结果作为其正犯性的基础。因此,在行为对结果的因果性惹起上,不论惹起结果的原因程度的大小、直接性、间接性等样态,都具有正犯性。所以,过失犯不存在正犯与共犯的区别。①

现在,过失犯采统一的正犯概念的主张在德国处于通说的地位。在现今的德国刑法理论中,统一的正犯概念在过失犯中获得了完全适用。"在过失犯中,不存在教唆与帮助,因为根据法律的明确表述(第26条、第27条),这两种参与形式只有在故意时才能实现。过失造成符合行为构成结果的人,也总是过失行为的实行人。"②"在正犯和参与之间划分区别的必要性,只是在于对于故意犯;对于结构上不同的过失犯而言如果要做这样的划分则没有意义。"③基于统一的正犯概念,则过失犯中只需要就各个行为人的行为是否构成单独正犯进行个别的考虑,而无须构成过失共同正犯。④

日本也有学者采统一的正犯概念,进而否定过失共同正犯的见解。

---

① 参见〔日〕安达光治:《客観的帰属論の展開とその課題(二)》,载《立命館法学》2000年1号(第269号)。

② 〔德〕克劳斯·罗克辛:《德国刑法学 总论(第2卷)》,王世洲等译,法律出版社2013年版,第10页。

③ 〔德〕约翰内斯·韦塞尔斯:《德国刑法总论:犯罪行为及其构造》,李昌珂译,法律出版社2008年版,第281页。

④ 需要指出的是,主张过失犯采统一的正犯概念并不必然导致过失共同正犯否定说。例如,德国学者Roxin虽然认为过失犯中应采统一的正犯概念,但是其又认为不能排除过失共同正犯的成立可能(参见〔德〕克劳斯·罗克辛:《德国刑法学 总论(第2卷)》,王世洲等译,法律出版社2013年版,第10、74页)。此外,日本学者山中敬一对于过失犯也采统一的正犯概念,但是其主张肯定过失共同正犯(参见〔日〕山中敬一:《刑法総論》(第3版),成文堂2015年版,第383、906页)。

例如,高桥则夫教授认为:"过失犯不存在正犯与共犯的区别,因此,统一的正犯概念是妥当的,应当各自进行正犯性的判断。所以,否定过失共同正犯。"①在复数过失行为人各自的正犯性判断上,高桥则夫教授采取的又是将共同义务的情况解消于相互监督过失的同时正犯中的观点,对此,本书在后述的同时犯解消说中详细探讨。

近年来,我国刑法理论中也出现了以统一的正犯概念为出发点,来解决过失共同正犯相关案例的见解。例如,刘明祥教授指出,"按照单一正犯理论定罪,还具有使共同故意犯罪与共同过失犯罪的定罪原则相一致的优越性"②。并且认为,"对共同过失犯罪人的定罪,我国司法实践中一直都是采取与单个人犯罪一样的定罪规则,即看行为人的行为与危害结果之间有无因果关系以及对结果发生的影响程度或作用大小,同时考察其主观方面有无过失,具备了主客观两方面条件的,就认定其构成犯罪。至于其他与结果发生相关的人是否构成犯罪以及行为的表现形式如何,对行为人的定罪并无决定意义"③。

(二)基于统一的正犯概念之否定说存在的疑问

但是,在过失犯中采取统一的正犯概念会存在以下几方面的问题:

第一,德国刑法理论通说之所以认为对过失犯应当采取统一的正犯概念,很大的原因是《德国刑法典》第 26 条、第 27 条将教唆犯、帮助犯限定于故意。但是,笔者认为,并不能据此认为立法对过失犯采取的是统一的正犯概念。因为第 25 条对正犯的规定并未限于故意,所以从第 26 条、第 27 条的规定出发,同样可以得出立法上仅仅否定了过失教唆、过失帮助可罚性的结论。也即,由于过失犯在刑法中例外处罚的特征,将在结果惹起中单纯起到教唆、帮助作用的过失行为人排除在刑罚处罚范围之外,也符合区别于故意犯处罚的刑事政策的立场。而且,德国《秩序违反法》第 14 条对共同犯罪采取的表述是"参与",也即该立法明确采取统一的正犯概念,不对复数参与人进行正犯与共犯的区分。因此,也有学者指出,认为《德国刑法典》中对过失犯采取的是统一的正犯概念缺乏立法的明确规定,而这本身就是立法者意思的体现。④

---

① 〔日〕高桥则夫:《刑法总论》(第 4 版),成文堂 2018 年版,第 484 页。
② 刘明祥:《论中国特色的犯罪参与体系》,载《中国法学》2013 年第 6 期。
③ 刘明祥:《论中国特色的犯罪参与体系》,载《中国法学》2013 年第 6 期。
④ 参见〔日〕前嶋匠:《合議決定に基づく犯罪(1):過失の共同正犯を中心に》,载《愛知大学法学部法経論集》214 号(2018)。

第二，如果在过失犯中采取与故意犯不同的正犯概念，则使得在故意犯中不过是作为教唆犯、帮助犯处罚的行为，在过失犯中却要被评价为正犯，存在处罚的不均衡问题。有学者指出，对作为例外处罚的过失犯，正犯的处罚范围比故意犯还要宽，这是比例原则所不允许的。①

第三，统一的正犯概念以条件等价说为基础，因而也就具有等价说"无限溯及"的缺陷，进而会使过失犯的处罚范围无限扩张。有学者指出，"客观注意义务也存在种类、程度，也就存在作为正犯基础的客观注意义务以及作为（狭义的）共犯基础的客观注意义务……将所有违反客观注意义务的行为都作为过失单独正犯，则在故意犯中不过是帮助犯的行为在过失犯中将被升格为正犯，这是不妥当的"②。由于过失犯中不论是正犯还是共犯皆是违反客观注意义务的行为，单纯的注意义务的违反不能成为过失正犯的实质性根据。统一的正犯概念仅以客观注意义务的违反作为认定过失正犯的标准，"缩小了正犯论的意义"③。Welzel 也认识到这个问题，并试图以社会相当性的理论来限制过失犯的处罚范围。Welzel 指出，如果认为作为惹起犯的过失犯的正犯性内容是结果的惹起，则在由于实施社会相当的行为（遵守社会生活上必要注意的行为）而发生结果的场合，即便惹起了法益侵害的结果，也不该当不法构成要件。④ 但是，依照社会相当性理论，原因的原因力不论多么小，只要超过了社会相当性程度，仍然是结果发生的原因（如"开枪自杀案"）。因此，并不能对处罚范围进行有效限定。

第四，德国刑法基于统一的正犯概念而否定过失共同正犯的成立，但是在各人因果关系不明的场合（如"滚石案"），统一的正犯概念会失去其作用。⑤ 即在数行为人中，在明确只有部分行为人的行为导致了结果的发生，但是又不能确定是哪些人的行为导致结果发生的情况下，对于明确存在的，对结果发生没有因果关系的那部分行为人也认定成立单独正犯是

---

① 参见〔日〕长井圆：《日本における過失犯の正犯・共犯の基礎理論》，载《比較法雑誌》50 卷 3 号（2016）。
② 〔日〕大塚裕史：《過失犯の共同正犯》，载《刑事法ジャーナル》28 号（2011）。
③ 〔日〕前嶋匠：《合議決定に基づく犯罪（1）：過失の共同正犯を中心に》，载《愛知大学法学部法經論集》214 号（2018）。
④ 参见〔日〕安達光治：《客観的帰属論の展開とその課題（二）》，载《立命館法学》2000 年 1 号（第 269 号）。
⑤ 参见〔日〕金子博：《過失犯の共同正犯について——「共同性」の規定を中心に》，载《立命館法学》2009 年 4 号（第 326 号）。

无论如何不能允许的,最终只能是行为人都无罪。可是司法实践的状况却是仍然对因果关系不明的案件论以同时犯之责,无疑使人对处罚范围产生疑虑。因此,即便在德国,从明确过失同时犯处罚界限的角度来看,过失共同正犯也被认为有在理论上进行探讨的必要。①

与上述试图通过统一的正犯概念否定过失共同正犯成立必要性的见解不同,日本学者今井康介指出,基于统一的正犯概念,尽管所有参与人皆为正犯,但是作为刑罚限缩事由,在刑罚适用时需要对正犯中的"共犯"予以从宽处罚。"如果将作为处罚缩小类型的共犯规定解释为包含共同正犯的规定,则即便采取扩张的正犯概念,也应当承认作为处罚缩小类型的过失共同正犯。"②

四、过失同时犯解消说的兴起

进入20世纪90年代,日本刑法中基于行为共同说肯定过失共同正犯的阵营产生分化,部分学者以过失犯中作为"一部行为全部责任"法理之根据的心理因果性太弱为由否定过失共同正犯,进而提出过失同时犯解消说的见解,且变得较为有力。彼时,共同义务共同违反说已成为理论多数说,但是以"共同义务的共同违反"这种客观上之行为的共同肯定过失共同正犯的见解并未就过失共同正犯主观心理的共同提供合理的解释。共同正犯中"一部行为全部责任"的原则,仅有客观行为的共同何以为过失共同正犯的成立提供充足的依据?在不重视主观要素之共同的情况下,过失共同正犯与过失同时犯的界限也会存在疑问。

由于过失同时犯解消说认为,在共同义务之共同违反的场合可以成立过失同时犯,所以没有承认过失共同正犯的必要;此外,过失同时犯解消说也认为,由于过失参与人之间缺乏共同正犯成立所必需的主观要件,所以肯定过失共同正犯的成立也是不妥当的。鉴于此,可以依照过失同时犯解消说的论据将其具体分为两种类型,即否定过失共同正犯成立可能性的观点以及否定过失共同正犯实益的观点。

(一)否定过失共同正犯成立可能性的观点

否定过失共同正犯成立可能性的见解主要针对"共同义务的共同违

---

① 参见〔日〕谷井悟司:《過失共同正犯の必要性に関する一考察》,载《比較法雑誌》54卷3号(2020)。
② 〔日〕今井康介:《過失犯の共同正犯について(1)》,载《早稲田大学大学院法研論集》143号(2012)。

反"说只注重过失犯实行行为的客观面的共同,而忽视了主观面的理论提出的批判。认为共同正犯的成立以主观上的意思联络、共谋等表现心理因果性的要素为必要条件,过失共同正犯也不例外。而由于过失犯对结果无认识,所以这种主观的心理因果性是不存在的,进而主张否定过失共同正犯。

例如,高桥则夫教授以规范论为基础,通过区分行为规范与制裁规范来分析刑法上的归属问题。认为由裁判规范派生出结果的归属,而从行为规范派生出相互的行为归属。[1] "由于行为规范与一般人的行为预期相关,应当进行事前的判断。通过共谋实施行为的意义,是由于对其行为所能够产生的结果的预期,而对于行为全体中自己的地位、作用也能够予以确认。在这一点上相互行为归属的基础得以承认。"[2] "共同正犯的归属原理,是因为基于共谋的犯罪实现中的各人行为的地位、作用的重要性,尽管只分担了一部行为,也要进行相互的行为归属,承担全体责任。因此,如果事前没有认识到结果,各共同者就不能把握自己在全体中的地位、作用。即,如果行为者事前没有认识到作为违法危险行为的过失结果,就不能进行违法行为的相互归属(行为规范违反性)。共同正犯的责任基础,是共同犯行的意识形成这一共谋的存在,过失共同正犯中这种共谋是不存在的。"[3] 进而否定过失共同正犯存在的可能性。并主张在过失犯中采取统一的正犯概念,也即认为过失犯不存在正犯与共犯的区别,各行为人都被认定为正犯,应当对各行为人分别进行正犯性判断。"共同义务内容的理解,比如'共同者各自只是单纯地注意自己的行为是不够的,对其他同伙的行为也应当注意'的义务,'一方对于他方的行为也必须注意'等,这些在大部分的情况下可以解消于相互监督过失的同时正犯之中。"[4]

又如,北川佳世子教授则认为,应从结果无价值的立场认识共犯违法的基础是对法益侵害结果的因果惹起。因此,以因果共犯论为基础,

---

[1] 参见〔日〕高桥则夫:《共同正犯归属原理》,载西原春夫先生古稀祝贺论文集编集委员会编:《西原春夫先生古希祝賀論文集 第二卷》,成文堂1998年版,第346—347页。
[2] 〔日〕高桥则夫:《共同正犯归属原理》,载西原春夫先生古稀祝贺论文集编集委员会编:《西原春夫先生古希祝賀論文集 第二卷》,成文堂1998年版,第347页。
[3] 〔日〕高桥则夫:《共同正犯归属原理》,载西原春夫先生古稀祝贺论文集编集委员会编:《西原春夫先生古希祝賀論文集 第二卷》,成文堂1998年版,第351页。
[4] 〔日〕高桥则夫:《共同正犯归属原理》,载西原春夫先生古稀祝贺论文集编集委员会编:《西原春夫先生古希祝賀論文集 第二卷》,成文堂1998年版,第352页。

将"一部行为全部责任"的根据置于对结果的因果性上进行说明的立场是基本妥当的。但是,仅以物理的因果性来说明共同正犯,难以把握其与单独犯所不同的共犯的本质,对"一部行为全部责任"的根据不能进行充分的说明。所以其认为,共同正犯者之间的意思联络这种心理的因果性是必要的。而明确地实施犯罪的强烈的意思联络应当是提高了结果发生危险性的。不能认为过失的这种相互不注意的促进结合的程度可以作为刑法上问题程度的心理因果性。[1] 也即,从心理因果性来寻求"一部行为全部责任"法理的根据,进而否定过失共同正犯成立的可能性。

井田良教授也认为,在过失犯的场合,既然不存在关于结果实现的合意,就不能以此合意为根据来肯定对结果的共同责任。是否存在过失,从来都应当是依各行为人进行个别判定的事情,对仅仅共同实施的行为,不能直接承认适用"一部行为全部责任"的原则。[2] 过失犯中,只要肯定了行为与结果之间的相当因果关系,即使以他人的过失行为为媒介而导致结果发生,也能够就结果追究作为单独犯的过失犯的罪责。在这一点上,过失犯与故意犯具有本质的不同。在故意犯的场合,当以他人的故意行为为媒介导致结果发生时,应当以构成要件的修正承认各行为人作为正犯的结果归属。[3]

否定过失共同正犯成立可能性的观点主要集中于过失参与人之间不具有意思联络这种心理的因果性的论据之上。就过失参与者之间不可能具有意思联络的见解来说,主观要素本身就一直是过失共同正犯理论纷争的焦点。并且过失犯是否存在意思联络这种心理的因果性的问题还决定了之后过失共同正犯理论的发展脉络。

(二)否定过失共同正犯存在必要性的观点

1. 借助不作为的结构加以解决的路径

(1)基本见解。

否定过失共同正犯存在必要性的观点认为,在学说、判例依据"共同义务的共同违反"而肯定过失共同正犯的场合,可以成立过失(单独)正犯,所以不

---

[1] 参见〔日〕北川佳世子:《我が国における過失共同正犯の議論と今後の課題》,载《刑法雑誌》38卷1号(1998)。
[2] 参见〔日〕井田良:《刑法総論の理論構造》,成文堂2005年版,第372页。
[3] 参见〔日〕井田良:《刑法総論の理論構造》,成文堂2005年版,第373页。

必承认过失犯的共同正犯。例如,西田典之教授认为,"那终究只是认定了基于横向关系上的相互监视义务的一种监督过失,如果只是这样……构成过失同时犯即已足够"①。前田雅英教授认为,"实务中,承认共同正犯可以得到回避个别的因果关系认定的便利,但是取代个别因果关系认定的'共同过失'等的认定至少存在相同程度的困难"②。在判定存在作为过失共同正犯之基础的共同注意义务的场合,共同注意义务基本上可以被解消于各参与者违反自身的监督义务、监视义务进而追究过失的责任。③

我国也有学者认为没有肯定过失共同正犯的必要,进而采取过失同时犯解消说的见解。例如,陈家林教授就采取过失同时犯解消说,认为无须设定共同义务的概念。"数个行为人在共同实施具有危险性的行为时,各行为人不仅负有防止自己的行为产生危害结果的义务,同时还负有督促共同行动的他人注意防止危害结果发生的义务。"④"处于平等法律地位的各行为人共同实施一项危险行为时,各行为人不仅需要确认自己的行为不会违反规章制度,造成严重后果的发生,同时还需要督促与确认对方的行为不会发生危害结果。这是一种更广泛的注意义务即督促与确认义务。"⑤"这种督促与确认义务是各行为人自身客观的注意义务,如果违反这种义务,导致结果发生,就可以追究其作为单独犯的刑事责任。"⑥鉴于此,陈家林教授认为对所谓的过失共同正犯的案例,都可以按照过失单独犯进行处理。

(2)存在的问题。

否定过失共同正犯存在必要性的观点一般认为,涉及过失共同正犯的案例中,所谓的共同义务基本上可以被解消于各参与者违反自身的监督义务、监视义务中,进而追究各自的作为过失单独犯的责任。但是,这种见解也存在疑问,即在数行为人不过是平等地位上的分工者时,如何能够承认他们相互之间的监督、监视义务,在理论基础上存在不明确之处。众所周知,刑法理论上存在所谓监督、管理过失的问题。监督、管理过失是指监督者、管理者负有监督、管理被监督者、被管理者的义务,却由于过

---

① 〔日〕西田典之:《刑法総論》(第二版),弘文堂2010年版,第383页。
② 〔日〕前田雅英:《刑法の基礎 総論》,有斐閣1993年版,第373页。
③ 参见〔日〕前田雅英:《刑法総論講義》(第6版),东京大学出版会2015年版,第370页。
④ 陈家林:《共同正犯研究》,武汉大学出版社2004年版,第203页。
⑤ 陈家林:《共同正犯研究》,武汉大学出版社2004年版,第204页。
⑥ 陈家林:《共同正犯研究》,武汉大学出版社2004年版,第203—204页。

失而未履行监督、管理义务,导致法益侵害结果发生的情形。监督、管理过失以监督者与被监督者之间存在上下等级关系为前提,而且监督者与被监督者在注意义务的内容上是不同的。监督者的注意义务是监督被监督者以防止其过失行为导致结果的发生,而被监督者则是直接的结果避免义务。[①]由此,"共同者相互之间不存在上下关系,就不能肯定其监督关系,因此,也就不能将其作为相互的监督过失来把握"[②]。所以,在数行为人之间不存在监督关系的情况下,不能以违反了阻止他人实施犯罪行为的义务来追究其作为正犯的责任。这种情况在故意犯罪中不过是不作为帮助的问题,而按照同时犯解消说的观点,在过失犯的场合却要理解为被升格的正犯义务,是不妥当的。一般认为,过失教唆、帮助是不可罚的。[③]在不具有监督者地位的情况下,违反了阻止他人的犯罪行为的义务,不过是不可罚的过失帮助。按照同时犯解消说的观点,却要成立过失单独正犯,无疑会扩大处罚范围。

而按照陈家林教授的观点,共同义务与过失犯的客观注意义务没有本质的区别,实际上是将过失犯的客观注意义务的范围扩大至所谓的督促与确认义务。而对为何可以将过失犯的客观注意义务的范围予以扩

---

① 参见吕英杰:《客观归责下的监督、管理过失》,法律出版社2013年版,第14—15页。

② 〔日〕山口厚:《刑法総論》(第2版),有斐閣2007年版,第358页。

③ 即使多数学者肯定过失共同正犯的成立,对于过失教唆犯、帮助犯的可罚性也基本持否定态度。过失教唆犯、帮助犯的不可罚性是日本刑法理论中的通说。当然,由于刑法规定的教唆、帮助并未限于故意,过失教唆犯、帮助犯的成立也并不是完全没有可能的。因此,也有肯定过失教唆犯、帮助犯可罚性的主张存在。例如,松宫孝明教授认为,"由于总则的规定应当适用于分则的全部犯罪类型,那么关于过失犯处罚的分则规定,不论是刑法第61条还是第62条,都应当适用。即,过失教唆犯、从犯也能成立"[〔日〕松宫孝明:《「過失犯の共同正犯」の理論の基礎について——大塚裕史教授の見解に寄せて》,载《立命館法学》2011年5・6号(339・340号)]。对此,大塚裕史教授进行了批判,其指出,"教唆"的语义主要是指故意地使犯意产生的行为的意思,过失地使他人产生犯意时,没有在与故意正犯相同的法定刑范围内予以处罚的必要性。同样,"帮助"的语义主要是故意地帮助正犯的行为的意思,过失地帮助正犯的行为的可罚性较低。这样,从教唆、帮助的文义解释,以及从目的论的解释出发,过失教唆、帮助没有值得处罚的充分的违法性,参见〔日〕大塚裕史:《過失犯の共同正犯》,载《刑事法ジャーナル》28号(2011);〔日〕大塚裕史:《過失犯の共同正犯の成立範囲:明石花火大会步道橋副署長事件を契機として》,载《神戸法學雜誌》62卷1/2号(2012)。西田典之教授也认为,"如果承认过失共犯,其处罚范围只能是极其宽泛,在充满危险的现代社会,这属于过度的刑事控制"[〔日〕西田典之:《刑法総論(第二版)》,弘文堂2010年版,第383页]。当然,如果采限制的正犯概念,过失教唆犯、帮助犯在理论上也是存在的。而从日本刑法的规定来看,也难以完全排除过失教唆、帮助的处罚可能。大塚裕史与西田典之都是从过失教唆、帮助缺乏处罚的必要性这种刑事政策的立场来否定其可罚性的。

大,同样没有在理论上充分论证。在此情况下,过失犯的客观注意义务范围的扩大,也会使得过失犯的成立范围发生改变,同样会产生处罚范围被不当扩大的问题。

以阻止他人的过失行为作为注意义务的内容,实际上是试图借助不作为犯的基本架构处理过失同时犯的成立问题。"在这个意义上,着眼于相互监视义务的日本的同时犯解消说,采取的是不作为犯的构成路径。"①借助不作为犯的构造判断过失同时犯的成立,且不论上述注意义务的内容是否可能存在的疑问,也会导致过失犯的注意义务与不作为犯的作为义务混淆不清的问题。

2. 修正因果关系的路径

20世纪90年代以来,德国刑法理论中肯定过失共同正犯的见解逐渐增多,造成这一理论格局演变的重要契机,是"皮革喷雾剂案"的出现。该案的特征在于,当一项决议只需要董事会成员过半数即可通过,现实却存在多于半数的赞成票时,依据条件公式将无法确认任何一个人的行为与结果之间存在因果关系。具体而言,假设董事会共有A、B、C、D、E五名成员,为了通过一项决议,至少应当存在三张赞成票。但实际上,决议获得了全票通过。依据条件公式,想象任何一张赞成票的不存在,决议仍然可以通过,结果还是会发生,所以任何一个参与人的行为与结果之间就不存在因果关系。

基于此,通过肯定过失共同正犯以取代各参与人的行为与结果之间因果关系的判断,成为实现该类案件结果归责的可行路径。然而,从否定过失共同正犯的角度来看,既然无法寻求过失犯中存在共同性,也就无法避免对任何一个参与行为与结果之间因果关系的判断。鉴于"在这种案件中,必要条件的公式就不管用了,这显示了条件公式对于多个原因和结果之间的条件关系,也就是我们所说的因果关系,在逻辑上作了错误的断定"②。因此,对因果关系的判断方法进行必要的修正,成了过失共同正犯否定论者尝试的又一路径。

德国学者Puppe即采取修正因果关系的路径否定过失共同正犯的代表性学者。其一方面以缺乏共同犯罪计划这一主观要素为由反对过失共

---

① 〔日〕谷井悟司:《過失共同正犯の必要性に関する一考察》,载《比較法雑誌》54卷3号(2020)。

② 〔德〕Ingeborg Puppe:《反对过失共同正犯》,王鹏翔译,载《东吴法律学报》2006年第4期。

同正犯的成立;另一方面又主张对因果关系的判断方法作出修正,以解决类似"皮革喷雾剂案"中存在多数表决从而导致必要条件被重复满足的情况。

Puppe 提出了最低限度的充分条件理论,又被称为 INUS/NESS 理论。"NESS 标准的哲学基础来自休谟的理论。根据休谟有关因果律的观点,每个结果的出现总是由一组与结果相关的先在条件所共同组成的原因导致,这组条件对于结果而言构成充分原因。"①因此,"NESS 标准并不要求先在条件,单独来看,独立地对结果的发生具有充分性,而只要对该组合的充分性而言系属必要的因素即可。"②据此,Puppe 认为,原因不应是结果的必要条件,而是导致结果的最低限度的充分条件的必要组成部分。其中,结果的最低限度的充分条件是依照合法则的条件公式来进行判断的。所以,该理论对因果关系的判断分为两个步骤:第一,根据合法则的条件公式判断出结果的最低限度的充分条件;第二,再判断行为人的行为是不是这一最低限度的充分条件中的"必要部分"。③ 例如,在上述 A、B、C、D、E 五人决议的事例中,A 与 B、C 共同组成了表决通过的最低限度的充分条件,B 与 C、D 亦是如此,并以此类推。在最低限度的充分条件中,如 A、B、C 中,不能将任何一票去除,即不能想象没有这一票的存在,结果仍然能够发生的情况。由此,A、B、C 中的任何一票都是最低限度的充分条件中的必要组成部分。以此判断方式进行判断,则 A、B、C、D、E 五人皆需要对决议的通过所造成的结果承担责任。

Puppe 的结果的最低限度的充分条件理论由于可以在"皮革喷雾剂案"中避免适用过失共同正犯而得出结果归责的妥当结论,得到了一些学者的认同。例如,德国学者 Greco 认为,共同正犯之间就结果进行相互归属的正当化根据在于机能的行为支配,且仅在故意犯中存在此种机能的行为支配。过失犯既无法转用故意犯的正当化根据处理相互归属的问题,也不存在自身独有的正当化根据,因而无法构成共同正犯。Greco 主张在因果关系范围内解决复数过失行为之间的结果归责的问题,指出:对

---

① 劳东燕:《风险社会中的刑法:社会转型与刑法理论的变迁》,北京大学出版社 2015 年版,第 172 页。
② 劳东燕:《风险社会中的刑法:社会转型与刑法理论的变迁》,北京大学出版社 2015 年版,第 173 页。
③ 参见〔德〕Ingeborg Puppe:《反对过失共同正犯》,王鹏翔译,载《东吴法律学报》2006 年第 4 期。

于"滚石案"依照通说因果关系的见解即可得出妥当结论;对于"皮革喷雾剂案"则可以通过修正通说的因果关系加以解决,进而采取了 Puppe 的结果的最低限度的充分条件理论。①

当然,Puppe 的结果的最低限度的充分条件理论自身也存在问题。其一,与过失共同正犯相关的事例,绝不限于多数表决类型的案件,在其他类型的案件中能否适用值得怀疑。特别是在无法确定某行为是否构成充分原因中的必要组成部分时,最低限度的充分条件理论将丧失适用的前提。其二,最低限度的充分条件理论在充分条件的判断过程中存在恣意的可能。这是因为造成某种结果产生的复杂因素之间,存在多种排列组合的可能,如何判断作为充分条件的多因素的组合,标准并不明确,存在恣意设定最低限度的充分条件的可能。② 综上所述,通过结果的最低限度的充分条件理论并无法妥善解决过失共同正犯事例中的结果归责问题。

3. 过失非难"前置化"的路径

德国学者 Günther 提出了将过失非难的时点"前挪"的设想,③认为作为非难对象的过失,不是直接的危险行为,而应该去寻找与此相比在时间上更为提前发生的,与直接危险行为相互之间有约定的行为。④ 例如,"滚石案"中,在无法确定是谁滚落的巨石砸死了被害人的情况下,就不是以直接导致死亡结果产生的行为作为非难的对象。作为非难对象的过失行为,是二人在相互认识的情况下,实施了滚石的危险行为。

过失"非难"前置的观点,将作为非难对象的过失回溯至"行为时",并且假设数过失行为均与结果的发生存在条件关系,表面上看解决了因果关系不明案件中过失同时犯成立的问题,实际上却存在诸多疑问:第一,将过失犯的不法重心由结果移向了行为,⑤与过失犯的结果犯本质不符。第二,在过失行为的范围上不作限定,任由其依照条件说的判断方法

---

① 参见〔德〕Luis Greco:《過失の共同正犯?:一つの批判》,〔日〕佐藤拓磨译,载《法學研究:法律·政治·社会》第 92 卷第 4 号。
② 参见黄奕文:《重新检视过失同正犯之难题——以德国学说为讨论中心》,载《兴大法学》2016 年第 20 期。
③ 参见黄奕文:《重新检视过失同正犯之难题——以德国学说为讨论中心》,载《兴大法学》2016 年第 20 期。
④ 参见〔日〕谷井悟司:《過失共同正犯の必要性に関する一考察》,载《比較法雜誌》54 卷 3 号(2020)。
⑤ 参见黄奕文:《重新检视过失同正犯之难题——以德国学说为讨论中心》,载《兴大法学》2016 年第 20 期。

无限回溯,难免不当扩大过失犯的处罚范围。

综上所述,过失共同正犯成立的必要性是不能被完全否定的。多数日本学者对过失共同正犯的实益予以肯定。"肯定过失共同正犯的实质意义就在于在各个过失行为与结果之间的因果关系无法证明的场合,或者各个过失行为的结果回避可能性无法认定的场合,满足共同正犯成立条件的行为也可能作为正犯予以处罚。"① 在因果关系无法判明的情况下,各种替代方案也都不能妥当地解决结果归责的问题,这也进一步证明肯定过失共同正犯是不可避免的。

第二节 过失共同正犯肯定说

如上所述,在日本刑法理论中,关于过失共同正犯的理论争议,是以犯罪共同说的否定说与行为共同说的肯定说之间的对立为发端的。但是,进入20世纪70年代,日本刑法理论中以犯罪共同说与行为共同说的对立为基础的过失共同正犯否定说与肯定说的理论格局开始瓦解。这一时期,特别引人注目的是,立于犯罪共同说否定过失共同正犯的论者,也转向了过失共同正犯肯定说。这一方面是受到承认过失共同正犯的实务判例相继出现的影响。另外,新过失论的产生改变了不探讨过失犯的实行行为的旧貌。"不注意是意思紧张的欠缺,而不是无意识的内心事实,客观的注意义务违反行为有作为客观的事实予以把握的可能,不注意的共同成为可能。"② 因此,在日本,采过失共同正犯肯定说的见解开始增加,肯定说成为主导的多数说。在德国,尽管否定过失共同正犯的观点在刑法理论上仍然占据多数,但是近年来,肯定过失共同正犯的主张不断增多,成为新的发展趋势。

一、基于行为共同说的肯定说

在过失共同正犯理论的古典对立时期,肯定说的代表人物是属于主观主义刑法学阵营的牧野英一、宫本英修、木村龟二等学者,他们在共犯的本质上采取的是主观主义的行为共同说,并以此为出发点肯定

---

① 〔日〕大塚裕史:《過失犯の共同正犯》,载《刑事法ジャーナル》28 号(2011)。相同见解可见〔日〕山中敬一:《ロースクール講義 刑法総論》,成文堂2005年版,第384页;〔日〕川端博:《刑法講話Ⅰ〔総論〕》,成文堂2005年版,第304页。

② 〔日〕大塚裕史:《過失犯の共同正犯》,载《刑事法ジャーナル》28 号(2011)。

过失共同正犯的成立。主观主义的行为共同说认为,共同犯罪是数人实施共同的行为,而不是实施特定的犯罪,也即在行为上只要有前构成要件的行为的共同性就可以成立共同犯罪。例如,牧野英一认为,"将犯罪理解为恶性的表现时,就不能认为共犯是数人共同实施一个犯罪;从主观上理解犯罪时,认为共犯是因为数人有共同的行为而遂行其罪,才是妥当的。基于这种考虑,应当先预定共同的事实,然后以此为根据讨论犯罪的成立。对于共同的事实,应当与犯罪事实的法律上的构成相分离来考虑,即共同关系既可能跨越数个犯罪事实而成立,也可能只就一个犯罪事实中的一部分而成立"[1]。因此,在主观方面,共同正犯的成立以具有前构成要件行为的共同意思为已足。由于对结果的共同意思(故意的共同)并不必要,所以承认过失共同正犯的成立可以在行为共同说中找到理论依据。木村龟二就认为,"行为共同说以对行为的共同意思为已足,因而对结果的共同意思即故意的共同就不必要……承认过失犯的共同正犯"[2]。

但是,主观主义的行为共同说自身也存在问题。即"根据以裸的行为的共同来承认共同正犯的主观主义行为共同说的场合,承认过失共同正犯不会存在任何障碍。但是,仅有非犯罪的、前构成要件的意思的共同,不能作为共同正犯当罚性的基础"[3]。第二次世界大战后,由于主观主义刑法学的逐渐衰退,客观主义共犯论占据了主导地位。与此相应,第二次世界大战前以主观主义为出发点所主张的行为共同说,也为学者们从客观主义的立场上所主张。行为共同说摆脱了主观的共犯论和共犯独立性说的影响,通过确立实行从属性来限定共犯处罚的界限。客观主义的行为共同说认为,行为共同说与构成要件论之间并不存在矛盾,成立共同正犯,所有的行为人必须具有符合构成要件的实行行为。各行为人共同实施的是符合构成要件的违法行为,而不是前构成要件的行为。因此,在客观主义刑法学阵营内部,佐伯千仞、植田重正、中义胜等学者也站在行为共同说的立场上,肯定过失共同正犯的成立。

---

[1] 〔日〕牧野英一:《日本刑法改訂版》,有斐閣1932年版。
[2] 〔日〕木村龟二:《刑法総論増補版》,〔日〕阿部纯二增补,有斐閣1978年版,第405页。
[3] 〔日〕曾根威彦:《刑法の重要問題(総論)補訂版》,成文堂1996年版,第313页。

二、基于意思联络的肯定说

(一)基于目的行为论的肯定说

受 Welzel 的目的行为论的影响,过失共同正犯的理论结构进一步发生变化。理论上以目的行为论作为过失犯构造论的基础,以过失犯中也存在相互的意思疏通为根据来肯定过失共同正犯。主张这种见解的是木村龟二、内田文昭以及福田平,三者都是日本主张目的行为理论的代表性人物。

如上所述,在第二次世界大战前,木村龟二是以主观主义的行为共同说来肯定过失共同正犯的。随着主观主义的衰退,以及当时 Welzel 的目的行为论的兴盛,木村龟二在刑法基本立场上转向了属于客观主义的目的行为论,并以此为基础来重新构筑其刑法理论体系。[①] 对于过失共同正犯,木村龟二认为,"就过失犯而言,即使故意行为中作为构成要件上重要结果的认识的故意不存在,过失行为也并非单纯的因果关系的惹起,而是以构成要件上不重要之目的,即不注意的目的的行为为原因。这种目的的行为是意思行为,伴随着这种意思行为的共同,共同正犯也是有可能的"[②]。

而对于过失共同正犯肯定说而言,具有划时代意义的是内田文昭教授试图以目的行为论为基础来探寻过失犯中的共同实行意思的理论。内田文昭教授认为,既然过失犯也存在实行行为,在存在共同的危险行为的情况下,单独正犯与共同正犯的区别,就在于是否存在意思联络。[③] "过失行为是意识的部分与关于结果发生的无意识的、因果的部分相分离"[④],过失行为具有刑法意义上的,既不是意识的部分,也不是无意识的部分,而是两者的衔接点。[⑤] 过失行为中,"关于前法律的事实意识的、意

[①] 参见〔日〕西原春夫:《刑法学会の50年と刑法理論の発展》,载《刑法雑誌》39卷2号(2000)。

[②] 〔日〕木村龟二:《刑法総論増補版》,〔日〕阿部纯二增补,有斐阁1978年版,第382页。

[③] 参见〔日〕内田文昭:《過失共同正犯の成否》,载《北海道大學法學會論集》8卷3-4号(1958)。

[④] 〔日〕内田文昭:《過失共同正犯の成否》,载《北海道大學法學會論集》8卷3-4号(1958)。

[⑤] 参见〔日〕内田文昭:《過失共同正犯の成否》,载《北海道大學法學會論集》8卷3-4号(1958)。

欲的共动带有不注意之共同的契机,由此被视为一个整体的构成要件该当且具有违法性的行为,进而导致结果发生"①,从而可以肯定过失共同正犯的成立。

以目的行为论为基础肯定过失共同正犯的观点都试图以过失犯之间也能存在意思联络为前提展开论证。但是,作为基础的目的行为论本身却存在问题。目的行为论往往因无法合理解释过失犯与不作为犯,即"不能得到一个能够包括全部可罚行为样态的统一上位概念"②,而受到批判。而且,过失犯之间能否存在意思联络也不无疑问。团藤重光教授就指出,"将人误认为野兽,甲、乙在意思联络的基础上,共同开枪。如果认为这样的非犯罪意思联络就足够的话,这种情况可以被认为是共同正犯……但是,这种非犯罪的意思联络,作为共同实行犯罪的意思是不充分的。而且,过失行为本来在主观方面就跨越了有意识与无意识的领域,有意识的部分绝非过失行为的本质。以有意识的部分存在意思联络来论及过失犯的共同正犯,脱离了过失犯的本质"③。

但是,应当引起注意的是,主张以目的行为论为基础肯定过失共同正犯的见解,实际上与目的行为论的开创者 Welzel 在对待过失犯问题上的主张是有区别的。Welzel 采取的二元的正犯概念主张在故意犯中采取限制的正犯概念,需要区分正犯与共犯。而在作为惹起犯的过失犯中采取的是扩张的正犯概念,也即过失犯中不存在正犯与共犯的区分,所有以违反社会生活上必要之注意的行为惹起结果的行为人都构成过失犯的正犯。由此可见,日本学者基于目的行为论而以限制的正犯概念来对待过失犯,进而肯定过失共同正犯的主张自身具有独特性的见解。

(二)共同行为计划说

困扰过失共同正犯成立的最大问题莫过于过失犯之间难以存在如故意犯一般的共同犯罪决意。理论上为了肯定过失共同正犯,针对主观上的意思联络要么完全予以否定,要么进行弱化。共同行为计划说即将共同正犯者之间的意思联络由共同犯罪决意弱化为共同行为计划的见解。例如,有学者主张,"共同犯罪决议应改成共同行为共同认识之'共同行为

---

① 〔日〕内田文昭:《過失共同正犯の成否》,载《北海道大學法學会論集》8 卷 3-4 号(1958)。
② 〔日〕井田良:《犯罪論の現在と目的的行爲論》,成文堂 1995 年版,第 11 页。
③ 〔日〕团藤重光:《刑法綱要総論》(第三版),创文社 1990 年版,第 393 页。

计划',只要相对人对于彼此的行动有认识的可能性,在这一个认识的前提之下,认识到彼此间相互实施一个共同的行为,即为已足"①。通过共同行为计划,行为人之间形成了双向的自我拘束,这就成为在各行为人之间将他人的行为参与进行相互归属的实质根据。②

需要注意的是,主张过失共同正犯以共同行为计划为成立条件仅涉及主观要件,因而并不全面。依据各学者所主张的过失共同正犯的客观要件的内容不同,共同行为计划说的各种主张可以进一步归入共同义务共同违反说等不同的立场。例如,德国学者 Weiβer 是德国主张共同义务共同违反说的代表人物,其主张共同行为人主观上应对于"与他人负有相应注意义务"有认识,且二人之间具有一个共同的行为计划,以此作为过失共同正犯成立的主观要件,取代共同犯罪决意的过高要求。③

以共同行为计划作为肯定过失共同正犯成立的依据并不妥当。"因为在缺乏对构成要件该当事实的认识与预见可能的情况下,即使存在实施(危险)行为的意思,并不意味着可以理所当然地对其进行刑事归责。"④共同行为计划说尽管弱化了过失共同正犯主观方面的要求,使过失共同正犯主观上的意思联络成为可能,但是,以行为人对构成要件之外的危险行为的认识作为构成要件该当性中的主观要件,这种将主观要件的内容予以前置化的判断不符合构成要件该当性判断的基本原理,将会产生类似主观主义的行为共同说的问题。两者的思考进路是相似的,差别仅仅在于:主观主义的行为共同说关注的是前构成要件行为的共同,而共同行为计划说则落脚于前构成要件认识的共同。综上所述,笔者认为,共同行为计划说的本质问题在于共同行为计划的体系地位为何?就共同行为计划而言,是将其作为过失共同正犯成立的主观构成要件予以考虑,还是仅仅在构成要件解释中将其作为判断的基础性事实,⑤需要进一步厘清。

---

① 黄奕文:《重新检视过失共同正犯之难题——以德国学说为讨论中心》,载《兴大法学》2016 年第 20 期。
② 参见〔德〕Joachim Renzikowski:《過失共同正犯》,内海朋子译,载《法学研究:法律・政治・社会》92 卷 2 号(2019)。
③ 参见黄奕文:《重新检视过失共同正犯之难题——以德国学说为讨论中心》,载《兴大法学》2016 年第 20 期。
④ 张伟:《过失共同正犯研究》,载《清华法学》2016 年第 4 期。
⑤ 参见〔德〕Joachim Renzikowski:《過失共同正犯》,内海朋子译,载《法学研究:法律・政治・社会》92 卷 2 号(2019)。

三、共同义务共同违反说

(一)共同义务共同违反说的理论样貌

1. 日本刑法理论中的共同义务共同违反说

(1)共同义务共同违反说的产生。

"共同义务共同违反说"是日本刑法过失共同正犯理论上的通说性见解,并且对我国刑法过失共同正犯理论有较大的影响。但是,"共同义务共同违反说"最早见于德国学者 Roxin 的义务犯理论。[1] Roxin 将犯罪分为支配犯、义务犯和自手犯,"在支配犯与义务犯之间区分正犯与共犯时呈现出了显著差异,但是,两者的正犯者概念在'符合构成要件事件的核心人物'这一最上位基础立场上是一致的"[2]。并且将过失犯界定为一种义务犯。而义务犯的正犯性根据在于义务的违反,"只要违反了积极义务就是义务犯的核心任务"[3]。Roxin 对义务犯的正犯性要素作了不同于支配犯(故意犯)的界定,将支配犯(故意犯)中的"共同行为决意+共同实行"替换为"共同义务的共同违反",作为共同正犯成立的要件。[4] 因此,过失共同正犯以共同义务的共同违反为成立条件。

参考 Roxin 的见解,藤木英雄在日本理论上最早提出了自己的"共同义务共同违反"说。[5] 其认为"承认过失犯的共同正犯以充足的事实为必要。不仅仅是危险作业的共同,在预测危险的状态下,判定存在基于相互利用、补充关系而负有结果回避义务的共同注意义务者的共同义务上的过失时,应当认为具有过失犯的共同实行"。"具体来说,共同实施危险作业者相互间,不仅要就自己直接担当的作业动作不发生结果而采取具体的结果防止措施,同时,负有对共同作业中同僚的作业动作产生结果予以防止而采取必要的建议、监督的协作义务。实施事故防止的具体对策中的相互利用、补充关系成为一体的场合,这种一体活动的过失被认为存在

---

[1] 需要指出的是,Roxin 在《德国刑法教科书》(第二版)中以义务犯的理论肯定了过失共同正犯的成立,但是,在该书的第三版中又放弃了过失共同正犯肯定说的立场。
[2] [德]クラウス・ロクシン(Claus Roxin):《ロクシン刑法総論〈第 2 巻 犯罪の特別現象形態〉[翻訳第 1 分冊]》,[日]山中敬一監訳,信山社 2011 年版,第 135 页。
[3] 何庆仁:《义务犯研究》,中国人民大学出版社 2010 年版,第 192 页。
[4] 参见[日]今井康介:《過失犯の共同正犯について(3)》,载《早稻田大学大学院法研论集》148 号(2013)。
[5] 参见[日]今井康介:《過失犯の共同正犯について(3)》,载《早稻田大学大学院法研论集》148 号(2013)。

时,可以承认过失犯的共同正犯。"[1]藤木英雄的观点提出之后,在日本产生了巨大影响。"共同义务共同违反说"逐渐成为日本理论上的通说。

(2)共同义务共同违反说的通说化。

此后,共同义务共同违反说得到了日本学者大塚仁教授的强有力支持。大塚仁教授认为:"二人以上共同实行了使过失犯的犯罪结果容易发生的有危险性的行为,在法律上对各人科以回避犯罪结果的共同注意义务的场合,违反了这种共同注意义务而发生犯罪结果时,就可以承认共同行为者的构成要件过失及违法过失,进而,在各共同行为者存在责任过失的场合,成立过失犯的共同正犯。"[2]

关于何种情况下可以成立共同注意义务,大塚仁教授指出,"在二人以上者所实施的共同行为中含有容易使某犯罪结果发生的高度危险时,在社会观念上要求行为人应该相互为防止结果发生作出共同注意的事态中,而且,共同者处在同一法律地位上时,可以承认这种共同的注意义务"[3]。也即,在共同注意义务的判断基准上,要求各行为人处于法律上的平等地位而实施该当的危险行为。因此,在数行为人不是处于法律上的平等地位,而是存在上下级关系的情况下,上级对下级具有监督义务,则不能构成共同注意义务。例如,建筑工地现场的监督者与施工者之间就不存在共同注意义务,监督者负有的监督义务与施工者负有的直接的结果回避义务在内容上是不同的,因此两者之间不成立过失共同正犯。对此,有学者提出不同的观点,认为重要的不是地位的平等性本身,而是义务内容的共同性。在地位不同但是不能否定义务内容的共同性的场合,应肯定过失共同正犯的成立。[4]

可以看到,共同义务共同违反说基于新过失论所主张的过失犯构造,从违反客观注意义务的角度,为过失共同正犯肯定说提供了新的路径。在共同义务共同违反说的立场上,主张者实际上是将故意共同正犯成立所必需的"共同行为决意"和"共同实行"的要件替换为"共同义务"的"共同违反",以与新过失论之下过失犯注意义务违反的核心要件相对应。由此,意思联络与共同义务共同违反说之间不具有本质的关联,或者说,在

---

[1] 〔日〕藤木英雄:《刑法演习讲座》,立花书房1970年版,第224页以下。
[2] 〔日〕大塚仁:《過失犯の共同正犯の成立要件》,载《法曹時報》43卷6号(1991)。
[3] 〔日〕大塚仁:《刑法概説(総論)》(第4版),有斐阁2008年版,第297页。
[4] 参见〔日〕松宫孝明:《「過失犯の共同正犯」の理論の基礎について——大塚裕史教授の見解に寄せて》,载《立命館法学》2011年5・6号(339・340号)。

过失共同正犯的成立条件上无需在共同义务的共同违反之外再附加意思联络的要素。① 共同义务共同违反说在依据过失犯的构造难以肯认意思联络的情况下,为肯定过失共同正犯提供了可能。

经过大塚仁教授的主张,共同义务共同违反说在日本刑法理论上逐渐成为通说。现在,在过失共同正犯成立的问题上,共同义务共同违反说仍然处于日本理论的通说地位,近年来也为多数学者所主张。例如,大谷实②、大塚仁③、川端博④、佐久间修⑤等。后述山口厚教授的观点,尽管对作为犯与不作为犯分开讨论,但是在不作为犯之作为义务的共同违反上仍然属于共同义务共同违反说的范畴。

(3)共同义务共同违反说的新发展。

传统的共同义务共同违反说基于新过失论下过失犯的构造,以客观过失行为的共同肯定过失共同正犯,消除了意思联络这一主要的障碍。但是,实际上,共同义务共同违反说"不是从共同正犯的构造,而是从过失犯的构造上来肯定过失共同正犯的。因此,现在,共同正犯的本质论与过失共同正犯不存在直接的关联"⑥。但是,过失共同正犯作为共同正犯,需要在共同正犯的本质上为"一部行为全部责任"的归责原理提供根据。所以,在共同正犯的本质上直面过失共同正犯意思联络存否的问题成为必要。特别是2000年以来,过失共同正犯问题再次引起日本学者的广泛关注。伴随着"明石花火大会步道桥事件"等新的案例的出现,有关过失共同正犯问题的讨论不论在广度上还是深度上都比以往有更大程度的发

---

① 也有学者在共同义务共同违反说的立场上主张,过失共同正犯的成立需要具备意思联络。例如,日本学者内海朋子认为,即便是过失犯,复数行为人为实现一定的目的而实施行为时,为了防止共同行为的内在的特殊危险,肯定过失共同正犯是必要的。而过失犯与故意犯一样,共同正犯都以共同实行和共同行为决意为要件(参见〔日〕内海朋子:《過失共同正犯について》,成文堂2013年版,第248页)。批判的见解则认为,既然共同义务共同违反说是以"共同义务"的"共同违反"替代了故意共同正犯中的"共同行为决意"与"共同实行"的要件,则在过失共同正犯的成立上再要求意思联络的要件,是不妥当的[参见〔日〕今井康介:《過失犯の共同正犯について(3)》,载《早稲田大学大学院法研論集》148号(2013)]。

② 参见〔日〕大谷实:《刑法講義総論》(新版第4版),成文堂2012年版,第414—415页。

③ 参见〔日〕大塚仁:《刑法概説(総論)》(第4版),有斐阁2008年版,第296—298页。

④ 参见〔日〕川端博:《刑法总论二十五讲》,甘添贵监译,余振华译,中国政法大学出版社2003年版,第363—364页。

⑤ 参见〔日〕佐久间修:《刑法講議(総論)》,成文堂1997年版,第361页。

⑥ 〔日〕前嶋匠:《合議決定に基づく犯罪(1):過失の共同正犯を中心に》,载《愛知大学法学部法経論集》214号(2018)。

展。从共同义务共同违反说的发展来看,基于共同正犯的本质而更加明确地主张主观意思联络不必要的见解开始产生。

与传统的共同义务共同违反说在共同实行意思上的暧昧态度不同,近来存在从正面否定共同实行意思存在必要的见解。例如,松宫孝明教授主张,如果将共同注意义务的共同违反作为过失共同正犯的要件,那么,"共同的注意义务的存在与否就不受行为者之间意思沟通的有无所左右,所以,共同实行某一'行为'的意思应当是不必要的"①。大塚裕史教授则主张结果回避义务的违反是故意犯与过失犯共通的构成要件该当性要件,过失单独正犯的实行行为是结果回避义务的违反行为,所以过失共同正犯中的共同实行就是指共同违反结果回避义务的行为。而"结果回避义务违反行为之共同,以共同的结果回避义务的共同违反为必要(共同义务的共同违反)"②。

那么,何种情况下才能肯定共同义务的共同违反? 也即共同性的内容是什么呢? 对此,大塚裕史教授以相互促进性来予以说明。"共同实行是共同行为者通过对行为的相互利用、补充来实现犯罪。其实体是以各自的行为对他人的行为进行相互促进。如果将其称为'相互促进性',就是对共同实行的相互促进性的意思。"③"故意犯的场合所要求的意思联络的内容是以共同实行惹起结果的意思联络。但是,在对结果惹起没有认识的过失犯中,要求以共同实行惹起结果的意思联络原本就是不可能的。所以,过失犯中必要的意思联络的对象,不在于结果惹起这一点上,而在于危险行为的共同遂行。而存在危险行为的共同遂行的意思联络可以承认相互促进性,而也有不存在危险行为的共同遂行的意思联络也可以认定相互促进性的情况。"④由此,过失犯中,意思联络就不是共同性的必要要件,相反,相互促进性才是共同性不可欠缺的要件。"作为过失犯的共同正犯基础的'共同义务'的成立最重

---

① 〔日〕松宫孝明:《刑法總論講義》(第5版),成文堂2017年版,第271页。
② 〔日〕大塚裕史:《過失犯の共同正犯の成立範囲:明石花火大会步道橋副署長事件を契機として》,载《神戶法學雜誌》62卷1/2号(2012)。
③ 〔日〕大塚裕史:《過失犯の共同正犯の成立範囲:明石花火大会步道橋副署長事件を契機として》,载《神戶法學雜誌》62卷1/2号(2012)。
④ 〔日〕大塚裕史:《過失犯の共同正犯の成立範囲:明石花火大会步道橋副署長事件を契機として》,载《神戶法學雜誌》62卷1/2号(2012)。

要的要件是相互促进性。"①由此可见,大塚裕史教授尽管主张的是共同义务共同违反说,但是其以相互促进性为过失共同正犯的必要条件,从而否定了意思联络的必要性。从相互促进性的主张来看,这种观点重视的仍然是客观方面的要素。只是,这里并不仅仅要求各行为人共同实施了过失行为,而且是从共同正犯的特性上,强调了相互利用、补充这种相互促进性的必要性。

2. 德国刑法理论中的共同义务共同违反说

德国学者 Weiβer 从故意犯与过失犯的基本构造不同出发,指出传统通说认为共同正犯的主观成立要件必须具有共同犯罪决意,但是共同犯罪决意不过是依附于故意犯而存在的,并非共同正犯固有的成立条件。共同正犯的基本成立条件应当是"共同性"。②

过失犯的本质是注意义务的违反,因此,共同过失就应当是指共同注意义务的违反,而不是所谓的共同犯罪决意。共同参与犯罪者必须负有相同的注意义务,只有在他人也违反相同的注意义务时,才能被评价为共同正犯。此外,Weiβer 主张,各参与人之间主观上还需对负有相同的注意义务有认识,且具有共同的行为计划。③ 可见,Weiβer 对过失共同正犯的成立没有采取纯粹客观的判断,尽管各参与人主观上无须产生"共同犯罪决意",但是共同行为计划仍然是成立过失共同正犯所需要具备的主观条件。由此可见,依据 Weiβer 的共同义务共同违反说,成立过失共同正犯的范围较否定主观要素的见解而言,显得更为严格。

3. 我国刑法理论中的共同义务共同违反说

受到日本刑法理论的影响,我国过失共同正犯肯定说基本上是立足于共同义务共同违反说的观点。多数学者认为,二人以上者负有防止结果发生的共同注意义务,是过失共同正犯成立的核心要件。在此前提之下,如果行为人实施违反共同注意义务的共同行为,导致了危害结果的发生,且在共同违反注意义务上都存在过失,就可以成立过失共

---

① 〔日〕大塚裕史:《過失犯の共同正犯の成立範囲:明石花火大会歩道橋副署長事件を契機として》,载《神戸法學雜誌》62 卷 1/2 号(2012)。
② 参见黄奕文:《重新检视过失共同正犯之难题——以德国学说为讨论中心》,载《兴大法学》2016 年第 20 期。
③ 参见黄奕文:《重新检视过失共同正犯之难题——以德国学说为讨论中心》,载《兴大法学》2016 年第 20 期。

同正犯。① 就共同注意义务的内容来说,我国学者一般主张从纵横两个维度来进行界定。② 即认为共同注意义务指各行为人不仅负有防止自己的行为产生危害结果的注意义务,而且负有督促其他共同行为人注意防止发生危害结果的义务。

过失共同正犯的成立要求各行为人在共同违反共同注意义务上都存在过失。一般认为,过失共同正犯中不存在故意共同正犯那样的意思联络,在各行为人之间也不存在共同的犯罪目的。但是要求各行为人在共同违反共同的注意义务上存在共同心理。"虽然各行为人都应该自己注意并督促其他的共同行为人也加以注意,但是,各行为人都没有加以注意,正是因为各行为人都没有加以注意,才相互助长了对方的不注意,以致产生了共同的不注意。各行为人都在不加重视的共同心理下懈怠了对共同注意义务的履行,存在相互补充的心理事实,这是过失共同犯罪成立的主观基础。"③

关于各行为人是否需要在法律上处于平等地位的问题存在不同见解。有观点认为,"只有各行为人在法律上处于平等地位时,才能说他们之间存在共同注意义务"④。另有观点虽然认为各行为人在法律上处于平等地位时,注意义务才可能是共同的,但是又主张处于监督地位的行为人不履行监督注意义务的不作为,可以与从业者的不履行或者不正确履行注意义务的行为构成过失共同正犯。⑤ 另一种观点则认为,"共同注意

---

① 参见林亚刚:《论共同过失正犯及刑事责任的实现(下)》,载《江西公安专科学校学报》2001年第3期;舒洪水:《共同过失犯罪的概念及特征》,载《法律科学(西北政法学院学报)》2005年第4期;童德华:《共同过失犯初论》,载《法律科学(西北政法学院学报)》2002年第2期;李希慧、廖梅:《共同过失犯罪若干问题研究》,载《浙江社会科学》2002年第5期;冯军:《论过失共同犯罪》,载西原春夫先生古稀祝贺论文集编集委员会编:《西原春夫先生古稀祝贺论文集 第5卷》,成文堂1998年版,第711—721页;刘永贵:《过失共同正犯研究》,载胡驰、于志刚主编:《刑法问题与争鸣(第3辑)》,中国方正出版社1999年版,第345—372页。

② 参见林亚刚:《论共同过失正犯及刑事责任的实现(下)》,载《江西公安专科学校学报》2001年第3期;舒洪水:《共同过失犯罪的概念及特征》,载《法律科学(西北政法学院学报)》2005年第4期。

③ 冯军:《论过失共同犯罪》,载西原春夫先生古稀祝贺论文集编集委员会编:《西原春夫先生古稀祝贺论文集 第5卷》,成文堂1998年版,第719页。

④ 冯军:《论过失共同犯罪》,载西原春夫先生古稀祝贺论文集编集委员会编:《西原春夫先生古稀祝贺论文集 第5卷》,成文堂1998年版,第718页。

⑤ 参见林亚刚:《论共同过失正犯及刑事责任的实现(下)》,载《江西公安专科学校学报》2001年第3期。

义务是否存在,并不取决于行为人法律地位是否平等,而是取决于共同行为本身是否具有危害结果发生的危险性"①。

(二)共同义务共同违反说存在的问题

有学者认为,在无法证明过失与结果之间的因果关系的情况下承认行为者的过失责任,会使处罚范围被不当地扩张。但是,笔者认为,通过因果关系的扩张而处罚共同正犯在故意共同正犯中同样存在,并不是指责共同义务共同违反说肯定过失共同正犯的可靠理由。共同正犯都是以"一部行为全部责任"的法理来进行结果归责的,因此,存在问题的是"一部行为全部责任"法理的根据何在,而不是否定该法理本身。这便是共同正犯的处罚根据的问题。在这个问题上,不仅是过失共同正犯,故意共同正犯也存在诸多未解决的问题。总之,以因果关系的扩张来肯定过失共同正犯并不是共同义务共同违反说的根本缺陷。

共同义务共同违反说尽管是日本刑法理论上的通说,却对我国理论影响甚大,其在我国为肯定过失共同正犯的大多数学者所支持。但是,共同义务共同违反说仍然存在诸多问题。从上述诸位学者的观点来看,共同义务共同违反说内部主要探讨的还是过失共同正犯成立与否的问题。尽管共同义务共同违反说应当是关于过失共同正犯如何成立的观点,但是正如有学者指出的,"过失犯的共同正犯的成立范围未必明确,希望明确'共同义务的共同违反'的具体内容的批评已经过了十几年。以往的讨论,将重点放在过失犯的共同正犯的肯定与否上,在肯定的场合,明确成立范围的工作不得不说有些滞后。今天,过失犯的共同正犯与过失竞合的区别也存在问题。这一问题的阐明是今后的紧急课题"②。由此可见,在日本判例不断承认过失共同正犯的成立的背景下,学者们已经认识到仅仅探讨过失共同正犯的成立与否是不够的。在承认过失共同正犯的前提下,进一步探讨过失共同正犯的成立条件及其具体内容,明确过失共同正犯的成立范围,更具有理论意义与实践意义。从近些年日本刑法理论界关于过失共同正犯的讨论状况来看,这一理论动向成为过失共同正犯论的新发展趋势。就我国的共同义务共同违反说的观点来看,同样存在上述问题。尽管学者们普遍采取共同义务共同违反说,但是共同义务共

---

① 舒洪水:《共同过失犯罪的概念及特征》,载《法律科学(西北政法学院学报)》2005年第4期。

② 〔日〕大塚裕史:《過失犯の共同正犯》,載《刑事法ジャーナル》28号(2011)。

同违反的成立基础、具体内容、判断基准等方面的研究还不够深入。而且,我国学者的观点中存在监督者可以与被监督者构成过失共同正犯的主张,这里存在如何合理划定过失共同正犯的成立范围的问题。这种观点有混淆监督、管理过失中的义务与直接的结果回避义务,扩大过失共同正犯成立范围之嫌。这与我国传统刑法理论中并不存在监督、管理过失的概念有关。在此情况下,往往将监督、管理者的监督、管理义务也视为直接的对结果予以回避的义务。因而监督者与被监督者才会被认为成立过失共同正犯。总之,在我国刑法理论上,划清不同的注意义务、合理限定过失共同正犯成立的范围成为亟待解决的问题。

另外,以往在不探讨过失犯的实行行为的情况下,犯罪共同说以过失犯主观上欠缺共同意思为由,否定过失共同正犯。在新过失论之下,过失犯实行行为进入人们的视线,使得即使不承认主观上的意思联络,其在客观上的共同行为也成为可能。"客观不注意行为的共同的可能使共同实行的意思的要件出现缓和动向。"① 因此,共同义务共同违反说是在新过失论的影响下产生的理论。但是,也可以说,犯罪共同说通过这种客观注意义务的共同,回避了对共同实行意思问题的探讨。"对过失犯也承认实行行为性,因而其共同也是可能的理论,仅以实行行为的同时存在这种物理的因果性来为共同正犯提供基础,结果使得共同正犯与同时犯失去了区别。"② 这种回避使得过失共同正犯在主观上的成立要件问题没有得到根本解决,这也为过失同时犯解消说的产生埋下了伏笔。反观我国刑法理论中的共同义务共同违反说,尽管普遍主张意思联络的不存在,但是对什么是共同意志,其是否真的存在以及存在基础为何,还缺乏充分的论证。笔者认为,我国学者的观点更侧重观点宣示,在观点成立的具体论述上还不够完善。

四、基于因果共犯论的肯定说

在日本刑法理论中,以因果性来理解共犯关系的主张是较为有力的。特别是以一元的结果无价值论为立场的学者,从对法益侵害结果的因果性惹起上来寻求包括共同正犯在内的广义共犯的处罚根据。这种见解都在行为与构成要件该当事实的因果性,即物理因果性与心理因果性上来

---

① 〔日〕大塚裕史:《過失犯の共同正犯》,载《刑事法ジャーナル》28 号(2011)。
② 〔日〕高桥则夫:《共同正犯归属原理》,载西原春夫先生古稀祝贺论文集编集委员会编:《西原春夫先生古稀祝賀論文集 第二卷》,成文堂1998年版,第350页。

理解共同正犯"一部行为全部责任"的基础。① 对于过失共同正犯的共同性,因果共犯论者自然也着眼于这种因果性。山口厚教授提出的理论的特点在于,在过失不作为犯的场合主张以作为义务的共同违反来认定过失共同正犯。而对于过失作为犯,仍然回到了因果共犯论的立场上。

山口厚教授认为,"肯定过失犯的共同正犯的成立是可能且必要的。在具有与构成要件结果间的作为共同构成要件要素的(以促进、强化为内容的)因果性,且具备共同'正犯'的实质行为,对构成要件该当事实有预见可能性的场合,能够肯定过失犯的共同正犯的成立"②。但是,山口厚教授并不赞同"共同义务共同违反"说的主张,认为"'共同义务共同违反'说的问题存在于作为犯的领域。即,这种见解以不真正不作为犯的构造来肯定过失共同正犯的成立,在作为犯的领域采取怎样的态度就成为问题"③。"'共同义务共同违反'说将过失共同正犯的成立范围限定在不真正不作为犯,否定作为犯成立过失共同正犯。如果是这样的话,就是向同时犯解消说的移行,应当否定共同正犯的成立。在这个意义上,同时犯解消说的论理是一贯的,'共同义务共同违反'说的论理是不一贯的"④。进而主张,作为犯的场合也能成立过失共同正犯。对作为犯与不作为犯成立过失共同正犯的条件分开讨论。对不作为的过失共同正犯,以共同作为义务之违反作为其成立条件。而对于作为犯,由于其自身构造与不作为不同,因而成立过失共同正犯不以"共同义务共同违反"为要件。作为犯的过失共同正犯的成立以共同者因果作用的重要性为要件。⑤ 此外,甲斐克则教授也采取山口厚教授区分作为犯与不作为犯来各自探讨过失共同正犯成立条件的方法,主张在过失不作为犯的场合从共同作为义务来探讨行为的共同性。而在过失作为犯的场合则是从心理因果性来寻求行为的共同性。⑥ 综观山口厚、甲斐克则的观点,二人在方法上都是以区

---

① 参见〔日〕山口厚:《刑法总论》(第3版),有斐阁2016年版,第320页。
② 〔日〕山口厚:《過失犯の共同正犯についての覚書》,载西原春夫先生古稀祝賀論文集編集委員会编:《西原春夫先生古希祝賀論文集 第二卷》,成文堂1998年版,第398页。
③ 〔日〕山口厚:《過失犯の共同正犯についての覚書》,载西原春夫先生古稀祝賀論文集編集委員会编:《西原春夫先生古希祝賀論文集 第二卷》,成文堂1998年版,第399页。
④ 〔日〕山口厚:《過失犯の共同正犯についての覚書》,载西原春夫先生古稀祝賀論文集編集委員会编:《西原春夫先生古希祝賀論文集 第二卷》,成文堂1998年版,第400页。
⑤ 参见〔日〕山口厚:《過失犯の共同正犯についての覚書》,载西原春夫先生古稀祝賀論文集編集委員会编:《西原春夫先生古希祝賀論文集 第二卷》,成文堂1998年版,第398—400页。
⑥ 参见〔日〕甲斐克則:《責任原理と過失犯論》,成文堂2005年版,第191—192页。

分作为犯与不作为犯的不同情况来分别论及过失共同正犯的成立的。在不作为犯的情况下,将"共同义务共同违反"中的共同义务理解为不作为犯的共同作为义务,这种共同作为义务的共同违反是成立不作为过失共同正犯的条件。而就作为犯来说,由于其成立不以作为义务为要件,自然不能具有共同作为义务的共同违反,因此作为犯的过失共同正犯的成立就在行为与结果的因果性上来寻求依据。

对此,大塚裕史教授指出,作为义务与结果回避义务即使内容有重合,也应当被理解为不同的事物。应当回避构成要件该当事实的结果回避义务的违反,是故意犯以及过失犯的共通要件。从而其不仅是过失不作为犯,而且也是过失作为犯的构成要件该当性的要件。过失犯的构成要件该当行为,不论是过失作为还是过失不作为,都应当被理解为违反结果回避义务的行为。据此,过失共同正犯中的"共同过失"行为的内容是"共同结果回避义务"之违反的行为,这不是过失不作为犯所特有的。进而指出,作为义务是不作为犯所固有的,对其进行认定是为了确定负结果回避义务的主体。所以,共同义务的共同违反不是作为义务上的问题,应当被置于(作为犯·不作为犯共通的)共同结果回避义务的位置上。①

对于大塚裕史教授的上述见解,松宫孝明教授指出,由结果回避义务的违反是故意犯以及过失犯共通的要件,得出结果回避义务是过失不作为犯和过失作为犯的构成要件该当性要件的结论是不可思议的推论。其应当导出的结论是结果回避义务是故意不作为犯和过失不作为犯的共通要件。② 松宫孝明教授进一步指出,在不真正不作为犯的场合,作为义务就是结果回避义务,因此,认为共同义务的共同违反不是作为义务的问题,而是共同结果回避义务的问题,"至少在过失不作为犯的共同正犯问题上,是对事态不必要的复杂化,是不适当的"③。

面对松宫孝明教授的批判,大塚裕史教授又作出了有针对性的反驳。大塚裕史教授指出:第一,"如果'结果回避义务的违反是故意犯以及过失犯的共通要件',那么结果回避义务的违反就是故意作为犯、故意不作为犯、过失作为犯、过失不作为犯的共通要件,只是本文的主题限于过失犯,

---

① 参见〔日〕大塚裕史:《過失犯の共同正犯》,载《刑事法ジャーナル》28号(2011)。
② 参见〔日〕松宫孝明:《「過失犯の共同正犯」の理論の基礎について——大塚裕史教授の見解に寄せて》,载《立命館法学》2011年5·6号(339·340号)。
③ 〔日〕松宫孝明:《「過失犯の共同正犯」の理論の基礎について——大塚裕史教授の見解に寄せて》,载《立命館法学》2011年5·6号(339·340号)。

所以'不仅是过失不作为犯,而且也是过失作为犯的构成要件该当性的要件'是当然的结论,不是不可思议的推论"①。第二,"过失不作为犯的场合也与作为犯的场合相同,采取何种减少危险的措施成为问题。而在这之前,究竟'谁'被科以这种义务也存在较大的问题。前者是'作为义务的内容'即'结果回避义务的内容'的问题,后者是'作为义务的主体'即'保障人地位的有无'的问题"②。"这样,对谁承担结果回避义务这种结果回避义务的主体问题与赋予行为人在各种各样的结果回避措施中应当采取何种结果回避措施的义务这种结果回避义务的内容特定之间应当相区别。前者是作为义务的问题,后者是结果回避义务的问题,绝不是'事态不必要的复杂化'。"③

以上争论实际上与对过失不作为犯中作为义务(保障人地位)与结果回避义务之间的关系如何的不同理解有密切关系。一种观点认为,在过失不作为犯中讨论结果回避义务的有无就够了,没有特别地讨论作为义务(保障人地位)问题的必要。④ 另一种观点则主张,应当严格区分作为义务与结果回避义务,有明确两者关系的必要。⑤ 应当区分作为义务与结果回避义务。因为,将两者混淆会使得没有保障人义务的不作为也被纳入注意义务违反来考虑,使得作为与不作为的区别变得模糊。同时,也有将非保障人的不作为也当作过失犯处罚的危险,会使处罚范围被不当地扩大。

除此之外,嶋矢贵之也从因果性的视角出发,探讨共同正犯的共同性。其认为,即使在没有故意的场合也存在物理的因果性,此外也应肯定实行具有结果发生危险的行为的意思联络这种心理的因果性。在受共同行为者的因果影响的同时,也以自己的贡献对共同行为者提供因果的影响力。经过这种双向的因果影响力之后,双方或者任何一方的行为发生

---

① 〔日〕大塚裕史:《過失犯の共同正犯の成立範囲:明石花火大会步道橋副署長事件を契機として》,載《神戶法學雜誌》62卷1/2号(2012)。
② 〔日〕大塚裕史:《過失犯の共同正犯の成立範囲:明石花火大会步道橋副署長事件を契機として》,載《神戶法學雜誌》62卷1/2号(2012)。
③ 〔日〕大塚裕史:《過失犯の共同正犯の成立範囲:明石花火大会步道橋副署長事件を契機として》,載《神戶法學雜誌》62卷1/2号(2012)。
④ 参见〔日〕日义博:《管理・監督過失と不作為犯論》,載斋藤丰治等编:《神山敏雄先生古稀祝賀論文集 第一卷 過失論・不作為犯論・共犯論》,成文堂2006年版,第153页。
⑤ 参见〔日〕神山敏雄:《過失不真正不作為犯の構造》,載福田雅章等编:《刑事法学の総合的検討/福田平・大塚仁博士古稀祝賀 上》,有斐阁1993年版,第46页。

了结果,就肯定过失共同正犯的成立。①

以因果性的观点来探讨共同性的问题,会与等价说产生相同的共同性范围过度扩张的问题。而且,在不作为犯中不得不放弃物理的、事实的因果性。② 这也许就是为什么山口厚分作为犯与不作为犯的不同情况来探讨过失共同正犯的共同性。此外,从该类观点的存在可见,主张过失共同正犯的成立应当具备意思联络的见解在日本理论界仍然是较为有力的。

五、规范共同说的基本路径

(一)Jakobs 的规范的客观共同说

德国理论通说对过失共同正犯采取否定的态度,但是近年来肯定说的见解也不断涌现,呈现出不断增多的趋势。其中,"Jakobs 以及其学生 Lesch 等人提出的'规范上、客观上的共同'之见解,将共同正犯之归责要件纯粹客观化,而不再以故意或传统学说之'犯意联络'作为共同正犯的成立条件"③。从而采取一种纯粹客观的共同性学说。

Jakobs 以黑格尔的刑罚理论为出发点,认为刑罚并不是对犯罪所造成的损失的填补,而是不法的对应。"行为人和其他所有的参与者不是被作为有着相当不同意图和喜好的个体来对待,而是被作为法律上的应有物即作为人格体来对待。"④ "人格体是由其与其他人格体的关系即由其角色来确定的"⑤,因此,"人格体说明是一种客观的(不可处分的)说明,没有客观性,就排除了把自己理解为人格体"⑥,或者说人格体具有客观性。"因为关心的是人格体而不是主体,所以,主体现实的认识状况在机

---

① 参见〔日〕嶋矢贵之:《過失犯の共同正犯論(2)》,载《法学協会雑誌》121 卷 10 号(2004)。
② 〔日〕金子博:《過失犯の共同正犯について——「共同性」の規定を中心に》,载《立命館法学》2009 年 4 号(326 号)。
③ 黄奕文:《重新检视过失共同正犯之难题——以德国学说为讨论中心》,载《兴大法学》2016 年第 20 期。
④ 〔德〕格吕恩特·雅科布斯:《行为 责任 刑法——机能性描述》,冯军译,中国政法大学出版社 1997 年版,第 125 页。
⑤ 〔德〕京特·雅科布斯:《规范·人格体·社会——法哲学前思》,冯军译,法律出版社 2001 年版,第 30 页。
⑥ 〔德〕京特·雅科布斯:《规范·人格体·社会——法哲学前思》,冯军译,法律出版社 2001 年版,第 34 页。

能主义的立场上并不重要。"①"故意与过失,作为个人心理的事实,并没有给不法提供根据;而是作为个人显露的、被客观地确定的欠缺的表现而为不法提供根据的。主观的、心理的,即作为心理事实的故意并不是不法的根据,其不过是对欠缺被客观地确定的规范遵守动机的表征。"②因此,对一个行为是否违反了规范应当客观地判断,"不能吸收大量主观的特殊性这种混乱,而是必须与标准、角色、客观样式相联系"③。

基于此,在 Jakobs 看来,过失犯中的主观要素对于结果归责来说,并不是决定因素。Jakobs 将过失行为定义为个体的回避可能性,认为"如果行为人现实地使自己产生避免结果发生的动机就不会招致结果时,该结果就是可以避免的。换句话说,能够避免的是能够认识的结果,只是在刑法上重要的不是认识结果(否则过失行为者就会变成故意行为者),而是避免结果"④。

Jakobs 的规范的客观共同说站在了否定共同正犯的成立需要具备意思联络要件的角度,对过失共同正犯的成立当然具有极大的意义。但是,理论上,有学者对 Jakobs 的规范的客观共同说过度扩张共同正犯的处罚范围进行了批判。例如,Roxin 指出,"共同正犯不以共同行为决意为要件的场合,会使共同正犯与同时犯的区别丧失安定性"⑤。主要原因就在于该种见解过度强调行为人之间的行为贡献在客观上的关联性,而忽视了共同性的形成在主观上存在关联的必要性。基于 Jakobs 的见解,如果不仅是过失犯,甚至在故意犯的共同正犯的成立上也完全不需要主观上的意思联络,则在共同正犯与帮助犯的区分上会存在问题。例如,在片面帮助犯的场合,仅有帮助者的帮助意思,正犯者对此却毫不知情,在不具备意思联络的情况下,片面帮助者仍然有客观地被认定为共同正犯的可能性。

---

① 〔德〕格吕恩特·雅科布斯:《行为 责任 刑法——机能性描述》,冯军译,中国政法大学出版社 1997 年版,第 126 页。
② 〔德〕ギュンター・ヤコブス(Günther Jakobs):《ギュンター・ヤコブス著作集[第 1 卷] 犯罪論の基礎》,松宫孝明编译,成文堂 2014 年版,第 26 页。
③ 〔德〕格吕恩特·雅科布斯:《行为 责任 刑法——机能性描述》,冯军译,中国政法大学出版社 1997 年版,第 125 页。
④ 〔德〕格吕恩特·雅科布斯:《行为 责任 刑法——机能性描述》,冯军译,中国政法大学出版社 1997 年版,第 80 页。
⑤ 〔德〕クラウス・ロクシン(Claus Roxin):《ロクシン刑法総論〈第 2 卷 犯罪の特別現象形態〉[翻訳第 1 分冊]》,〔日〕山中敬一监译,信山社 2011 年版,第 126 页。

(二) 基于客观归责的规范共同说

1. Knauer 的共同客观归责说

德国学者 Knauer 主张通过客观归责的路径实现复数过失行为人的结果归责。Knauer 基于过失犯与故意犯的构造差异,认为将意思联络作为过失共同正犯的共同性要素,是借用了故意共同正犯的标准,严重忽视了过失犯的不法特征。基于客观归责理论,过失犯的行为不法应当被界定为制造了法所不允许的危险。Knauer 又借助风险升高理论,将各行为人制造的危险融合成一个共同的危险来看待。由于共同行为是超过个人所制造的危险,是一个被升高的风险,这是对复数行为人进行共同结果归责的依据。①

Knauer 以"横穿马路案"为例说明其主张。被害人甲欲横穿马路,此时第一车道的信号灯指示停车,第二车道的信号灯指示可通行。甲站在两车道之间的位置,A、B 两车均违反注意义务,将甲轧死在两车之间。Knauer 指出,此时 A、B 两车中的驾驶员可以成立过失共同正犯,因为二人共同创设了法所不允许的危险,且使得风险升高最终导致甲死亡。依照客观归责理论,即便 A、B 两车中的驾驶员之间并无引起结果的相互意识,仍然应当通过成立过失共同正犯予以归责。②

2. 金子博的客观归责说

日本学者金子博回顾了日本过失共同正犯论的发展历史之后指出,以往的研究不论是从行为主观侧面的意思疏通,还是从客观方面的因果性来探寻过失共同正犯的共同性,都是基于自然主义·心理主义的路径而展开的理论,都是故意作为犯的共同正犯的共同性理论的派生之物。③"战后初期以来,过失犯完成了从自然主义·心理主义的观点向规范主义的理论发展,而关于'共同性'理论自身的发展却与此不相适应。"④进而从构成要件该当结果归责的观点出发,认为在构成要件该当结果的归责上正犯与共犯没有质的差异,只要在存在自己与他人应当共同协力阻止

---

① 参见施勇全:《过失共同正犯问题之研究》,成功大学 2009 年硕士学位论文,第 74—75 页。
② 参见黄奕文:《重新检视过失共同正犯之难题——以德国学说为讨论中心》,载《兴大法学》2016 年第 20 期。
③ 参见〔日〕金子博:《過失犯の共同正犯について——「共同性」の規定を中心に》,载《立命館法学》2009 年 4 号(326 号)。
④ 〔日〕金子博:《過失犯の共同正犯について——「共同性」の規定を中心に》,载《立命館法学》2009 年 4 号(326 号)。

构成要件该当结果发生的共同义务,却懈怠采取社会生活上所要求的防止措施,导致构成要件该当结果的场合,就成立共同犯罪。不论是参与者的共同意思还是行为与结果间的因果性,都是表现行为样态的判断基准,对共同性没有影响。①"构成要件的实现事态的答责领域,是从社会这种第三者的角度来看,导致结果的各参与者的事前行为有何种意义,而后与其事前行为的意义相结合来决定有何种义务。"②可见,金子博是基于客观归责的规范共同性来为过失共同正犯寻找成立基础的。

大塚裕史教授就金子博对共同结果回避义务从社会的客观的观点来赋予规范的根据的主张提出批判,认为"存在社会期待时就承认共同义务,其所认定的共同义务的范围过分地不明确"③。但是,松宫孝明教授却对此批判提出不同见解,认为"作为义务与注意义务在某种意义上是由'社会'这种客观的·第三者的视点所决定的,而不是通过行为者的意思和意思疏通决定的。相反地,客观的注意义务本身是由'社会生活上必要的注意'的观点来决定的,并不存在忽视社会立场的注意义务"④。

大塚裕史教授反论到,"结果回避义务最终是由社会通念决定的,对教授'不存在忽视社会立场的注意义务'的观点完全没有异议。在这个意义上,刑法上所有的概念都是社会的概念,最终是由规范的观点所决定的"⑤。但是,"由于共同义务是法的义务,如果仅仅以存在社会期待来认定共同义务,会有不当地扩大结果发生的过失结果犯的共同义务的成立范围的担心"⑥。其进一步指出,"过失犯的共同正犯成立与否的判断标准,应当从共同正犯的基本原理来演绎说明,而不应当基于社会期待的感觉来判断"⑦。"共同正犯也是犯罪类型,是法益侵害方法的一种样态,其

---

① 参见〔日〕金子博:《過失犯の共同正犯について——「共同性」の規定を中心に》,载《立命館法学》2009 年 4 号(326 号)。
② 〔日〕金子博:《過失犯の共同正犯について——「共同性」の規定を中心に》,载《立命館法学》2009 年 4 号(326 号)。
③ 〔日〕大塚裕史:《過失犯の共同正犯》,载《刑事法ジャーナル》28 号(2011)。
④ 〔日〕松宮孝明:《「過失犯の共同正犯」の理論的基礎について——大塚裕史教授の見解に寄せて》,载《立命館法学》2011 年 5·6 号(339·340 号)。
⑤ 〔日〕大塚裕史:《過失犯の共同正犯の成立範囲:明石花火大会步道橋副署長事件を契機として》,载《神戶法學雜誌》62 卷 1/2 号(2012)。
⑥ 〔日〕大塚裕史:《過失犯の共同正犯の成立範囲:明石花火大会步道橋副署長事件を契機として》,载《神戶法學雜誌》62 卷 1/2 号(2012)。
⑦ 〔日〕大塚裕史:《過失犯の共同正犯の成立範囲:明石花火大会步道橋副署長事件を契機として》,载《神戶法學雜誌》62 卷 1/2 号(2012)。

处罚应当从与法益侵害相结合所表现出的事实的观点来说明。"[1]"共同正犯是以共同实行惹起结果,从而产生就结果全体对各人进行归责的法的效果('一部行为全部责任'的法理)。既然共同义务是以共同实行为基础的要件,相互对行为提供因果影响力而一同促进不注意的行为,即'相互促进性'是必要的……相互促进性应当成为共同义务的判断基准。而过失犯的共同正犯中的相互促进性,在存在危险防止的相互依存关系时,相互提供因果的影响力而促进不注意行为的场合予以认定。"[2]

大塚裕史教授对金子博提出的规范共同说的批判,以及对松宫孝明教授为规范共同说辩护所进行的反驳,实际上是传统共同义务共同违反说与新共同义务共同违反说之间的对立,本质上体现出的是在共同义务的内容以及位置的判断上所采取的事实路径与规范路径的方法论上的对立。坚守事实判断路径的大塚裕史教授认为,共同义务的判断标准应当与法益侵害相结合;而采取规范路径的松宫孝明和金子博皆主张从社会的观点、规范的路径进行判断。

尽管规范共同说为过失共同正犯的探讨提供了新的路径,但是仍然存在诸多疑问。如上所述,以往日本刑法理论中关于过失共同正犯问题争论的焦点在于作为共同正犯主观成立条件的意思联络存在与否。这些争论,如金子博所批判的那样,都是在自然主义、心理主义的路径上展开的,其始终以故意共同正犯的构造为模型来讨论过失共同正犯。但是,过失犯的构造本身与故意犯有别,从自然主义、心理主义的路径来讨论过失共同正犯的成立,在方法上存在难以突破的障碍。就这一点来看,金子博以规范主义的路径主张基于客观归责的规范共同性说在方法论上是具有开创性的。只是应当看到,"客观归责理论至今所成就的,其实只有制造风险和实现风险这两大基本概念,在两大概念之下的内部构造,尚未发展成熟,对于各种排除归责事由的应用和法理诠释,还相当粗糙而存在分歧"[3]。因此,金子博仅以客观归责论的基本概念得出抽象的结论,而没有就判断共同性的内部结构以及各种排除归责事由进行具体的展开,不

---

[1] 〔日〕大塚裕史:《過失犯の共同正犯の成立範囲:明石花火大会步道橋副署長事件を契機として》,载《神戸法學雜誌》62卷1/2号(2012)。
[2] 〔日〕大塚裕史:《過失犯の共同正犯の成立範囲:明石花火大会步道橋副署長事件を契機として》,载《神戸法學雜誌》62卷1/2号(2012)。
[3] 许玉秀:《主观与客观之间:主观理论与客观归责》,法律出版社2008年版,第17页。

能不说是一个缺憾。因此,笔者认为,大塚裕史教授的批判不是没有道理的。以社会期待时就承认有共同义务来判断过失共同正犯的成立,其范围确实由于过分抽象而变得不明确。所以,在客观归责论之下,对何为社会所期待的防治措施,以及对如何实现这种防治措施的求索,需要将其置于"不被允许的危险"与"实现不被允许的危险"这两大基础概念之下,并依据各种归责与排除归责的事由判断,方可探寻出一条较为妥善的解决之道。

第三节　过失共同正犯理论纷争的启示

通过对以上过失共同正犯理论学说的分析与检讨,笔者认为,在过失共同正犯理论上存在以下三个尚待解决的问题:一是关于过失犯的正犯概念以及过失共同正犯的正犯性的问题;二是关于意思联络的问题;三是过失犯不法的问题。以上三个问题相互交错,在理论上存在诸多未决的议题,并为本书的展开提供了基本架构。

一、过失犯的正犯概念与过失共同正犯

在过失犯中应当采取何种正犯概念的问题与过失共同正犯成立与否存在密切联系。自 Welzel 提出二元的正犯概念以来,过失犯采取统一的正犯概念的主张就在德国刑法理论上占据通说的地位。以至于在否定过失共同正犯的见解中,基于过失犯统一的正犯概念的立场而否定过失共同正犯存在必要性的学说主张不论是在德国还是在日本刑法理论中都变得有力。

因此,有必要明确过失犯的正犯概念到底是采取与故意犯不同的统一的正犯概念,还是与故意犯一样,都以限制的正犯概念为妥当。围绕过失犯的正犯概念,德日刑法理论面对的主要是如何处理故意正犯背后的过失参与的可罚性的具体问题,在妥当解决具体问题与维护理论体系的一贯性之间产生了众多的矛盾。导致的结果是,难以继续维持过失犯的统一正犯概念。

近年来,过失犯中也可以采限制的正犯概念的见解的比重在德国理论上呈现上升趋势。在过失犯中采限制的正犯概念,则过失犯也存在正犯与共犯的区分,进而将为过失共同正犯的成立进一步扫清障碍。但是,在过失犯中采限制的正犯概念会进一步产生过失犯的正犯和共犯如何能够被区分,其区分的标准是什么的问题,最终会被还原为过失共同正犯的

正犯性问题。在过失犯正犯与共犯之区分的问题上,理论界尚未形成共识,可以说是今后理论需要进一步深入研究并予以明确的难题。

二、意思联络与过失共同正犯

通过以上的分析可见,围绕过失共同正犯的讨论,是照着故意共同正犯理论的原样适用,多数场合以"共同行为意思"的必要与否来论及过失共同正犯的肯定与否定。因此,可以说意思联络问题是过失共同正犯成立与否的永恒主题。犯罪共同说与行为共同说都认为过失共同正犯的成立以共同实行的意思为必要,只是基于对共同行为意思的具体内容的不同理解才得出了肯定与否定的不同结论。依照犯罪共同说的主张,共同行为意思应当是对特定犯罪结果的共同实现意思,因此以存在故意为必要,进而否定过失共同正犯。而依照行为共同说的见解,共同行为意思具有对行为的共同意思就足够了,因而共同正犯的成立不以故意为必要,过失共同正犯也能够成立。

也有学者从共同正犯的"共同性"入手,来总结日本刑法中过失共同正犯论的历史发展与争论焦点。认为:"战前的讨论状况,对共同正犯的共同性,着眼于'实现同一犯罪的意思疏通'与着眼于'因果的共同'的对立构造就已经存在。所以,这一时点构筑了现在讨论的基础。"① 但是,将过失共同正犯论的研究归结于对共同正犯共同性的探讨中的主观意思的共同与客观因果的共同的对立,恐怕过于程式化。学者们的讨论状况远不能以清晰的脉络呈现。上述学者的观点基本上仍然是在主观与客观两个方面共同展开的探讨,只是在共同行为意思的内容上产生了分歧。因此,与其说学者们在探讨过失共同正犯时就共同性问题产生明确区隔,不如说学者们的讨论仍然是在故意共同正犯构造的基础上探讨过失共同正犯,试图将过失共同正犯纳入共同正犯传统的构造。而如果要将过失共同正犯纳入传统的共同正犯的构造,关于数行为人之间的意思联络将是不可回避的问题。关于过失共同正犯的讨论,在此后的发展进程中,实际上呈现的就是如何看待意思联络的问题。行为共同说否认共同正犯的成立需要对结果实现的意思联络;战前的犯罪共同说以意思联络的不可能而否定过失共同正犯的成立;战后的犯罪共同说则将注意力转移到过失

---

① 〔日〕金子博:《過失犯の共同正犯について——「共同性」の規定を中心に》,载《立命館法学》2009 年 4 号(326 号)。

行为的共同上,从而淡化了对意思联络的要求,而仍然是由对意思联络存在可能性之质疑为出发点,过失同时犯解消说随之兴起。总之,日本的过失共同正犯论是以犯罪共同说与行为共同说的对立为开端的,之后便又以对意思联络的不同态度继续其自身的发展。

三、过失犯的构造与过失共同正犯

如果说共犯是构成要件进而是违法性领域的问题,那么,过失犯的不法内容如何,直接关系到过失共同正犯的共同性的内容。而过失犯的不法内容又与过失犯的构造,进而与过失犯的理论密切相关。过失犯在理论上经历了旧过失论、新过失论、新新过失论,以及现在在德国刑法理论上普遍主张的以客观归责理论来重构过失犯的不法。不同的过失理论对于过失共同正犯的成立也具有实质的影响。旧过失论之下,过失犯的行为被忽视,过失共同正犯自然会以不具有行为的共同而受到否定。新过失论产生以后,过失犯的本质被认为是注意义务的违反,则以注意义务的共同违反来肯定过失共同正犯成为可能。

此外,从德日学者对共同义务的内容与判断基准的讨论中可见,在过失共同正犯成立条件问题的讨论上有向着规范化的刑法理论发展的趋势。以往从自然主义的路径所展开的研究,难免囿于传统故意共同正犯成立条件的框架,不能就过失犯自身的构造来探讨过失共同正犯的成立。因此,从客观归责论的视角出发,为过失共同正犯的成立奠定规范论基础的主张对于过失共同正犯理论的发展具有新的导向意义。就我国理论来说,规范主义的理论还是极为薄弱的,因此,要接受并自觉地在规范主义的路径上展开对过失共同正犯的研究,理论上仍然任重而道远。本书第三章将从不同过失理论之下的过失犯的不法特征入手,具体探讨过失共同正犯的构造。

总之,共犯论是刑法理论的"绝望之章"的说法已为我国学者所熟知。实际上,在德日刑法理论中共犯论又被称为"犯罪论的试金石"。[1] 即某种犯罪论的立场、见解能否在共犯论中被一以贯之地实现,检验着其自身体系的合理性、自洽性。在这个意义上,共犯论成为犯罪论体系的检验场。就刑法中的过失共同正犯理论来说,其发展历程也同样体现了共犯

---

[1] 参见〔日〕高桥则夫:《共犯論と犯罪体系論——違法の連帯性を中心に》,载《刑法雑誌》39 卷 2 号(2000)。

论作为"犯罪论的试金石"的功能。过失共同正犯的问题,在共犯论内部与正犯概念、正犯与共犯的区分、共犯的本质、共同正犯的构造等基本问题直接相关;在共犯论的外部又与过失犯论紧密相连,并进而与过失犯论上的重要理论建立起了联系,如过失的体系地位、过失犯的构造、客观注意义务的内容与判断基准、被允许的危险的法理等。可以说,过失共同正犯问题一方面体现了其作为"绝望之章"之共犯论问题的复杂性,另一方面也确实具有检验犯罪论体系自洽性的机能。因此,笔者认为,在我国刑法中有必要对过失共同正犯展开进一步的探讨。我们应当在充分认识过失共同正犯理论的深度与广度的同时,以建立理论体系上自洽、司法实践中可操作的过失共同正犯论为努力的方向。

近年来,德日刑法理论中关于过失共同正犯的研究,已经从最初争论过失共同正犯成立与否向进一步探讨其如何成立的方向发展,其中关于过失共同正犯的成立根据、共同性的内容以及判断标准等问题的讨论更是呈现出精深化的发展趋势。相较于德日刑法理论,尽管我国也有学者在过失共同正犯的构造上提出了共同义务的共同违反说的见解,但仅限于对该理论的域外借鉴以及立场宣示,尚未有更深入的自觉展开。此种理论现状难以为司法实践提供必要的知识供给。因此,我国刑法理论亟待对过失共同正犯的基础性问题展开本体论的研究,为过失共同正犯的成立划定合理的范围。

第三章 过失理论与过失共同正犯的构造

刑法中的过失犯理论经历了旧过失论、新过失论、修正的旧过失论以及新新过失论等不同理论形态的变迁。在不同的过失理论之下,过失共同正犯论也呈现出不同的理论样态。特别是同样站在肯定过失共同正犯的立场上,不同的学者基于不同的过失理论,对过失犯的构造就会采取不同的见解,使得其所主张的过失共同正犯的构造也必然存在差异。本章将就不同过失理论下过失犯的构造及其与过失共同正犯之间的关系展开探讨。

第一节 旧过失论下过失共同正犯独立构造之不能

一、旧过失论下过失共同正犯的构造难题

古典犯罪论体系是按照"违法是客观的,责任是主观的"这样一种基本思想构筑起来的理论体系。在这一基本思想的驱动之下,派生出了古典犯罪论体系中的客观的违法论以及道义的(心理的)责任论等理论范畴。由古典犯罪论体系所导出的旧过失论认为,故意和过失都只是责任的要素,故意犯与过失犯在构成要件该当性以及违法性上并没有什么不同。即"在行为的构成要件该当性上是以被定型化为构成要件的意思活动造成了社会的外界变动;在违法性上是行为的社会有害性,即对法规范所保护的个人以及公共的生活利益的攻击,也即以对法益的侵害或者危险为内容"[①]。故意犯与过失犯的区别在于和客观要素相对应的主观心理态度存在差异,也就是在对行为人进行道义非难上的差异。在此理论体系背景之下,过失犯的构造不过是由结果、不注意的心理状态以及因果关系三个要素组成。即以发生结果为出发点,当存在与结果有因果关系

[①] 〔日〕藤木英雄:《過失犯の理論》,有信堂高文社1969年版,第12页。

的不注意的心理状态时,就成立过失犯。"这是只将行为人内心要素的'过失'作为结果发生的原因来进行的把握,而完全没有考虑到过失'行为'的性质。"①可见,在旧过失论之下,过失犯的行为是被完全忽视的。

应当注意的是,随着作为期待可能性的判定标准的附随事由成为责任要素,以及所谓的规范责任论时代的到来,过失在责任论中的地位也随之发生变化。在规范的责任论中,责任不再是心理的事实,而成为规范的非难可能性。故意与过失也丧失了责任种类的地位,成为责任的形式或者责任的条件。与此相应,过失犯中违反注意义务这种规范的要素被确定下来。但是与旧过失论的主张相一致,这种注意义务是以应当预见结果的意思紧张义务为内容的。在这个意义上,过失与心理责任时代作为意思紧张的主观精神的作用相同,仍然是仅限于责任论领域的问题。②

旧过失论面临如下批判。德国新过失论的代表者 Welzel 在其教科书中举出如下设例:在可预测状况不佳的弯道上行驶的 A 的汽车与 B 驾驶的汽车正面相撞。相撞的原因是 A 的车辆越过中心线进入了反向行车道,而 B 则处于正常行驶状态。③ 根据旧过失论,既然 B 也与 A 一样因果地惹起了法益侵害结果的产生,那么 B 的行为就是违法的。只不过由于没有结果发生的预见可能性而否定了责任。但是,认为遵守交通规则的安全驾车行为是违法行为,即被评价为法所禁止的行为是不适当的。此外,旧过失论不当扩大了过失犯的处罚范围。以结果预见义务为中心的旧过失论,存在结果以及因果关系,且行为人对结果具有预见可能性就成立过失犯。但是,只要进行一定的危险行为,就存在着预见结果发生的可能性,旧过失论对过失犯的理解使得诸如正常的驾驶汽车行为都会成为刑罚处罚的对象。这主要是因为,"旧过失论的理论基础是结果无价值论(因果的违法论)以及心理责任论"④。旧过失论所面临的以上批判就与这种在过失不法上只注重结果不法的理论基础密切相关。

在旧过失论之下,对过失犯是否具有构成要件的行为存在很大的疑问。过失犯在构成要件阶段并不具有区别于故意犯的行为构造,由此,过

---

① 〔日〕川端博:《疑問からはじまる刑法Ⅰ[総論]》,成文堂2006年版,第108页。
② 参见〔日〕西原春夫:《過失犯の構造》,载中山研一、西原春夫、藤木英雄、宫泽浩一编:《現代刑法講座 第3巻 過失から罪数まで》,成文堂1979年版,第3页。
③ 参见〔日〕井田良:《変革の時代における理論刑法学》,庆应义塾大学出版会2007年版,第148页。
④ 〔日〕井田良:《変革の時代における理論刑法学》,庆应义塾大学出版会2007年版,第148页。

失共同正犯也不存在独立于故意共同正犯的构造。在旧过失论之下,过失共同正犯的客观行为被忽视,否定过失共同正犯的见解占据主导地位。过失共同正犯肯定说只能委身于主观主义的行为共同说来寻求些许立足之地。因为,主观主义的行为共同说并不以进入刑法判断的构成要件行为之共同作为共犯的本质,而是以构成要件之前的自然行为的共同作为共同犯罪成立的要件。"过失犯的行为的共同,就是脱离法的评价的事实的、自然的行为的共同。"①在此"行为"共同的基础之上,过失犯尽管主观上不存在意思联络,至少在客观上还有探讨"行为"共同性的余地。既然过失犯不具有区别于故意犯的构成要件行为,就只能与这种处于主观主义刑法影响之下的行为共同说相结合。

二、修正的旧过失论下过失共同正犯的构造

面对上述批判,立足于结果无价值立场的学者试图对旧过失论进行必要的修正,由此形成了修正的旧过失论。众所周知,目的行为论之下的过失犯,被认为是由于过失行为的行为无价值而受到处罚,结果不过是为了明确处罚范围的处罚条件而已。以此来与目的行为论之下过失行为对结果不存在目的的理论前提相协调。对此,平野龙一教授认为,过失犯仍然是因为在违法上发生结果这种结果无价值而受到处罚。过失行为不是单纯的对结果有因果关系的行为,而是具有结果发生的"实质的不被允许的危险"的行为,作为这种危险现实化的结果发生时,就要处罚过失犯。②平野龙一教授举了以下例子进行说明:在十字路口,时速应当减速至30千米,却以50千米的时速行驶而撞到行人。这种情况下,"时速减速至30千米"的行为是基准行为,但是违反这个基准行为没有将时速减速至30千米并不是过失行为。以50千米的时速行驶,具有撞人的实质危险的行为才构成过失行为。换言之,不是没有将时速减速至30千米的不作为,而是以50千米的时速行驶的作为才是过失行为。③

至于如何判断行为是否具有"实质的不被允许的危险",平野龙一教授认为,"过失行为的危险性,是结果的客观预见可能性"④。所谓客观预见可能性,是以一般人为标准判断行为当时能否预见结果发生,如果行为

---

① 〔日〕内海朋子:《過失共同正犯について》,成文堂2013年版,第53页。
② 参见〔日〕平野龙一:《刑法総論Ⅰ》,有斐阁1972年版,第193页。
③ 参见〔日〕平野龙一:《刑法総論Ⅰ》,有斐阁1972年版,第194页。
④ 〔日〕平野龙一:《刑法総論Ⅰ》,有斐阁1972年版,第194页。

引起结果发生具有一般人经验上的相当性,就可以肯定客观预见可能性的存在。客观预见可能性存在时,行为就具有实质的不被允许的危险性。平野龙一教授的见解基本维持了旧过失论的立场,过失只是作为责任要素而存在于有责性阶段,过失责任以结果预见可能性为本质。所不同的是,平野龙一教授对过失行为作出了界定,也即只有具有构成要件结果发生的一定程度的实质危险性的行为,才是符合过失犯客观构成要件的行为,而并不是传统旧过失论所认为的只要事后判断得出行为人对结果发生具有预见可能性,就成立过失犯。也即以实质定义过失行为的方式,限定过失犯的成立范围,解决旧过失论之下过失犯处罚范围过宽的问题。而且,其认为,以具有实质的不被允许的危险来界定过失行为较"脱逸于社会生活上必要注意义务之基准的行为"的界定,更接近结果的发生,与结果发生的联系更为紧密,以此与新过失论相区别。因此,平野龙一教授的观点被称为修正的旧过失论。现在,站在结果无价值立场上的学者一般会采用修正的旧过失论的观点。

修正的旧过失论对旧过失论下忽视过失犯的构成要件该当行为的立场进行了必要的修正。从实质解释的角度,将过失犯的行为定义为具有导致构成要件结果发生的一定程度的实质危险性的行为,试图以此来限制过失犯的成立范围。以此为基础,则在危险行为之共同上肯定过失共同正犯的成立也具有了可能性。例如,山口厚教授采取的是修正的旧过失论的立场。而在过失共同正犯的成立上,山口厚教授认为,"在具有与构成要件结果间的作为共同构成要件要素的(以促进、强化为内容的)因果性,且具备共同'正犯'的实质行为,对构成要件该当事实有预见可能性的场合,能够肯定过失犯的共同正犯的成立"[1]。因此,"即便没有共同惹起构成要件结果的意思(故意),也能够根据客观的共同构成要件行为(实行行为),来肯定作为共同正犯特征的共同惹起。这样,就存在以构成要件该当事实的过失来共同惹起的可能"[2]。山口厚教授的观点,可以被归纳为过失共同正犯的构造应当包括作为正犯的实质行为即正犯性;行为上的共同性以及行为与结果之间的因果性。但是,对过失共同正犯的正犯性为何、共同性是否以意思联络的存在为必要仍然需要进一步探讨。可以说,修正的旧过失论在与新过失论的对立中,克服旧过失论的缺陷,

---

[1] 〔日〕山口厚:《過失犯の共同正犯についての覚書》,载西原春夫先生古稀祝贺論文集編集委员会编:《西原春夫先生古稀祝賀論文集 第二卷》,成文堂1998年版,第398页。

[2] 〔日〕山口厚:《刑法總論》(第3版),有斐阁2016年版,第386页。

在赋予过失共同正犯以一定的构造基础这一点上具有积极的意义。

第二节 新过失论下过失共同正犯的独立构造

一、新过失论的产生及其基本内容

(一) 新过失论的产生

将过失从有责性阶段划归到构成要件阶段的见解,实际上在20世纪30年代就由德国学者Engisch提出了。Engisch在1930年出版了其大学教授资格论文《刑法中故意与过失的研究》一书,[1]讨论故意犯与过失犯这两大世纪难题。其中关于过失的研究颇具理论前瞻性。

Engisch认为,将过失定义为对违法的结果或者构成要件的实现欠缺预见太过狭隘。应该将过失定义为行为者应当避免且能够避免违法的构成要件的实现。[2] 以有回避可能的构成要件该当的违法来定义过失,则故意与过失被置于这一共通的概念之下。在此,过失中独特的有回避可能的违法具有什么样的实体内容就成为问题。Engisch认为,注意概念是过失犯行为评价的重要要素,过失是注意的欠缺。[3] 并且在内在注意和外在注意的双重意义上探讨注意概念的内容,以此来说明主观认识义务和客观回避义务。内在注意是一种主观心理义务,是指集中精神的谨慎义务,是一种精神的、感觉的认识活动。[4] 这与李斯特所主张的预见义务是相同的。而所谓外在义务,是指为了避免违法构成要件的实现而应当采取的适当的外部行为义务。[5] 由此,外在注意义务的违反成为构成要件之不法上的问题。

---

[1] 笔者参考的版本是该书于1964年再版的日文版,即〔德〕カール・エンギッシュ (Karl Engisch):《刑法における故意・過失の研究》,庄子邦雄、小桥安吉译,一粒社1989年版。

[2] 参见〔德〕カール・エンギッシュ(Karl Engisch):《刑法における故意・過失の研究》,庄子邦雄、小桥安吉译,一粒社1989年版,第326—327页。

[3] 参见〔德〕カール・エンギッシュ(Karl Engisch):《刑法における故意・過失の研究》,庄子邦雄、小桥安吉译,一粒社1989年版,第328页。

[4] 参见〔德〕カール・エンギッシュ(Karl Engisch):《刑法における故意・過失の研究》,庄子邦雄、小桥安吉译,一粒社1989年版,第332页。

[5] 参见〔德〕カール・エンギッシュ(Karl Engisch):《刑法における故意・過失の研究》,庄子邦雄、小桥安吉译,一粒社1989年版,第332页。

外在的、客观的注意义务的违反之所以可以被划入不法领域,是因为 Engisch 借助了 Binding 的规范论。① Engisch 认为,注意义务的根据在于对规范的遵守。② 对行为规范的遵守就是要求行为人避免构成要件的实现,而行为人所使用的可避免构成要件的实现的手段即注意。③ 违反注意义务,规范会受到损害,进而产生违法。而立法者在设定构成要件时,观念上先存在要对规范侵害科以刑罚。所以,规范的损害是由构成要件的实现来表现的。又由于构成违法的要素全部都是构成要件要素,未尽注意义务而使构成要件实现,使规范被违反,因而违反注意义务是违法要素,进而也是构成要件要素。④

尽管 Engisch 在过失犯的理论研究中的贡献是巨大的,影响至今。但是,真正确立过失的构成要件要素的体系地位的是以 Welzel 的目的行为论为基础的犯罪论体系。Welzel 的目的行为论认为,行为的目的性,是人类以因果法则的知识为基础,在一定范围内预见其自身活动可能发生的结果,并通过这种预见来设定种种目标,为了达成这个目标而对自己的活动进行计划。⑤ 所以,"行为是客观要素与主观要素的有机统一,在这个统一中接受违法性的判断"⑥。进而,目的行为论的犯罪论体系将故意和过失作为构成要件要素,而不仅仅是责任要素。且过失犯的构成要件中的决定性要素是不注意的行为,即实施了欠缺社会生活上必要注意的行为。⑦ 因此,"对过失的违法性判断起决定作用的部分,既不是目标的设定,也不是结果的发生,而是行为的实行样态"⑧。即"行为的

---

① Binding 规范论的内容,在本书第四章第四节中有详细的介绍,在此不赘述。
② 参见〔德〕カール・エンギッシュ(Karl Engisch):《刑法における故意・過失の研究》,庄子邦雄、小桥安吉译,一粒社 1989 年版,第 402 页。
③ 参见〔德〕カール・エンギッシュ(Karl Engisch):《刑法における故意・過失の研究》,庄子邦雄、小桥安吉译,一粒社 1989 年版,第 410 页。
④ 参见〔德〕カール・エンギッシュ(Karl Engisch):《刑法における故意・過失の研究》,庄子邦雄、小桥安吉译,一粒社 1989 年版,第 412 页。
⑤ 参见〔德〕ハンス・ヴェルツェル(Hans Welzel):《目的的行爲論序説——刑法体系の新樣相》,福田平、大塚仁译,有斐阁 1979 年版,第 1 页。
⑥ 〔德〕Hans・Welzel:《目的的行爲論》,大野平吉译,载《刑法雜誌》15 卷 1 号(1966)。
⑦ 参见〔德〕Hans・Welzel:《目的的行爲論》,大野平吉译,载《刑法雜誌》15 卷 1 号(1966)。
⑧ 〔德〕Hans・Welzel:《目的的行爲論》,大野平吉译,载《刑法雜誌》15 卷 1 号(1966)。

注意义务的违反"①。

所以,可以认为,过失犯的本质是注意义务违反的见解尽管在 Welzel 的目的行为论的犯罪论体系之前就已经存在,但是,"这些见解未必是与全部犯罪论体系相关联的学说。在这个意义上,新过失论的体系化,还是通过目的行为论之手完成的"②。

(二)新过失论下过失犯的构造

新过失论的特点在于,第一,过失犯具有了与故意犯相同的犯罪论体系,在构成要件该当性、违法性、有责性的阶段上分别检讨犯罪的成立与否,承认构成要件的过失以及作为违法要素的过失;第二,重视作为客观注意义务的结果回避义务,认为过失的本质在于没有采取结果回避措施。③

井上正治是使新过失论在日本刑法上得以确立的关键人物。新过失论在日本较早由不破武夫提倡。但是,不破武夫的学说"没有形成系统的理论体系,对过失犯的许多基本问题也没有进行明确的解释"④。此后,新过失论通过师从不破武夫的井上正治完成了精致的理论构成,⑤新过失论得以体系化。有学者称井上正治的理论为日本旧过失论向新过失论过渡的转折点。⑥

井上正治在明确区别过失犯的违法性与责任性的前提下来考虑过失概念的体系构造。主张以结果回避义务为其违法性要素,而以结果预见义务为其责任性要素。⑦ 因此,注意义务的内容就可以分为结果预见义务和结果回避义务。其中,结果回避义务是构成过失的第一要素,⑧是注意

---

① 〔德〕Hans·Welzel:《目的的行爲論》,大野平吉译,载《刑法雜誌》15卷1号(1966)。
② 〔日〕西原春夫:《過失犯の構造》,载中山研一、西原春夫、藤木英雄、宫泽浩一编:《現代刑法講座 第3卷 過失から罪数まで》,成文堂1979年版,第6页。
③ 参见〔日〕川端博:《刑法総論講議》(第3版),成文堂2013年版,第204—205页。
④ 李海东主编:《日本刑事法学者(下)》,中国·法律出版社、日本·成文堂1999年版,第29页。
⑤ 〔日〕西原春夫:《過失犯の構造》,载中山研一、西原春夫、藤木英雄、宫泽浩一编:《現代刑法講座 第3卷 過失から罪数まで》,成文堂1979年版,第6页。
⑥ 参见〔日〕川端博:《刑法総論講議》(第3版),成文堂2013年版,第205页。
⑦ 参见〔日〕井上正治:《いわゆる結果回避義務について:平野教授に答える》,载《法政研究》34卷1号(1967)。
⑧ 参见〔日〕井上正治:《過失における注意義務:秋山教授に答える》,载《法政研究》20卷1号(1952)。

义务的核心。"行为人没有付出必要的注意义务,说明行为人应当预见危害结果但没有预见。由于没有预见而引起危害结果的发生,这表明行为人对危害结果的发生并没有采取防止措施。换句话说,行为人不仅违反了结果预见义务而且违反了结果回避义务。"[1]行为人违反结果回避义务,没有适当的作为或者不作为,就具有了构成要件该当性;而行为人同时也违反了结果预见义务,就具备了有责性,进而成立过失犯。

井上正治的上述观点,尽管是新过失论立场的见解,但其并不是从目的行为论上来主张的新过失论。在日本,完全采取目的行为论来构筑犯罪论体系的木村龟二,在过失犯的理论上采取的也是新过失论的立场。也即,木村龟二是在目的行为论的立场上主张新过失论的。众所周知,目的行为论往往被认为在过失犯中难以起到合理解释的作用。对此,木村龟二认为,与过失行为相比,故意行为是目的行为,故意是目的性的本质要素,没有故意就不能成立目的行为。所以,故意是行为的要素,是行为的主观违法要素。可是,在过失行为中,结果不是预计在目的中的,因此,过失行为不是目的行为,其仅仅是因果事象。但是,过失行为在目的的回避可能这一点上与单纯的自然现象有区别。如果将这种目的行为回避可能的行为作为潜在的目的行为,则故意行为就是现实的目的行为,两者被放在广义的目的行为的统一概念下进行理解。但是,即便同样是目的行为,由于过失行为是潜在的目的行为,故意行为是现实的目的行为,在行为概念上两者就具有本质的区别。换言之,两者的区别不仅仅是责任的区别,而是在构成要件该当性上就存在区别。[2] 以此认识为前提,木村龟二进一步指出,违法性与责任在逻辑上的关系,是对违法的行为才能论及责任,因此,在讨论责任问题之前应当先讨论违法性的问题。过失犯的违法性不仅仅是法益侵害或威胁的结果无价值,还必须在行为的无价值性中寻求。其行为的无价值性就是注意义务的违反。不注意不是责任要素,而是过失犯固有的违法性要素。[3]

而注意义务的内容指对构成要件结果的认识(预见)义务,以预见义

---

[1] 李海东主编:《日本刑事法学者(下)》,中国·法律出版社、日本·成文堂1999年版,第32页。

[2] 参见〔日〕木村龟二:《過失犯の構造》,载平场安治等编:《現代刑法学の課題:滝川先生還曆記念.下》,有斐閣1955年版,第584—585页。

[3] 参见〔日〕木村龟二:《刑法總論增補版》,〔日〕阿部纯二增补,有斐閣1978年版,第246页。

务为根干。但是,预见义务的"预见"与单纯的注意力的集中应当相区别。注意力的集中是单纯的心理事实,即便集中了注意力也不能就认为履行了预见义务。只有存在注意义务的违反,过失行为才违法。所以注意义务是预见义务而不是集中注意力的义务。但是,为了预见而集中注意力是必要的,所以预见义务当然包含了注意力集中义务。[1] 虽然预见义务是注意义务的根干,但是注意义务的内容还包括更广泛的义务。第一,是作为预见之手段而必要的注意力集中的内部义务,以及外部的行为义务。后者如往楼下扔物品时应当确认楼下是否有人。第二,是为了避免结果发生而采取必要的行为的义务。例如,在驾驶汽车时发现前方有人,应采取鸣笛、减速、停车、后退等行为的义务。[2]

总之,不论是否采取目的行为论的行为理论,在过失理论上都存在主张新过失论的见解。而且,随着目的行为论的衰退,现在完全基于目的行为论主张新过失论的见解实际上处于少数。大多数新过失论的主张者都不是目的行为论者。但是,即便如此,新过失论在不同学者的见解之间,在过失犯的本质认识上却是相同的,即以注意义务的违反为过失犯违法性的本质。

二、新过失论的妥当性及其对过失共同正犯独立构造的创建

(一)新过失论的妥当性

1. 新过失论与时代变革相契合

新过失论的产生具有深刻的时代变革背景。20世纪以来,科学技术快速发展,在给人类生活带来诸多便利的同时,也使社会生活日益复杂。在社会生活的各个领域,伴随着繁荣与发展的是人类面临大量的危险,使人们陷入了前所未有的不安全威胁当中。在此背景之下,一方面,随着风险刑法理论的兴起,风险社会中的刑法应对出现了诸如法益保护的早期化、抽象危险犯处罚的扩大化等主张。[3] 但是,另一方面,如果要保证社会的继续发展,人类要继续享用科技与社会进步所带来的利益,那么禁止一

---

[1] 参见〔日〕木村龟二:《刑法総論増補版》,〔日〕阿部纯二增补,有斐閣1978年版,第248页。
[2] 参见〔日〕木村龟二:《刑法総論増補版》,〔日〕阿部纯二增补,有斐閣1978年版,第248页。
[3] 参见〔日〕金尚均:《危険社会と刑法——現代社会における刑法の機能と限界》,成文堂2000年版,第15页以下。

切有法益侵害危险的行为就不可能。因此,以社会发展的需求以及危险行为的有用性为出发点,应当允许一定范围的危险行为的存在成为理论上的共识。

在过失犯的领域,尽管过失犯在刑法中是例外处罚,但是,以上述社会状况为背景,过失犯在一国犯罪中所占比重往往惊人,因而有所谓过失犯处罚"肥大化"的倾向。① 特别是交通犯罪领域,伴随着道路状况的改善及汽车工业的发展,汽车成为人们重要的交通工具,交通事故频繁发生,造成死伤人数及财产损失屡创新高。在交通犯罪领域,如果采用旧过失论的见解,只要存在结果与因果关系,且行为人对结果的发生具有预见可能性,就成立过失犯。这会不当地扩大过失犯的处罚范围。只要驾驶汽车,就存在着预见发生交通事故产生法益侵害结果的可能性,因此,传统的以结果预见义务为中心的旧过失论难以适应这种处于深刻变革中的社会状况。以被允许的危险为理论基础的新过失论应运而生。实施危险行为的人,只要遵守必要的规则而谨慎地行为,即使造成了法益侵害的结果也不认为是违法的。因此,新过失论以结果回避义务为核心,限缩了过失犯的成立范围,与变革中的社会现实需求相契合。

2. 新过失论与理论发展相契合

如上所述,认为过失犯中存在客观构成要件的行为,过失犯的本质是违反注意义务的观点,在 Welzel 的目的行为论之前就已存在,但是,新过失论的产生却与行为概念及犯罪论体系的变革有密切关系。在 Welzel 之前,处于统治地位的是以因果行为论为根基的贝林—李斯特体系。在这种对犯罪进行主客观二元界分的犯罪论体系中,过失只能以责任形式的身份存在于责任阶段。因此,以这种犯罪论体系为背景,即便提出过失犯的本质是违反注意义务的主张,也难以与当时处于统治地位的犯罪论体系相协调。新过失论的理论缺乏体系化的支撑,因此,即便 Engisch 的理论影响颇大,却仍然难以为新过失论的发展彻底扫清体系的障碍。

赋予新过失论以体系的合法性的是 Welzel 的目的行为论,以及以此为根基的目的行为论的犯罪论体系。从此,过失与故意一同进入构成要件阶段,过失犯不再与故意犯共用一个对过失犯来说等于不存在的构成要件的行为。过失犯找到了其行为所独有的本质内容,即注意义务的违

---

① 参见〔日〕米田泰邦:《機能的刑法と過失——通刑法と環境刑法の課題》,成文堂 1994 年版,第 1 页以下。

反。对过失犯在不法与责任中进行二重标准评价，使其获得了与故意犯完全不同的构造。相应地，与这种犯罪论体系理论发展相契合所形成的新过失论也从此获得了体系化、精致化的巨大发展。

3. 新过失论与规范论相契合

如果认为犯罪是违反刑法禁止规范的行为，则不论是故意犯还是过失犯，都应该具有行为的规范违反性。如本书后述规范渊源上的立场，刑法条文之中本身就包含禁止实施一定行为的行为规范。在这一点上，规定有处罚过失犯的刑法条文也不例外。例如，我国《刑法》第133条关于交通肇事罪的规定，"违反交通运输管理法规，因而发生重大事故，致人重伤、死亡或者使公私财产遭受重大损失的，处三年以下有期徒刑或者拘役"。该条禁止的致人重伤、死亡或者使公私财产遭受重大损失的重大事故，是由行为人违反交通运输管理法规的行为导致的，因此，刑法在根本上要禁止的是违反交通运输管理法规的行为。在过失犯的领域，刑法禁止违反行为规范的行为的性质体现得尤为明显。因为过失犯中的侵害法益结果，往往是行为人不遵守必要的规则导致的。一般情况下，只要行为人按照法律要求的规则行事，就能避免侵害法益结果的发生。因此，从规范论的角度来看，过失犯不是仅仅因为惹起了法益侵害结果而受到处罚，而是以违反行为规范的方式惹起了法益侵害的结果。

传统的旧过失论，在过失犯的违法性中仅仅重视法益侵害结果发生的结果无价值，而无视过失犯行为规范违反性的行为无价值，可以说没有正确把握过失犯的本质。新过失论之下，过失犯的行为受到重视，注意义务的违反成为过失犯的本质。Welzel 主张的从行为无价值的侧面来理解过失犯的本质的见解具有妥当性，与刑法作为行为规范的本质相契合。

(二) 新过失论下过失共同正犯的独立构造——共同义务的共同违反

在新过失论之下，过失犯具备了不同于故意犯的行为构造，为在理论上肯定过失共同正犯提供了基础。如果说新过失论下的过失犯的本质是客观注意义务的违反，则新过失论对过失共同正犯论的功绩就在于，使得理论上极具影响力的共同义务共同违反说产生。因为，在新过失论之下，如果过失的不法表现为注意义务的违反，则过失共同正犯的成立需要具备正犯行为的正犯性，自然以这种注意义务的违反为要件。而过失共同正犯不同于过失单独正犯之处，就在于实施正犯行为上的共同性，即共同注意义务的共同违反。现在，共同义务共同违反说在日本刑法理论中是通说,在我国刑法理论上也不乏支持者。

需要指出的是,在日本,共同义务共同违反说最早是由藤木英雄所主张的见解。众所周知,在过失理论上,藤木英雄是新新过失论(危惧感说)的创立者,在过失理论上采取的是与新过失论不同的见解。但是,新新过失论的特点在于,其认为过失犯中的预见可能性并不要求是对具体结果的预见可能性,只需要对产生结果存在某种程度的危惧感或者不安感就够了。而在作为过失犯的核心的结果回避义务上,却与新过失论的见解完全一致。正是以这种结果回避义务为中心,藤木英雄提出了共同义务共同违反说。在这一点上,新新过失论至少在外观上是一种与新过失论接近的学说。

三、新过失论的问题性及其对过失共同正犯构造的影响

新过失论的产生为肯定过失共同正犯提供了构造论上的可能性,可谓功绩卓著。但是,由于新过失论对过失犯的说明还残存以下问题,其无法成为架构过失共同正犯的理论基础。

(一)认为过失犯具有不作为的构造

新过失论以结果回避义务为过失犯之注意义务的核心,认为过失犯的违法本质是没有采取适当的回避结果发生的措施,也即注意义务的违反,常常会产生过失犯是不作为犯的误解。正如 Roxin 所言,"根据不为被要求之注意义务,则不但毫无内容,而且事实上也是错误的,因为这样会造成错误的印象,认为过失行为的不法普遍存在于不作为"[1]。新过失论的主流观点认为,过失犯都具有不作为的构造。[2] 例如,井上正治就明确指出,作为过失犯的现代构造的过失,不是如平野教授所言的实施了导致危险的行为。相反,是处于危险之中却没有实施回避该危险的行为。在复杂的现代社会,我们往往被许多危险包围,因此,如果在必要时作出了回避危险的行为就不能对此进行非难。而在没有作出这种行为时才成立刑法上的过失犯。例如,将狗的绳索解开,产生了狗咬孩子的危险,这种招致危险的行为并不是过失行为,没有回避由此产生的危险才能作为

---

[1] 〔德〕Roxin Claus:《客观归责理论》,许玉秀译,载《政大法学评论》1994 年第 50 期。
[2] 参见〔日〕前田雅英:《刑法の基礎——総論》,有斐閣 1993 年版,第 278 页。

过失行为进行非难。所以,过失行为往往具有不作为的构造。①

实际上,新过失论内部也有对此提出异议的观点。例如,井田良教授认为,"通常在交通事故的场合,实行行为不是不注视前方、不减速的不作为,而是在这种状态下行车的行为"②。此外,为了避免过失犯是不作为的误解,站在新过失论立场上的西原春夫教授将结果回避义务界定为一种内部心理义务,以与作为外部行为的不作为相区别。但是,这实际上又放弃了对过失行为本身的界定。"因为结果并非由不注意这种心理态度导致,而是由不注意的行为所导致的。"③这种观点造成对过失行为的无视,存在如何与新过失论的基本立场相协调的疑问。而且,这种所谓的"客观"注意义务实际上是以行为人主观上的心理态度为内容的,主观心理态度披着"客观"的外衣而进入违法判断,有导致主观违法论的危险。

这一问题对过失共同正犯论也产生了影响,使得理论界在过失共同正犯的共同行为问题上莫衷一是。山口厚教授认为,共同义务共同违反说只能适用于不作为犯,在过失不作为犯的场合主张以作为义务的共同违反来认定过失共同正犯。而作为犯,由于其自身构造与不作为不同,因而成立过失共同正犯不以"共同义务共同违反"为要件。④ 显然,这里的共同义务共同违反说中的共同义务不过是不作为犯中的作为义务。对此,大塚裕史教授指出,作为义务与结果回避义务即使内容上有重合,也应当理解为不同的事物。应当回避构成要件该当事实的结果回避义务的违反,是故意犯以及过失犯的共通要件。从而,其不仅是过失不作为犯,而且是过失作为犯的构成要件的该当性要件。过失犯的构成要件该当行为,不论是过失作为还是过失不作为,都应当理解为违反结果回避义务的行为。据此,过失共同正犯中的"共同过失"行为的内容是"共同结果回避义务"之违反的行为,这不是过失不作为犯所特有的。⑤ 松宫孝明教授则认为,在不真正不作为犯的场合,作为义务就是结果回避义务,因此,认为共同义务的共同违反不是作为义务的问题,而是共同结果回避义务的问题,"至少在过失不作为犯的共同正犯问题上,是对事态不必要的复杂

---

① 参见〔日〕井上正治:《いわゆる結果回避義務について:平野教授に答える》,载《法政研究》34卷1号(1967)。
② 〔日〕井田良:《注意義務をめぐる諸問題》,载《刑法雑誌》34卷1号(1995)。
③ 程皓:《注意义务比较研究——以德国刑法理论和刑事判例为中心》,武汉大学出版社2009年版,第45页。
④ 山口厚的观点,参见本书第二章第二节的论述。
⑤ 参见〔日〕大塚裕史:《過失犯の共同正犯》,载《刑事法ジャーナル》28号(2011)。

化,是不适当的"①。

对此种争论,笔者认为,过失犯的结果回避义务与不作为犯的作为义务不是一回事。大塚裕史尽管试图区分两者,但是,其是以故意犯与过失犯都违反了回避构成要件该当事实的结果回避义务这一观点为前提的。尽管在故意犯与过失犯都违反了行为规范这一点上,的确可以认为两者都违反了结果回避义务,但是行为规范的违反仍然要体现到构成要件的实现上。故意犯违反了结果回避义务,但是对故意行为仍然需要通过符合构成要件来进行具体的判断。而为何过失犯的行为就直接等于违反行为规范的结果回避义务了呢?在这里,大塚裕史教授仍然没有对过失行为进行清晰界定。

笔者认为,不能认为过失犯全部都具有不作为的构造。将过失犯全部作为不作为来对待,"导致了过失犯的变形"②。过失行为是"有",而不是"无"。例如,在医生为病人注射针剂中,在因不注意而注射了错误种类的药剂,导致病人死亡的情况下,刑法禁止的是不注意的注射行为本身,而不是注射针剂有误之后没有采取防止他人死亡的行为。因此,这里的过失行为是不注意的注射行为的作为,而不是未采取回避死亡结果的不作为,也不是没有实施正确的注射行为的不作为。如果认为这里的过失是没有实施正确注射行为的"无",那么又该如何评价行为人所实施的不正确的注射行为的"有"呢?行为人不正确的注射行为本身就是导致结果发生的过失行为,应该进入刑法评价的范围。因为,尽管现代社会中科技进步并被大量运用于现实生活,但我们的日常生活中有各种各样的危险。法律应当允许那些于我们社会发展有利的危险存在,新过失论以这种被允许的危险理论为基础是合理的。但是,这并不意味着所有的危险都是法所允许的危险。法所允许的危险毕竟只占所有危险的一部分。因此,当行为人实施了具有法所不允许的危险的行为,其本身就是被刑法禁止的。总之,过失行为完全有以作为形式存在的可能。

所以,笔者认为,平野龙一教授所主张的过失行为是具有实质的不被允许的危险的行为,较过失行为是违反注意义务的行为的界定更具有妥当性。因为,其不仅正确界定了过失犯违法评价的对象是直接侵害法益

---

① 〔日〕松宫孝明:《「過失犯の共同正犯」の理論の基礎について——大塚裕史教授の見解に寄せて》,载《立命館法学》2011 年 5・6 号(339・340 号)。
② 〔德〕ハンス・ヨアヒム・ヒルシュ(Hans Joachim Hirsch):《ハンス・ヨアヒム・ヒルシュ「過失犯の不法について」》,振津隆行译,载《金沢法学》52 卷 2 号(2010)。

的危险行为,而不仅仅是没有采取结果回避措施的不作为,而且在这种界定的过程中赋予了过失行为以实质的内容。但是,平野龙一教授的观点在判断行为是否具有实质的不被允许的危险性的过程中,以是否具有客观的预见可能性为依据来进行。其一,客观的预见可能性中所指的"一般人"本身是不明确的概念。其二,除了客观预见可能性,平野龙一教授没有提出其他更为具体的判断规则。从而使过失行为的判断缺乏体系化的构建,仍然没有解决过失不法判断的类型化问题。正如我国学者所言,"该说只停留于概念层面,且表述凌乱,没有建立起体系化、类型化的具体判断规则,流于空洞,最终也未能解决过失判断类型化、规范化的问题"[1]。

(二)对过失犯构成要件该当行为缺乏规范的判断

Welzel 认为,过失犯的构成要件行为在法律上没有规定。因此,过失犯的构成要件是"开放的构成要件",有进一步补充的必要,有待法官在具体判断时予以补充。而作为补充的指导原理的是"社会生活上必要的注意"[2]。应当将行为者现实的行为与社会生活上必要的注意的内容进行比较,遵守社会生活上必要的注意的行为,就不是构成要件该当的行为。[3]而刑法中注意义务的来源,在新过失论看来与存在于行政法规、条理、习惯中的义务是一致的。例如,大塚仁教授认为,"业务上过失致死罪所要求的业务上的注意义务事实上与道路交通法的命令、禁止相一致,因而,道路交通法的规定就相当于业务上过失致死罪所要求的注意义务"[4]。而且,"除了由法令规定的注意义务,作为其补充,也必须承认以习惯或者条理为基础的注意义务"[5]。

但是,新过失论将违反行政法规、条理、习惯等的行为等同于过失行为。将行政法规中的安全规范直接作为客观注意义务的内容也是不妥的。一方面,违反注意义务的行为并不一定都会制造刑法所不允许的危险,如此,则将违反客观注意义务的行为等同于过失行为,无疑会扩大过

---

[1] 吕英杰:《客观归责下的监督、管理过失》,法律出版社2013年版,第73页。
[2] 参见〔德〕ハンス・ヴェルツェル(Hans Welzel):《目的的行爲論序説——刑法体系の新樣相》,福田平、大塚仁译,有斐阁1979年版,第45—46页。
[3] 参见〔德〕ハンス・ヴェルツェル(Hans Welzel):《目的的行爲論序説——刑法体系の新樣相》,福田平、大塚仁译,有斐阁1979年版,第50页。
[4] 〔日〕大塚仁:《犯罪论的基本问题》,冯军译,中国政法大学出版社1993年版,第234页。
[5] 〔日〕大塚仁:《刑法概説(総論)》(第4版),有斐阁2008年版,第204—205页。

失犯的成立范围。另一方面,没有违反客观注意义务的行为也可能制造了刑法所不允许的危险,这样一来又会使过失犯的成立范围被不当地缩小。

如果说制造不被允许的危险的行为是违反刑法行为规范的行为,那么,实际上并不存在脱离于刑法之外的、适用于全体法领域的一般行为规范。行为是否违反刑法上的行为规范,需要在刑法的领域内进行具体判断,而不是将违反行政法规之安全规范的行为直接等同于刑法上制造不被允许的危险的行为。

(三)忽视了过失行为与结果之间的关联

笔者认为新过失论忽视了过失行为与结果发生之间的关联,有扩大处罚范围的危险。如上所述,新过失论由 Welzel 的目的行为论的犯罪论体系所确立。而在 Welzel 看来,结果不过是划定处罚范围的处罚条件而已。这种将结果排除在不法判断之外的见解,将行为无价值作为过失不法的唯一内容,忽视了过失不法与结果之间的关联。受此影响,新过失论在探讨过失犯时,往往将重点置于违反客观注意义务的过失行为上。只要过失行为导致了结果发生,就肯定过失不法的存在,而不具体判断是否需要将该结果归责于该过失行为。因此,新过失论将与结果发生的危险相分离的"基准违反行为"作为违反注意义务来处罚,使得处罚范围过广的现象大量存在,危险结果的现实化不得不成为问题。[①] 所以,对过失犯结果无价值的方面需要重新重视。通过与结果相分离来设定注意义务违反行为,其与结果的关系存在疑问。

第三节 客观归责理论下过失共同正犯构造的演进

一、客观归责理论的基本内容

客观归责理论实际上是在实质性地判断客观构成要件的符合性,其认为,在与结果有条件关系的行为中,只有当行为制造了不被允许的危险,而且该危险在符合构成要件的结果中实现时,才能将结果归责于行为人。客观归责理论在处理结果归责的因果性问题上具有明显的优势,能

[①] 参见〔日〕前田雅英:《刑法の基礎——総論》,有斐阁1993年版,第295页。

够合理划定过失犯的处罚范围。按照客观归责理论,要对结果进行客观归责,必须具备以下三个条件:一是行为制造了不被允许的危险;二是行为实现了不被允许的危险;三是没有超出构成要件的保护范围。

(一)制造不被允许的危险

只有行为制造了不被允许的危险,才能将结果归责于行为人。对行为是否制造了不被允许的危险又是通过一系列排除规则来具体判断的,主要包括:(1)降低危险,排除归责。例如,推搡将要被石块击中头部的他人,使石块砸在危险性相对较小的肩膀而受伤,排除伤害结果的归责。(2)未制造危险,排除归责。例如,劝说他人在雷雨天外出散步的行为,因为未制造危险而排除归责。(3)制造了被允许的危险,排除归责。例如,遵守交通规则而发生事故致人死亡,不能将结果归责于行为人。(4)假定的因果关系,不排除归责。例如,执行死刑前,抢在死刑执行人之前将罪犯杀死,则行为人的行为仍然是杀人行为,不能排除归责。

(二)实现不被允许的危险

行为制造的不被允许的危险只有在结果中实现时,才能将结果归责于行为人。以下情况排除归责:(1)未实现危险,排除归责。例如,甲给乙造成伤害,乙在住院期间死于医院的火灾。死亡结果不是由伤害引起的,排除结果归责。(2)未实现不被允许的危险,排除归责。例如,为对产品原材料进行消毒,导致工人感染疾病死亡。但是,即使按照规定进行消毒,也无法杀死未知病毒。由于行为未实现不被允许的危险,所以排除归责。(3)结果不在注意规范的保护范围之内,排除归责。例如,行为人酒后驾车,在封闭的高速公路上行驶,撞死突然闯入而横穿高速公路的被害人。由于禁止酒后驾车的规范在于防止驾驶员因丧失或者减轻控制能力而造成交通事故,故不能将死亡结果归责于行为人。(4)合法则的替代行为与危险增加理论。合法则的替代行为,即行为人违反了注意义务,但即便其未违反注意义务而行为,结果仍会发生,产生结果是否可以归责于行为人的问题。Roxin 认为,对上述情况只有当合法则的替代行为必然导致结果时,才能排除归责。而如果合法则的替代行为并非必然导致结果,也即违反注意义务的行为增加了危险,仍可归责,这就是危险增加理论。①

---

① 参见陈家林:《外国刑法通论》,中国人民公安大学出版社 2009 年版,第 207 页。

(三) 构成要件的保护范围

通常情况下,只要行为制造并实现了不被允许的危险,就可以进行客观归责。但是,如果所发生的结果不在构成要件的保护范围之内,则否定归责。体现在:(1)参与他人故意的自危行为。德国刑法没有将参与自杀行为规定为犯罪,故教唆、帮助他人自杀或者自危的行为,排除归责。(2)同意他人造成危险。是指被害人意识到他人的行为对自己的法益的危险性,却同意他人实施给自己造成危险的行为,此时应当排除归责。(3)第三人的责任范围。是指在他人的责任范围内加以防止的结果,对行为人排除归责。

二、客观归责理论的妥当性

(一) 客观归责理论与过失行为

笔者主张,以客观归责理论的架构来判断过失犯的构成要件该当性。客观归责理论与新过失论一样,将过失置于构成要件该当性以及违法性阶段进行考虑,注重过失犯的行为规范违反性。在这一点上客观归责理论与本书前述所主张的规范论的立场是一致的。客观归责理论是将为了保护法益而定立的行为规范把握为制造不被允许的危险的禁止。这个危险的范围,又是通过规范的保护目的来划定的。[①]

客观归责理论之下,构成要件该当性被理解为具有实质意义的制造并实现法所不允许的危险。[②] 将过失行为理解为制造不被允许的危险的行为,避免了认为过失犯全部具有不作为构造的误区,正确把握了过失行为本身所固有的形态。这与平野龙一教授所主张的过失行为是实质的不被允许的危险行为的见解是一致的。事实上,平野龙一教授提出"实质的不被允许的危险"概念是受到了德国不被允许的危险理论的启发。

客观归责理论之下,关于原先在新过失论中作为过失犯核心要素的客观注意义务将处于何等地位,存在不同见解。按照 Roxin 的观点,在客观归责理论之下,"传统过失理论所尝试理解的注意义务的违反、可预见

---

① 参见〔日〕三上正隆:《ヨアヒム・レンツィコフスキー「規範理論と刑法解釈」》,载《早稲田法学》84 卷 2 号(2009)。

② 参见许玉秀:《主观与客观之间:主观理论与客观归责》,法律出版社 2008 年版,第 12 页。

性、认识可能性及避免可能性等概念都是多余的,并且都可以废弃不用"①。在客观归责理论之下,存在于行政法规、习惯、条理中的注意义务不过是作为判断构成要件该当行为实质是否制造了不被允许的危险的判断资料。对行为人违反这些注意义务的行为,是否在刑法上构成制造了不被允许的危险的行为,要依照规范的判断进一步确认。客观归责理论中的"制造危险"的根本出发点在于规范。所谓的法律所不允许的危险,就是客观上足以导致构成要件实现的危险。实施构成要件的行为,就是制造了不被允许的危险的行为。而"只有当规范所保护者(即法益)受到了侵犯,刑法才需要对此作出反应。反过来说,只有能引起法益侵害(包括实害和危险)的行为才是刑法规范眼中的'风险制造行为'"②。所以,无论在一般生活经验上看来是多么危险的行为,只要不违反刑法规范,就不是制造了不被允许的危险。在自然科学的概率论上,无论行为多么确定无疑地升高了局部的危险,只要在刑法规范看来,在整体上降低了危险,则也不是规范上的制造危险。因此,客观归责理论之下,注意义务违反的概念在架构过失不法的过程中意义有所减弱,不再是与过失犯构成要件该当的行为画等号的概念。但是,完全弃用作为判断资料的注意义务概念是不可能的。正如Roxin所言,"违反注意义务这个标准,只是认定有法所不容许的风险存在的前提要件的总称"③。也即,注意义务的违反是认定一切法所不容许风险存在的要件,④是制造不被允许的危险与否的判断资料。所以说,"作为客观过失的客观注意义务的违反不是'过失'的要素,只不过是归属论的一个基准而已"⑤。

(二)客观归责理论与结果归责

客观归责理论经Roxin理论的现代展开,在德国理论上基本处于通说地位。但是,对在以相当因果关系说为通说的日本刑法理论中,是否有必要引入客观归责理论,存在不同的见解。有学者认为,之所以产生客观

---

① 〔德〕Roxin Claus:《客观归责理论》,许玉秀译,载《政大法学评论》1994年第50期。
② 熊琦:《论客观归责理论的规范维度——兼析本体论、价值论因果关联与客观归责的本质区别》,载赵秉志主编:《刑法论丛(2012年第3卷)(总第31卷)》,法律出版社2012年版,第66页。
③ 〔德〕Roxin Claus:《客观归责理论》,许玉秀译,载《政大法学评论》1994年第50期。
④ 参见许玉秀:《主观与客观之间:主观理论与客观归责》,法律出版社2008年版,第13页。
⑤ 〔日〕山中敬一:《過失犯における「回避可能性」の意義》,载《研修》704号(2007)。

归责理论,是因为在德国相当因果关系说属于少数说,在此情况下,就需要通过其他手段来限制过失结果的归责范围。[①] 那么,在相当因果关系理论之下,是否妥当解决了过失行为与结果之间建立必要的关联,进而限定过失结果的归责范围呢?

1. 相当因果关系理论的基本内容与本质

众所周知,在日本刑法因果关系理论中,相当因果关系说长期处于无可争辩的通说地位。相当因果关系说最早由德国弗赖堡大学的生理学学者 von Kries 提出。其在于 1886 年公开发表的《概率论的诸原则》中提出了关于概率论的见解,并试图将此运用于法学的领域。[②] 相当因果关系说虽然源于德国,但是在德国刑法理论界却只有少数学者支持此种学说,德国法院在审判中也不采用该说。"这是因为德国刑法理论认为,刑法中的故意、过失、违法、有责等理论,已经足以解决条件说所存在的扩大处罚范围的问题。"[③]在德国刑法中,条件说仍然是判断因果关系的通说性见解。

与此相反,相当因果关系说在日本刑法学中的境遇却完全不同,尽管日本司法实践中并不采纳相当因果关系说,但是在刑法理论中却占据支配地位。相当因果关系说认为,按照社会生活上的经验,通常认为从某行为中发生某结果是一般的、相当的时候,就认为因果关系存在。"相当因果关系的判断中,判断资料的限定问题和相当性的判断基准(程度)的问题成为两个支柱。进而存在关于判断资料范围的限定标准的争论,以及关于肯定相当性的相当性程度的标准的争议。"[④]根据相当性的判断资料的不同,相当因果关系说内部又存在主观说、客观说及折中说的分歧。以被害人特殊体质的情况为例,行为人甲对乙实施暴力,致其产生十五日即可痊愈的伤害,但乙是血友病患者,伤害导致乙失血过多而死亡。第一,主观说,也即主观的相当因果关系说,认为应当以行为人行为时认识到的以及可能认识到的情况为基础来判断因果关系的有无。依照主观说,乙是血友病患者的事实是否能作为判断基础以甲在主观上是否认识到为标准。如果甲能够认识到该事实,则甲是对血友病患者实施了殴打行为,该行为与死亡结果之间就存在相当性。反之,如果甲没有认识到该事实,则

---

① 参见〔日〕前田雅英:《刑法の基礎——総論》,有斐阁1993年版,第294页。
② 参见〔日〕振津隆行:《刑事不法論の研究》,成文堂1996年版,第74页。
③ 陈家林:《外国刑法:基础理论与研究动向》,华中科技大学出版社2013年版,第71页。
④ 〔日〕山中敬一:《刑法総論》(第3版),成文堂2015年版,第276页。

其认识到殴打的只是一般人,而殴打健康的一般人通常不会导致死亡结果产生。因此,殴打行为与死亡之结果之间不具有因果关系。依据主观说,"行为人没有认识或者预见到的事实,即便一般人认识或者预见到,也不能作为判断的基础,在将经验法则上并非偶然的结果也予以排除这一点上,可以说其判断基础的范围过小"①。更何况在主观说之下,因果关系的存否完全依赖行为人的主观认识,与故意、过失的判断无异,因而使得主观说几乎没有主张者。第二,客观说,也即客观的相当因果关系说,认为应立足于审判时点,以行为当时存在的所有客观事实以及行为后客观上可能预见的事实作为判断基础。依照客观说,乙是血友病患者这一事实行为当时即存在,应当将其纳入判断基础。基于此,甲的殴打行为与死亡结果之间存在因果关系。采取客观的相当因果关系说的学者包括平野龙一、内藤谦、曾根威彦、松原芳博、浅田和茂、中山研一、林干人等。第三,折中说,也即折中的相当因果关系说,认为应以行为当时一般人能够认识的事实以及尽管一般人未能认识到但行为人特别认识到的事实作为判断基础。依照折中说,如果一般人能够认识到乙是血友病患者这一事实,或者虽然一般人无法认识但是行为人特别认识到,则该事实应当被作为判断基础,甲的殴打行为与乙的死亡结果之间就存在因果关系。采取折中的相当因果关系说的学者包括团藤重光、大塚仁、大谷实、西原春夫、川端博、福田平、日高义博等。

就相当性程度的判断标准而言,在理论上则存在更多的不同见解。如Kries认为,相当性是指行为发生结果的"客观可能性";木村龟二认为,相当性是指行为发生结果的"一般可能性";团藤重光认为,相当性是指行为发生结果的"经验上的通常性"。此外,还有"高度的定型性"或"高度的盖然性"(井上正治)、"常见的可能性"(50%以上的可能性)(内田文昭)、"某种程度的可能性"(内藤谦)、"经验法则上可能的程度"(大谷实)等。②

在相当因果关系理论的上述两大支柱性问题中,由行为导致结果的相当性(经验上的通常性)的判断是其本质特征。③ 这是因为,相当因果关系理论是以自然科学上纯客观的概率为基础,以行为对导致结果具有高概率来承认其与结果之间的因果关系的。因此,"从来的相当因果关系论,是

---

① 〔日〕大谷实:《刑法講義総論》(新版第4版),成文堂2012年版,第207页。
② 参见张明楷:《外国刑法纲要》(第三版),法律出版社2020年版,第97页。
③ 参见〔日〕曾根威彦:《相当因果関係説の立場から》,载《刑法雑誌》37卷3号(1998)。

在以'认识'或者'预见可能性'为基准划定判断资料后,将全部的判断还原为最终的、一般的'经验的通常性'的判断"①。而"经验的通常性的判断不过是概率、频率的判断"②。这也是相当因果关系理论的本质。

2. 相当因果关系理论的危机

近二十年来,因果关系理论是日本刑法理论中变化最大的领域之一,③理论状况的变化主要源自相当因果关系说在解决因果关系难题时所面临的困境,日本学界将其称为"相当因果关系说的危机"。

具体而言,相当因果关系说的危机是由"大阪南港案"所引发的。该案中,被告人 A 在自己经营的饭馆用脸盆底部等多次殴打被害人 B 的头部,结果使 B 血压上升,出现内因性脑出血,丧失了意识。之后,A 将 B 搬到建筑公司堆放材料的地方,B 在次日凌晨死亡。后来查明,B 在被置于材料仓库的时候,曾经被人数次用木材殴打头部,使已经出现的脑出血病情恶化,加快了 B 的死亡。日本最高法院认为,A 的行为成立伤害致死罪。因为,在 A 的行为引起了成为 B 的死亡原因的伤害结果的时候,即使由于后来的第三者所施加的暴力行为加速了 B 的死亡,也能肯定 A 的行为和 B 的死亡之间的因果关系。④ 如上所述,相当因果关系说认为,当结果是由行为时无法预测的异常因素导致的时候,就应当否定因果关系的存在。依据相当因果关系说,该案无法得出 A 的行为与 B 的死亡结果之间存在相当因果关系,因为第三人的暴力行为属于行为时无法预测的异常情况。⑤ 但是,法院的判决显然没有采纳相当因果关系说的立场,仍然肯定该案中 A 的行为与死亡结果之间存在因果关系。

除了"大阪南港案",在同一时期还出现了"柔道正骨师案件"、"夜间潜水训练案件"等相同类型的案件。此类案件的特征表现出的相当因果关系说的认定难题主要集中于行为之后出现介入因素,进而导致结果发生的案件中。依据相当因果关系说,当行为导致结果发生具备经验上的

---

① 〔日〕山中敬一:《客観的帰属論の立場から》,载《刑法雑誌》37 卷 3 号(1998)。
② 〔日〕山中敬一:《客観的帰属論の立場から》,载《刑法雑誌》37 卷 3 号(1998)。
③ 参见〔日〕井田良:《刑法における因果関係論をめぐって:相当因果関係説から危険現実化説へ》,载《慶應法学》40 卷(2018)。
④ 参见黎宏:《日本刑法精义》(第二版),法律出版社 2008 年版,第 113 页。
⑤ 也有学者指出,"大阪南港案"依据相当因果关系说来肯定因果关系也不是不可能的。即通过将因果经过以及结果发生的样态进行某种程度的抽象化(在此限度内具体的介入因素将被忽略),进而判断经验上的通常性来肯定相当性的存在。参见〔日〕井田良:《刑法における因果関係論をめぐって:相当因果関係説から危険現実化説へ》,载《慶應法学》40 卷(2018)。

一般性、通常性时，就应当肯定两者之间的因果关系。换言之，如果结果的发生和导致结果发生的因果过程在行为发生时能够根据经验被预测的话，就可以肯定因果关系的存在。相反，凡是偶然地由罕见的、异常的因素导致结果发生，就应当否定因果关系。而此类案件中，介入因素的出现往往难以具有预测可能性，但是依照相当因果关系说一概否定因果关系的存在，在结论上显然是不合理的。难以在现实案件中得出妥当的结论，使得相当因果关系说遭受了来自司法实务界的质疑。

此外，有学者认为，依照相当因果关系说肯定"大阪南港案"中行为与结果之间的因果关系也不是不可能。即将因果过程以及结果发生的样态进行某种程度的抽象化，以此忽略具体的介入因素，进而可以通过经验上的通常性的判断肯定相当性。但是，狭义的相当性需要判断的是具体的结果通过何种具体的因果过程产生，不是抽象化的判断。① 即具体的结果不仅仅是被害人死亡就够了，而应当是包括了被烧死、被淹死、被打死还是被摔死等具体死亡样态的结果；而且抽象化的程度或者标准本身存在不明确的问题，使得相当性判断中预见可能性的判断变得模糊，得出的结论可能会存在问题。例如，甲从高层建筑的屋顶将 A 推下去，旁边建筑的乙从窗户射杀了下坠中的 A。导致 A 死亡。如果对事实进行抽象，会得出即便没有乙的射杀行为，甲将 A 从楼顶推下的行为与 A 的死亡结果之间具有相当因果关系。② 尽管可以肯定 A 的死亡是由乙的射杀行为导致的，却仍然通过甲的行为具有导致结果产生的危险性来肯定相当性的存在，在结论上是不妥当的。由此可见，相当因果关系说的主要弱点就在于，狭义的相当性的判断构造缺乏明确性，亟待理论上构建实质化的判断标准。

3. 客观归责理论的妥当性

面对相当因果关系理论的危机，支持相当因果关系说的学者对客观归责理论的必要性仍然存在怀疑，并就相当因果关系说存在的问题，对相当因果关系概念进行精致化的理论完善。

(1) 否定引入客观归责理论的必要性的见解。

该见解认为，客观归责理论并不妥当，"危险的创制或者增加的概念相当于是否已实施行为的实行行为问题，而不应被看作客观归责的问题……规范的保护目的或范围非常模糊，不明确的场合很多，作为应当进行

---

① 参见〔日〕井田良：《刑法における因果関係論をめぐって：相当因果関係説から危険現実化説へ》，载《慶應法学》40 卷(2018)。

② 参见〔日〕平野龙一：《犯罪論の諸問題 上——総論》，有斐阁 2005 年版，第 42 页。

形式的·类型的判断的构成要件符合性的判断基准来使用,是不适当的"[1]。进而仍然采用传统的相当因果关系说来解决问题。"构成要件是按照一般社会观念应当处罚的行为进行类型化的东西,因此,在认可条件关系的结果中,作为实行行为具体危险的现实化,挑选出在一般社会观念上被认为是相当的能够归属于行为人的结果,仅仅将这种结果归属于行为人,并追究其责任才是妥当的。这种限定,应当从一般人的立场出发,以该结果是否由实行行为产生,或者换句话说,在经验法则上实行行为与结果之间是否具有相当关系为标准进行判断,因此,根据相当因果关系说来判断刑法上的因果关系是妥当的。"[2]

与此不同,曾根威彦教授将 Roxin 客观归责理论所提出的各个归责标准与日本犯罪论体系的结构加以对照,认为客观归责理论中的所有归责标准类型都可以被还原为日本犯罪论体系的相应问题加以解决,主要包括:(1)危险减少、没有制造危险、自陷风险类型属于实行行为论的问题;(2)危险未实现、他人答责领域属于因果关系论的问题;(3)制造危险、假定的因果关系、被允许的危险以及基于合意的加害行为类型属于违法性论的问题;(4)被允许的危险、合法替代行为、危险增加理论以及结果不在规范保护目的之内的类型属于过失犯论的问题。[3] 但是,对具体问题依据不同的体系进行判断,得出的结论未必一致。例如,对基于合意的加害行为,曾根威彦教授认为其属于违法性的问题,基于被害人的自我决定权排除被害人的可罚性,但是行为人的行为仍然是可罚的。[4] 但是在客观归责理论之下,基于被害人的自我决定权,将不追究行为人的责任。

(2)维持相当因果关系说的见解。

第二种见解主张,应当维持相当因果关系说,并借鉴客观归责理论中的合理因素,对相当性判断进行精致化的构建。持此观点的学者包括井田良、山口厚、林干人等。

山口厚教授指出,客观归责理论与相当因果关系说一样,都存在判断的不明确问题。因此,完全没有直接采用客观归责理论的理由。但是,也不能拒绝客观归责理论,而应该对其归责的标准进行实质性的检讨。[5] 山

---

[1] 〔日〕大谷实:《刑法講義総論》(新版第4版),成文堂2012年版,第204页。
[2] 〔日〕大谷实:《刑法講義総論》(新版第4版),成文堂2012年版,第206页。
[3] 参见〔日〕曾根威彦:《刑法における結果帰属の理論》,成文堂2012年版,第133页以下。
[4] 参见〔日〕曾根威彦:《刑法における結果帰属の理論》,成文堂2012年版,第146页。
[5] 参见〔日〕山口厚:《問題探究刑法総論》,有斐閣1998年版,第30页。

口厚教授面对相当因果关系说的问题,主张通过"危险创出及其实现"来对相当因果关系说的判断构造和实质化标准的内容进行精致化的尝试。①

井田良教授从客观归责理论所欲实现的功能出发,认为日本没有必要采取该理论。其指出,第二次世界大战之后在德国刑法中没有孕育出"实行行为"的观念,因此,在客观构成要件方面缺少必要的限定性。为此,德国理论上形成了以限定客观构成要件为目的的客观归责理论,其与日本刑法中"实行行为"的概念起到的作用是相同的。因此,"抛弃日本学说中的实行行为概念和相当因果关系说,以客观归属论一举取代之,完全没有必要"②。问题在于,有实行行为的观念,就实现了对构成要件客观面的限定吗?其实不然,实行行为作为一个概念性的存在,其并非没有自我限定的机能。特别是在基本构成要件并未具体描述构成要件行为的非定式犯中,③行为是否属于基本构成要件的行为就不存在一个确定的形式标准,需要实质性地考量该行为能否因果性地引起法益侵害结果。这也是为什么近年来日本理论上会产生实质化界定实行行为的理论见解。而且,通过将实行行为界定为制造了法所不允许的危险的行为,进而纳入客观归责论的判断,在体系上并不存在根本性障碍。就连井田良教授都认为,应当参考客观归责理论中具体化的判断标准,来完善实行行为性的判断标准和法的因果关系的判断标准。④ 不同理论的结合能否成功尚存在未知数,不如径直采取客观归责理论判断结果归责问题。

(3)重构相当因果关系说的见解。

①判断构造的重构。

20世纪70年代后半期,广义的相当性与狭义的相当性的分析被纳入相当因果关系。⑤ 实际上是采用了 Engisch 的行为的危险(广义的相当

---

① 参见〔日〕山口厚:《問題探究刑法総論》,有斐閣1998年版,第25页。
② 〔日〕井田良:《刑法総論の理論構造》,成文堂2005年版,第63页。
③ 德国刑法理论上有定式犯罪与非定式犯罪的概念,用于指代刑法对基本构成要件行为的不同规定方式。所谓定式犯罪(Verhaltensgebundene Delikte),或称限定行为模式的犯罪,就是指基本构成要件中已经具体描述了特定的行为模式(构成要件行为)的犯罪。而所谓非定式犯罪,就是指基本构成要件并未具体描述构成要件行为的犯罪。例如,《刑法》中所规定的故意杀人罪就是基本构成要件行为未有明确描述的犯罪类型,所以,故意杀人的基本构成要件行为就需要结合行为是否有因果性地引起死亡结果发生的可能性来进行判断,参见谭堃:《论网络共犯的结果归责——以〈刑法〉第287条之二为中心》,载《中国法律评论》2020年第2期。
④ 参见〔日〕井田良:《刑法における因果関係論をめぐって:相当因果関係説から危険現実化説へ》,载《慶應法学》40卷(2018)。
⑤ 参见〔日〕山中敬一:《客観的帰属論の立場から》,载《刑法雑誌》37卷3号(1998)。

性)与危险的实现(狭义的相当性)的分析。所谓广义的相当性,即行为的相当性,是站在行为时判断行为是否存在导致结果产生的可能性,以此确认行为的危险性是否存在。狭义的相当性,即因果过程的相当性,是要判断行为的危险性在经过具体的因果过程之后是否在结果中现实化了,以此确认危险实现与否。例如,在"雷雨案"中,劝说他人在雨天散步意图使其遭雷击身亡的行为,不具有导致死亡结果产生的危险性,因此连广义的相当性都不具备。而如果甲意图枪击乙,致乙重伤,乙在被送往医院的过程中遭遇车祸死亡。甲的枪杀行为具有导致死亡结果产生的危险性,即具有广义的相当性。但是,枪杀行为与具体的车祸导致的死亡结果之间缺乏经验上的通常性,即不具有狭义的相当性,因而应当否定相当因果关系的存在,甲构成故意杀人罪的未遂。

理论中对将相当因果关系说区分为广义的相当性与狭义的相当性两个阶段的判断构造是否妥当存在不同看法。平野龙一教授认为,仅有广义的相当性是相当因果关系存在的基础。在"美兵轧人后逃跑案"中,美军士兵 A 开车将骑在自行车上的被害人撞飞,被撞飞的被害人恰巧落在了汽车车顶,而且已经失去意识,A 并未注意到被害人落在了汽车车顶并且继续开车。坐在副驾驶位置上的另一人 B 看到了垂下来的被害人的手,便在汽车仍在行驶的过程中,拉住被害人的手往下拽,致使被害人摔落在路上并身亡。不过,无法确定成为死因的头部伤害究竟是在最初的交通事故中所致,还是在其摔落到地上时产生的。平野龙一教授针对该案指出,被害人落在车顶之后,即便没有 B 的拖拽,A 的行为导致结果产生的概率仍然很高,是可以预想到的,因此应当肯定因果关系的存在。① 平野龙一教授通过阐述 A 的行为所具有的危险性(广义的相当性)对该案做出了与最高裁判决完全不同的判断,在此过程中就没有对因果过程的相当性(狭义的相当性)进行判断。另一种见解则认为,相当性的内容仅仅在狭义的相当性上存在问题。例如,山口厚教授认为,"广义的相当性是'实行行为'性的问题,将其作为因果关系的问题来理解是不适当的"②。更何况,对行为危险性的判断本来就包含于导致具体结果发生的

---

① 参见〔日〕平野龙一:《刑法総論 I》,有斐阁 1972 年版,第 146 页。
② 〔日〕山口厚:《問題探究 刑法総論》,有斐阁 1998 年版,第 18 页。持此见解的还有:〔日〕大谷实:《刑法講義総論》(新版第 4 版),成文堂 2012 年版,第 218 页;〔日〕川端博:《刑法総論講義》(第 3 版),成文堂 2013 年版,第 162 页。

因果经过的判断当中,因此没有必要区分广义的相当性与狭义的相当性。① 不过理论上的多数见解仍然从广义的相当性与狭义的相当性两个阶段判断相当性的存在。

但是,Engisch 关于危险实现的判断本来就是与相当因果关系相异质的要素。在对行为的危险性和危险的实现进行分类时,是在相当因果关系理论中混入了规范的保护范围的理论的思想。此外,如日本学者林阳一主张的,将具有介入因素的事例群进行类型化,来探讨不同类型下的相当性判断的标准。在这种类型化的尝试之下,经验的通常性的标准已经被认为过分抽象而毫无用处,进而试图寻找实质的、具体的标准。这实际上已经偏离了相当因果关系理论的原有构造。②

②危险现实化说的提出。

另有学者在狭义的相当性判断中,主张结合行为导致结果发生的概率大小、介入因素的异常性大小以及介入因素在结果发生中的作用程度大小进行综合的判断,③即提出了危险现实化说的见解。危险现实化理论在以下两个方面与相当因果关系说之间存在本质上的差异:第一,判断基础的范围不同。相当因果关系说将判断基础限定在行为时存在的事实,而危险现实化理论对此却并不做限制,即行为时存在的事实和行为后介入的事实(介入因素)都是判断因果关系的基础性事实。由此,在因果关系的判断中考虑介入因素的存在就成为可能。第二,判断标准不同。相当因果关系说判断因果关系的标准是经验上的通常性(相当性),而危险现实化说却认为,因果经过的通常性自身没有独立的意义,应以行为所具有的危险是否在结果中被实现为标准。由此,在因果关系的判断中考虑介入因素在何种程度上参与了结果的实现以及行为的危险在结果中的实现是否被介入因素阻断成为可能。④

鉴于此,理论上就有观点认为,危险现实化说与客观归责理论已经不存在本质的区别。例如,采取危险现实化立场的山口厚教授就认为,"这种立场与基于规范的考虑来判断能否将结果归属于行为的客观归责理论

---

① 参见〔日〕山口厚:《問題探究刑法総論》,有斐阁 1998 年版,第 19 页。
② 参见〔日〕林阳一:《刑法における相当因果関係(四)》,载《法学協会雑誌》104 卷 1 号(1987)。
③ 参见〔日〕前田雅英:《刑法の基礎——総論》,有斐阁 1993 年版,第 110—111 页。
④ 参见〔日〕大塚裕史:《刑法総論の思考方法》,早稻田经营出版 2012 年版,第 91 页。

已经没有什么差别了"①。山中敬一教授就指出,"即便在标榜相当因果关系的见解中,也已经在实质上开始采纳客观归责理论的类型化标准,这不过是对其如何命名的名称问题"②。可见,所谓的相当因果关系理论的重构,无不是借鉴了客观归责理论的成果,在此意义上被改造后的相当因果关系理论已经不是原有的样态。正如有学者指出的,现在日本的相当因果关系说的展开,已经不限于最早的、传统的结构了。进而认为,为了避免概念的混乱,一旦离开了相当因果关系的理论结构,就应当直接改而构筑关于客观归责的理论。③

(4) 客观归责理论何以必要。

从刑法因果关系论发展的历史脉络可知,各种因果关系学说都是以"事实因果关系+法律因果关系"为基本架构的。相当因果关系说以条件说作为事实因果的判断方法,试图以"相当性"对事实因果进行法律的、规范的限缩。但是,相当因果关系理论的问题仍然在于,在结果归责问题上缺少规范的判断。有学者认为,相当因果关系说在方法论上的问题点是规范判断的程度不高。④ 但是,如果从相当因果关系说最初的理论形态来看,恐怕其在基本架构上就缺少规范的判断,而不仅仅是规范判断程度不高的问题。因为,相当因果关系说是在对经验的通常性进行概率高低的判断之后来确定行为与结果之间是否存在因果关系的,这种判断往往依据的是物理法则,因而具有事实的、存在论的性质,而不是规范主义的判断。

尽管日本理论界有见解认为没有必要引入客观归责理论,在相当因果关系说内部即可解决因果判断的所有问题,但是,笔者认为,客观归责理论相较相当因果关系说仍然存在优势,这是近年来日本刑法学者中主张通过客观归责理论来解决具体刑法问题的见解不断增多的原因。⑤ 在

---

① 〔日〕山口厚:《刑法総論》(第2版),有斐閣2007年版,第60页。
② 〔日〕山中敬一:《犯罪論の機能と構造》,成文堂2010年版,第197页。
③ 参见〔日〕伊东研祐:《「相当因果関係論の危機」の意味と「客観的帰属論」試論》,载《現代刑事法》4号(1999)。
④ 参见周光权:《客观归责理论的方法论意义——兼与刘艳红教授商榷》,载《中外法学》2012年第2期。
⑤ 例如,〔日〕丰田兼彦:《共犯の処罰根拠と客観的帰属》,成文堂2009年版;〔日〕安达光治:《客観的帰属論——犯罪体系論という視点から》,载川端博、浅田和茂、山口厚、井田良编:《理論刑法学の探究1》,成文堂2008年版;〔日〕小岛秀夫:《共犯論における客観的帰属と故意帰属——いわゆる中立的行為による幇助の事例をめぐって》,载《法学研究論集》32号(2010)等。

客观归责理论出现之前，针对条件说无限溯及不当扩大处罚范围的问题，理论上一直尝试进行必要的限缩。从李斯特的因果关系中断理论到冈田朝太郎的责任更新论，[1]再到相当因果关系说、被允许的风险理论，无一不是以限缩条件关系为目的。客观归责理论无非"将众多已经存在但散落各处的具体学说汇集成了一个整体，一个统一体"[2]。问题在于，客观归责理论所统摄的学说无法为其他任何一种因果关系理论全部涵盖，这使得唯有客观归责理论对刑法因果关系的判断具有最大限度的适用性。此外，能够将各种限缩条件关系的判断方法置于一个统一的体系之下，以客观归责的上位概念统摄之，这本身就具有理论刑法学所追求的体系化优势。

总之，即便采取相当因果关系理论，过失犯的结果归责仍然会存在问题。无论对相当因果关系说进行何种改造，无不是借鉴了客观归责理论的思考方法。由此可见，在过失犯的结果归责判断上，客观归责理论是不可替代的。如何判断结果就是由过失行为造成的，进而将结果作为行为人的"成果"而归责于他，这种在过失行为与结果之间建立起规范关联的思考方式，是客观归责理论的主要功绩。综上所述，笔者认为，采取客观归责理论来判断过失犯的不法是妥当的。具体到过失共同正犯的结果归责，对在明确其因果性判断构造方面，如何依据客观归责理论具体地展开，笔者将在后文详述。

三、客观归责理论之于过失共同正犯构造的意义

在客观归责理论之下，将过失犯的构成要件行为界定为制造不被允

---

[1] 日本学者冈田朝太郎是日本刑法因果关系理论发展中的重要人物。针对李斯特的因果关系中断理论，冈田朝太郎提出，"故意行为之介入，非因果联络中断，应谓为责任更新"。其从自然事实与结果发生之间尽管也存在条件关系，却不论两者之间的因果关系这一点出发，反向论证因果关系的探讨以责任能力和责任条件为要素。"责任能力及责任条件，使举动者负担外界无始无终因果连锁由某至某之心的关系。"（《责任更新论》，载〔日〕冈田朝太郎：《冈田朝太郎法学文集》，娜鹤雅点校，法律出版社2015年版，第683页）。在冈田朝太郎看来，"刑法上的因果法则是事实上的因果关系与刑法上的责任问题的合而为一"。"刑法上的因果联系是基于故意或者过失利用事实上的因果关系，正因如此，如果责任者发生了改变，因果联系就可能被中断"（〔日〕冈田朝太郎：《刑法问答录》，早稻田大学出版部1905年版，第52—53页）。因此，介入他人行为时，是由于出现了新的责任者，基于该责任者的责任能力和责任条件而产生了责任更新。此即所谓责任更新论，本质上仍然是试图对条件关系予以限缩的理论。

[2] 〔德〕沃尔夫冈·弗里施：《客观归责理论的成就史及批判——兼论对犯罪论体系进行修正的必要性》，陈璇译，载《国家检察官学院学报》2020年第1期。

许的危险的行为,避免了以违反注意义务作为过失犯的本质所带来的过失犯都具有不作为构造的错误认识。基于此,过失共同正犯的构造也发生了相应的改变。也即,过失共同正犯不再以共同义务的共同违反为本质特征,而是以共同制造不被允许的危险的行为为构成要件的行为。而共同义务的共同违反只是判断行为是否共同制造了不被允许的危险的判断要素。不过,尽管客观归责理论为过失共同正犯的构造带来了新的改变,过失共同正犯在构造上具有的实施过失正犯行为的正犯性,以及共同实施该过失正犯行为的共同性仍然是不可缺少的构造要素。

此外,客观归责理论作为判断行为与结果之间规范关联性的理论,其所作用的最大领域在于是否要将结果归责于行为人的行为的因果性判断。在客观归责理论之下判断过失共同正犯的结果归责,又会为作为过失共同正犯构造要素的因果性带来新的变化。客观归责理论在过失犯结果归责的判断上具有精致化的理论特征,能够为过失犯的处罚范围划定明确的界限,应当将其适用于过失共同正犯结果归责的因果性判断之中。

第四节 小结——过失共同正犯构造的基本样貌

自新过失论产生以来,过失进入构成要件符合性阶段,过失犯也具有独自的行为构造,由此,过失共同正犯获得了不同于故意共同正犯的独立构造。过失共同正犯也具有成立所必需的客观行为。因此,在过失共同正犯的构造上,首先要探讨的是过失犯的正犯性问题。即在复数行为人过失参与的情况下,皆符合过失犯成立的基本条件,对过失犯的结果归责的判断尚不充分。在限制正犯概念之下,对复数过失参与人之间仍然需要依据一定的标准区分过失正犯与共犯。只有被评价为实施了过失正犯性质行为的参与人,才能够就结果承担作为过失正犯之责。而以何种标准划定过失正犯的范围,是本书第四章要重点探讨的问题。

过失共同正犯区别于过失单独正犯,可以按照"一部行为全部责任"的原则进行结果归责的根本依据在于复数过失参与人之间具备共同性。过失共同正犯是数行为人共同实施过失行为,导致结果的发生。因此,过失共同正犯与故意共同正犯一样,在构造上以共同性为基本要素。如果认为过失共同正犯与故意共同正犯在客观行为上都是制造不被允许的危险的行为,那么过失共同正犯在共同性的成立上是否需要具备意思联络将成为其与故意共同正犯在构造方面存在本质区别之处。关于过失共同正犯的共同性要素是否以意思联络为必要,是理论上争论的焦点。对此本书将在第五章详细探讨。

新过失论在探讨过失犯时,往往将重点置于违反客观注意义务的过失行为上。只要过失行为导致了结果发生,就肯定过失不法的存在,而不具体判断是否需要将该结果归责于该过失行为。因此,过失犯结果归责的因果性成为需要解决的难题,这也是为何作为结果归责判断理论的客观归责理论被认为主要在过失犯中发挥作用。结果归责的因果性问题同样会在过失共同正犯中存在,因而使得因果性成为过失共同正犯构造的要素之一。本书将于第六章,在客观归责理论之下,具体探讨过失共同正犯结果归责的因果性问题。

综上所述,过失共同正犯的构造以正犯性、共同性以及因果性为要素。对这三要素的探讨将成为下文构造过失共同正犯的具体架构的基本脉络。

第四章　过失共同正犯构造要素之正犯性

2013年7月26日,黑龙江省海伦市联合敬老院发生火灾,造成11死2伤。公安机关通报称,这场火灾是一起人为纵火刑事案件,犯罪嫌疑人王贵已被烧死在现场。事后发现,事发当晚,联合敬老院共有3人值班,分别在三栋楼中,唯独发生火灾的特护病房没有值班人员。之所以这样安排值班,是考虑到人手不足,将特护病房和邻近的楼安排由同一个值班员值守。时任海伦市民政局副局长张守林承认,如果再增加些值班人员,特别是特护病房,伤亡人数可能少些。而且,敬老院中的三栋楼都有灭火器和消火栓,但起火的住院处只有灭火器,没有消火栓。在火灾事故中负有领导和管理责任的联合敬老院院长李克志、副院长李言被免职,两人已被警方控制,由纪检、公安部门组成联合调查组对其进行调查。其中含有的刑法问题不能不引起我们的注意。在故意放火案件中,对建筑物消防设施设置匮乏、缺失机构人员消防培训、人员配备不全负有过失责任的管理人员,是否要对他人故意放火引起的死伤结果承担责任?

上述案例体现出故意犯背后的过失参与的处罚问题,其中更是以过失犯的正犯概念、过失犯的正犯性等议题为核心。故意犯背后的过失参与问题,德国以及日本的刑法理论在过失犯论的发展过程中都曾经历,而且至今仍然没有形成定论。面对我国存在的真实案例,笔者认为对故意犯背后的过失参与问题展开研究是具有意义的。本章将以过失犯的正犯概念问题为主线,对其产生的经过、理论与实践的应对过程进行探讨,进而提出解决这类问题的方法。此外,以过失犯的正犯概念为基础,与过失共同正犯问题相关的是,采取过失犯统一的正犯概念而否定过失共同正犯的成立。所以,探明过失犯的正犯概念对于判断过失共同正犯成立与否也有意义。

第一节　过失共同正犯的正犯性问题之所在

德国学者Zimmerl于1929年在《共犯论的基本原理》一文中明确提出了限缩的正犯与扩张的正犯这一对概念。Zimmerl指出,两个正犯概念实质上是两种解释构成要件的方法。① 扩张的正犯概念,是对构成要件进行扩张解释的方法;限缩的正犯概念作为解释构成要件的方法论,对构成要件的解释则采取较为限缩的方法。

一、扩张的正犯概念·统一的正犯概念与过失共同正犯的必要性问题

扩张的正犯概念认为,"对犯罪的实现起任何条件作用的人,都是实施了符合构成要件的实行行为的人,因而都是正犯"②,但是,法律例外地将教唆者的教唆行为和帮助者的帮助行为规定为共犯。对于共犯而言,法律的这一规定使共犯的处罚得以减轻,限制了刑罚的处罚,即所谓的"刑罚限制事由"。

所谓统一的正犯概念,是指"不论犯罪参与形式如何,只要是参与犯罪者,都是正犯"③的立法形式。因此,在统一的正犯概念之下,对构成要件的实现提供了条件的人都是正犯,而且对所有的参与人都适用同一的法定刑。④ 由于统一的正犯概念是立法政策上的概念,所以在某些国家的立法例中采纳了这一概念。例如,《奥地利刑法典》第12条规定:"自己实施应受刑罚处罚的行为,或者通过他人实施应受刑罚处罚的行为,或者为应受刑罚处罚的行为的实施给予帮助的,均是正犯。"第13条规定:"数人共同实施应受刑罚处罚的行为的,按责任的大小分别处罚。"⑤可谓以统一的正犯概念为基础的立法例之最好范本。

有学者认为,统一的正犯概念与扩张的正犯概念实际上是相同的概念,两者都是导自因果关系条件理论的见解。⑥ 但是,两者在归属上存在一些差别。正是由于统一的正犯概念和扩张的正犯概念分属不同的层面,统一的正犯概念是立法政策上的概念,有立法例采用之,而扩张的正犯概念是法理上的概念,所以两者也呈现出不同的发展轨迹。"单一的正犯概念因为受到立法例的支持,在法理上有了进一步的发展,已从形式的单一正犯概念发展出功能的单一正犯概念;扩张的正犯概念一方面被单一的正犯概念吸纳,另一方面被现行立法例上的限制正犯概念排斥,因此

---

① 参见〔日〕佐伯千仭:《共犯理論の源流》,成文堂1987年版,第73—74页。
② 张明楷:《外国刑法纲要》(第三版),法律出版社2020年版,第261页。
③ 〔日〕齐藤金作:《共犯立法について》,载《早稲田法学》33卷3·4号(1958)。
④ 参见〔日〕高桥则夫:《共犯体系と共犯理論》,成文堂1988年版,第6页。
⑤ 《奥地利联邦共和国刑法典》,徐久生译,中国方正出版社2004年版,第5页。
⑥ 参见许玉秀:《当代刑法思潮》,中国民主法制出版社2005年版,第551页。

变成只是理论史上的一个名词。"①这也许就是如下文所展示的在过失犯的正犯概念的理论史上,最先出现的是扩张的正犯概念,但是进入 20 世纪后半期其基本被统一的正犯概念取代的原因。

就过失犯的正犯概念而言,德国刑法理论上一般认为,过失犯中不存在正犯与共犯的区分,因此,过失犯中应当采取扩张的正犯概念或者统一的正犯概念。"绝大多数观点为过失犯罪提出了统一的正犯概念,任何违反义务,对有可能发生结果的危险起了作用的人,都是正犯。"②例如,有观点指出,"在过失犯罪的情况下,有因果关系的共犯的每一种形式都是正犯"③。"如果数人由于无意识的过失而共同实施犯罪行为的,不可能区分正犯和共犯,因为所有参与人均以同样的方式缺乏对构成要件该当结果的预见,因此他们中的每一个人均不可能对犯罪进行有效的控制。相反,在有意识的过失犯罪的情况下,如同在故意犯罪中的分类一样,进行分类是可能的,因为共犯总是将实现构成要件作为其行为的可能发生的结果……划分过失犯罪的阶段的依据仅是违反注意义务的程度,而这一程度是以不同于行为支配理论所能提供的标准来衡量的。因此,过失犯罪的正犯是指每个违反注意义务、有助于实现构成要件之人。"④又如,韦塞尔斯认为,"在正犯和参与之间划分区别的必要性,只是在于对于故意犯;对于结构上不同的过失犯而言如果要做这样的划分则没有意义。过失犯的行为人,更多的是因违反谨慎义务,以客观上可以归责的方式对犯罪构成要件的实现作出了贡献的每个人"⑤。

在过失共同正犯否定说中,存在主张过失犯应当采取扩张的正犯概念或者统一的正犯概念,进而认为没有必要肯定过失共同正犯的见解。在过失犯应当采取扩张的正犯概念或者统一的正犯概念的见解仍然处于通说地位的情况下,在肯定过失共同正犯具有必要性这一点上会存在较大疑问。因此,需要从过失犯的正犯概念问题入手,探究过失犯采取扩张

---

① 许玉秀:《当代刑法思潮》,中国民主法制出版社 2005 年版,第 552 页。
② 〔德〕冈特·施特拉腾韦特、〔德〕洛塔尔·库伦:《刑法总论Ⅰ——犯罪论》,杨萌译,法律出版社 2006 年版,第 423 页。
③ 〔德〕汉斯·海因里希·耶赛克、〔德〕托马斯·魏根特:《德国刑法教科书》,徐久生译,中国法制出版社 2017 年版,第 872 页。
④ 〔德〕汉斯·海因里希·耶赛克、〔德〕托马斯·魏根特:《德国刑法教科书》,徐久生译,中国法制出版社 2017 年版,第 886—887 页。
⑤ 〔德〕约翰内斯·韦塞尔斯:《德国刑法总论:犯罪行为及其构造》,李昌珂译,法律出版社 2008 年版,第 281 页。

的正犯概念或者统一的正犯概念所存在的问题,明确过失犯中采取限制的正犯概念的妥当性,为肯定过失共同正犯的必要性奠定基础。

二、限制的正犯概念下过失共同正犯之正犯性的问题

所谓限制的正犯概念,主要是从客观主义出发,认为刑法构成要件所规定的仅是正犯的行为,实现构成要件犯罪的行为人是正犯,其余的参与者都是共犯。[①] 即主张实施基本构成要件的行为即实行行为者为正犯,而实施修正的构成要件行为者为共犯。[②] 由于构成要件以正犯行为为处罚对象,共犯行为原则上属于不可罚的行为,刑法以总则共犯规定将处罚范围扩张至教唆行为和帮助行为,[③]是"刑罚扩张事由"。

限制的正犯概念与统一的正犯概念一样,都是立法政策上的概念,因此,其也被立法例采用。而且,在现今世界各国立法中,采限制的正犯概念所形成的区分制正犯体系是通例,在各国立法中占有绝对多数。当然,依照限制的正犯概念,如何区分正犯与共犯就会成为问题。围绕正犯与共犯的区分,大陆法系刑法形成了体系严密、结构复杂的共犯理论体系,使得共犯成为刑法理论中的"绝望之章"也是不争的事实。无论如何,至少在故意犯中应当采取限制的正犯概念仍然是理论上的通说。

存在问题的是过失犯中是否也应当采取限制的正犯概念。如上所述,过失犯中采扩张的正犯概念或者统一的正犯概念在德国刑法理论上是通说,但是近年来,主张过失犯中也应当采取限制的正犯概念的见解不断增加。是何种理论难题导致了这种理论状况的改变呢?此外,以过失犯中采统一的正犯概念而否定过失共同正犯的见解是相当有力的,过失犯的正犯概念问题与过失共同正犯的成立与否密切相关。而如果主张过失犯应当采取限制的正犯概念,过失犯也存在正犯与共犯的区分,则过失犯的正犯性,进而是过失共同正犯的正犯性,就有进一步明确的必要。

综上所述,过失共同正犯的正犯性问题的解决,以过失犯的正犯概念的确定为前提。以下将就过失犯的正犯概念的产生经过以及所面对的问题展开进一步的论述,以期为过失犯确立合理的正犯概念,进而为对过失共同正犯的成立与否以及正犯性为何的探讨奠定基础。

[①] 参见柯耀程:《变动中的刑法思想》,中国政法大学出版社2003年版,第173页。
[②] 参见陈子平:《论正犯与共犯之概念》,载《政大法学评论》1993年第48期。
[③] 参见陈子平:《论正犯与共犯之概念》,载《政大法学评论》1993年第48期。

第二节　过失犯正犯概念问题的产生经过

一、条件说的限定与故意正犯背后的过失参与

(一)条件说及其缺陷

条件说认为,只要在行为与结果之间存在着"没有前者就没有后者"的条件关系,行为与结果之间就存在刑法上的因果关系。由于主张所有的条件都具有同等价值,所以又被称为等价说。原因说对条件说所存在的不当扩大因果关系范围的缺陷提出批判,主张从结果发生的条件中,以一定的标准挑选出其中应当作为原因的条件,只有这种原因与结果之间才存在因果关系。由于原因说主张按照不同的情况分别判断因果关系的有无,因而也被称为个别化说。条件说的优点在于对因果关系进行客观的、意义单一的认定。相反,原因说却将价值判断不当地提前,容易产生认定上的恣意,而且其也与当时主张构成要件是价值无涉的犯罪论体系相矛盾。

尽管条件说由于其较原因说更具优点而成为理论与实务上的通说,但是条件说自身存在的缺陷仍然不能被忽视。条件说的缺陷就在于对条件的范围没有作出限制,因而会不当地扩大因果关系的范围,产生无限溯责的问题。面对条件说的这种缺陷,理论上进行了种种探索,试图限制条件说之下的因果关系范围。

(二)条件说主观责任要件限定之不能

在采取条件说的前提之下如何对其进行限定,进而限制刑罚处罚的范围是条件说所要解决的主要问题。对于这一问题,首先产生的是以主观责任要件来限定条件范围的主张。

19世纪末,受到自然主义的影响,以自然主义为基础的犯罪论体系开始形成,这便是所谓贝林—李斯特古典犯罪论体系。该犯罪论体系的特点在于对行为的客观要素与主观要素进行严格的界分,同时认为构成要件该当性是完全中性的、价值无涉的判断。李斯特认为,"行为的概念首先以意思活动为先决条件"[①],没有意思活动就没有行为。"任何一种

---

① 〔德〕弗兰茨·冯·李斯特:《李斯特德国刑法教科书》,〔德〕埃贝哈德·施密特修订,徐久生译,北京大学出版社2021年版,第143页。

犯罪均以某种结果为前提。"①而结果是基于意思活动的行为所产生的外界变动。"如果结果是由意思造成的,也即如果意思活动与结果之间存在因果关系,则此等关系即为客观的。"②与此相对,"如果行为人在意思活动时已经预见到结果的产生,或者应当预见到结果的产生的,则此等关系即为主观的。这里涉及心理学上的概念故意和过失(作为责任之种类)"③。

客观要素包括作为意思活动的行为,结果以及两者之间的因果关系。而在因果关系上,李斯特采取的是条件说,"对因果关系而言,结果的全部条件有时同样重要。并存的共同原因同样是法律意义上的原因。原因概念不得排除同时或后续发生的共同原因"④。因此,行为与结果之间存在"没有前者就没有后者"的条件关系,就表明因果关系的存在。如上所述,古典的犯罪论体系主张构成要件是完全中性的、价值无涉的,因此,对于行为与结果之间的因果关系也只能进行自然主义上的事实判断,而不能涉及任何的价值因素。"'因果律'只涉及事件前的时空,不涉及概念的逻辑关系或对行为的社会伦理评价……因果关系涉及一个思维方式问题,借助这个思维方式,我们将实际存在的情况联系在一起,而不对导致事件过程的力量作出任何评价。"⑤在李斯特看来,因果关系的作用在于为作为人的意思活动的行为与结果之间建立起事实上的联系,进而为违法及责任的评价确定对象范围。"对原因问题与责任问题应当作出严格的区分。因此,不应过分强调刑法中因果关系问题的重要性。因果关系无异于这样一种思维方式,借助这种思维方式,我们以外部世界的某种改变为出发点,发现人的意思活动,而后对这种意思活动作刑法上的评价。借助因果关系范畴,我们只是为刑法研究寻找材料或对象。"⑥因此,在依

---

① 〔德〕弗兰茨·冯·李斯特:《李斯特德国刑法教科书》,〔德〕埃贝哈德·施密特修订,徐久生译,北京大学出版社 2021 年版,第 146 页。
② 〔德〕弗兰茨·冯·李斯特:《李斯特德国刑法教科书》,〔德〕埃贝哈德·施密特修订,徐久生译,北京大学出版社 2021 年版,第 146 页。
③ 〔德〕弗兰茨·冯·李斯特:《李斯特德国刑法教科书》,〔德〕埃贝哈德·施密特修订,徐久生译,北京大学出版社 2021 年版,第 147 页。
④ 〔德〕弗兰茨·冯·李斯特:《李斯特德国刑法教科书》,〔德〕埃贝哈德·施密特修订,徐久生译,北京大学出版社 2021 年版,第 149—150 页。
⑤ 〔德〕弗兰茨·冯·李斯特:《李斯特德国刑法教科书》,〔德〕埃贝哈德·施密特修订,徐久生译,北京大学出版社 2021 年版,第 150 页。
⑥ 〔德〕弗兰茨·冯·李斯特:《李斯特德国刑法教科书》,〔德〕埃贝哈德·施密特修订,徐久生译,北京大学出版社 2021 年版,第 150 页。

照条件说探讨因果关系的问题时,并不涉及对责任归属范围的限定,这一任务是由作为主观责任要件的故意、过失来完成的。

但是,以故意、过失的责任要素来修正条件说的缺陷是不能成功的。例如,在雷雨事件中,想继承叔叔遗产的侄子,为寻找使其叔叔死亡的机会而劝说叔叔在雷雨之日到种有高大树木的山丘上散步,结果叔叔听从侄子的劝说而外出散步,最终被雷击中死亡。在这一事例中,侄子的劝说行为与叔叔的死亡之间是存在条件关系的,而结果也按照侄子的计划发生了,不能否定其故意的存在。按照条件说就应当认定故意杀人罪的成立。但是,将不具有致死危险的劝说行为认定为杀人行为,结论恐怕难言妥当。试图以主观责任要件来限定条件说的归责范围实际上是不能取得成功的。

(三)条件说客观要件限定与古典犯罪论体系的动摇

由于以主观责任要件进行归责限定之不能,将对条件说的限定求之于客观要件的见解便产生了,这便是因果关系中断论以及溯及禁止论。

为了在不法领域而不是责任层面限制因果关系的范围,进而避免适用条件说可能产生的不合理结论,理论上提出了因果关系中断论的见解。因果关系中断论认为,在因果关系的发展进程中,如果行为与结果之间介入了非预期的、异常的第三者行为或者自然事实,则行为与结果之间的因果关系就中断了,结果就不能归属于行为。因果关系中断论同样受到了理论上的批判,因为其一方面以条件说为基础肯定条件关系,另一方面又以条件关系的中断而否定因果关系,也就是放弃了条件说,因而自相矛盾。此外,条件说的优点在于对因果关系进行客观的、意义单一的认定。而采用中断论,则在中断与否的判断中对所涉及的"非预期的""异常的"或者"偶然的"情况是难以进行客观的认定的,其与相当因果关系有无的判断在性质上是相同的,会伴随判断者的恣意性。①

为了避免中断论的矛盾与缺陷,Frank 提出了溯及禁止的理论。溯及禁止论主张,如果自由且有意识的(故意且有责)行为成为结果发生的条件,则该条件的前条件就不是原因。换言之,对故意且有责的正犯者背后的行为者,是不允许进行作为正犯的刑事责任之溯及的。尽管有学者认为,溯及禁止论与中断论没有本质的区别,②但是,由于溯及禁止论所导

---

① 参见〔日〕冈野光雄:《刑法要説総論》(第2版),成文堂2009年版,第61页。
② 参见〔日〕大塚仁:《刑法概説(総論)》(第四版),有斐阁2008年版,第226页。

出的结论是出于故意且未被强制的自由状态的行为者要承担作为正犯的刑事责任，而不过是对正犯行为进行参与的背后者，除了法律规定的故意的教唆、帮助是不可罚的。① 因此，其不仅对于以结果惹起为构成要件内容的犯罪类型中的正犯与共犯的区分而言是有用的，就对故意犯的过失参与者的不可罚结论的得出来说，也具有解释论上的作用。例如，猎人不注意将装了子弹的枪放在酒馆，他人用枪故意且有责地杀害了第三者，按照溯及禁止论的主张，猎人的不注意行为是不可罚的。

但是理论上极为有力的以溯及禁止论来限制条件说的处罚范围的见解却被德国法院的判例明确否定了。在著名的"阁楼间火灾案"中，法院即主张对故意犯的过失参与仍成立过失正犯，而依照溯及禁止论的见解是不可罚的。该案中，手工作坊的经营者在无许可的情况下在手工作坊仓库的阁楼建设住所。雇员一家8人住于其中。在起火原因不明的火灾中，这一家8人都没能逃脱而死亡。这个手工作坊主以过失致死罪被起诉。法院判定过失致死罪成立。在这个阁楼住所的楼下，放置了大量的可燃性材料。同时，从阁楼下来到楼下的台阶没有设置楼梯。所以一旦发生火灾，火势蔓延迅速，阁楼上的人难以逃脱。因此，被告人对楼上所住的一家人因没能逃脱而死亡具有预见可能性，却未采取任何措施而继续让其居住于阁楼上。判决肯定了被告人的行为对结果的原因性，进而肯定了成立过失犯所需主观方面的结果预见可能性。即通过肯定行为人如果对建筑物的构造进行深思熟虑就能预见结果的发生，来认定过失致死罪的成立。

被告人以存在第三者失火或者放火的可能性而主张因果关系的中断以及主观上不存在预见可能性为由提出上诉。法院指出，被告人对违法结果的发生所设定的原因在于，其对阁楼间住所的居住者创设了在发生火灾时使其不可能逃脱火灾危险的这种危险状态。倘若没有被告人所设定的原因的共同作用，被害家族就不会死亡。此时，火灾是如何发生的，是偶然事件还是过失失火抑或故意放火都不重要。即便是故意放火行为引起了火灾，或者更进一步确定放火者是基于杀人的故意而放火，由被告人所启动的因果经过并未由第三者的故意行为中断。此时，被告人所设定的原因与违法结果的发生即被害家族的死亡之间存在共同的作用。②

---

① 参见〔日〕安达光治：《客観的帰属論の展開とその課題》，载《立命館法学》1999年6号（268号）。

② 参见〔日〕松宫孝明：《過失犯論の現代的課題》，成文堂2004年版，第6—7页。

除此判例外,这一时期德国还存在一系列相似的判例。这类判例都肯定了故意正犯背后的过失正犯,否定了理论上的溯及禁止论,坚持的仍然是彻底的条件说。因此,在因果关系的问题上,判例所持的条件说与理论上以中断论以及溯及禁止论为手段的归责限定论的不同观点并未因为理论的强有力支持而发生改变。

　　以上判例表面上只是否定了因果关系中断论以及溯及禁止论的归责限定理论,在等价说的意义上贯彻了绝对的条件说,即满足条件关系的全部条件都对结果具有原因性。据此,在过失犯的场合,在行为人主观上对结果具有预见可能性的前提下,任何过失参与行为都将成立过失正犯。但是,这背后实际上孕育着与当时处于统治地位的自然主义古典犯罪论体系的本质矛盾。在对故意正犯进行故意参与的情况下,参与行为不过是成立教唆、帮助这种狭义的共犯。而对故意正犯的过失参与却要作为过失正犯来处罚。按照自然主义的古典犯罪论体系,行为的客观要件与主观要件是严格界分的,故意犯与过失犯在客观要件方面是完全相同的,对两者仅仅是在责任层面作为责任的形式而予以区别。在此前提下,客观要素上仅仅是对他人行为给予诱发、促进作用的参与行为,不论是出于故意还是过失,都应当只构成狭义的共犯。过失地实施了相当于在故意的情况下属于教唆、帮助的共犯行为,却要成立过失正犯,可以说是在客观要素上就对故意犯和过失犯进行了区别对待,这与自然主义的古典犯罪论体系根本对立。

　　为了在解释论上对判例的观点进行合理的说明,20世纪30年代左右有德国学者又提出了扩张的正犯概念以及惹起说的构想。1929年,德国学者Zimmerl为了说明区分和不区分正犯与共犯两种观点,提出了扩张的正犯概念。区分正犯与共犯的观点被其称为限制的正犯概念,不区分二者的观点则被称为扩张的正犯概念。[1] 而主张扩张的正犯概念的则是Engisch和Mezger。扩张的正犯概念认为对构成要件结果赋予任何条件者,都是正犯。扩张的正犯概念常常由于其损害了构成要件的保障机能而受到批判。"由于将全部对犯罪的影响重新解释为法益破坏的原因,相关构成要件的特殊的行为不法便不复存在了。"[2]但是,即便在限缩的正犯概念之下,由于构成要件是需要解释才能具体适用的,所以也存在着损

---

[1]　参见许玉秀:《当代刑法思潮》,中国民主法制出版社2005年版,第552页。
[2]　〔德〕汉斯·海因里希·耶赛克、〔德〕托马斯·魏根特:《德国刑法教科书》,徐久生译,中国法制出版社2017年版,第871页。

害构成要件保障机能的危险。因此,这类批判在内容上显得过于空洞。涉及扩张的正犯概念之本质的批判存在于身份与共犯的问题上。在身份犯中,没有身份的参与者由于缺少作为正犯要件的身份,是不能被作为正犯来进行处罚的。在限缩的正犯概念之下,无身份的参与者通过构成身份犯的共犯解决其可罚性的问题。而在扩张的正犯概念之下,由于将所有对构成要件的实现具有原因作用的参与者都仅仅作为正犯来对待,无身份的参与者由于不具备身份要素不能构成正犯,同时也就难以具备可罚性,由此就产生了处罚上的漏洞。此外,在教唆、帮助行为止于未遂阶段时,仍然将其作为正犯的未遂来处罚,显然扩大了处罚范围。最后需要指出,以扩张的正犯概念来解释上述判例,其实在理论基础上是存在差异的。如上所述,判例采取的是完全意义上的条件说,最终是 Buri 主观共犯论的观点。这与 Mezger 基于客观的共犯论所提出的扩张的正犯概念完全不是一回事。总之,扩张的正犯概念在当时以及现今都未被德国刑法理论的主流接受。在当时,至少在故意犯中应当采取限制的正犯概念的见解处于支配地位。①

既要坚持故意犯中的限制的正犯概念,又试图为将故意正犯背后的过失参与作为过失正犯来处罚提供合理的说明,在过失犯中采取与故意犯不同的正犯概念就成为另一种理论的尝试,这就是所谓的惹起犯的构想。Mayer 在 1936 年的教科书中,对过失犯和不真正不作为犯冠以"惹起犯"之名,其构成要件范围较故意作为犯更广。② 该见解认为,过失犯是惹起犯,在行为样态上与故意犯不同。例如,过失致人死亡罪的构成要件是"过失惹起他人死亡","惹起"不过是指使结果发生的意思,因而其与故意杀人罪中的"杀"在具体的行为样态上存在区别。过失致人死亡罪构成要件中的"惹起他人死亡"不仅包括正犯的态度,还包括教唆、帮助的态度。将过失犯的构成要件理解为惹起犯的构成要件,则对他人故意行为进行过失参与者,即使具有与故意犯情况下相同的教唆、帮助的态度,仍然是过失犯的构成要件行为,应当将其作为过失正犯的行为来对待。③

尽管惹起犯的构想既能维持故意犯中的限制的正犯概念,又可以为

---

① 参见〔日〕安达光治:《客观的归属论の展开とその课题》,载《立命馆法学》1999 年 6 号(268 号)。

② 参见〔日〕松宫孝明:《过失犯论の现代的课题》,成文堂 2004 年版,第 46 页。

③ 参见〔日〕安达光治:《客观的归属论の展开とその课题》,载《立命馆法学》1999 年 6 号(268 号)。

将故意正犯背后的过失参与作为过失正犯处罚提供解释论上的依据,但是,在行为样态上对故意犯和过失犯进行区分的主张已经暴露出了其与自然主义的古典犯罪论体系之间存在不可调和的矛盾。如上所述,在自然主义的古典犯罪论体系之下,故意与过失不过是责任的形式,故意犯与过失犯在客观要件上是完全相同的。基于此,故意正犯的范围应当与过失正犯的范围一致。但是,按照惹起犯的构想,过失正犯的范围显然与故意正犯的范围不一致,过失正犯的范围要大于故意正犯的范围。

综上所述,扩张的正犯概念以及惹起犯的构想尽管可以为将故意正犯背后的过失参与作为过失正犯处罚这一具体的问题提供解释论上的依据,但是其与体系之间的矛盾却无法被完全克服。因此,"逾越故意犯与过失犯在客观面上没有差异的自然主义犯罪体系,确立在客观面上对两者进行区别的新的犯罪体系成为必要"①。这就是后述 Welzel 的目的行为体系。由此可以说,"不是由于目的行为体系,过失犯的'扩张的正犯概念'才变得妥当;而是由于过失犯的'扩张的正犯概念'是妥当的,才产生了目的行为体系"②。

二、Welzel 的二元正犯概念及其难题

(一)Welzel 的功绩及二元正犯概念的产生

众所周知,目的行为论是 Welzel 构建其刑法理论的基础。目的行为论以存在论为其哲学基础,认为法评价的对象是与法律实证主义相同的、无价值机械论的、因果的实在概念。行为有什么样的构造,不能由刑法的评价导出,而应该从对人类行为的构造分析来明确。③ Welzel 主张,以对象的存在构造来规制、约束法的评价,不是方法规定对象,而是对象规定了方法。④ 作为刑法评价对象的人类行为,是目的活动的遂行。因此,行为是"目的的"现象,而不是单纯的"因果的"现象。行为的"目的性",即行为具有目的,是人类以因果法则的知识为基础,在一定范围内预见其自身活动可能发生的结果,并通过这种预见来设定种种目标,为了达成这个

---

① 〔日〕安达光治:《客観的帰属論の展開とその課題》,载《立命館法学》1999 年 6 号(268 号)。

② 〔日〕松宫孝明:《過失犯論の現代的課題》,成文堂 2004 年版,第 17 页。

③ 参见〔德〕Hans Joachim Hirsch:《ヴェルツェル以降の西ドイツ刑法学 上》,福田平、井田良译,载《ジュリスト》934 号(1989)。

④ 参见〔日〕井田良:《犯罪論の現在と目的的行爲論》,成文堂 1995 年版,第 2 页。

目标而对自己的活动进行计划。① 因此,对客观现象的意思是不可或缺的构成要素。在故意犯中,这个意思与构成要件的故意是相同的,因此,故意是行为本质上的构成要素,属于行为以及不法构成要件。② 在过失犯中,成为注意义务违反的判断对象的,也是基于意思的行为。但是与故意犯不同,过失犯中的行为意思并不指向构成要件结果,因此,构成要件结果在过失犯中是不属于行为的另一个要件。③ 依照 Welzel 的人的违法论的主张,不仅仅以犯罪结果的发生来肯定构成要件的该当性,在所发生的结果之外,行为人的意思行为也是需要关注的。④ 因此,故意犯中被禁止的意思行为是包含了结果的构成要件该当行为的整体。而过失犯中被禁止的意思行为仅仅是构成要件的一部分,即被评价为不注意的意思行为。⑤ 也即不包括结果的意思行为仍然是过失犯的不法要素,与意思行为相区别的结果是过失不法的另一要素。且结果不是过失行为的本质部分,注意义务违反与否的判断才是过失犯违法判断的核心。由此,依照 Welzel 的人的违法论,故意犯与过失犯作为构成要件该当行为就已经被区分开来了。

如果说 Welzel 的理论以目的行为论为核心,那么 Welzel 所发现的过失犯与故意犯构造上的差异则是其重大的理论贡献之一,从而为在刑法中摆脱自然主义的机械论奠定了基础。尽管由于德国法院所持的等价说而彻底贯彻条件说的立场带来了对故意犯与过失犯的正犯概念的共通性的放弃,德国理论界早已开始孕育以评价的、规范的考察方法来取代机械的、自然主义的、因果的考察方法的趋势,⑥但是,真正挣破自然主义之束缚,确立过失犯独立构造的是 Welzel。"无可置疑地,自然主义将犯罪行为概念二分为作为违法性基础之外在世界举动与作为罪责基础之内在心灵意念之主张,虽然在新康德主义刑法思维的时代便因为主观不法要素

---

① 参见〔德〕Hans Welzel:《目的的行為論序説:刑法体系の新樣相》,福田平、大塚仁译,有斐阁 1979 年版,第 1 页。
② 参见〔德〕Hans Welzel:《目的的行為論序説:刑法体系の新樣相》,福田平、大塚仁译,有斐阁 1979 年版,第 39—41 页。
③ 参见〔德〕Hans Welzel:《目的的行為論序説:刑法体系の新樣相》,福田平、大塚仁译,有斐阁 1979 年版,第 52 页。
④ 参见〔德〕Hans Welzel:《目的的行為論序説:刑法体系の新樣相》,福田平、大塚仁译,有斐阁 1979 年版,第 42—43 页。
⑤ 参见〔德〕Hans Joachim Hirsch:《ドイッにおける理論刑法学の現狀について(上)》,井田良译,载《刑事法ジャーナル》6 号(2007)。
⑥ 参见〔日〕松宫孝明:《過失犯論の現代的課題》,成文堂 2004 年版,第 12 页。

以及客观罪责特征之发现便已受到动摇,但一直到归功于目的主义而将故意理解为一个违反具体的刑法禁止规范之行为的前提要件时,自然主义的被超越才得到决定性的发展。"①Welzel 的这一功绩与刑法中诸多重大理论的发展都存在关系,并一直影响至今,所以其不愧为刑法学理论的大师。

根据 Welzel 的主张,过失犯与故意犯在构成要件的阶段已经被区分,过失犯具有不同于故意犯的独立构造。以此为前提,Welzel 采用了前述惹起犯构想的基本主张,并在 1939 年的《刑法体系的研究》中进行展开。② Welzel 认为,正犯论是犯罪论体系的试金石,目的行为论最大的优点体现在解释论上就是对过失正犯问题的妥当解决。③ Welzel 认为,过失犯是惹起犯,适用"惹起构成要件"。④ 故意作为犯的构成要件与过失的惹起构成要件是不同的,因此对故意的构成要件与过失的构成要件采取统一的正犯概念是不正确的。在故意犯中区别正犯与共犯是妥当的,但是这种区分在过失犯中并不是当然妥当的。即,在故意犯中采取区别正犯与共犯的限缩正犯概念是妥当的,与此相对,在过失犯中,认为对结果有因果性态度的行为人原则上就是正犯的扩张的正犯概念是妥当的。进而区分故意犯与过失犯的不同情况,采取二元的正犯概念。Welzel 这种主张是由其目的行为概念所决定的。Welzel 认为,目的的(故意的)正犯者,是犯罪的决意与实行的支配者,因此,以目的行为的支配的有无来区别正犯与共犯。正犯是以目的意识的形成支配犯行者;作为共犯的教唆者、帮助者,这种狭义的共犯不过是参与了他人的犯行支配。而过失犯的正犯,全部都是通过违反了社会生活上必要程度的注意的行为来惹起非故意构成要件该当结果的人。过失犯作为惹起犯,以违反社会生活上必要程度的注意的行为惹起了结果就是其正犯性的基础。因此,在行为对结果的因果性惹起上,不问惹起结果的原因程度的大小、直接性、间接性

---

① 〔德〕Schünemann:《刑罚体系与刑事政策》,王效文译,许玉秀、陈志辉编:《不移不惑献身法与正义——许迺曼教授刑事法论文选辑》,新学林出版股份有限公司 2007 年版,第 46 页。
② 参见〔日〕松宫孝明:《刑事過失論の研究 補正版》,成文堂 2004 年版,第 37 页。
③ 参见〔日〕安达光治:《客観的帰属論の展開とその課題(二)》,载《立命館法学》2000 年 1 号(269 号)。
④ 参见〔日〕松宫孝明:《過失犯論の現代的課題》,成文堂 2004 年版,第 46—47 页。

等样态,都具有正犯性。所以,过失犯不存在正犯与共犯的区别。①

但是,在过失犯中采取扩张的正犯概念会存在诸多问题。扩张的正犯概念以条件等价说为基础,因而也就具有等价说"无限溯及"的缺陷,如此会使过失犯的处罚范围被无限扩张。Welzel 认识到这个问题,并试图以社会相当性的理论来限制过失犯的处罚范围。Welzel 指出,如果认为作为惹起犯的过失犯的正犯性内容是结果的惹起,在实施社会相当的行为(遵守社会生活上必要注意的行为)而发生结果的场合,即便惹起了法益侵害的结果,也不该当于不法构成要件。②

(二)二元的正犯概念的困境

Welzel 以目的行为论为基础所构筑的二元的正犯概念,能够将故意正犯背后的过失参与问题纳入体系的范围予以解决,是理论上的一大飞跃。其不仅为德国判例提供了理论上的支持,还以此为契机,促进了犯罪论体系的进化与发展,Welzel 的功绩是无论如何都不能被忽视的。

但是,此后以社会相当性理论来限制条件说的范围产生了新的问题,又促使理论进一步向前迈步,客观归责理论应运而生。相当因果关系的危机也是通过德国法院的一系列判决体现的。其中最著名的莫过于所谓的"货车案"(Lastwagen-Fall)。该案中,一辆货车的司机想要超过一个骑自行车的人,但是没有保持《道路交通法》(StVO)所规定的路边距(1—1.5 米)。结果在超车的过程中,饮酒而明显轻度醉酒的骑自行车者基于酒精引起的突发意识中断,突然将车往左拐,导致其被卷入拖斗的后轮胎之下,不幸死亡。经查明,即使货车司机留下了足够的路边距,带有同样死亡结果的事故仍然"有极高的可能性"会发生。③ 此案如果按照 Welzel 目的行为论的构想,即过失犯的违法性本质要素是与故意犯不同的"社会生活上必要注意的违反",则由于货车司机违反了交通规则上的一定注意规则这种社会生活上必要的注意而惹起了结果发生,其行为的构成要件该当性以及违法性是不能被否定的。但是,德国联邦最高法院却基于以下理由判定货车司机无罪。"被告人的驾驶方式在机械的、自然科学的意义

---

① 参见〔日〕安达光治:《客観的帰属論の展開とその課題(二)》,载《立命館法学》2000 年 1 号(269 号)。
② 参见〔日〕安达光治:《客観的帰属論の展開とその課題(二)》,载《立命館法学》2000 年 1 号(269 号)。
③ 参见〔德〕克劳斯·罗克辛:《德国最高法院判例·刑法总论》,何庆仁、蔡桂生译,中国人民大学出版社 2012 年版,第 11 页。

上仍然不失为骑自行车者死亡的一项条件。但这并不意味着,隐藏在被告人过于近距离地超车的行为中的交通法规违反性,在刑法上是引起《德国刑法典》第222条之杀人构成要件的原因。为了回答原因与结果之间的关系的问题,受责任原则支配的刑法不满足于一定事件的纯粹自然科学的联系。毋宁说对于评价人类行为的思考方式而言,重要的是,在法律上的评价标准来看,条件对于结果是否是重要的。对此具有决定性的是,如果行为人法律上无责地行为,事件将如何发生。倘若同样的结果也会发生,或者有重要的事实致使法官确信不能排除同样的结果也会发生,那么被告人所设定的条件关系对于结果的评价而言就没有刑法上的意义。在本案中,行为与结果之间的原因关系是不允许被同意的。"[1]总之,在此类行为人违反注意义务的行为导致侵害法益的结果发生,但是即便行为人遵守注意义务而行为,同样的结果仍然会发生的情况下,按照目的行为论关于过失犯违法性本质的见解以及相当因果关系说是难以得出合理结论的。

此外,如上所述,第二次世界大战前德国的判例主张故意正犯背后的过失参与是构成过失正犯的。Welzel以二元的正犯概念主张过失犯中应采取不区分正犯与共犯的扩张的正犯概念,为这种判例主张提供了符合体系要求的理论依据。但是,第二次世界大战后德国法院在审理对被害人自杀行为的过失参与的案件时,态度却发生了改变。在"自杀案"(Selbstmord-Fall)中,被告人与一位同其关系密切的女性一起驱车旅行,在此过程中他将自己上了膛的职务用枪放在汽车的仪表板上。这位女性在一次停车时,趁被告人不注意突然把枪从仪表板上拿起来,朝自己开枪。让被告人承受非难的是,他曾经和这位女性一起去旅馆开过房,而且尽管他知道这位女性经常——特别是在饮酒之后——突然变得抑郁和忧伤,尽管他知道自己有每次坐进汽车都把手枪放在仪表板上的习惯,却仍然不将子弹从手枪里取出来。[2] 第二次世界大战前的判例,面对的受害者是第三人,对于存在故意行为的过失参与,由于故意行为本身构成犯罪,对故意正犯的故意参与也是按照构成教唆犯、帮助犯予以处罚的,则对这种过失参与以过失正犯来处罚尚不存在明显的处罚平衡性问题以及处罚感情上的障碍。但是,对于受害者是故意自杀者本人的故意自杀行为的

---

[1] 〔德〕克劳斯·罗克辛:《德国最高法院判例·刑法总论》,何庆仁、蔡桂生译,中国人民大学出版社2012年版,第12页。

[2] 参见〔德〕克劳斯·罗克辛:《德国最高法院判例·刑法总论》,何庆仁、蔡桂生译,中国人民大学出版社2012年版,第10页。

过失参与却存在不同。在德国,由于自杀本身不是犯罪行为,即便是故意教唆、帮助他人自杀也是不可罚的。因此,如果认为对他人自杀行为的过失参与会成立过失正犯,显然会存在处罚不均衡的现象而有违人们的正义观念。因此,德国联邦最高法院以下列理由判定被告人无罪:"以帮助的故意共同引起自杀者死亡的人,不能被处以刑罚,因为自杀不是犯罪行为。此时帮助故意的内容包括,帮助者知道或者至少预见到自杀者的死亡,并许可性地容忍其发生。那么基于正义的理由,就不能对只是过失地引起自杀者死亡的人处以刑罚。在有认识的过失中,行为人只是如同可能的死亡结果的故意帮助者一样,认识到结果,却并没有许可性地容忍其发生;在无认识的过失中,更是缺少对可能的死亡结果的认识。对基于如此内心态度而实施的不法,即引起自杀者的死亡,如果在刑法上评价得比基于故意而引起的同样不法更严重,是不合适的。"[1]但是,按照 Welzel 的二元的正犯概念,过失地参与了他人故意自杀行为的人应当被认定为过失正犯。因此,Welzel 主张在过失犯中采取扩张的正犯概念,是难以在行为人过失地参与被害人自我损害行为的情况中得出符合德国理论通说的见解的。在此情况下,Welzel 的理论也陷入了被瓦解的境地。

第三节　过失犯正犯概念的现代展开

一、客观归责论下过失犯统一的正犯概念的问题性

(一)Roxin 的客观归责论与过失犯统一的正犯概念

面对目的行为论之下相当性理论在处理具体问题时的困境,Roxin 通过构建客观归责论来解决。

Roxin 在过失犯的正犯概念上仍然坚持 Welzel 的扩张的正犯概念的原理而采取统一的正犯概念。其认为,在过失犯罪中,不存在教唆与帮助,因为根据法律的明确表述,这两种参与形式只有在故意时才能实现。过失造成符合行为构成结果的人也总是过失行为的正犯。[2] 既然 Roxin

---

[1] 〔德〕克劳斯·罗克辛:《德国最高法院判例·刑法总论》,何庆仁、蔡桂生译,中国人民大学出版社 2012 年版,第 10 页。
[2] 参见〔德〕克劳斯·罗克辛:《德国刑法学 总论(第 2 卷)》,王世洲等译,法律出版社 2013 年版,第 10 页。

在过失犯中采取的仍然是与扩张的正犯概念在原理上相一致的统一的正犯概念,那么其是如何解决目的行为论之下的二元的正犯概念所遇到的问题的呢？这便是 Roxin 的客观归责论产生作用的主要领域之一。正如 Roxin 所言,"客观归属论的实际意义主要存在于过失犯罪之中"①。

就第三人行为介入情况下的溯及禁止问题,Roxin 并未赋予其独立的归属阻却原理的地位,而是试图在客观归责论内部按照结果归属的一般原理来进行解决。就对故意自杀的过失参与来说,由于在德国法中,参与自杀、自伤以及自己危殆化在原则上都是不处罚的,此种情况并不在《德国刑法典》第 222 条和第 230 条的保护目的之中。也即,"其构成要件的射程范围并不及于这种结果"。因此,"即便存在危险的实现,由于结果不属于规范的保护范围,就不能进行归属"②。

而对于故意自杀之外的被害人是第三者的情况来说,对故意行为的过失参与则依照一般的归属原则,即从被允许的危险的观点来判断是否要进行客观构成要件的归属。这里被用于判断是否为被允许的危险的是作为被允许危险的下位规则的信赖原则。因此,与故意自杀、自伤以及自己危殆化的情况不同,这里故意行为的过失参与并不因为他人的故意行为的介入而一概否定归属关系。归属与否还需要通过进一步的判断来确定。而这种判断的标准,Roxin 认为应当是"有认识可能的犯罪行为倾向"③。因此,根据行为时的具体状况,在对犯罪行为的倾向具有认识可能的场合,即使有故意犯行为的介入,过失参与者仍然要就成立过失犯而答责。如上述"阁楼间火灾案"中,如果火灾是由他人的非故意行为造成的,则由于被允许的危险的创设以及实现,被告人应当成立过失致死罪；相反,如果火灾是由他人故意放火所致,被告人不存在对犯罪行为倾向的认识可能,则其是无罪的。④ Roxin 的这一主张也能较好地处理所谓"中立帮助行为"的可罚性问题。在这类案件中,对起到帮助作用的日常行为

---

① 〔德〕クラウス・ロクシン(Claus Roxin):《ロクシン刑法総論:第一卷[基礎・犯罪論の構造]〔第三版〕(翻訳第一分冊)》,平野龙一监修,町野朔、吉田宣之监译,信山社 2003 年版,第 400 页。

② 〔德〕クラウス・ロクシン(Claus Roxin):《ロクシン刑法総論:第一卷[基礎・犯罪論の構造]〔第三版〕(翻訳第一分冊)》,平野龙一监修,町野朔、吉田宣之监译,信山社 2003 年版,第 422—423 页。

③ 〔德〕克劳斯・罗克辛:《德国刑法学 总论(第 1 卷)》,王世洲译,法律出版社 2005 年版,第 720 页。

④ 参见〔德〕克劳斯・罗克辛:《德国刑法学 总论(第 1 卷)》,王世洲译,法律出版社 2005 年版,第 720 页。

也不能一概得出可罚或者不可罚的结论,而是要按照"有认识可能的犯罪行为倾向"的标准来适用信赖原则,具体判断是否创设了不被允许的危险。诸如购买刀具、火柴、汽油等的日常交易行为,如果要求人们必须不对任何故意犯罪行为提供帮助,则在购买上述物品时就要预见到购买人会以这些物品为工具实施故意犯罪行为,这些日常活动就都无法进行。因此,基于信赖原则的考虑,上述日常交易行为所涉及的是被允许的危险。但是,如果行为人对故意第三人的犯罪行为倾向有认识的可能,则排除信赖原则的适用,[1]行为人创设的危险就是不被允许的。例如,甲的商店位于骚乱爆发的街区,其根据正在参与行凶的乙的要求将刀具出售给乙。乙用该刀具实施了杀人行为,如果甲没有杀人的故意,则也需要以过失致死罪来处罚。

(二)过失犯统一的正犯概念存在的问题

Roxin 的客观归责论对相当性理论之下难以说明的诸多问题都给予了合理解决,这也是现今客观归属论在德国理论上处于通说的原因。但是,Roxin 的客观归责论与过失犯统一的正犯概念之间实际上存在着矛盾之处,使得统一的正犯概念在过失犯之中难以维持。

按照 Roxin 对过失正犯根据的见解,即以违反注意义务的行为惹起了法益侵害就是过失正犯,则以注意义务违反之行为惹起他人自杀者,就是过失地导致了自杀者的死亡,应当说已经充足了《德国刑法典》第 222 条的构成要件。因此,如果按照统一的正犯概念,将过失参与都认定为过失正犯,则从第 222 条的规定是难以得出将过失致人自杀的情况排除出禁止过失惹起他人死亡的构成要件的结论的。由此,对自杀行为的过失参与不可罚的原因就不能求于行为不在过失致死罪的构成要件射程范围之内的原理。要以客观归责理论来解决这个问题,就应当在过失正犯之外,将对他人自杀的过失教唆、帮助行为排除在过失致死罪构成要件的射程范围之外。Roxin 指出,根据德国刑法,以故意教唆、帮助行为引起自由的和负责的自杀是不可罚的,因为按照限制从属性原则,缺少一个必不可少的、具有构成要件符合性和违法性的正犯行为。如果故意地引起自杀

---

[1] 参见〔德〕克劳斯·罗克辛:《德国刑法学 总论(第 1 卷)》,王世洲译,法律出版社 2005 年版,第 719 页。

尚且是不可罚的,过失地引起自然也是不可罚的。① 但是,这样的推论如果要成立,则过失参与不可罚的根据必然援用了故意参与不可罚的原理,即根据限制从属性原则,自杀中缺少一个可罚的正犯行为,因而作为狭义共犯的教唆、帮助者就是不可罚的。这样一来,可以说 Roxin 已经偏离了其在过失犯中采取统一正犯概念的主张。此外,在侵害自己法益的场合,过失参与是不可罚的,但在侵害第三人法益时却存在处罚的可能性,其中存在着自相矛盾之处。

此外,统一的正犯概念在数人共同实施过失行为时导致一个结果的发生,而在因果关系又无法判明的过失共同正犯上存在难以解决的问题。20 世纪 80 年代,德国出现了所谓的"皮革喷雾剂案",引起了学界关于过失共同正犯问题的讨论。该案的案情如下:自 20 世纪 80 年代起,三家皮革喷雾剂的生产公司和销售公司一再接到投诉,声称在使用了喷雾剂后健康受到伤害(呼吸困难、咳嗽、寒热发作和发烧);偶尔要接受住院治疗,甚至因为有生命危险而必须急救。诊断结果一般是肺水肿。接到这些投诉之后,公司进行了内部调查,并改变了配方,但是伤害投诉并未因此而停止。1981 年 5 月,母公司领导层为此召开特别会议,首席药剂师 B 报告说,迄今为止没有发现有毒物质的线索,也没有产品有危险性的线索,因此召回是不必要的,只要在喷雾罐上标明相应的警告就可以了。公司经理们都觉得这是正确的,一致决定,如果后续的研究证实了真正的产品瑕疵或者对消费者有确实的危险,才会考虑停止销售、召回或者警告行为。两家子公司的经理被告知了该决定并对其表示同意。但是在标上警告提示后,伤害投诉还是没有停止,也没有成功地找出有毒因素。在联邦卫生部和联邦青年、家庭和健康部于 1983 年介入之后,涉案皮革喷雾剂才开始停止销售和召回。后来查明,伤害的原因可能在于个别原料自身可能的毒理作用机制,或者至少在于其与其他原料的结合。与此相反,滥用、过敏和散发都不会导致健康受损。州法院判决四位公司经理人成立过失伤害罪。②

Roxin 尽管主张在过失犯中采统一的正犯概念,没有教唆犯和帮助犯

---

① 参见〔德〕克劳斯·罗克辛:《德国最高法院判例·刑法总论》,何庆仁、蔡桂生译,中国人民大学出版社 2012 年版,第 11 页。
② 参见〔德〕克劳斯·罗克辛:《德国最高法院判例·刑法总论》,何庆仁、蔡桂生译,中国人民大学出版社 2012 年版,第 249 页。

的参与形式,但是其并不否认过失共同正犯的成立。① 并认为上述案例中借助肯定过失共同正犯的解决方法是妥当的。② 但是,统一或者扩张的正犯概念认为对构成要件结果赋予任何条件者,都是正犯。按照这种观点,则各行为人本身就具有成立单独正犯的根据,也即对构成要件结果赋予了条件。那么按照统一的正犯概念,在过失犯的情况下,数人都应当只构成单独过失正犯,而不是过失共同正犯。因此,Roxin 所主张的在过失犯中采统一的正犯概念,不能为过失共同正犯提供可靠的根据,也就不能真正解决过失共同正犯问题。

二、过失犯限制的正犯概念的产生

如上所述,现代客观归责论的形成背景,是目的行为论之下与过失犯理论界限相关的一系列实际问题难以得到妥当解决。可以说,客观归责论在处理目的行为论之下存在的过失犯理论界限的问题方面是成功与有效的,其因而成为德国刑法理论中得到普遍支持的理论构想。而客观归责论中,为我们所熟知的 Roxin 的理论,在过失犯的正犯概念的问题上,却陷入了自相矛盾的境地。Roxin 以"构成要件的射程范围"来解决被害者自己答责性的问题,尽管结论上是妥当的,但是在体系上陷入了矛盾。而合理的法解释论不仅结论上应当是妥当的,还应具备理论体系上的整合性、自洽性。针对这种情况,近年来,在客观归责论之下,主张过失犯的限制的正犯概念的观点开始抬头。

(一)Otto 的见解

Otto 认为,过失犯中采扩张的正犯概念或者统一的正犯概念的通说的见解,否认过失犯中正犯与共犯的区别,有可能导致过失犯中的过失参与的可罚性边际被无限地扩大。而通说主张的以注意义务的内容对可罚性范围进行限定又不能充分发挥作用。进而试图区别过失犯的正犯与共犯。③

复数行为之共同的事项中,存在某些人是这种事项形成的中心人物,

---

① 〔德〕克劳斯·罗克辛:《德国刑法学 总论(第 2 卷)》,王世洲等译,法律出版社 2013 年版,第 10 页。
② 〔德〕克劳斯·罗克辛:《德国刑法学 总论(第 2 卷)》,王世洲等译,法律出版社 2013 年版,第 73—74 页。
③ 参见〔日〕安达光治:《客観的帰属論の展開とその課題(三)》,载《立命館法学》2000 年 2 号(270 号)。

其他人则是这种事项形式中单纯的周边人物的社会现象,刑法以这种社会实态为前提条件,将前者规定为正犯,将后者规定为共犯。正犯是构成要件被记述的负第一次责任的人,其由事项的有无及样态决定。而共犯者的行为参与,由于依存于实现行为的正犯者的行为计划,被赋予第二次刑事责任主体的地位。正犯与共犯的关系与社会现象相关联,正犯是构成要件被记述的,对法益侵害负第一次责任者;共犯是负第二次责任者,两者是答责领域的区别。过失犯也存在与社会地位相应的正犯与共犯的区别。①

Otto 认为,可罚的过失正犯的基准,除了因果关系、结果的预见可能性及回避可能性,还要求有"对因果经过的制御(操纵)可能性"。即,正犯只对处于自己操纵可能性之下的事项具有答责性。操纵可能性的对象,并不是导致结果的全部事项经过,而是可以实现法益侵害的危险创出或者增加。即,行为人创出或者增加危险,这种危险在结果中实现的场合,才能将结果作为人之所为归属于行为人。② 所以过失单独正犯的具体成立要件是:①以违反注意义务的行为创设或者增加了有回避可能的危险;②且这种危险在结果中实现;③导致结果的现象在行为人的操纵可能性范围内。③

(二) Renzikowski 的见解

Renzikowski 也主张过失犯的限制的正犯概念,认为过失犯中存在对于发生结果负正犯之责与负共犯之责的区别。Renzikowski 将自我答责性作为正犯原理,以其作为区分正犯与共犯的标准。自我答责原理是指,除了存在特别事由的情况,每个人原则上只对自己的行为所导致的结果承担责任,没有对他人的行为所导致的结果承担责任的必要。因此,结果原则上只能作为自己的责任而归属于实施自我答责行为的人。④ 基于此,自我答责的实施导致结果发生之行为者是正犯,背后者原则上是共犯。

Renzikowski 根据以自我答责性原理为基础的人的不法论,认为各参与者侵害的是各自不同内容的行为规范。侵害禁止惹起法益侵害之禁止

---

① 参见〔日〕内海朋子:《過失共同正犯について》,成文堂 2013 年版,第 213—214 页。
② 参见〔日〕安达光治:《客観的帰属論の展開とその課題(三)》,载《立命館法学》2000 年 2 号(270 号)。
③ 参见〔日〕内海朋子:《過失共同正犯について》,成文堂 2013 年版,第 214 页。
④ 参见〔日〕安达光治:《客観的帰属論——犯罪体系論という視点から》,载川端博、浅田和茂、山口厚、井田良编:《理論刑法学の探究 1》,成文堂 2008 年版,第 79—80 页。

规范的,是自我答责的正犯。与此相对,教唆者、帮助者行为的本质是设定了他人侵害自己或者第三者的法益的状况,而使正犯者法益侵害的危险升高。这种间接的法益侵害危险化禁止,是教唆犯、帮助犯的行为规范的内容。所以,共犯违反了与实施直接的法益侵害行为之正犯者有不同内容的行为规范,为共犯承担与正犯不同之责任提供了根据。即其不是对法益侵害结果,而是对设定了他人得以实施法益侵害行为的现状负责。正犯与共犯是以各参与者所侵害的行为规范的内容差异来区别的,在这一点上,不论是故意犯还是过失犯,都是相同的。①

(三) Hruschka 的见解

Hruschka 认为,"理解人类的行为可以有两个视角,自然的视角和自由的视角。自然地看,结果由无数个条件引起,诸条件间是等价的;自由地看,在因果链中,人的自由可以创设一个决定性的原因,从而区别于其他条件。其中,自由是行为可归责的前提,不承认自由和可归责性,就没有答责性……如果承认了自由行为之意义,那么一个自由的行为就是终极原因,是不能再被其他条件引起的"②。由此可见,Hruschka 以自我答责性原理为基础对溯及禁止理论进行了修正。

以这种基于自我答责性原理的溯及禁止理论为前提,Hruschka 对正犯和共犯进行了如下区分,即"倘使某人完全自由地符合了构成要件,那么就是正犯,在其背后不可能再有其他终极原因,其他为该构成要件提供了条件的人充其量构成共犯。依照刑法的规定,共犯虽亦可罚,却并非如同正犯引起结果那样地引起结果,也不能像正犯符合构成要件那样地符合构成要件。正犯不受任何人制约地实施犯罪,运用其自由创设了一个独立因果链的终极原因;而共犯则必须依赖正犯才可以实施犯罪,其设定的条件不是完全自由的,因此不是终极原因"③。

(四) Schumann 的见解

Schumann 认为,每个人行为自由的法确信,除了为犯罪成立事由的有责性奠定基础,还有对每个人分配答责性的机能。根据答责分配机能,若结果发生的因果经过中介介入了被害人或者第三人等的行为的场合,

---

① 参见[日]安达光治:《客観的帰属論の展開とその課題(三)》,载《立命館法学》2000 年 2 号(270 号)。
② 何庆仁:《溯责禁止理论的源流与发展》,载《环球法律评论》2012 年第 2 期。
③ 何庆仁:《溯责禁止理论的源流与发展》,载《环球法律评论》2012 年第 2 期。

被害人或者第三人原则上被视为自由且答责的行为者,则实现发生的结果只是被害人或第三人的答责领域,而处于第一行为人的答责领域之外。如此,现实发生的结果的答责分配,是以基于自由意志的行为惹起结果为前提而进行的。① 由此,得出了与因果关系中断论或者溯及禁止论相一致的结论。不过,按照 Schumann 的见解,这并不是因果关系中断论或者溯及禁止论这种因果关系范畴的问题,而是向较因果关系更高层次的归属阶段的转移,即答责领域分配的问题。

这样,Schumann 认为,每个人原则上对由自己的态度所产生的事态负责,对他人的态度所导致的结果不负责任。从这种自我答责性原理出发,来说明在自我答责的被害人或者第三人的态度介入的场合,排除对第一行为人的结果归属。刑法上的禁止规范原则上以直接的法益危殆化的行为为对象,要将仅仅实施了间接的法益危殆化行为者的行为作为参与了导致结果的不法,即他人态度的答责性或者共同答责性,则需要有特别的根据。

Schumann 将特别的根据分为将背后者的参与作为构成要件的不法和共犯的不法的不同情况来说明。背后者的参与与作为现实发生结果的构成要件不法,即背后者负正犯之责存在于直接行为者欠缺自我答责性的场合。这种情况下,背后者承担正犯责任的根据就在于扩张的注意义务,即,在由直接行为者的不注意而惹起的法益侵害中,对背后者也科以一定的注意义务,而成立过失间接正犯。② "如果前行为人对后行为人的行为负有注意义务,就有客观责任。这一义务不仅要求行为人注意不得引起不良结果,还要求行为人注意他人的行为不会和自己的行为相结合而导致结果发生,否则前行为人可能构成过失的间接正犯。"③

就背后者的参与作为共犯不法,即背后者承担共犯责任来说,Schumann 以共犯处罚根据中对他人不法的连带性为路径来进行解释。其中主要涉及中立行为的帮助的问题。其以与犯罪的接近程度为标准进行判断。参与者的态度存在处于实行阶段和处于实行阶段以前的预备阶段的区别。前者是可罚的帮助,后者是不可罚的预备阶段的共动。④

---

① 参见〔日〕安达光治:《客観的帰属論の展開とその課題(三)》,载《立命館法学》2000 年 2 号(270 号)。
② 参见〔日〕安达光治:《客観的帰属論の展開とその課題(三)》,载《立命館法学》2000 年 2 号(270 号)。
③ 何庆仁:《溯责禁止理论的源流与发展》,载《环球法律评论》2012 年第 2 期。
④ 参见〔日〕安达光治:《客観的帰属論の展開とその課題(三)》,载《立命館法学》2000 年 2 号(270 号)。

第四节　限制的正犯概念下过失共同正犯的正犯性

限制的正犯概念强调构成要件的定型性,明确了正犯在共同犯罪中的核心地位,体现了共犯从属性原则,也有利于个人责任的判定。[①] 虽然其存在何为构成要件行为的疑问,但仍不失为一种符合社会观念的学说。此外,基于上述过失正犯概念问题的产生经过的概观,特别是为了解决故意正犯背后的过失参与、过失参与他人自杀等刑法上的疑难问题,笔者认为,在过失犯中也应该采取限制的正犯概念。只是,在过失犯采取限制的正犯概念的前提下,如何区分过失正犯与共犯就成为问题。

一、言语行为论与刑法法规的规范构造

刑法的目的在于保护法益。结果无价值论者所主张的客观的评价规范论认为,在规范的命令规范机能之前,存在着评价规范机能,客观评价规范的违反在不法中予以确定;而意思决定规范或者命令规范违反在责任中进行检讨。这样的意思决定规范不过是事后的针对单个行为人的判断。但是,对杀人者科处刑罚不可能使被害人死而复生;对故意毁坏财物者处以刑罚也不可能使被损害的财物复原。如此,从法益保护的角度来看,刑罚往往"姗姗来迟"。因此,为了妥当保护法益,刑法应当具有对法益的预防性的保护。这便是行为规范存在的基础与必要性。所以,笔者认为刑法是通过两种方法来达到保护法益的目的的:一是通过行为规范来规制国民的行为,通过避免其实施侵害法益的行为来达到保护法益的目的;二是对法益侵害的行为加以制裁,增强国民的规范信赖,同时通过对实施侵害法益行为的人科处刑罚达到对国民的威吓效果,提高国民行为规范遵守的意识,进而达到保护法益的目的。因此,一般认为,刑法规范既是行为规范也是制裁规范。行为规范为国民的行为提供指引;而制裁规范通过对违反行为规范者加以制裁,来强化行为规范。但是,对行为规范源自何处也不是没有争论,行为规范与制裁规范的对象也未必明确,进而对规范违反与构成要件该当性以及违法性的关系如何也有进一步探讨的必要。就这些问题,刑法理论上存在争议。

[①] 参见柯耀程:《变动中的刑法思想》,中国政法大学出版社2003年版,第174页。

(一)言语行为论与行为规范的渊源论

规范论首先面对的问题是,刑罚法规是否内含了行为规范,制裁规范与行为规范如何在论理的关系上内在于同一法条？对此问题,从规范论的最早提出者 Binding 开始,就是理论探讨的核心。

Binding 认为,犯罪人不是实施了违反刑罚法规的行为,相反其所实施的是符合刑罚法规前句所确定的构成要件的行为。因此,犯罪人不是违反了刑罚法规,而是违反了作为刑罚法规之前提的对行为人一定行为的禁止或命令的规范。① 进而规范是存在于刑法之外的,具有独立于刑法的意义就成为当然结论。日本学者宫本英修基本采纳了 Binding 的规范论的主张,认为由于犯罪是违反规范而符合了刑法,所以刑法是以规范为前提的,而规范绝不是以刑法为前提的。规范与刑法是相分离的。② 规范是作为事前存在的行为规范,以及事后作为评价规范而起作用的。宫本英修的规范论中,规范违反与构成要件也即其所谓的可罚的基准类型无关。规范违反的行为就是违法行为,其是可罚评价的前提。进而宫本英修的犯罪论体系就是区分规范的评价与可罚的评价的二阶段的体系。规范违反也即违法判断是独立于刑法的判断。但是,宫本英修这种以其规范论为基础的犯罪论的最大问题就在于,作为违法性的行为规范违反中的规范,是作为前刑法的一般规范而与刑法相分离的独立规范,其不是通过构成要件所表现的实定法规来理解的。不论是 Binding 还是宫本英修,都认为行为规范是独立于刑法而与构成要件没有关系的存在的观点由于可能存在损害刑法罪刑法定主义的机能而不能得到支持。此外,这种规范论也不能对某些犯罪类型作出妥当的说明。例如,我国《刑法》第275条规定的故意毁坏财物罪是只能由故意行为构成的犯罪。对于过失毁坏财物的行为,由于在该刑罚法规中没有处罚过失犯罪的特别规定而不构成犯罪。尽管过失毁坏财物的行为在刑法上不构成犯罪,但是过失毁坏财物的行为在民法上却要承担相应的损害赔偿责任。由此可见,在刑法之外存在一般的规范的观点很难对此作出合理解释。某种行为规范实际上应当被归于固定的部门法领域,在刑法领域寻求行为规范是不能独立于刑法规定而进行的。因此,现在关于行为规范的对象与内容的讨论基本上是建立在其与构成要件存在紧密联系的基础之上的。

---

① 参见〔日〕竹田直平:《法規範とその違反》,有斐阁1961年版,第71页。
② 参见〔日〕宫本英修:《宫本英脩著作集第6卷》,成文堂1990年版,第147页。

如果认为行为规范不是前刑法的规范,而是被刑罚法规本身包含的,则如何从以"……的,处……"为规定形式的刑罚法规中得出禁止、命令的行为规范呢?也即如何从刑罚法规中导出行为规范呢?我国学者尽管有多数认为,刑罚法规中包含禁止、命令的行为规范,但是对如何得出这一结论却是缺少论证的。笔者认为,刑罚法规作为一种语言表达,可以运用言语行为理论的观点来分析其真实蕴含。

言语行为理论是英国哲学家、语言哲学牛津学派的主要代表 J. L. 奥斯汀(J. L. Austin)创立的理论。"按照传统的语言观,语言和行为是两码事,或者说,语言是一种思维工具,仅仅用来表达思想,表达抽象的意义。"[1]奥斯汀则认为,语言不仅是提供描述事实和状态的信息,还在于完成某些其他的行为。语言使用既是一个组词造句的过程,也是一种做事行为,[2]也就是说,"发出话语就是实施一个行为"[3],例如,说"我许诺……"的同时就完成了许诺行为本身。这就是言语行为理论的主要观点。以此为基础,奥斯汀指出,人们在说任何一句话时,实际上同时完成了三种行为,即话语行为、话语施事行为以及话语施效行为。其中,话语行为相当于说出某个有意义的语句;话语施事行为是指以一种话语施事的力量实施了诸如告知、命令、警告、承诺等行为;而话语施效行为则是经由说些什么而达到某种效果的行为,如使信服、使惊奇、使误导、劝服、制止等。[4]例如,当某人喊出"着火了!"时,实际上就完成了三种行为:第一,"着火了!"这句话本身是有意义的,他人能够理解其中的意义,因而说这句话时就完成了话语行为;第二,通过说出这句有意义的话就完成了一个告知或者警告行为,告知或者警告他人发生了火灾,产生了危险,这就完成了话语施事行为;第三,听到这句话之后,周围人群或感到惊恐而四散逃离,或齐心协力一同救火,这便是由说话产生的效果,即话语施效行为。从言语行为理论出发,对某些犯罪现象也能进行妥当的说明。例如,教唆犯往往通过言语唆使他人实施犯罪,以及在帮助犯中对他人提供心理的、精神的帮助的场合,仅仅以言语激励、强化他人的犯罪意图,行为人

---

[1] 马海良:《言语行为论》,载《国外理论动态》2006 年第 12 期。
[2] 参见〔英〕J. L. 奥斯汀:《如何以言行事——1955 年哈佛大学威廉·詹姆斯讲座》,杨玉成、赵京超译,商务印书馆 2012 年版,第 4 页。
[3] 〔英〕J. L. 奥斯汀:《如何以言行事——1955 年哈佛大学威廉·詹姆斯讲座》,杨玉成、赵京超译,商务印书馆 2012 年版,第 5 页。
[4] 参见〔英〕J. L. 奥斯汀:《如何以言行事——1955 年哈佛大学威廉·詹姆斯讲座》,杨玉成、赵京超译,商务印书馆 2012 年版,第 94 页。

并不是没有实施行为,而是在说话的过程中就实施了行为,也即,言语行为就是这里的教唆、帮助的犯罪行为。此外,我国《刑法》第 295 条规定的传授犯罪方法罪,在行为人以口头方式进行犯罪方法的传授时,言语行为就是构成要件的行为。类似的以言语行为实施构成要件行为的情况,在我国《刑法》第 243 条规定的诬告陷害罪、第 246 条规定的侮辱罪、诽谤罪以及第 305 条规定的伪证罪等犯罪中都有典型的存在。

刑罚法规的条文规定不过就是立法主体所进行的言语行为。以我国《刑法》第 232 条故意杀人罪的规定为例:"故意杀人的,处死刑、无期徒刑或者十年以上有期徒刑;情节较轻的,处三年以上十年以下有期徒刑。"对此进行言语行为论的分析,则首先该规定是一个具有意义的语句。对这个语句自身的意义内容的分析,如与所杀之人相关联的人的始期与终期的标准问题;以及具体案件事实是否能够被"故意杀人的"所提示的构成要件涵摄的问题等,使得立法者在规定这一条文时就完成了话语行为。其次,通过刑法的公布,使该条规定的内容对社会之一般人产生威吓,进而起到抑制杀人犯罪的效果,这便是所谓的话语施效行为。最后,就话语施事行为来说,在刑法服从者之国民的立场上,伴随话语施事力量而存在的是对由该条前半段所记述的故意杀人行为的禁止。即此时该规定所完成的话语施事行为是"禁止杀人"这种禁止行为。而对要对杀人案件进行审判的裁判者来说,该条规定为故意杀人罪的认定提供了定型化的标准,并要求法官按照此定型化的标准处理案件。由此可见,对不同的对象,具有一个意义的条文语句会因为不同的话语施事力量而实施不同的话语施事行为。[①] 由此,刑罚法规前半段提示构成要件的部分具有两种机能,即以规范服从者为对象时所具有的行为规制机能和以裁判者为对象时所具有的提示判定标准的机能。进而刑罚法规既是行为规范也是裁判规范。因此,行为规范为刑罚法规本身所包含,而不是存在于刑罚法规之外。

(二)行为规范的内容

尽管行为无价值论都是以行为规范论为其规范理论之前提的,但在行为无价值论看来,行为规范是对于人的意思及其行为起到统制机能的命令规范或者意思决定规范。但是就行为规范的内容的不同理解产生了

[①] 参见〔日〕杉本一敏:《規範論から見たドイツ刑事帰属論の二つの潮流(上)》,载《比較法学》37 卷 2 号(2004)。

两种不同的违法论以及规范理论。这便是一元的行为无价值论与二元的行为无价值论。前者认为行为规范与结果惹起并无关联,所禁止的仅仅是事前的危险行为。后者则认为,行为规范所禁止的是与法益侵害结果相关联的侵害行为。① 按照一元的行为无价值论,行为规范的内容仅仅是指狭义的行为,而不包括结果。刑法的不法以及与此相关的构成要件都专门置于行为无价值的基础之上,进而否定了结果无价值对于不法的独立意义。这种观点的主要论据有:第一,只有行为而不是结果能成为禁止的对象。刑法禁止杀害他人,则在故意犯中禁止杀害他人的行为样态;在过失犯中禁止对他人生命有危险的行为才是可能的。结果在禁止之外,因此,也处于构成要件和不法之外。第二,由于结果的发生或者不发生在很大程度上是偶然的,因此其对不法是不重要的。② 例如,德国学者 Frisch 的规范论就以构成要件该当行为与结果归属相分离,行为规范与制裁规范严格界分为特点。其认为,行为规范是通过构成要件来表示的,构成要件该当的行为就是行为规范违反的行为。因此,行为的违法性是与结果以及因果关系相分离的。行为不是由于惹起了结果而被禁止,而是因为违反了命令而被禁止。③ 通过这种规范论,Frisch 将行为规范违反的事前判断方法贯彻到底,行为规范中是排除了结果惹起的狭义的行为。因此,行为规范具有事前行为指引的作用,但是不具有侵害惹起禁止或者侵害惹起回避命令的内容。Frisch 认为,构成要件该当的规范违反行为的核心不是侵害的惹起,而是在事前进行判断的"客观上被否定的危险创出"。④ 而结果是与行为规范违反并存的制裁规范的要件。结果的发生是作为事后判断的制裁规范违反所要进行的判断。

按照这种见解,决定违法性的就仅仅是不包括结果的行为规范违反。一元的行为无价值论之所以采此种规范理论,主张将结果从不法中排除,是基于贯彻责任主义的考虑。⑤ 若认为结果的发生是偶然的,则如果将结

---

① 参见[日]山中敬一:《刑法総論》(第 3 版),成文堂 2015 年版,第 21 页。
② 参见[德]クラウス・ロクシン(Claus Roxin):《ロクシン刑法総論:第一卷[基礎・犯罪論の構造][第三版](翻訳第一分册)》,第 346 页。
③ 参见[日]山中敬一:《犯罪体系論における行為規範と制裁規範》,载三井诚等编:《鈴木茂嗣先生古稀祝賀論文集[上卷]》,成文堂 2007 年版,第 63 页。
④ 参见[日]曾根威彦:《客観的帰属論の規範論的考察》,载《早稲田法学》74 卷 4 号(1999)。
⑤ 参见[日]松原芳博:《犯罪概念と可罰性——客観的処罰条件と一身的処罰阻却事由について》,成文堂 1997 年版,第 176 页。

果发生(结果无价值)也作为不法要素,就使得为偶然事情所左右的结果发生具有了为个人的处罚提供根据的机能,这将陷入与责任主义难以两立的(恶的)结果刑法。① 因此,在一元的行为无价值论者看来,结果不过是客观的处罚条件。这样一来,一元的行为无价值论被认为是将 Binding 的命令规范论贯彻到底的学说。② 但是,一元的行为无价值论的这种见解会扩大客观处罚条件的存在范围,反而有损责任主义原则。因为客观处罚条件与犯罪成立无关但是又规定着对行为的处罚。客观处罚条件虽然是犯罪成立条件却不在行为人认识或者认识可能的范围之内,有违责任主义原则。因此,立于结果无价值立场的张明楷教授就避免使用客观处罚条件的概念,而提出了"客观的超过要素"的概念,可谓具有独创性。③ 而黎宏教授认为,责任主义原则要求,行为人只对在行为时所认识到或者所能够认识到的外部事实承担责任。如果承认客观处罚条件,则使行为人对没有认识或者认识可能的事实承担责任,这直接违反了《刑法》第14条的规定和刑法学中的责任主义原则,并最终落入和近代主观责任原则相冲突的、要求人们对偶然发生的结果也要承担刑事责任的偶然责任的窠臼。④ 梁根林教授则认为,基于责任主义原则的考虑,客观处罚条件的存在只能是责任主义原则的例外。⑤ 无论如何,一元的行为无价值论者主张扩大客观处罚条件的范围,将结果都置于客观处罚条件的范围之内,是与其所主张的责任主义原则相抵触的。此外,将结果仅仅理解为与当罚性相区别的,存在于不法外部决定要罚性的一种客观处罚条件的见解,是难以与实定法中结果存在的重要作用相协调的。在刑法中存在着许多结果决定着处罚与否以及轻重,也即影响行为不法的规定。例如,在既遂与未遂中,按照一元的行为无价值论,既遂行为与未遂行为都违反了相同的行为规范,因此在不法上没有区别,进而对两者在处罚上应当相同对待。这与各国刑法关于未遂犯较既遂犯从轻减轻处罚的规定是不相符的。此

---

① 参见〔日〕增田丰:《〈紹介〉Günter Stratenwerth「刑法における結果無価値の重要性について」》,载《法律論叢》50 卷 1 号(1977)。
② 参见〔日〕松原芳博:《犯罪概念と可罰性——客観的処罰条件と一身的処罰阻却事由について》,成文堂 1997 年版,第 176 页。
③ 参见张明楷:《"客观的超过要素"概念之提倡》,载《法学研究》1999 年第 3 期。
④ 参见黎宏:《刑法总论问题思考》(第二版),中国人民大学出版社 2016 年版,第 171—172 页。
⑤ 参见梁根林:《责任主义原则及其例外——立足于客观处罚条件的考察》,载《清华法学》2009 年第 2 期。

外,过失犯的可罚性不是结果的发生,而应当是注意义务的违反,这与过失犯一般被认为是结果犯,只有结果发生才具有可罚性,予以处罚的通说观点是相抵触的。此外,在解释论上,一元的行为无价值论的主张也未必妥当。例如,在未遂犯中,一元的行为无价值论采取的是主观的未遂论,由此,不仅是不能犯,而且由于迷信犯具有法益侵害的意思,也被认为实现了不法。① 这无疑不当地扩大了处罚的范围。

笔者认为,二元的行为无价值论的规范理论是妥当的,即行为规范不是仅仅以不包括结果的狭义行为为规制对象的。依照上述言语行为理论对刑罚法规之规范构造的分析,由于一个刑罚法规具有不同的话语施事力量,依此所实施的是不同的话语施事行为,行为规范与制裁规范是同一刑罚法规所具有的不同作用方法。尽管实施的是不同的话语施事行为,但是其所依据的语句内容是相同的。就故意杀人罪来说,条文的语句内容是"故意杀人",则作为行为规范是禁止故意杀人;作为裁判规范是按照故意杀人这种定型化的犯罪类型来处理案件。构成要件作为一个整体,在为行为规范的基准提供行为类型的同时,也是制裁规范的前提要件。行为规范与制裁规范在对象上是相同的,制裁规范就是要对违反行为规范的行为进行评价。从行为规范的侧面来看,构成要件在提示行为规范之后,又和与其相冲突的依照刑法的例外允许规范或者在其他法领域存在的允许行为规范进行优劣关系的调整。从制裁规范的侧面来看,犯罪的成立要件在构成要件该当性的判断之后,经过违法阻却事由的判断而具备了制裁发动的前提。无论是行为规范还是制裁规范,在构成要件的阶段,就构成要件对行为的指导形象来说,将与国民的行动自由相关的犯罪与刑罚向其预先告知的罪刑法定主义的原则是重要的,而对法律适用者来说,通过构成要件给予其明确的适用准则同样是重要的。②

此外,行为规范中包含有禁止结果的内容,应当进行事前的判断。认为结果的发生是偶然的见解是不妥当的。以故意犯为例,行为人通过对因果关系的选择、支配来实现结果。在基于这种故意行为而发生结果的情况下,结果的发生完全是必然的。即便结果未发生,也会产生结果发生的危险性。这种危险性也是结果无价值性质的,进而为不法提供基础,只

---

① 参见〔德〕Armin Kanfmann:《人的不法論の現狀について》,川端博译,载《法律論叢》54卷4号(1982)。
② 参见〔日〕山中敬一:《犯罪体系論における行為規範と制裁規範》,载三井诚等编:《鈴木茂嗣先生古稀祝賀論文集(上卷)》,成文堂2007年版,第68页。

是这种情况相较现实发生了法益侵害的情况在结果无价值的程度上较轻,不法的程度较低。这正是未遂犯相较既遂犯从轻处罚的根据。因此,结果也是禁止的对象,其与行为相结合就能够被禁止。正如 Roxin 所指出的,"从一开始,只有具体的法益侵害能够被认为是行为者的成果,这种结果才能被归责。归属论的目的,就在于将不属于行为的结果(因此是偶然的结果惹起)予以排除。在结果可以归责的情况下,行为无价值就在结果中明显地表现出来,在这个意义上结果就绝不是偶然的,而正是必然的不法构成要素"①。因此,刑法中不存在没有行为无价值的结果无价值。相反,结果无价值的外在结果发生作为不法的具体表现形式,也是不可或缺的。因此,行为规范违反的内容包括"对构成要件该当结果的因果惹起"这种结果的不法,而不是仅仅以对保护法益的危险创出这种行为无价值为内容。

当然,二元的行为无价值论的主张也受到批判。涉及行为规范的问题主要集中于事后发生的结果如何与事前判断的行为规范相协调,从而保持理论上的一贯性。批判的见解认为,命令规范的作用不及于结果,因此,二元的行为无价值论与其规范论基础是相矛盾的。② 行为规范在人们选择行为时具有指引机能,因此,应当在行为开始的时点确定其内容。以行为后发生的结果溯源至行为指引的变动是不被允许的。③ 由此可见,一元的行为无价值论才是将行为规范论贯彻到底的学说。对此,二元的行为无价值论内部也存在着争论。例如,野村稔教授认为,与行为规范相关的行为无价值的判断是行为时的事前判断,而与制裁规范相关的结果无价值判断是事后的判断。④ 川端博则认为,从行为规范性的见解出发,结果的违法性也应当以行为时的情况为基础进行判断。即发生结果的客观归责应当以行为时行为人及一般人认识到的情况为基础进行判断。⑤ 基

---

① 〔德〕クラウス・ロクシン(Claus Roxin):《ロクシン刑法総論:第一卷[基礎・犯罪論の構造][第三版](翻訳第一分冊)》,平野龙一监修,町野朔、吉田宣之监译,信山社 2003 年版,第 347 页。
② 参见〔日〕松原芳博:《刑法总论专题研究(三) 六、违法论概说》,王昭武译,载《河南省政法管理干部学院学报》2010 年第 6 期;〔日〕曽根威彦:《刑事違法論の研究》,成文堂 1998 年版,第 30 页。
③ 参见〔日〕松原芳博:《犯罪概念と可罰性:客観的処罰条件と一身の処罰阻却事由について》,成文堂 1997 年版,第 211 页。
④ 参见〔日〕野村稔:《未遂犯の研究》,成文堂 1984 年版,第 145、303 页。
⑤ 参见〔日〕植松正、川端博、曽根威彦、日高义博:《現代刑法論争Ⅰ》,劲草书房 1983 年版,第 289 页。

于笔者前述规范论的立场,即结果包含于行为规范之中,则结果无价值的判断也应当在事前进行。应当基于一般人的立场进行判断,而作为事前判断的结果无价值则应当是抽象的法益侵害及其危险。只有在制裁规范中的、作为制裁规范的发动条件,才是对行为以及法益的具体的侵害及其危险。

二、规范论与过失正犯和共犯的区分

否定违法性的本质是规范违反的见解否认从行为规范的不同来区分正犯与共犯。例如,张明楷教授认为,"说违法是指行为违反法规范,等于什么也没有说。法规范违反说,只是说明了形式的违法性,并没有回答违法性的实质"[1]。但是相反,仅仅以法益侵害为标准是难以区分正犯与共犯的。结果无价值论者一般从对法益侵害结果的因果性上来区分正犯与共犯。但是正犯与共犯行为都对法益侵害结果的发生具有因果力,所以从其中判断出谁为正犯谁为共犯就极不明确。最终不得不采用综合判断的方法。而这种综合判断是在事后结合各种因素进行判断的,使得规范丧失了事前的行为规制机能。此外,张明楷教授在共犯处罚根据上采取的混合惹起说[2]是一般与二元的人的不法论相结合的学说,与其所主张的一元的结果无价值论的立场是不相容的。[3] 笔者认为,根本原因还是仅仅

---

[1] 张明楷:《行为无价值论与结果无价值论》,北京大学出版社2012年版,第38页。
[2] 参见张明楷:《刑法学》(第六版),法律出版社2021年版,第550页。
[3] 张明楷教授在《行为无价值论与结果无价值论》一书中对混合惹起说与结果无价值论的相容性作了如下阐述:"问题是,'共犯行为自身的违法性'究竟指什么? 采取混合惹起说的学者未必有统一的回答。倘若认为'共犯行为自身的违法性'是指共犯自身行为的规范违反性(具有侵害法益的故意),那么,这种混合惹起说就是二元论的观点……然而,倘若认为'共犯行为自身的违法性'是指共犯不具有违法阻却事由(正犯侵害的法益也是共犯不得侵害的法益),则难以认为混合惹起说是二元论的观点。""共犯行为自身的违法性,并不是指共犯行为本身具有行为无价值,而是指共犯本身的行为间接地引起了法益侵害,而且不具有违法阻却事由(在此意义上承认违法的相对性)。""共犯的处罚根据,在于共犯通过正犯间接地侵害了法益;处罚共犯,是因为其诱使、促成了正犯实施符合构成要件的法益侵害行为。共犯的违法性由来于共犯行为自身的违法性和正犯行为的违法性。"(张明楷:《行为无价值论与结果无价值论》,北京大学出版社2012年版,第239—240页)。张明楷教授的这种观点存在诸多疑问。依照混合惹起说,共犯与正犯在法益侵害这一点上并没有什么不同,共犯与正犯一样,都是因为惹起了法益的侵害及其危险而受到处罚,正是在法益侵害这一点上体现出违法的连带性。张明楷教授认为,共犯行为自身的违法性是其行为间接地引起了法益侵害,如果按照结果无价值论的立场,只注重法益侵害,不承认行为无价值,这正是违法连带性,而不是违法相对性的内容。不承认行为无价值的情况下,共犯间接侵害法益与正犯直接侵害法益,在侵害法益这一点上是完全相同的。据此,张明楷教授所认为的共 (转下页)

依照对法益侵害结果的因果性来区分正犯与共犯是不可能的。正犯与共犯的区分应当在行为规范的不同上进行。

上述 Welzel 基于存在论的基础所设定的过失犯的构造,认为过失犯是以违反了社会生活上必要程度之注意的行为而惹起结果,这难免会得出过失犯不能区分正犯与共犯的结论。但是,在以规范论为基础的客观归属论之下,在行为规范的差异上寻求过失犯的正犯与共犯的区别还是有可能的。

(一)依行为规范一元论的区分及其问题

1. 行为规范一元论的区分见解

在主张正犯与共犯违反的是不同的行为规范的见解中,由于在行为规范上所持的立场不同,在这个问题上的观点也各不相同。德国学者 Renzikowski 将共犯的行为规范理解为"危险化的禁止"。从人的不法论的立场主张在共犯论中也采用自己答责性的原理,其结果是使行为者(共犯者)不能将他人"自律的"遂行作为自己的成果来归责。与正犯的行为无价值相区别的共犯的行为无价值,与共犯固有的行为规范相对应。于是,共犯的行为规范的内容与正犯的行为规范的内容不同,不是以法益侵害为指向的,而是在重视对正犯行为的教唆或者促进行为自身的范围内,仅仅理解为以法益侵害的危险化为指向。也即,教唆、帮助行为以使正犯侵害法益的危险升高为行为的本质。[①] 同样以一元的行为无价值论以及自我答责性原理为前提,在行为无价值层面区别正犯与共犯的还有增田丰教授。其认为,共犯成立的问题,仅仅在体现行

(接上页)犯违法性来源的两个方面不过只是一回事,都是法益侵害的结果无价值。由此,共犯处罚根据中的共犯违法性完全从属于正犯违法性,实质上不过是修正惹起说的观点。共犯违法性与正犯违法性的区别,即在于其是以教唆、帮助的行为样态间接地引起法益侵害,共犯违法的相对性只能存在于行为无价值之中。也即,不是侵害法益的不同,而是侵害法益的行为样态的不同。如果认为共犯在法益侵害上都与正犯不同,这是行为无价值一元论的观点,恐怕结果无价值论者更难以赞同。此外,如德国学者 Lüderssen 所指出的,"惹起说见解的结论是,共犯者对自身的不法与责任承担罪责"[[日]丰田兼彦:《必要的共犯についての一考察(1)》,载《立命館法学》1999 年 1 号(263 号)]。则即便共犯在法益侵害上与正犯之间存在违法的连带性,但是,这种法益侵害也是间接地由共犯行为惹起的,才能与共犯的违法性发生联系。这是惹起说的基本观点,也是个人责任原则的基本要求。而张明楷教授认为,共犯的违法性中存在与其间接惹起法益侵害相区别的"正犯行为的违法性",这种认为共犯对他人的不法承担责任的观点与惹起说相冲突,而且由于其中含有共犯可罚性借受说的倾向,与个人责任原则相抵触。

① 参见[日]安达光治:《客観的帰属論の展開とその課題(三)》,载《立命館法学》2000 年 2 号(270 号)。

为无价值的行为规范上进行考察,结果无价值的内容是制裁规范所要考虑的问题。① 依照对个人自律的人格予以尊重的思想,个人仅仅将自由且自我答责性的行为作为处罚根据,处罚根据应当在行为规范的层面予以确定。但是对行为人是否科处刑罚以及科处何等程度的刑罚的问题,是在制裁规范中进行判断的。这是限制刑罚权发动的处罚条件存在与否的问题。② 以此种见解为前提,共犯依据其本身所固有的不法内容而受到处罚。共犯的处罚根据是区别于正犯行为规范的共犯行为规范。正犯的行为规范将以直接侵害法益为志向的行为作为其规范内容,与此不同的是,共犯的行为规范是以通过参与正犯行为间接侵害法益为志向的行为。③ 尽管正犯与共犯在法益保护的规范目的上是相同的,但是,正犯实行着手不过是共犯处罚的条件。共犯固有的不法内容或处罚根据的充足,不论正犯行为实际实行与否,都以其固有的行为规范违反的有无进行事前的判断。④

2. 行为规范一元论的区分存在的问题

首先,基于 Renzikowski 和增田丰教授的观点,以自我答责性原理来强调共犯不法的固有性,实际上难以与以从属性理论为根基的共犯论协调。如果将此主张贯彻到底,必然得出共犯独立性说的结论。其次,共犯的既遂成立也应当以对结果发生的因果性存在为必要。结果的实现应当在处罚根据而不是处罚条件的层面上进行说明,即结果的实现是构成共犯不法的要素。如果依照 Renzikowski 的主张,仅仅以对正犯行为的教唆、促进来认定共犯既遂的成立,由于忽视了结果惹起,以事前判断肯定共犯既遂的成立,则正犯即便仅仅是侵害犯,共犯也还是危险犯,其完全被作为一种危险犯来对待,这是不能被赞同的见解。最后,共犯的行为规范是禁止法益侵害危险化的行为。共犯的行为不法完全是依据其自身固有的行为规范违反性来确定的,共犯的行为不法将完全独立于正犯的不法。在共犯处罚根据上,这种见解将推导出纯粹惹起说的主张。但是,纯

---

① 参见〔日〕增田丰:《共犯の規範構造と不法の人格性の理論:共犯の処罰根拠と処罰条件をめぐって》,载《法律論叢》71 卷 6 号(1999)。
② 参见〔日〕增田丰:《共犯の規範構造と不法の人格性の理論:共犯の処罰根拠と処罰条件をめぐって》,载《法律論叢》71 卷 6 号(1999)。
③ 参见〔日〕增田丰:《共犯の規範構造と不法の人格性の理論:共犯の処罰根拠と処罰条件をめぐって》,载《法律論叢》71 卷 6 号(1999)。
④ 参见〔日〕增田丰:《共犯の規範構造と不法の人格性の理論:共犯の処罰根拠と処罰条件をめぐって》,载《法律論叢》71 卷 6 号(1999)。

粹惹起说自身存在问题。由于共犯行为不是构成要件的行为,其固有的不法只能是对法益的间接侵害。也即共犯虽然侵害构成要件上的法益,但是由于构成要件并不包括共犯行为,共犯只能从属性地侵害法益。正如日本学者大塚仁教授所指出的,"教唆行为、帮助行为所具有的实现某犯罪的危险性、侵害性以正犯的行为为介体,具有间接性。即教唆犯、帮助犯的现实的犯罪性只有以正犯的存在为介体才表现出来"①。因此,仅仅考虑共犯对构成要件该当结果的间接惹起,存在所有与结果有因果关系的态度都构成共犯的危险。所以,有对共犯的成立进行范围限定的必要。对共犯成立范围的限定应当通过共犯对于正犯行为的从属性来考虑。而纯粹惹起说却完全否定了违法的从属性。一方面,纯粹惹起说由于否定违法的从属性,有可能不当地缩小共犯的处罚范围。在真正身份犯的场合,非身份者教唆、帮助身份者实施犯罪,由于教唆者、帮助者自身不具有构成不法的特定身份,按照纯粹惹起说的主张就会得出其不可罚的结论。这样的解释论结论与现在主张非身份者可罚的通说观点是相背离的,因此并不妥当。2003年11月13日《全国法院审理经济犯罪案件工作座谈会纪要》指出,"国家工作人员的近亲属向国家工作人员代为转达请托事项,收受请托人财物并告知该国家工作人员,或者国家工作人员明知其近亲属收受了他人财物,仍按照近亲属的要求利用职权为他人谋取利益的,对该国家工作人员应认定为受贿罪,其近亲属以受贿罪共犯论处"。可见,我国司法实践对参与身份者犯罪的非身份者也是要处罚的,这一观点难以通过纯粹惹起说的主张推导得出。另一方面,纯粹惹起说又有扩大处罚范围的危险。由于其"强调共犯处罚的独立性,使得实行从属性必要的内在制约就不存在了,有向共犯独立性说后退的担忧"②。纯粹惹起说否定违法的连带性的初衷在于贯彻个人责任的原则,反对共犯不法需要从正犯不法借受的主张,而从共犯自身寻求违法性的根据。但是"与其初衷相反,却招致了可罚性的无根据扩张,会产生放弃由从属性拘束为共犯行为所设置的法治国家轮廓的结果"③。

---

① 〔日〕大塚仁:《犯罪论的基本问题》,冯军译,中国政法大学出版社1993年版,第279页。
② 〔日〕照沼亮介:《体系的共犯论と刑事不法論》,弘文堂2005年版,第161页。
③ 〔日〕高桥则夫:《共犯体系と共犯理論》,成文堂1988年版,第145页。

(二)依行为规范二元论的区分之提倡

基于笔者前述的基本立场,应当在规范的二元论上对正犯与共犯进行区分。以此为前提,由于行为规范中包括行为与结果的要素,所以共犯的行为规范违反本身就应当与法益侵害的结果相联系。这是因为,共犯的处罚是依照刑法总则共犯规定所进行的刑罚的扩张,但是如果从规范论的视角来看,应当认为总则共犯规定是行为规范的扩张。其一,如果说总则共犯规定不仅是刑罚扩张事由,也是行为规范的扩张事由,则由正犯行为规范所扩张而来的共犯行为规范必然从属于正犯的行为规范。而这种从属性要素就是通过包含于正犯行为规范之中的结果要素来体现的。其二,就共犯行为规范的扩张性质来看,其存在是为了对正犯行为规范所保护的法益起到补充保护的作用。这是法益保护原则的应有之义。否则,认为共犯是与正犯行为规范所保护的法益相脱离的存在,不论仅仅依照共犯的行为无价值,抑或与正犯的结果无价值无关的共犯自身的结果无价值来处罚共犯,都是对处罚范围的不当扩大。因此,在正犯的成立上,法益侵害对于处罚范围的限制作用,同样在共犯中起作用。所以,由正犯行为规范扩张而来的共犯行为规范在行为的样态上存在不同,但是在侵害法益的客观要素上是相同的,这也为共犯从属性提供了根据。

总之,在限制的正犯概念之下对正犯与共犯进行区分应当着眼于对不同行为规范的违反。正犯与共犯都是因为惹起了法益侵害而需要受到处罚。但是在惹起法益侵害结果的行为样态上却存在区别。正犯者的行为规范是以禁止直接惹起法益侵害为内容的。而教唆、帮助的共犯的行为规范则是以禁止通过参与正犯行为间接惹起法益侵害为规范内容。因此,教唆、帮助者的行为规范的禁止事项与直接实施侵害法益的正犯者的禁止事项有本质的区别。不论是正犯直接侵害法益还是共犯的间接侵害法益,在法益侵害上,共犯与正犯并没有什么不同,共犯在法益侵害的结果无价值上从属于正犯的不法。在所违反的行为规范上,共犯具有不同于正犯的独立性。而这种正犯与共犯在行为规范上的本质区别,不仅在故意犯中,在过失犯中也是存在的。

根据这种规范理论的见解,共犯处罚根据需要考虑从正犯行为不法中所推导出的从属性要素。在正犯不法的范围内考虑共犯对构成要件该当结果的违法惹起的混合惹起说是妥当的。不论是正犯还是共犯,在作为刑法目的的法益保护上均没有什么区别,共犯在根本上也是因为侵害了法益而受到处罚。同时,要通过共犯对正犯不法行为的从属性对共犯的成立予以限定。共犯行为不是基本构成要件的行为,因此,如何划定共犯的处罚范围在理论上特别成问题。共犯的处罚不如正犯那般具有构成要件符合性这样明确的条件。而"对正犯不法的从属性原则,是共犯行为类型性的要求,是形式的处罚范围限定的问题"①。这与侵害法益的行为只有在具备符合刑法规定的构成要件的条件下才能成立犯罪的基本原理是相同的,其起到的是法治国自由保障的机能。混合惹起说的主张可以在说明共犯处罚根据的同时,明确共犯成立的范围,是笔者所主张的观点。依据混合惹起说,共犯的成立应当采取限制性从属说的立场,共犯从属于正犯符合构成要件且违法的行为。只有在正犯符合构成要件的行为侵害法益而具有违法性的场合,共犯者才能承担作为共犯的责任。

三、过失共同正犯之正犯性的具体判断

实际上,通过以上的探讨可见,扩张的正犯概念、统一的正犯概念与限制的正犯概念之间的对立,并不涉及共犯的规定,而是关于正犯性的具体基准的争论。与扩张的正犯概念、统一的正犯概念以条件关系为基础构筑正犯概念相对,限制的正犯概念在构成要件该当行为的解释中,在对结果有条件关系之外,加入了某些实质的要素来构筑正犯概念。而在这种实质的要素上存在不同的见解,主要有:

(一)结果回避的优越地位说

依照上述 Renzikowski 的观点,其认为过失犯中也存在正犯的行为规范与共犯的行为规范的区别。并采用以自我答责性原理为根据的溯及禁止论主张,在直接行为人故意且有责地实施行为的场合,对背后过失参与者不能进行结果的归责。因此,故意犯背后的过失参与是过失共犯,在解释论上是不可罚的。所以他人对自己或者第三人实施法益侵害行为时,过失参与者不对发生的结果负责。从而解决了上述德国法院在被害者是行为者自己还是第三人的不同上对过失参与者处理上的矛盾。而在直接行为者非故意且有责地实施行为的场合,则需要依据参与者是否较直接

---

① 〔日〕井田良:《刑法総論の理論構造》,成文堂 2005 年版,第 319 页。

行为者具有优越的回避能力来判断其是过失正犯还是过失共犯。优越回避能力存否的判断,依据的是参与者是否具有更详细的危险认识,参与者在直接行为人的行为中是否处于保证人的地位,直接行为者是否具有被强制或者错误等欠缺归责的要素等。如果参与人被判断为具有优越回避能力,则仍要将其作为过失正犯予以处罚。①

由此可见,Renzikowski 所依据的溯及禁止论仍然是传统的且以故意且有责的行为的存在为溯及禁止的依据的。这种过分强调主观心态的溯及禁止论使得 Renzikowski 的理论自相矛盾。一方面,其认为故意正犯与过失正犯具有同一的行为规范,区别正犯与共犯也是在客观的行为规范这一侧面进行的,可是在以溯及禁止论来处理过失参与的问题时却依照直接行为者是否故意而做出不同的判断。这在理论上缺乏一贯性,与其所主张的规范理论并不协调,也使得传统的溯及禁止论的僵硬性表现得淋漓尽致。我国有学者认为,在判断溯及禁止的范围时应当首先与故意和过失脱离关系,溯及禁止所禁止的本来是客观的答责性,根据显然在于前行为人客观上缺乏答责基础。②

此外,岛田聪一郎教授指出,在背后者不存在结果回避的优越地位的情况下,也并不能一概否认其正犯性。例如,在交通肇事二重碾压的案件中,第一行为人将被害人撞成重伤后逃逸,第二行为人又因为没有注意到倒在路上的被害人而再度碾压,将被害人轧死。就死亡结果来说,第一行为人虽然并不比第二行为人处于结果回避的优越地位,但无疑应当肯定第一行为人交通肇事致人死亡的正犯责任。③

(二) 自我答责性之下的因果经过支配可能性说

Otto 认为,可罚的过失正犯的成立要件,除了因果关系、结果的预见可能性及回避可能性,还必须有规范意义上的"因果经过的支配(操纵)可能性"。正犯只对自己处于支配可能性之下的事态进行答责。支配可能性的对象,不是导致结果的全部事态经过,只是可以引起法益侵害的危险创出或者增加。同时,支配可能性还受到自我答责性原理的制约。过

---

① 参见〔日〕安达光治:《客観的帰属論の展開とその課題(三)》,载《立命館法学》2000 年 2 号(270 号);〔日〕松宫孝明:《過失犯論の現代的課題》,成文堂 2004 年版,第 261—262 页。

② 参见何庆仁:《溯责禁止理论的源流与发展》,载《环球法律评论》2012 年第 2 期。

③ 参见曹菲:《管理监督过失研究——多角度的审视与重构》,法律出版社 2013 年版,第 316 页。

失犯的正犯性根据是,在自我答责的领域之下,创出或者增加危险而实现了构成要件该当的结果,且行为人对危险创出或者增加的因果经过存在支配可能性。①

笔者认为,Otto 的因果经过支配可能性说与本书前述所主张的规范理论是相契合的。如前所述,正犯与共犯的区分是按照各自所违反的行为规范来进行的。正犯的行为规范违反行为是直接惹起法益侵害的行为,因此,其相较通过参与正犯行为而间接侵害法益的共犯规范违反行为来说,确实处于支配的地位。过失犯的正犯性正是在于其以直接侵害法益的规范违反行为对法益侵害危险的创出或者增加起到支配作用,并最终导致了构成要件该当结果的产生。相反,过失共犯的行为规范违反行为由于缺乏这种法益侵害危险的创出或者增加而起到支配作用,所以与正犯具有本质的区别。在这个过程中,正犯与共犯的行为规范违反性的判断,始终是将行为与结果相结合的判断,也即,只有当行为人是以其行为创出或者增加了危险,并且使得法益侵害的危险得以实现时,行为人才违反了行为规范,结果才可以归责于行为人。不论是支配了这一过程的正犯,还是处于非支配地位的共犯,在各自行为规范违反的判断上都是这种客观归属论的判断。

若以这种认识为基础,则在自我答责性原理之下,就不能如传统溯及禁止论一般机械地判断,对有第二行为人的故意行为介入的第一行为人的行为免除正犯之责,而是应该根据各个行为人的自我答责领域,依照其所违反的行为规范的性质具体判断其是构成正犯还是共犯。在构成过失正犯的情况下如何归责,则需要按照客观归责的原理进行进一步的判断。

而如果认为过失犯的正犯性在于通过直接惹起法益侵害的规范违反行为来支配犯罪的实现,那么过失共同正犯作为正犯的一种,其正犯性也应当体现在对犯罪实现的支配可能性上。基于这种支配地位,过失共同正犯得以与过失共犯相区别。而过失共同正犯与过失单独正犯的区别则在于,是否在犯罪实现的支配可能性上存在着共同性,即是否通过直接惹起法益侵害的规范违反行为来共同支配犯罪的实现。过失共同正犯对结果承担正犯之责而受到处罚就是因为其具备这种正犯性,否则就只能构

---

① 参见〔日〕安达光治:《客観的帰属論の展開とその課題(三)》,载《立命館法学》2000 年 2 号(270 号)。

成过失共犯,而过失共犯是不可罚的,以下将详述之。

四、过失共犯的不可罚性

过失犯采取限制的正犯概念,对过失教唆、帮助行为是否要构成过失共犯而受到处罚,需要进一步探讨。《德国刑法典》第 26 条规定,"故意教唆他人故意实施违法行为的是教唆犯"。第 27 条规定,"对他人故意实施的违法行为故意予以帮助的,是帮助犯"。由此,在德国刑法中,教唆、帮助的共犯仅限于故意,过失共犯是不受处罚的。正因为如此,在德国若主张限制的正犯概念,则过失教唆、帮助他人自杀的行为就理所当然地不具有可罚性,从而解决了过失参与他人自杀行为的可罚性这一困扰理论的难题。

但是,在没有如《德国刑法典》这种将共犯成立仅限于故意情况的立法中,如果采取过失犯的限制的正犯概念,则对于过失教唆犯、帮助犯就需要进一步明确是否对其进行处罚以及其根据何在的问题。对此,西田典之教授认为,"根据通说承认结果加重犯的共同正犯、教唆犯、帮助犯,就没有理由否定过失的教唆犯、帮助犯"①。相反,山口厚教授则认为,"承认对结果加重犯的教唆、帮助与过失教唆、帮助的可罚性进行区别考虑是妥当的……而且,这种基于结果加重犯的解释,仅限于对结果加重犯的教唆、帮助适用。因此,不能认为其是肯定了过失教唆、帮助的普遍的可罚性"②。

的确,结果加重犯中存在过失的教唆犯、帮助犯,与是否要对此种过失的教唆犯、帮助犯进行处罚不是一回事。在采取过失犯限制的正犯概念的前提下,过失教唆犯、帮助犯的成立是自然的。在过失教唆犯、帮助犯相对于过失正犯而存在的前提之下,探讨过失教唆犯、帮助犯的不可罚性仍然存在可能。就连西田典之教授自己也认为,"如果承认过失共犯,其处罚范围只会极其宽泛,在充满危险的现代社会,这属于过度的刑事控制"③。

笔者认为,应当从刑事政策的角度否定过失共犯的可罚性。在过失犯的正犯概念上采取限制的正犯概念,本身就是为了发挥限制的正犯概念对处罚范围的限定作用。尽管在限制的正犯概念之下,处罚共犯被认

---

① 〔日〕西田典之:《刑法総論》(第二版),弘文堂 2010 年版,第 380 页。
② 〔日〕山口厚:《刑法総論》(第 3 版),有斐阁 2016 年版,第 381—382 页。
③ 〔日〕西田典之:《刑法総論》(第二版),弘文堂 2010 年版,第 383 页。

为是刑罚的扩张事由,但是,与将所有的行为人都作为正犯予以对待的统一的正犯概念相比,由于共犯特别是帮助犯在处罚上一般较正犯要轻,所以,实质上可以说在限制的正犯概念下处罚共犯是刑罚减轻的事由。之所以要在过失犯中也采取与故意犯一样的限制的正犯概念,是因为过失犯本身在刑法上就是例外处罚。过失犯例外处罚是各国刑法的通例。我国《刑法》第15条第2款规定,"过失犯罪,法律有规定的才负刑事责任"。这一规定采取的也是过失犯例外处罚的原则。如果在过失犯中采取统一的正犯概念,则原本在故意犯中不过是教唆、帮助的行为,在过失犯中却要被当作正犯来处罚,使得过失犯的处罚范围反而大于故意犯,与过失犯例外处罚的基本立场相矛盾。由于相较过失正犯,过失共犯离结果发生较远,本身所具有的可罚性较低。从限制刑罚处罚范围的刑事政策的角度,笔者认为,过失共犯不具有可罚性。因此,过失教唆、帮助他人自杀的行为不具有可罚性。

第五节 小结——肯定过失共同正犯的必要性

不论是在德国还是在日本的刑法理论中,多数见解认为在过失犯中应当采取统一的正犯概念,过失共同正犯的事例皆可通过统一的正犯概念赋予所有过失参与人以正犯性来实现结果归责。因此,主张过失犯有成立共同正犯之必要性的见解极为有力。由此可见,过失犯的正犯概念是判断过失共同正犯必要与否的前提性问题,需要予以明确。

本章的内容,通过分析过失犯的正犯概念问题产生的经过、沿革的脉络、发展的趋势,得出了过失犯也应当采取限制的正犯概念的结论。过失犯中采取限制的正犯概念,不仅与刑法中诸如故意正犯背后的过失参与,教唆、帮助自杀行为的可罚性等具体问题的妥当解决有关,也是由过失行为在本质上属于被刑法规范禁止的行为这一特征决定的。过失犯也是由于违反了刑法中所包含的行为规范而受到处罚,因此,在违反行为规范的样态差异上就应当区分过失正犯与共犯。在此基础之上,应当将过失正犯的正犯性界定为对结果发生的因果经过具有支配可能性。而不具有这种支配可能性的过失共犯,由于离结果的发生距离较远,行为自身的可罚性程度较低,所以从刑事政策的角度来看,无需在刑法上进行处罚。

否定了过失犯中采取统一的正犯概念的见解,就难以在统一的正犯概念之下将过失共同正犯的事例中各行为人的行为都认定为过失单独正犯。因此，在过失犯限制的正犯概念之下，在数人的过失行为共同导致结果发生的场合，就有探讨过失共同正犯成立与否的必要性。而在过失犯采取限制的正犯概念的前提之下，对过失共同正犯构造要素之正犯性也进一步予以明确，为过失共同正犯的成立提供了基础。

第五章　过失共同正犯构造要素之共同性

共同正犯者没有实施该当构成要件的全部行为，却要将造成的结果全部归责于行为人，也即共同正犯适用的是"一部行为全部责任"的原则进行结果归责。一般认为，共同正犯适用"一部行为全部责任"的原则进行结果归责是由于共同正犯者之间存在共同性。而根据传统的理论，共同性的根据在于客观上共同实施了行为，主观上具有意思联络。其中，意思联络更被认为是共同正犯之共同性存在必不可少的要素。这种以意思联络为核心的共同性理论源于何处，在理论上被如何主张以及对过失共同正犯的影响如何，是过失共同正犯基本构造上的关键问题。

第一节　基于意思联络的共同性的起源及其问题

一、费尔巴哈的相互教唆说及其问题

(一) 费尔巴哈相互教唆说的观点

费尔巴哈的刑法学说在其于1801年出版的《德国刑法教科书》中有较为全面的阐述。费尔巴哈指出，违反刑法的表现形式有以下三种：一是违法后果与违法行为之间的关系；二是违法行为与违法后果之间的因果关系；三是行为本身的内在的(心理的)原因。[1] 其中，第一种形式的违法后果与违法行为之间的关系，大致相当于现代刑法中的既遂与未遂的问题。第二种形式的违法行为与违法后果之间的因果关系，即费尔巴哈共犯论的集中体现。而第三种形式的行为本身的内在的(心理的)原因基本上是故意与过失的内容。

费尔巴哈在《德国刑法教科书》的§44—§53就其共犯论进行全面的展开。费尔巴哈指出，"每一个违法行为都以一个作为产生作用的原因

---

[1] 参见〔德〕保罗·约翰·安塞尔姆·里特尔·冯·费尔巴哈：《德国刑法教科书》，徐久生译，中国方正出版社2010年版，第45页。

的特定人为前提条件,且在该人的思想和行动中,包含了使得犯罪发生的充足原因,我们将这样的人称为主犯(Urheber,auctor delicti)。① 主犯是同一个犯罪的直接原因和间接原因。如果主犯自己实施了构成犯罪概念的行为,就是犯罪的直接原因;如果主犯自己没有实施犯罪,只是他人的犯罪是其实现自己的犯罪目的的原因,就是犯罪的间接原因。在后一种情况下存在两种可能性,一是有目的地决定他人实施犯罪的意思(直接的间接主犯,造意犯);二是有目的地消除犯罪障碍,如果该障碍不被消除,他人犯罪的特定意思要么绝对不可能实现,要么在特定情况下不可能实现(间接的间接主犯,主要的帮助犯)"②。此外,费尔巴哈确立了与惹起者相区别的帮助者的概念。"在每一个原因中均有可能出现次要原因,该次要原因通过减少主要原因的效果对特定结果的发生施加影响。因此,他人的行为本身虽然不可能导致犯罪的发生,但对犯罪的主要原因起到了促进作用,因此在一定程度上参与了主犯的犯罪。有责地故意为这样的行为或者故意不为这样的行为之人,是帮助犯。"③因此,费尔巴哈关于共犯者的分类,可以通过下图予以呈现:

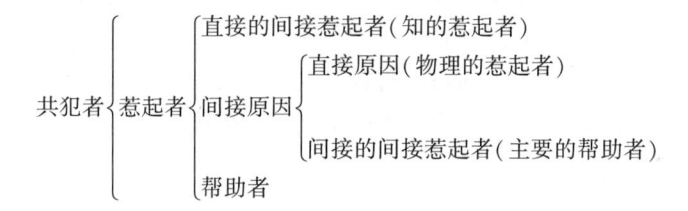

共犯者 { 惹起者 { 直接的间接惹起者(知的惹起者) / 间接原因 { 直接原因(物理的惹起者) / 间接的间接惹起者(主要的帮助者) } / 帮助者 }

图 1 费尔巴哈对共犯者的分类

费尔巴哈指出,数人共同实施一个犯罪,犯罪者要么由惹起者和帮助者构成,要么都是惹起者(共同惹起者)。后者又包括两种情况:第一,是

---

① 对 Urheber 一词,徐久生教授翻译为"主犯"。日本学者一般翻译为"惹起者"或者"起因者"。Urheber 在德语中为"(某事的)发动者、发起者、倡议者"(参见叶本度主编:《朗氏德汉双解大词典》,外语教学与研究出版社、德国 Langenscheidt 出版集团 2000 年版,第 1814 页)。可见,日本学者的翻译更符合该词的本意。而且,对 physischer Urheber 和 intellectueller Urheber 两个词,日本学者分别翻译为"物理惹起者"和"知的(精神的)惹起者",而徐久生教授将前者翻译为"实行人",将后者翻译为"造意者"。显然,在用词的统一性上,日本学者的翻译更为妥当。因此,本书在引用中译本时采用译者用语,其他内容将采用日本学者的译法。

② 〔德〕保罗·约翰·安塞尔姆·里特尔·冯·费尔巴哈:《德国刑法教科书》,徐久生译,中国方正出版社 2010 年版,第 48—49 页。

③ 〔德〕保罗·约翰·安塞尔姆·里特尔·冯·费尔巴哈:《德国刑法教科书》,徐久生译,中国方正出版社 2010 年版,第 50 页。

在数个物理惹起者之间形成的竞合;第二,是在数个知的惹起者之间形成的竞合。其中包括"a. 将造意犯视为主导者,而将实行犯视为被主导者,委托、命令、威胁、允诺、建议、故意激发或者利用错误,这样的竞合被称为单方的竞合或者纯粹的竞合。如果 b. 在造意犯与实行犯之间,每一个共犯既是主导者且同时又是被主导者,这样的竞合被称为相互的竞合、混合的竞合"①。在相互竞合中,"如果数人共同决定通过彼此允诺互相帮助,为共同实施犯罪而结合在一起,便是共谋"②。

在这里,费尔巴哈正是通过相互教唆的概念,将共谋纳入共同惹起概念。这种物理惹起者与知的惹起者通过共谋而形成的团伙,与不需要意思联络的实行犯之间形成的竞合是不同的。费尔巴哈将共谋以相互教唆来把握,对共同正犯以相互教唆来理解,既是共同正犯概念产生的源头,也为共同正犯以意思联络为核心奠定了基础。

现在,相互教唆说在德国理论上为 Puppe 所继承,其主张共同正犯就是相互教唆。其认为,在正犯之间形成的"不法协议"是共同正犯间的归责原理,亦即共同正犯因共同行为决意或者计划的缔结而彼此"相互教唆"。共同正犯经由共同行为决意或者计划,使其在犯罪过程中彼此拘束并负有实施犯罪之事实上的(非法律上的)义务,由此履行不法协议的内容,不法协议的效力因此而得到贯彻。在不法协议中共同正犯一人对其他人所产生的影响力,是彼此行为相互归责的原因。③

(二) Stübel 的批判

费尔巴哈的相互教唆说对理论界产生了较大影响。但是,此后亦受到 Stübel 的批判。Stübel 指出,以相互教唆来说明共谋,只能适用于通过意思联络而产生犯意的场合。在已经具备犯罪实行的意思时,就没有进行该当程度的心理帮助的参与,则以这种共谋来理解是不正确的。④ 也即,教唆注重的是对没有犯罪决意者进行诱发,使其产生犯罪决意。因此,在某参与者已经具有犯罪决意,而与他者共同实施犯罪的情况下,不存在所谓的相互教唆。在不存在相互教唆的情况下,对如何成立共同正

---

① 〔德〕保罗·约翰·安塞尔姆·里特尔·冯·费尔巴哈:《德国刑法教科书》,徐久生译,中国方正出版社 2010 年版,第 51—52 页。
② 〔德〕保罗·约翰·安塞尔姆·里特尔·冯·费尔巴哈:《德国刑法教科书》,徐久生译,中国方正出版社 2010 年版,第 53 页。
③ 参见李进荣:《共同正犯之未遂》,政治大学 1999 年硕士学位论文,第 32—33 页。
④ 参见〔日〕内海朋子:《過失共同正犯について》,成文堂 2013 年版,第 109 页。

犯,相互教唆说无法提供合理的依据。

Roxin 亦对 Puppe 的相互教唆说予以批判。Roxin 认为,Puppe 将教唆犯与正犯之间的关系以"不法协议"来说明,本身就值得商榷,再将这种"不法协议"用于理解共同正犯的归责,将共同正犯视为相互教唆的特殊形态,更难得到赞同。首先,与《德国刑法典》第 25 条第 2 款不符,该条规定共同正犯为"共同实施",而非"共同教唆"。其次,Puppe 完全否定"正犯决意的惹起"是教唆导致的结果,认为正犯决意仅仅是"内心经历",并代之以负有事实上义务的"不法协议",此又与《德国刑法典》第 26 条相悖,该条规定教唆犯是"教唆"正犯,而不是使正犯"负有义务地"实施犯罪。[1]

二、全体意思论与特殊危险的概念

为了克服相互教唆说的以上缺陷,全体意思论随之登场。该说以具备超过了个人意思的群体意思来说明共同正犯的问题。在共同正犯的情况下,各行为人通过合意实施行为,存在着单独正犯所不具有的特殊危险。即,各行为人通过意思联络形成的犯罪合意,相互之间强化了犯意,使得犯罪者增加了犯罪的勇气,被害者更为畏惧,而且团结一致地实施犯罪行为使得犯罪更容易完成,这将产生不同于单独犯罪的特殊危险。

因此,从相互犯意强化的侧面来看,其为共同正犯规定中的"一部行为全部责任"原则提供了依据。[2] 在共同合意之下实施行为,进而产生的特殊危险,是共同正犯相互归属的基础。

长期为主观说所支配的德国判例的立场,在判断共同正犯的正犯性时,往往会强调正犯者的意思以及相互的犯意强化。"按照联邦最高法院的判例,如果其在精神作用之际希望共同引起整个犯罪行为的结果,并将结果视为自己的,那么这样精神性的共同作用就够了,即使该作用是下述方式的预备行为,即共同行为人通过实行之前给出的建议对具体实施的同伙予以协助,或者在某个时间点以其他方式强化其盗窃之意志。"[3]"共同实施犯罪的前提并不是每个共同行为人都亲手实现法定的构成要件要素;根据历来的判例,一种属于预备行为的共同作用就够了,如果共同行

---

[1] 参见李进荣:《共同正犯之未遂》,政治大学 1999 年硕士学位论文,第 33—34 页。
[2] 参见〔日〕内海朋子:《過失共同正犯について》,成文堂 2013 年版,第 113 页。
[3] 〔德〕克劳斯·罗克辛:《德国最高法院判例·刑法总论》,何庆仁、蔡桂生译,中国人民大学出版社 2012 年版,第 209 页。

为人通过该作用强化了实施犯罪的同伙的行为决意……"①

主观理论受到众多学者的批判,尽管在摇摆不定的判例立场上仍会不时出现主观理论的身影。但是,自1975年德国新刑法典的生效,纯粹的主观理论就不复存在了。在共同正犯的正犯性判断中考虑客观要素的见解处于通说的地位。基于此,与德国判例中所采取的主观说(要求共同正犯的成立以精神性的共同作用即相互的犯罪决意强化为已足)的立场不同,近来有基于机能的行为支配说的立场,主张特殊危险概念的见解。例如,德国学者 Christoph Knauer 在《刑法中集团的意思决定》中指出,在共同正犯的正犯性认定上,有必要考虑特殊危险。这种特殊危险的内容,包括相互犯意的强化以及犯罪遂行的物理可能性增大。② 日本学者内海朋子也主张将 Knauer 的上述见解导入日本,③认为基于意思联络的相互行为归责是共同正犯的本质,其基础在于依靠人类交流能力的意思联络使得共同正犯较单独行为减少了结果发生的偶然性,法益侵害的危险增加。④ 黎宏教授也认为,"在共同正犯之中,之所以认可'部分行为,全部责任'的法理,并不仅仅是因为存在共同实行的事实,更主要的是存在共同实行的意思。这种共同实行的意思即心理上的相互影响,提高了发生结果的可能性"⑤。

三、共同性问题的本质

判例的主观理论受到了理论上的强烈批判。"对于共同正犯而言,也必须比对犯罪计划的——还是推定的——参加要求得更多。因为共同的行为决意和共同的犯罪实行是共同正犯的两个相互独立的前提。共同实行不能从对行为决意的共同作用中推导出来。"⑥当然,在共同犯罪中也存在产生特殊危险的情况。例如,在属于必要的共犯的集团犯的情况下,行为人通过意思联络而形成组织化的犯罪集团。犯罪集团由于其规模化、组织化的特征,确实存在犯罪行为激烈化、结果发生可能性显著提高、

---

① 〔德〕克劳斯·罗克辛:《德国最高法院判例·刑法总论》,何庆仁、蔡桂生译,中国人民大学出版社2012年版,第211页。
② 参见〔日〕内海朋子:《過失共同正犯について》,成文堂2013年版,第115页。
③ 参见〔日〕内海朋子:《過失共同正犯について》,成文堂2013年版,第121页。
④ 参见〔日〕内海朋子:《過失共同正犯について》,成文堂2013年版,第143页。
⑤ 黎宏:《"过失共同正犯"质疑》,载《人民检察》2007年第14期。
⑥ 〔德〕克劳斯·罗克辛:《德国刑法学 总论(第2卷)》,王世洲等译,法律出版社2013年版,第212页。

社会危害性大的特殊危险。因此,我国《刑法》第 26 条第 2 款规定:"三人以上为共同实施犯罪而组成的较为固定的犯罪组织,是犯罪集团。"明显不同于二人以上共同犯罪的一般规定。在日本刑法中,集团犯是刑法分则规定的必要的共犯,"由于在刑罚法规上是独立的共犯类型,所以就其性质而言,原则上不适用刑法总则中有关共犯的规定"[①]。集团犯"以与共同正犯之个性性格不同的集团性格为重点,虽然作为表现的行动形式的小集团和同伙制的场合可以成立共同正犯,但是,其法定刑从重规定的理由与'共犯'的理论没有关系,而在于集团、组织所具有的质与量的危险性以及反社会的效率"[②]。以必要共犯之集团犯的个别化特征来说明一般意义上的共同正犯的问题,难免以偏概全。

将特殊危险作为共同正犯共同性基础的观点存在疑问。如果说在共同正犯的场合下存在这种在单独犯的场合不具备的特殊危险,则刑法不对其加重处罚是不合理的。特殊危险可以成为对共同正犯加重处罚的理由(尽管刑法没有这样做),却不能成为共同正犯成立的依据。刑法没有依据特殊危险的存在而加重对共同正犯的处罚,在此情况下,对各行为人按照单独犯处理并不会存在结论上的差异。可是刑法却以共同正犯的规定对待之,因此,在特殊危险之外,必然存在着其他的需要成立共同正犯的理由,这才是共同正犯共同性的根本所在。此外,尽管认为共同正犯由于意思联络的存在而增加了结果发生的可能性,进而具备特殊危险是其共同性的根据,却并不存在确实的实证数据证明这种现象的存在。如果按照理论演绎,则完全可以认为,在共同正犯的场合因为是数人分工实施行为的,一人行为的失败就会导致整个犯罪的失败,在共同正犯的场合犯罪实现的难度实际上不是减少了,而是增加了。抑或存在另一种情况,即相互之间的意思联络,各个行为人都明白有其他行为人与自己共同实施犯罪,因此即便自己懈怠实施犯罪行为,犯罪也可能由于他人行为的实施而实现。如果各人都懈怠实施自己的犯罪行为,则犯罪实现的可能性不是增加了,反倒是减少了。因此,认为共同正犯由于存在特殊危险而要对其适用"一部行为全部责任"进行结果归责,并不具有合理性。

共同正犯的场合,在存在分工的情况下,各行为人并未实施完整的构成要件该当行为;或者在共谋共同正犯的情况下,共谋者并未实施构成要

---

① 〔日〕大谷实:《刑法講義総論》(新版第 4 版),成文堂 2012 年版,第 394 页。
② 〔日〕前田信二郎:《群集犯,集団犯,組織犯——集合犯の類型と機能》,载植松正等编:《齊藤金作博士還暦祝賀——現代の共犯理論》,有斐閣 1964 年版,第 341 页。

件该当行为。在这些场合,各行为人是难以作为单独犯来进行归责的。正因为如此,需要成立共同正犯,将共同的不法结果合法理地归责于各行为人。也即数行为人共同实施行为,产生了在单独犯的情况下相同的不法结果,对这种不法结果如何归责的问题。

所以,共同正犯不是因为产生了不同于单独犯情况下的特殊不法结果,即特殊危险而要受到处罚,而是在产生了与单独犯情况下的相同不法结果,只是由于在导致不法结果产生的行为方式上是与单独犯不同的数人共同实施犯罪,因而在相同的不法结果的归责上需要存在不同于单独犯的特殊归责原理。也即以"一部行为全部责任"的原理来进行结果归责。因此,共同正犯与单独犯相比是归责原理的差异,而不是归责基础的不法结果的不同。

第二节　基于意思联络的共同性的学说及其批判

一、基于共同意思主体说的共同性

共同意思主体说,以二人以上的异心别体的个人为实现其一定犯罪的共同目的而结成"同心一体",进而实施一体的行为为必要。齐藤金作指出,二人以上者为了共同的目的合一,产生了与个人心理相分离的特殊团体心理,因而敢于实施在个人意思上企图但是难以完成的行为。[1] 如果从这一点来看,共同意思主体说认为,二人以上者结合成"同心一体",具有较个人实施犯罪更大的危险性。也即,共同正犯具有的特别危险在于通过犯意的相互强化以及共同犯行而使犯罪变得过激化、凶恶化。[2]

但是,近来也有支持共同意思主体说的学者,并未强调共同正犯使犯罪变得过激化、凶恶化的特殊危险。例如,石井彻哉认为,共同意思主体说要求共同正犯的成立要件具有各行为者之间的意思联络,将行为主体把握为共犯现象中的心理结合关系。行为者实施行为时,接受他人提供的行为动机或者通过他人强化、促进行为动机,对行为动机进行提供、强化、促进者可以承认对犯罪结果的因果性。[3]

---

[1] 参见〔日〕齐藤金作:《刑法總論》(改订版),有斐阁1955年版,第226页。
[2] 参见〔日〕内海朋子:《過失共同正犯について》,成文堂2013年版,第130页。
[3] 参见〔日〕石井彻哉:《共同正犯に関する一考察》,载西原春夫先生古稀祝贺论文集编集委员会编:《西原春夫先生古希祝贺論文集 第二卷》,成文堂1998年版,第380页。

不同时期持共同意思主体说的不同学者的见解尽管有差异,但是,在共同正犯的成立上应当具有意思联络的观点是相同的。齐藤金作认为,共同正犯的意思联络是具有共同犯行的认识,相互利用他人的行为而全员协力实现犯罪事实的意思。① 石井彻哉也认为,"一部行为全部责任"的实质根据,不仅仅是共同实施实行行为的共同实行事实,还在于具有共同实施该当实行行为的共同实行意思。共同正犯"一部行为全部责任"的根据不在于形式的实行行为性,而在于实行行为所具有的固有的违法性。共同者间所存在的意思联络,即故意的共同是共同实行行为违法性的基础。通过共同实行的意思,各共同者认识到在一个犯罪过程中自己的作用,将他者的行为纳入自己的行为,全体共同者相互利用、补充实现一个犯罪。② 正是在这种意思联络之下所形成的一体化的主体实施共同行为所引起的结果才可以被归责于各行为人。

对共同意思主体说的缺陷,本书在前述内容中已经有详细阐明,此不赘言。共同意思主体说由于其自身特征,即意思联络必须存在于故意之中,在过失共同正犯的问题上只能采取否定说。

二、基于因果共犯论的共同性

因果共犯论试图从广义的共犯的处罚根据入手,探讨共同正犯的处罚根据。但是,在理论展开上又是借用狭义的共犯处罚根据的学说进行说明,因此,又被称为准用共犯处罚根据说。③

(一)共犯处罚根据的各种学说

共犯处罚根据旨在探讨为何要将没有实施刑法分则基本构成要件行为的共犯(教唆犯、帮助犯)作为犯罪处罚及其实质根据的问题。作为力图为共犯论各问题的解决提供一个统一的合理根据的理论,近年来正在受到我国学者的重视。

关于共犯处罚根据,具有以下学说争论。责任共犯说从共犯与正犯的关系中寻求共犯的处罚根据,认为共犯是因为诱使正犯堕落,并进而陷入罪责与刑罚而受到处罚。④ 违法共犯说认为共犯是因为使正犯陷入反

---

① 参见〔日〕齐藤金作:《刑法總論》(改订版),有斐阁1955年版,第237页。
② 参见〔日〕石井彻哉:《共同正犯に関する一考察》,载西原春夫先生古稀祝贺论文集编集委员会编:《西原春夫先生古稀祝贺论文集 第二卷》,成文堂1998年版,第375页。
③ 参见陈家林:《共同正犯研究》,武汉大学出版社2004年版,第43页。
④ 参见〔日〕大越义久:《共犯の処罰根拠》,青林书院1981年版,第210页。

社会的状态,扰乱了社会的正常秩序而受到处罚。正犯违反了"不能杀人"的规范,而共犯者却违反了"不能教唆或帮助他人杀人"的规范。

近年来,在共犯处罚根据问题上,基本上体现为惹起说内部观点的对立。主要存在着纯粹惹起说、修正惹起说以及混合惹起说。纯粹惹起说认为,共犯的处罚根据在于共犯者本身独立侵害刑法分则上所保护的法益,共犯的不法完全独立于正犯的不法,是由共犯行为本身产生的,而不是由正犯行为的不法导出。① 修正惹起说认为,共犯的处罚根据在于对构成要件上的法益侵害的惹起。共犯的不法由正犯行为的不法导出,不承认共犯独立的不法要素。② 混合惹起说认为,共犯处罚的根据在于共犯透过正犯间接性侵害构成要件上所保护的法益,即从属性地侵害构成要件上所保护的法益。共犯的不法是由作为法益侵害的独立、固有要素与从正犯行为的不法所导出的从属性要素混合构成的。③

由上可见,实际上,因果共犯论只不过是共犯处罚根据学说上的一种观点。其从共犯行为与法益侵害的关系上入手探讨共犯的处罚根据,因而得到结果无价值论者的青睐。由于不论是共犯还是正犯,抑或共同正犯,在结果无价值论者看来都是由于侵害了法益而受到处罚,所以才会将狭义共犯的处罚根据理论适用于共同正犯处罚根据的说明。

(二)因果共犯论的共同性的基本观点

西田典之指出,"因果共犯论认为,行为人对与自己的行为具有因果性的结果承担罪责这是基本原则,因而,即便是通过他人的行为而与犯罪结果之间产生因果关系,也应对该结果承担罪责。亦即,因果关系在共犯人之间得到扩张,即便是由其他共犯人的行为所产生的结果,也如同由自己的行为所产生的结果那样,承担相同的责任。这也是共犯论的意义所在"④。山口厚教授也认为,"属于共同惹起类型的共同正犯,也要求自身的因果作用与介入的其他共同者行为的因果作用相互结合的共同正犯与构成要件结果之间存在因果关系"⑤。而"不同于单独犯,共犯的因果性不仅有物理因果性,还包括心理因果性"⑥。

---

① 参见〔日〕高桥则夫:《共犯体系と共犯理論》,成文堂1988年版,第139页。
② 参见〔日〕高桥则夫:《共犯体系と共犯理論》,成文堂1988年版,第147页。
③ 参见〔日〕高桥则夫:《共犯体系と共犯理論》,成文堂1988年版,第153页。
④ 〔日〕西田典之:《刑法総論》(第二版),弘文堂2010年版,第339页。
⑤ 〔日〕山口厚:《刑法総論》(第3版),有斐阁2016年版,第319页。
⑥ 〔日〕山口厚:《刑法総論》(第2版),有斐阁2007年版,第306页。

物理的因果性的内容是,通过提供实施犯罪所必要的工具等,在物理上促进正犯、共犯者实施犯罪。心理的因果性的内容则是通过唆使实施犯罪而引起正犯或者共犯者实施犯罪的意思,或者通过激励犯罪的实施等维持、强化正犯或者共犯者实施犯罪的意思,进而引起促进正犯或者共犯者实施犯罪的心理。① 理论上甚至存在唯有心理因果性才是共犯本质要素的见解。例如,日本学者町野朔认为,以心理的因果性为基础,意思联络是共犯成立的必要条件。但是,为了肯定心理因果性而成为必要的意思联络是关于具体行为遂行的意思联络,而不是关于犯罪结果的意思联络,因此,可以成立过失共同正犯。②

(三)因果共犯论之批判

1. 共同正犯不在共犯处罚根据的射程之内

共犯处罚根据要探讨的是处罚没有实施基本构成要件的行为的共犯的实质根据。由于共犯未实施基本构成要件的行为,其处罚根据总是在与正犯的关系中被讨论。进而为共犯成立条件上采取独立性说抑或从属性说提供根据。具体到因果共犯论,总是在共犯行为与正犯行为所侵害的法益之间的关系上来探讨共犯的处罚根据。而共同正犯本身就是正犯的一种,其行为本身就是侵害法益的行为,而无需借助探讨与其处于不同层面的行为之间的关系如何来确定处罚根据。共同正犯的处罚根据需要在共同正犯者自身之间来探寻。在这个意义上,所谓准用共犯处罚根据说,不过是超越了共犯处罚根据的范围,而对广义的共犯采取的一般判断标准。

而如果从与法益侵害之间的关系来看,不论是单独正犯、共同正犯,还是共犯,都是侵害法益的行为,因此,因果共犯论的标准实际上等于没有标准。最终,只能在心理的因果性上赋予共同正犯"一部行为全部责任"的根据。这实际上已经偏离了因果共犯论原有的以行为与法益侵害结果的关系确定处罚根据的结果无价值的立场。在结果归责的不法判断上以主观的意思联络为决定性要素。

2. 难以为共同正犯与共犯的区分提供明确的标准

既然因果共犯论认为共同正犯与共犯一样,都是由于惹起了法益侵

---

① 参见〔日〕山口厚:《刑法总论》(第3版),有斐阁2016年版,第320页。
② 参见〔日〕町野朔:《惹起说的整备、点检——共犯における违法从属性と因果性》,载松尾浩也、芝原邦尔编:《内藤谦先生古稀祝贺——刑事法学的现代的状况》,有斐阁1994年版,第133页。

害结果的发生而受到处罚,则在与法益侵害结果存在因果关系的诸多行为中,如何区分正犯与共犯就成为问题。也即,"仅仅以对结果的因果性强度上判断正犯与狭义的共犯的区别是不可能的"①。对此,持因果共犯论立场的学者往往基于作用的重要性等进行综合的判断。例如,曾根威彦教授认为,"共犯现象中,处于主要地位者、起到重要作用者是正犯;处于从属地位者、起到轻微作用者是共犯"②。但是,以在犯罪中所起作用的重要性程度为标准,实际上难以区分共同正犯和教唆犯,因为教唆犯在共同犯罪中同样可能起到主要的作用。而如果认为,"重要作用的主要内容是实行行为的分担,分担实行行为者未必都是正犯,但至少未分担实行行为者,就不应该成为正犯。实行行为不是正犯概念的充分条件,但是是必要条件"③。将实行行为作为共同正犯的必要条件,以实行行为的分担为主要根据来判断区分作为正犯与共犯标准的"重要作用",则难以对共谋共同正犯的问题进行妥当的说明。曾根威彦教授就否认共谋共同正犯,认为"为了贯彻责任主义中的个人责任原则,以及排除理论上应为共犯(特别是从犯)者在实务上被作为正犯(共同正犯)来对待的可能性,否定共谋共同正犯具有实践的、政策的意义"④。对此,同样采因果共犯论的西田典之教授则认为,"虽然没有分担实行行为,但如果能够认定,在犯罪的共谋、预备或者实行阶段,共谋者的行为对于犯罪的实现发挥了可与实行行为的分担相匹敌,或者相当于此的作用,就应该肯定其具有共同正犯性"⑤。进而肯定共谋共同正犯是西田典之教授的一贯主张。⑥

但是,什么是"与实行行为的分担相匹敌,或者相当于此的作用",其标准实际上是不明确的。最后只能通过"考虑意欲实现犯罪的程度、参与行为在犯罪整体中所占的重要性、不可或缺性的程度,以及分担犯罪的经过等事实,共谋者与实行者的主从关系、共谋者在谋议中所起作用的重要性、共谋者在犯罪预备阶段、实行阶段分担作用的重要性等来决定"⑦。

---

① 〔日〕照沼亮介:《体系的共犯論と刑事不法論》,弘文堂2005年版,第119页。
② 〔日〕曾根威彦:《刑法総論》(第四版),弘文堂2008年版,第236页。
③ 〔日〕曾根威彦:《刑法総論》(第四版),弘文堂2008年版,第236页。
④ 〔日〕曾根威彦:《刑法総論》(第四版),弘文堂2008年版,第255页。
⑤ 〔日〕西田典之:《刑法総論》(第二版),弘文堂2010年版,第350页。
⑥ 参见〔日〕西田典之:《共謀共同正犯論——肯定説の立場から》,载《刑法雑誌》31卷3号(1990)。
⑦ 〔日〕亀井源太郎:《正犯と共犯を区別するということ》,弘文堂2005年版,第136页。

(四)因果共犯论与过失共同正犯

在因果共犯论的立场上,也有学者肯定过失共同正犯的成立。如日本学者山口厚教授认为,"在具有与构成要件结果间的作为共同构成要件要素的(以促进、强化为内容)的因果性,且具备共同'正犯'的实质行为,对构成要件该当事实有预见可能性的场合,能够肯定过失犯的共同正犯的成立"①。

但是,从因果共犯论的基本主张来看,过失共同正犯如何具有共同正犯成立之心理因果性是存在疑问的。山口厚教授认为,"即便没有共同惹起构成要件结果的意思(故意),也能够根据客观的共同构成要件行为(实行行为),来肯定共同惹起。这样,就能够通过构成要件该当事实的过失来肯定共同惹起"②。因果共犯论强调,共同正犯的成立以物理的因果性和心理的因果性为必要的成立条件。若基于因果共犯论的这一基本观点来肯定过失共同正犯,则在过失共同正犯何以具有心理因果性的问题上难以自圆其说。

因此,大多数采因果共犯论的学者否定过失共同正犯的成立。③ 曾根威彦教授就指出,"只要坚持参与者全员是由于具有实现特定犯罪的意思联络,而对所发生的整个结果承担各自责任的共同正犯的本质,就应当否定过失共同正犯"④。

三、基于机能的行为支配说的共同性

以机能的行为支配说作为共同正犯共同性根据的主张现在在德国刑法理论中处于通说的地位。日本也有学者主张机能的行为支配说。近年来,该说传入我国,引起理论界的关注。

机能的行为支配是行为支配理论赋予产生共同正犯这一正犯类型的本质特征。因此,在讨论机能的行为支配说之前,明确行为支配理论产生的经纬理论谱系及构造,对于机能的行为支配说的学说特征将会有更进

---

① 〔日〕山口厚:《過失犯の共同正犯についての覚書》,载西原春夫先生古稀祝贺论文集编集委员会编:《西原春夫先生古希祝賀論文集 第二卷》,成文堂1998年版,第398页。
② 〔日〕山口厚:《刑法総論》(第3版),有斐阁2016年版,第386页。
③ 参见〔日〕北川佳世子:《我が国における過失共同正犯の議論と今後の課題》,载《刑法雜誌》38卷1号(1998);〔日〕西田典之:《刑法総論》(第二版),弘文堂2010年版,第383页;〔日〕曾根威彦:《刑法総論》(第四版),弘文堂2008年版,第257页。
④ 〔日〕曾根威彦:《刑法総論》(第四版),弘文堂2008年版,第257页。

一步的了解。因此,以下将从行为支配理论的基本问题入手,探寻机能的行为支配说的本体特征。

(一)行为支配理论的产生及其谱系

1. 行为支配理论产生前的理论状况

公认的行为支配理论的创始人是德国著名刑法学家 Welzel。尽管在 Welzel 之前,已有德国学者采用"行为支配"的概念,例如,Hegler 在 1915 年的《犯罪的要素》一文中多处使用"行为支配"(Tatherrschaft)作为刑罚体系中的基础概念。但是,Hegler 将行为支配视为行为人的人格特征,或者更准确地说,视为犯罪主体的特征,是刑法罪责的实质条件。其认为,只有具有完整的行为支配能力的人才能实施有罪责的行为。也即只有作为归责能力并且不受强制的行为人,才能成为犯罪主体,其行为才是有罪责的。[①] 在此,Hegler 的行为支配概念仅为罪责要素,并不是判断正犯性,进而也不是为正犯与共犯的区分提供标准的现代行为支配理论。而且根据这样的行为支配概念也无法完成上述任务。因为,Hegler 的行为支配概念仅为刑法评价划定范围,即只有具备行为支配能力的人才能成为犯罪主体,其行为才能成为刑法评价的对象。就此来说,无论是正犯还是教唆、帮助犯,都是具有行为支配的适格主体,此种行为支配概念没有为正犯性提供基础,正犯与共犯的区分也无从谈起。因此,其与现代意义上的行为支配概念和行为支配理论是两码事。

而在行为支配理论产生之前,在德国刑法学中,判例理论的主观说与基于限制的正犯概念的形式客观说之间形成的鲜明对立,是行为支配理论产生的理论背景。Mezger 认为,因果关系的理论对共犯具有决定性的意义。[②] 这体现了 19 世纪的因果关系论与共犯论之间的密切关系。正所谓共犯论是因果关系论的一个适用。当时,在因果关系论上存在着条件说与原因说的激烈对抗。体现在共犯论上,就形成了在区别正犯与共犯之标准上的主观说与客观说的对立。进而产生了以 Buri 为代表的主观的共犯论与以 Birkmeyer 为代表的客观的共犯论的不同共犯理论。

主观说以因果关系中的条件说为依据,认为对结果设定条件的人都是对结果发生设定原因的人。由于所有的条件都是原因,是等价的,所

[①] 参见廖北海:《德国刑法学中的犯罪事实支配理论研究》,中国人民公安大学出版社 2011 年版,第 11—12 页。

[②] 参见〔日〕齐藤金作:《共犯理論の研究》,有斐阁 1954 年版,第 5—6 页。

以,在因果关系上难以区分正犯与共犯,而应当从行为人的主观方面来区分正犯与共犯。以实现自己的犯罪意思(意思说)或者为了自己的利益或者目的(利益说)而实施行为的是正犯;以实现他人的犯罪的意思或者为了他人的利益或者目的而实施行为的是共犯。

以主观说为主导的德国判例学说常常在审判中得出极端的、违反常识的结论。典型的例子就是所谓的"浴盆案"。在该案中,婴儿母亲的姐姐基于婴儿母亲的催促并且为了其利益,亲手将婴儿溺死在浴盆中。法院认为婴儿母亲的姐姐不足以被判定为正犯。因为其并不是想杀人,而只是想对婴儿母亲的构成行为加以支持。在单纯的、对本人无利益的支持性意志中,这种单纯的和亲手实施的杀人,就只成立帮助犯。① 同样,在"斯塔辛斯基案"(Staschynski-Fall)中,德国联邦最高法院也采取了极端主观主义的立场。在该案中,被告人受苏联情报机构的委托,亲手并且非强制地用一把毒素手枪杀死了两位流亡在联邦德国的俄国政客。法院认为,在谋杀罪中与在所有其他犯罪中一样,帮助犯是指,将犯罪不是作为自己的予以实施,而只是作为工具或者帮助者在他人的犯罪中共同起作用的人。对此起决定性的是其内心对犯罪行为的态度。因而被告人仅成立谋杀罪的帮助犯。② 这种基于主观说来判定正犯性的见解,将尽管实施了构成要件的行为,但是由于其主观上并未将行为作为自己的行为或者不是为了自己的利益而行为的行为人判定为帮助犯,在结论上是极不合理的。

与此相对,德国刑法理论上以限制的正犯概念为前提的形式客观说也是有力的见解。形式客观说以构成要件为基础,认为实施符合构成要件的实行行为的人是正犯,除此之外对实行行为进行加功者都是共犯。形式客观说由 Beling 所创立。Beling 认为,"所有法定构成要件都局限于实施符合法定构成要件行为的人,所以就要求法律特别规定'教唆'和'帮助'的概念"③。作为可罚的犯罪形态的狭义的共犯,是犯罪概念"扩

---

① 参见[德]克劳斯·罗克辛:《德国刑法学 总论(第2卷)》,王世洲等译,法律出版社2013年版,第18—19页。
② 参见[德]克劳斯·罗克辛:《德国最高法院判例·刑法总论》,何庆仁、蔡桂生译,中国人民大学出版社2012年版,第202页。
③ [德]恩施特·贝林:《构成要件理论》,王安异译,中国人民公安大学出版社2006年版,第174页。

张到犯罪形态意义上'修正的'构成要件符合性之中"的结果。① 形式的客观说在"1915年至1933年间成为德国的通说"②,之后却鲜有赞成者。依照形式的客观说,则难以说明没有直接实施构成要件行为的间接正犯。因此,以形式的客观说来判明正犯性,存在着重大的漏洞。

总之,纯粹的主观说或者纯粹的形式客观说在构成统一的、恰当的正犯概念上都不能成功。中和主观的思考与客观的思考,采取主观与客观相结合的全体考察方法成为必要。"基于这种思考,作为客观说的修正原理的'行为支配理论'登场。新的正犯原理得以产生。"③

2. 行为支配理论的谱系

(1)Welzel的目的行为支配理论。

行为支配理论首先以目的行为支配的形式登上历史舞台。众所周知,Welzel是目的行为理论的创始人。以此行为理论为基础,自然会导出以目的行为支配为标志的正犯概念。

Welzel从行为的存在构造出发,认为"由于犯罪也是一种人类行为,那么,它身上也必须同样体现出用于描述人类行为的特征"④。人类行为具有主观和客观两方面要素的完整结构,这样的人类行为,即目的的活动的遂行才是刑法中不法评价的对象。行为的"目的性",即行为具有目的,是人类以因果法则的知识为基础,在一定范围内预见其自身活动可能发生的结果,并通过这种预见来设定种种目标,为了达成这个目标而对自己的活动进行计划。⑤ 既然目的行为论的理论支柱是以目的统制力作为正犯性基础的,则Welzel的行为支配论是将这种目的统制力作为目的行为支配来把握的,因而被称为目的行为支配理论。⑥

如上所述,Welzel采用的是故意犯与过失犯二分的犯罪论体系。正犯与共犯的区分仅存在于故意犯之中。过失犯中采取的是扩张的正犯概

---

① 参见〔德〕恩施特·贝林:《构成要件理论》,王安异译,中国人民公安大学出版社2006年版,第167页。
② 陈家林:《外国刑法通论》,中国人民公安大学出版社2009年版,第491页。
③ 〔日〕桥本正博:《「行為支配論」と正犯理論》,有斐阁2000年版,第79页。
④ 〔德〕汉斯·韦尔策尔:《近百年的德意志刑法学理与目的行为论(1867—1966)》,蔡桂生译,载陈泽宪主编:《刑事法前沿(第六卷)》,中国人民公安大学出版社2012年版,第240页。
⑤ 参见〔德〕Hans Welzel:《目的的行為論序説:刑法体系の新樣相》,福田平、大塚仁译,有斐阁1979年版,第1页。
⑥ 参见〔日〕桥本正博:《「行為支配論」と正犯理論》,有斐阁2000年版,第6页。

念,过失犯中区分正犯与共犯是不可能的。因此,Welzel 的目的行为支配理论并不能为过失犯的正犯性提供基础。

Welzel 认为,在故意犯中,正犯是对犯罪现象形成目的意识的人,教唆犯与帮助犯仅仅对其参与具有支配,而对犯罪构成本身不具有支配。[①] 共同正犯的场合,各共同正犯者通过自己的行为分担来补充他人的行动分担,而对犯罪全体承担责任。因此,共同正犯中的支配是及于全体被实现的构成要件该当事实的,由此为对犯罪全体负责提供根据。[②]

从 Welzel 的目的行为论出发,成为不法评价对象的是包括主观与客观两方面要素的行为。因此,在目的行为支配存在与否的判断中自然应当全面考虑主客观诸要素。但实际上,在目的行为支配内容的具体化上却存在明确的主观化倾向。例如,在共同正犯的目的行为支配的判断上将重点置于共同正犯决意上。因此,在客观上不过实施了预备或者帮助行为的场合,如果行为者是共同犯行决意的共同作出者,即会以其具有目的行为支配者的分工形态为根据,将行为者作为共同正犯。[③]

因此,Welzel 的目的行为支配理论具有存在论的基本思考方法和与实际内容具体化相背离的特点。有学者认为,Welzel 的目的行为支配理论"是主观理论的进一步发展"[④]。但是,主观理论以条件说为基础,即认为所有与结果之间存在条件关系的行为都具有同等价值,因此,难以从客观上的行为特征区分正犯与共犯,只能从行为人的主观方面进行区分。然而,这种自然主义的、机械论的因果行为论,恰恰是 Welzel 的目的行为支配论的主要批判对象。因此,与其认为 Welzel 的目的行为支配理论中所存在的主观倾向是主观理论的发展,不如说是其考虑到当时德国判例主观说的传统及有力见解而作出的妥协。Welzel 见解的主观倾向使得其理论又被称为"主观的目的行为支配理论"。

(2) Maurach 的客观行为支配理论。

Maurach 同样以目的行为论为基础构建其行为支配理论。与 Welzel 被称为主观的目的行为支配理论不同,Maurach 的主张被称为"客观的目

[①] 参见廖北海:《德国刑法学中的犯罪事实支配理论研究》,中国人民公安大学出版社 2011 年版,第 18 页。
[②] 参见〔日〕桥本正博:《「行为支配论」と正犯理论》,有斐阁 2000 年版,第 11 页。
[③] 参见〔日〕桥本正博:《「行为支配论」と正犯理论》,有斐阁 2000 年版,第 14 页。
[④] 廖北海:《德国刑法学中的犯罪事实支配理论研究》,中国人民公安大学出版社 2011 年版,第 28 页。

的行为支配理论"①。

Maurach 认为,故意的犯罪行为以目的意思的统制和被统制的因果的结果发生为特征。所以,成为故意犯的目的统制要素的行为的意思,就是故意。在同一故意的犯罪行为的场合,正犯与共犯的区分,以作为行为支配的客观要素来进行,②这便是 Maurach 的注重客观要素的行为支配理论。

其认为,行为支配是故意将该当构成要件的事件经过全部掌握在手中。即被行为者意识到而形成的对构成要件的目的统制可能性。其行为支配概念以客观的事件经过的统制可能性为实质。但是,"掌握在手中"并不仅仅意味着意思的、主观的意欲。将意思理解为故意,与意思相对应的行为支配具有客观的事态的性质。换言之,行为支配是排除了意思要素的概念。将对事实状态的支配称为行为支配。③

实际上,Maurach 将行为支配概念与作为正犯理论的行为支配理论进行了明确的分离。行为支配是客观的概念,与构成要件该当性的判断紧密相关。行为支配成为与主观构成要件要素相对立的构成要件内容的统制。④ 但是作为正犯理论的行为支配理论,仍然包括故意,是主观与客观的统一。

Maurach 的行为支配理论以客观性为本质特征。但是,其在主张判断对象的客观性上却又不要求正犯者有客观的事实参与,即在客观的判断对象的判断上采用的是规范的判断标准。从社会的、规范的视角进行实质的考察。而实质的考察不可避免地会带来判断的恣意性和不确定性的危险。⑤ 因此,在规范判断之下保证行为支配的客观性是 Maurach 的行为支配理论没有解决的问题。

(3) Gallas 的规范的行为支配理论。

经过 Welzel 和 Maurach 的理论构建与发展,行为支配理论基本形成了主观倾向与客观倾向的立场对峙,当然,不论是 Welzel 的主观的目的行为支配理论还是 Maurach 的客观行为支配理论,在正犯性的判断上都恪守主客观相统一的标准。但是如上所述,Maurach 的行为支配理论由于加

---

① 〔日〕桥本正博:《「行為支配論」と正犯理論》,有斐阁 2000 年版,第 16 页。
② 参见〔日〕桥本正博:《「行為支配論」と正犯理論》,有斐阁 2000 年版,第 16 页。
③ 参见〔日〕桥本正博:《「行為支配論」と正犯理論》,有斐阁 2000 年版,第 17 页。
④ 参见〔日〕桥本正博:《「行為支配論」と正犯理論》,有斐阁 2000 年版,第 18 页。
⑤ 参见〔日〕桥本正博:《「行為支配論」と正犯理論》,有斐阁 2000 年版,第 27 页。

入了实质的考察,如何维持行为支配的客观性成为问题。而 Gallas 则在价值关系上构筑行为支配概念,认为行为支配中的价值因素不能被忽略,进而形成了规范的行为支配理论。

Gallas 采用限制的正犯概念,认为实施实行行为者是正犯,但对其中的实行行为的理解不是基于因果行为论的立场,而是通过目的行为概念来实现的。① 在这里,Gallas 将形式的客观说与目的行为理论结合在一起。因此,以限制的正犯概念为基础的形式的客观说中的实行行为就不仅仅是形式的实行事实,而具有主观与客观两方面要素的整体构造。而且,构成要件该当行为及基于此的正犯性判断又以相当性的思考为指导,认为应当通过相当性的思考将明显偏离预设的因果流程的情况排除在正犯的范围之外。② 同时,以具有规范意义的行为支配概念对构成要件行为进行了扩张的理解,即根据各个构成要件的法律意义进行判断。由此,即便没有亲手实施行为,但是以领导作用使得犯罪同伙的行为紧密联系的团伙头目,仍然具有行为支配。

Gallas 试图构筑处于客观说与主观说的中间地带的实质客观说。为了进行实质的判断,使行为支配包含有价值的要素。Gallas 坚持限制的正犯概念从而发挥形式客观说的明确性,又以具有规范意义的行为支配概念来解释构成要件行为,在方法论上存在一定价值。正如 Roxin 所言,Gallas"将行为控制的概念用作'对符合行为构成的举止行为进行松散解释的标准'"③。

(4) Roxin 的多元的行为支配理论

Roxin 是行为支配理论的集大成者。Roxin 的行为支配理论具有以下基本特征:第一,正犯论要解决的是为构成要件所记述的犯罪主体是谁的问题。因此,以自手实现构成要件该当行为作为正犯性基础的形式客观说为出发点。第二,通过导入行为支配理论来克服形式客观说提出的构成要件该当行为实现的自手性要件。第三,同时考虑主观的要件,即故意以及作为亲自支配基础的对全部事态的认识。在根据行为支配理论划定

---

① 参见〔日〕桥本正博:《「行為支配論」と正犯理論》,有斐阁 2000 年版,第 29 页。
② 参见廖北海:《德国刑法学中的犯罪事实支配理论研究》,中国人民公安大学出版社 2011 年版,第 22 页。
③ 〔德〕克劳斯·罗克辛:《德国刑法学 总论(第 2 卷)》,王世洲等译,法律出版社 2013 年版,第 15—16 页。

正犯性时,应同等考虑主观要素与客观要素。① 由上述第一、第二点来看,Roxin 的行为支配理论与前述 Gallas 的主张相同,都试图对形式客观说进行缓和。因此,Roxin 的行为支配理论实际上是一种实质的客观说。而就从主客观之整体来判断正犯性这一点来说,Roxin 的行为支配论与前述 Welzel、Maurach 以及 Gallas 的理论都有共同之处。

与前述早期的行为支配理论试图为各种正犯形态的正犯性构建统一的基础不同,Roxin 对不同正犯形态的正犯性作出了不同的规定。Roxin 认为,"在实现犯罪中作为关键人物或核心人物而表现出对事件发挥有决定性影响的人,就拥有行为控制,并且是实行人。在这种说明中存在的不是实行人的定义,而是如前所述,仅仅是一个指导性标准,这个标准必须借助各种事实形态加以具体化"②。在此,Roxin 放弃了构筑统一的、具体的正犯性基础的可能,以一种相对化的、作为具体判断的指导原则的行为支配,分不同的正犯类型,探讨个别的正犯性。"核心人物的标准当然不是一种能够从中推演出具体区分界限的概念。更准确地说,这与一种价值评价的区分标准有关,只有依据犯罪行为人的真实情况才能一步步地详细说明与具体化。"③

直接正犯、间接正犯以及共同正犯在行为支配上具有不同的标志和特征,对此只能分别加以判断。直接正犯以实施符合构成要件的行为来进行支配,因而是"行为支配"。间接正犯以意思的支配为特征,其通过他人的行为实施犯罪,是通过意思支配整个犯罪事实的人。共同正犯以机能的行为支配为标志,共同实施犯罪的数个行为人,通过机能性支配来支配整个犯罪事实。

(二)机能的行为支配说的基本内容——以 Roxin 说为中心

如上所述,行为支配理论是以主客观相统一的综合判断来确定正犯性的。就共同正犯的正犯性来说也是如此。理论上存在的机能的行为支配说的共同正犯归责原理,大多以 Roxin 的机能的行为支配理论为原型而展开。以下就以 Roxin 的机能的行为支配理论为中心,阐明机能的行为

---

① 参见〔日〕桥本正博:《「行为支配論」と正犯理論》,有斐阁 2000 年版,第 55—56 页。
② 〔德〕克劳斯·罗克辛:《德国刑法学 总论(第 2 卷)》,王世洲等译,法律出版社 2013 年版,第 14 页。
③ 〔德〕克劳斯·罗克辛:《德国刑法学 总论(第 2 卷)》,王世洲等译,法律出版社 2013 年版,第 11 页。

支配说的基本内容。

Roxin认为,共同正犯在结构上就与直接正犯(行为支配)和间接正犯(意思支配)有着根本的区别:共同正犯是通过分工实施来实现行为构成的。共同正犯的行为支配产生于其在实施犯罪中的机能;他接受了一项对实现这个行为计划而言非常重要的任务,并且通过其所实施的构成要件行为的部分而使其对整个事件进行支配成为可能。而且数人都具有不可替代的机能。这种机能使数人都成为共同正犯。但是,数人中的任何一人都有可能通过拒绝实施自己的那部分而使这个犯罪计划归于失败。[1]

基于共同正犯以上的这种机能的行为支配,共同正犯具有以下成立条件:一是共同正犯的主观成立要件在于共同的犯罪计划或者共同的犯罪决意;二是共同正犯的客观成立要件在于共同的犯罪实行。就主观方面来说,所谓的共同的犯罪计划或者共同的犯罪决意,是指行为人对犯罪行为的实施及其结果的实现在意志上达成一致。

第三节 机能的行为支配说下过失共同正犯的共同性

一、机能的行为支配说立场的肯定说

(一)基本见解

以机能的行为支配说为根据肯定过失共同正犯的见解在德国和日本刑法理论上都存在。例如,日本学者桥本正博认为,要成立共同正犯,以对构成要件该当事实的实现具有重要的、不可或缺的正犯参与来支配犯罪实现是必要的。作为正犯的事实参与是正犯的标志。这种正犯的事实参与对通过共同正犯的各参与者的意思而形成的共同实行意思具有本质的依存性。意思的侧面和事实的侧面都是强化犯罪事实实现的要因,由此,共同正犯被规定为独立的正犯形式。所以,共同正犯的"共同"以"意思联络"为不可或缺的成立要素。[2] 由此可见,桥本正博的行为支配理论

---

[1] 参见〔德〕克劳斯·罗克辛:《德国刑法学 总论(第2卷)》,王世洲等译,法律出版社2013年版,第59页。

[2] 参见〔日〕桥本正博:《「行为支配论」と正犯理论》,有斐阁2000年版,第198—199页。

中,共同正犯的意思联络是其形成对犯罪事实的机能的行为支配的必要条件。基于此,在过失共同正犯问题上,桥本正博认为,即便是过失共同正犯,也不能忘记要从以主观结合的契机来支配犯罪事实的实现,而从直接形成构成要件该当事实的观点出发来进行考察。过失共同正犯的意思联络说明,桥本正博借用的是日本学者内田文昭教授的过失共动理论。①

在德国刑法理论中也存在以机能的行为支配说为基础而肯定过失共同正犯的见解。这种观点一般认为,根据《德国刑法典》第 25 条第 2 款的规定,并不能推导出共同正犯的成立以对构成要件结果实现的共同实行意思为必要的解释结论。而只要具有对一定目的的共动以及其中的意思联络就足够了。过失犯也存在基于意识分工的共同行为计划,是机能地达到共同目的的共同正犯实体。② 例如,德国学者 Dencker 对故意犯中"明知"的构成要件要素以"应当明知"的要素替换后,就不再是对构成要件事实的共同实行意思,而要求是对非构成要件事实的共同实行意思。进而肯定过失共同正犯中也存在意思联络。③ 此外,Kamm 也是基于机能的行为支配说而肯定过失共同正犯的学者。其认为,过失共同正犯在构成要件的结果以各参与者全体的行为共动存在始得实现的场合(不作为犯中,全部参与者遵守义务始得回避结果的场合),换言之,在结果实现或者结果回避依存于复数人的行为样态的场合,就可以得到承认,

而且,并不要求以共同实行意思为过失共同正犯的成立要件。不过并不是完全不要主观的要件,"共同行为(或者不行为)"的认识是必要的。具体来说,以①行为共动性的认识,②法益侵害结果通过该当行为的共动始得实现,即以各行为人参与的相互依存性为基础的状况的认识为必要。④

(二)机能的行为支配说的肯定说的本质及问题

尽管有学者基于机能的行为支配说,肯定过失共同正犯,但是机能的行为支配说中所必需的共同实行意思的要件,却不是原来的机能的行为支配说所具有的那个主观要件。由于过失犯中不存在如故意犯一般的对构成要件结果的意思联络,从上述学者的观点来看,即便主张共同正犯的

---

① 参见〔日〕桥本正博:《「行为支配论」と正犯理论》,有斐阁 2000 年版,第 199 页。关于内田文昭的过失共动理论可以参见本书第二章的介绍,此不赘言。
② 参见〔日〕内海朋子:《過失共同正犯について》,成文堂 2013 年版,第 135 页。
③ 参见〔日〕内海朋子:《過失共同正犯について》,成文堂 2013 年版,第 136 页。
④ 参见〔日〕内海朋子:《過失共同正犯について》,成文堂 2013 年版,第 137—138 页。

成立以主观意思联络为必要,仍然是通过偷换意思联络的内容来肯定过失共同正犯的成立的。上述三学者的观点实际上可以被分为两类,一类是维持故意共同正犯的主观意思联络以构成要件结果为对象的内容,过失共同正犯中意思联络的内容区别于故意共同正犯,桥本正博教授的观点属之。而另一类观点则将包括故意共同正犯在内的全体共同正犯中的意思联络都替换成共同实施非构成要件行为的意思。这实际上对机能的行为支配说进行了必要的改造,只不过这种改造是以故意共同正犯的行为支配构造为原型,将其适用于过失共同正犯,进而可以说是在故意共同正犯的行为支配构造内部所做的调整。

但是,至于这种改造方式能否成功,仍然要回到过失犯的构造上来进行检验。如果认为过失共同正犯具有意思联络,则其必然与故意犯一样,在构成要件阶段具有主观的构成要件要素,进而成为主观的违法性要素。那么过失犯是否具有主观的构成要件要素,也就是决定过失共同正犯是否能够具有意思联络的关键。

二、过失犯一般主观违法性要素之否定

根据 Welzel 的目的行为论,故意得以进入构成要件阶段,而成为一般的主观构成要件要素以及违法要素。但是,这种不法的主观化仅限于故意犯。在过失犯中,只有客观的注意义务进入构成要件阶段,成为客观的构成要件要素,而主观过失则仍然存在于责任阶段。因此,尽管对过失也是从主客观方面一同进行理解,但是,在构成要件上是过失的客观范畴,在责任上是其主观的范畴,这便是过失的二重注意义务违反。以此为基础的新过失论也承认这种过失的二重构造。即构成要件该当性和违法性阶段的客观的过失和责任阶段的主观的过失。"前者是以一般人、平均人为标准的客观的注意义务违反,后者是以行为人本人为标准的主观的注意义务违反。前者是确定不遵守客观上社会生活所必要的注意的行为,后者是判断行为人本人不注意的心理状态。"[1]尽管这种见解处于通说的地位,但是,仍然有学者试图为过失犯的主观违法要素寻找根据。

(一) 确立过失犯一般主观违法性要素的尝试

1. 危险行为意思说

木村龟二尽管也主张目的行为论,但是,在过失犯的主观违法要素的

---

[1] 陈家林:《外国刑法通论》,中国人民公安大学出版社 2009 年版,第 233 页。

问题上,与将过失行为的主观要素置于责任阶段而非不法阶段的 Welzel 的观点不同,其在过失犯主观违法要素问题上形成了新的观点。木村龟二认为,过失犯的主观违法要素以具有预见、防止构成要件结果发生的注意义务为前提。过失犯的主观违法要素不仅限于不注意的消极心理、主观要素,还包括与构成要件结果惹起相连接的危险行为的支配(统制)的行为者心理、主观的要素。①

日本学者花井哲也基本采取了木村龟二的见解,认为过失犯的主观违法要素与故意犯一样,应当被作为过失犯构成要件的主观的构成要件要素。这个主观的违法要素仅仅包括有没有认识到构成要件结果的消极的要素是不充分的。还包括考虑自己的行为是否没有导致构成要件结果发生的危险的心理过程。在这种前置于构成要件结果的危险状态上寻求主观要素的理由,是处于预见防止构成要件结果发生立场上的人(即危险管理责任者)对结果不发生的期待。这个期待不是主观个别的注意能力,而应以一般的注意能力为基础。但是,这种危险状态不是对不注意的规范要素的优先判断,因而不是被评价为客观注意义务违反的行为的意思内容。而是实施与构成要件相连接的不被允许的危险行为的意思。②

危险行为意思说认为,过失犯的主观违法要素是对与构成要件结果相连接的危险行为的意思。这种危险行为意思之所以能够作为过失犯的主观违法要素,是因为预见、防止结果发生的注意义务的行为者存在。而且该说试图通过判断标准上的一般性来保证构成要件的客观性。

2. 个别化说

如果说上述危险行为意思说在判断标准上仍然试图维持过失犯构成要件该当性以及违法性的客观性,那么,个别化说则完全抛弃了客观性的遮盖布,朝着不法个别化的方向发展。个别化说论者认为,"违反注意义务或者危险制造的判断应该以行为人个人的认知能力和避免能力为标准"③。具体而言,在判断过失不法时,若行为人的能力高于一般人,即采用较高的标准确定有无注意义务;若行为人的能力低于一般人,则采用较低的标准确定有无注意义务。

个别化说论者认为,将过失概念在构成要件与责任上进行分割,使得

---

① 参见〔日〕木村龟二:《犯罪論の新構造(上)》,有斐阁1966年版,第185—186页。
② 参见〔日〕花井哲也:《過失犯の基本構造》,信山社1992年版,第114—115页。
③ 吕英杰:《客观归责下的监督、管理过失》,法律出版社2013年版,第183页。

故意和过失的单一的犯罪概念已经不存在了。① 而其主张过失犯不法主观化的本质论据,在于一般被承认的故意犯不法的主观化。认为不应该放弃故意犯和过失犯两者之间犯罪构造的对称性。行为不法是从人的行为的客观面和主观面进行把握的人的不法。过失犯中回避结果的个人能力具有与故意犯中行为人以对结果产生的认识、意欲来操纵行为相同的机能。②

个别化说的实质,"就是放弃所谓客观注意义务违反性的标准,包括外在注意和内在注意义务,而以行为人个人对结果的认识能力,决定行为人有'违反认识义务'(内在注意),亦即,决定行为人不法的标准,就是行为的安全标准。而所谓客观注意义务即剩下过失犯与故意犯共通的'遵守规范义务',这种义务并不是架构过失不法的要素,因此不是判断过失犯构成要件不法的要素,只有行为人个别的预见结果发生的能力,才是架构过失行为不法的构成要件要素"③。

(二)过失犯二重构造之坚持

危险行为意思说显然难以对全部的过失犯作出说明。在无认识的过失中,行为人并未认识到其所实施的行为的危险性,因此,危险行为意思说难以说明无认识的过失主观违法性要素的问题。实际上,危险行为意思说对有认识的过失也未必妥当。在有认识的过失中,行为人错误地估计了行为所具有的危险性,在此基础上作出了行为不危险的认定。因此,"在过失犯中,不管是有认识的过失或无认识的过失,都是对构成要件的实现没有认识"④。由此,危险行为意思说才会主张过失犯的主观违法性要素是与构成要件结果相连接的实施危险行为的意思。但是,尚且不论没有认识到行为危险性的无认识的过失,这种对构成要件之外的事实的认识,如何成为过失犯的主观构成要件要素,进而接受违法性的评价?木村龟二之所以采取这样的见解,与其在行为论上所主张的目的行为论有

---

① 参见〔奥地利〕Reinhard Moos:《過失における不法要素としての主観的注意違反(上)》,吉田敏雄译,载《北海学園大学法学研究》41卷2号(2005)。
② 参见〔奥地利〕Reinhard Moos:《過失における不法要素としての主観的注意違反(上)》,吉田敏雄译,载《北海学園大学法学研究》41卷2号(2005)。
③ 许玉秀:《主观与客观之间:主观理论与客观归责》,法律出版社2008年版,第149页。
④ 许玉秀:《主观与客观之间:主观理论与客观归责》,法律出版社2008年版,第156页。

密切关系。目的行为论在说明过失犯的时候总是不能成功,因为,过失犯不存在故意犯中实现构成要件结果的目的,所以,目的行为论者认为无认识的过失是以构成要件该当结果之外的结果为目的的。可是,正如阿图尔·考夫曼教授所言,这种目的性不具有法的重要性。目的行为论只要坚持目的性的主观概念,就难以解决无认识的过失的问题。① 因此,对危险行为的意思即便存在,也仅仅是在有认识的过失的范围内,对危险行为的意思不能成为过失犯的一般的主观违法性要素。

个别化说主张以行为人个人的能力判断其是否具有注意义务,也就在行为规范的层面对不同的人科以不同的规范要求,这破坏了规范的统一性与安定性,不利于规范的行为规制机能的实现,进而不利于刑法一般预防目的的达成。此外,"如果行为构成的实现要取决于个别化标准,那么,这样做就已经部分取消了不法和罪责之间的区别"②。对此批判,主张个别化说的学者也并不讳言,认为"不法和罪责是否要维持形式上的区分,或者要放弃区分的形态也不重要了,因为他们内含的要素已经移位了。换句话说,就像主观和客观之间的分割方式已改变一样,不法和罪责的分割方式也可以改变"③。

但是,笔者认为,个别化说存在诸多疑问。首先,保持不法与罪责的区分仍然是有必要的。"将违法(不法)与责任作为构建犯罪论体系的支柱,是刑法学最为重要的进步,具有充分的根据与内在合理性。"④不法的目的在于保护法益,罪责的目的在于保障人权,目的不同所要实现的机能亦不同,难以完全忽视两者的区别。其次,个别化说所谓的根本论据并不稳固。根据个别化说论者的逻辑,是为了在统一的犯罪概念之下维持故意犯与过失犯构造的对称性,所以在过失犯中也应当从主观和客观两方面来把握过失不法。但是,故意犯中主观的不法要素与客观的不法要素可以独自存在并发挥各自的作用,客观的不法要素是故意犯不法的不可欠缺的组成部分。而在过失犯中,其主观的不法要素以个人能力为基础

---

① 参见〔日〕甲斐克则:《「認識ある過失」と「認識なき過失」》,载西原春夫先生古稀祝贺论文集编集委员会编:《西原春夫先生古希祝賀論文集 第二卷》,成文堂1998年版,第12页。
② 〔德〕克劳斯·罗克辛:《德国刑法学 总论(第1卷)》,王世洲译,法律出版社2005年版,第725页。
③ 许玉秀:《主观与客观之间:主观理论与客观归责》,法律出版社2008年版,第157页。
④ 张明楷:《犯罪构成体系与构成要件要素》,北京大学出版社2010年版,第50页。

进而影响了客观的不法要素的范围,甚至是直接取消了客观的不法要素存在的必要性。个别化说认为,客观注意义务违反是一个无用的概念,只有行为人个别的预见结果发生的能力,才是架构过失行为不法的构成要件要素。① 由此,过失犯中的客观不法要素就没有存在的意义,使得故意犯与过失犯在构造上仍然存在本质区别,也即并未贯彻个别化说论者的初衷。最后,主张个别化说将使规范丧失行为指引功能,有损一般预防的实现。实际上在现实中也不可能按照每个人的个人能力为其设定个别化的规范。例如,在道路交通中,所有人遵循的都是一套固定的交通规则,否则交通秩序必然陷入混乱。

所以,现在个别化说虽然变得有力,但是,德国学界的主流观点仍然采取一种"双重标准"来认定过失。② 也就是说,过失是根据双重标准决定的:"一方面,首先要斟酌,鉴于在特定的危险状态不欲的法益侵害,客观上要求什么样的行为;另一方面,根据行为人的人格以及能力,要考虑能否要求行为人为此等行为。"③"当过失行为的客观方面能够被认定时(不法构成要件),才能够探讨,根据行为人的智力、教育、灵活性、能力、生活经验、社会地位等,一般的注意要求和预见要求能否被满足(责任构成要件)。"④若以这种二重构造来理解过失犯,则过失犯本身就不具有一般的主观违法性要素。就如 Roxin 所言,过失犯不存在主观的构成要件,行为者的认识不过是客观归责判断的要素,即不过是客观构成要件的判断要素而已。⑤

三、基于机能的行为支配说的共同性之重构

上述认为过失共同正犯的共同性以意思联络为必要的种种见解,不过是以故意犯为基点,对故意共同正犯成立条件所作的修正,却没有以过失犯本身的构造为基点,来判断过失共同正犯有无存在意思联络的可能。

---

① 参见许玉秀:《主观与客观之间:主观理论与客观归责》,法律出版社 2008 年版,第 148—149 页。
② 参见[德]克劳斯·罗克辛:《德国刑法学 总论(第 1 卷)》,王世洲译,法律出版社 2005 年版,第 724 页。
③ [德]汉斯·海因里希·耶赛克、[德]托马斯·魏根特:《德国刑法教科书》,徐久生译,中国法制出版社 2017 年版,第 758 页。
④ [德]汉斯·海因里希·耶赛克、[德]托马斯·魏根特:《德国刑法教科书》,徐久生译,中国法制出版社 2017 年版,第 759 页。
⑤ 参见[日]松宮孝明:《クラウス·ロクシン「目的性と客観的帰属」》,载《法と政治》42 卷 2 号(1991)。

我国也有学者主张过失共同正犯的成立需要"意思的联络",认为"只有意思的联络才能使二人以上的行为起到相互促进的作用"。不过,"意思的联络不应当被限定为犯罪故意的联络,只要是就共同实施构成要件的行为具有一般意义的意思联络即可。因为一般意义的意思联络……也完全能够起到相互促进、强化对方不履行注意义务的作用,从而使任何一方的行为与他方行为造成的结果具有因果性,因而任何一方对他方造成的事实、结果,只要具有预见可能性,就必须承担刑事责任"[1]。另有学者指出,"在主观方面,共同过失犯罪中不具有共同故意犯罪那样的'意思联络',但在过失共同犯罪中,各行为人在违反共同注意义务上存在共同心情。即各行为人都没有履行注意义务,而且,正是因为各行为人都没有加以注意,才相互助长了对方的不注意,产生了不注意的共同心理,各行为人都是在相互不注意的共同心理状态下,不履行或者不正确履行共同注意义务。换言之,共同过失犯罪的各行为人在心理上存在着互助、互动关系。这是共同过失犯罪成立的主观基础,至于各个行为人的过失的罪过形式是否一致,不影响对共同过失的认定"[2]。但是,不论学者们采用的是"意思的联络"还是"共同心情",以示与故意共同正犯中的意思联络相区别,都没有为过失共同正犯主观违法性要素提供充分的论证。特别是在疏忽大意的过失中,行为人本身就是由于过失而没有认识到自己行为的危险性,如何能够具有对构成要件行为的意思联络?此外,以"共同心情"来取代意思联络的概念,在内容上却仍然是对"违反共同注意义务"的共同心情,实际上与对构成要件行为的意思联络是一回事,因为,一般认为过失犯的构成要件行为就是违反注意义务。

结合笔者上述见解,若过失犯应采取二重构造,过失犯不存在一般的主观违法性要素的立场,则过失共同正犯的成立就不以所谓的意思联络为必要的条件。以故意犯所固有的特征来要求与其构造完全不同的过失犯,本身就是一种机械化的逻辑思维方式。在二重构造之下,过失犯虽然也具备违法与责任的要素,但是,"并不表示在犯罪理论中对于故意犯有关不法与罪责的检验也一定要完全适用于过失犯,因为在区隔犯罪类型的结构的基础上,我们的讨论已经将故意犯与过失犯分别是互不相干的

---

[1] 张明楷:《共同过失与共同犯罪》,载《吉林大学社会科学学报》2003年第2期。
[2] 林亚刚:《论共同过失正犯及刑事责任的实现(下)》,载《江西公安专科学校学报》2001年第3期。

两种独立犯罪类型作为思考原则。换句话说,我们不但要去探讨过失犯的不法与罪责要件的意涵,更应该强调在过失犯的讨论中,可以大大方方地放开故意犯相关犯罪理论的拘束,纯粹从过失行为的应刑罚性与需刑罚性,配合上位的刑法功能与目的来架构检验过失犯应该具有的要件"。笔者认为,在以机能的行为支配理论探讨共同正犯的共同性时,除在故意犯与过失犯的相同之处形成最大的公约数外,更应注意两者之间在构造上的差异,寻求符合各自构造的共同性理论。

共同正犯具有正犯性,因而与单独正犯、间接正犯一样被置于行为支配理论之下来探讨正犯性。共同正犯与单独正犯、间接正犯一样,都是由于支配了构成要件的实现而成为正犯。在这一点上可以与处于非支配地位的教唆犯、帮助犯相区别。而这种机能的行为支配之所以能够实现,是因为各行为人在共同行为中具有相互补充、相互促进的共同关系。在共同正犯中,"一方面接受共同行为者的因果影响,另一方面通过自己的参与给共同行为者以因果影响力,经过这种双方向的因果影响力之后,双方或者任何一方的行为导致了结果的发生"①。在相互补充、相互促进的共同关系中机能地支配构成要件的实现,才是共同正犯适用"一部行为全部责任"的原理进行归责的根据。

以这种共同性出发,则共谋共同正犯亦可以成立。与形式的客观说从是否实施实行行为来区别正犯与共犯不同,通过相互补充、相互促进而实现机能行为支配的共同正犯就不限于各参与者在实行阶段分担实行行为,共谋者通过其事前的共谋而对实行者产生了支配的因果影响力,对构成要件的实现与实行者构成了相互补充、相互促进的关系,仍然是具有机能的行为支配的共同正犯。就正犯与共犯的区分也有作用。共同正犯与教唆犯、帮助犯尽管都是广义的共犯的一种,但是,教唆犯、帮助犯与其所教唆者、帮助的正犯之间却不存在这种相互补充、相互促进的共同关系。教唆犯、帮助犯对被教唆者、被帮助者的补充、促进关系都是单向的,不存在相互性。教唆行为、帮助行为的完成无需被教唆者、被帮助者的行为对其进行补充、促进。而正是在这种相互补充、相互促进的关系之下,共同正犯才得以对构成要件的实现进行机能的支配。若在机能的行为支配下

---

① 〔日〕嶋矢贵之:《過失犯の共同正犯論(二·完):共同正犯論序説》,载《法学協会雑誌》121卷10号(2004)。

实现了构成要件,产生了法益侵害的结果,则各行为人要以"一部行为全部责任"的原则进行结果归责。总之,相互补充、相互促进的共同关系是共同正犯的本质要素,意思联络不是。具有意思联络,而没有行为上的相互补充性、促进性,仍然不能成立共同正犯。例如,数人谋议实施诈骗,却各自行动,在不同的时间与地点对不同的人实施诈骗行为,由于数人间在行为实施上不具有相互补充性、促进性,不能成立共同正犯。对各人只能以其自身诈骗所得数额进行量刑。

只不过,在故意犯的情况下,行为是以特定构成要件结果的实现为目标的,故意本身就包含在构成要件之中。因此,故意犯之间要形成相互补充、相互促进的共同关系,进而对构成要件的实现产生机能的行为支配,就要以各行为人之间的意思联络为必要。这种意思联络是以共同行为实现作为目标的特定结果为基本内容的。而在过失犯的情况下,各行为人对构成要件的实现都没有认识,无须以意思联络为归责的必要条件。但是,如果认为过失犯的本质在于注意义务的违反,则存在于注意义务违反之中的能够影响共同性形成的特征却仍然可能成为影响过失共同正犯相互补充、相互促进的共同关系的形成的必要条件。

第四节 小结——过失共同正犯意思联络之否定

对意思联络的探讨,在至今关于过失共同正犯的理论研究中始终处于核心的地位。过失共同正犯否定说的论者往往以过失犯中不可能存在意思联络而否定过失共同正犯成立的可能性。过失共同正犯肯定说的论者在意思联络的问题上尽管采取了各种重构、缓和的尝试,但理论上未必是成功的,使得过失共同正犯的成立基础处于极不稳固的状态之中。传统的理论不过是以故意共同正犯为原型,来探讨过失共同正犯问题,难免存在与过失犯自身构造不相容的问题。

本部分内容从共同正犯的处罚根据入手,探讨共同正犯中采取"一部行为全部责任"的原理进行结果归责的实质根据。共同正犯是以不同于单独犯的行为方式惹起了与单独犯相同的结果。共同正犯者在相互补充、相互促进的共同关系之下,支配了犯罪的实现,导致了结果的发生,这才是共同正犯的本质,是其以一部行为承担全部责任的实质根据。意思联络并非必然在犯罪的机能行为支配中发挥本质的作用,因而并不是包括过失共同正犯在内的全体共同正犯成立的必要条件。

基于此,意思联络可以维持其在故意共同正犯中的原本含义,而成为故意共同正犯成立的必要条件。过失犯在主观上本来就不存在对结果的认识、意欲,难以具有故意共同正犯中的意思联络。过失共同正犯的成立既无可能,也无必要以意思联络为要件。而应当在过失行为的本质要素中来探讨过失共同正犯形成共同性所需要具备的条件。

总之,意思联络不是过失共同正犯成立的必备要件,过失共同正犯肯定论者无需过多地被其转移视线和精力。过失共同正犯在排除意思联络存在的前提之下,仍然具有成立的可能性,即在过失行为自身所具有的本质中获得不同于故意共同正犯的成立要件。

第六章　过失共同正犯构造要素之因果性

如果认为,应当在客观归责理论之下判断过失犯的构成要件该当性,解决结果归责的因果性问题,则将客观归责理论运用于过失共同正犯的客观归责,会产生与共同义务共同违反说不同的归责原理。"如果人们根据过失的归责性结构来考虑,那么,在'通过在结果中实现了一种由多人共同创造的不容许的危险'时",肯定过失共同正犯的构成要件该当性。[1]也即,过失共同正犯的客观归责原理是,数人共同制造了法所不允许的危险,而且该危险在结果中实现时,过失共同正犯的成立就具备了构成要件该当性。应当指出,前述客观归责理论的基本内容只是按照德国学者 Roxin 的观点进行了大致的介绍,其并非客观归责理论的固有架构。但是,"客观归责理论至今所成就的,其实只有制造风险和实现风险这两大基本概念,在两大概念之下的内部构造,尚未发展成熟,对于各种排除规则是由的应用和法理诠释,还相当粗糙而分歧"[2]。因此,采取何种客观归责的具体架构来处理过失共同正犯的结果归责问题有待进一步探讨。

第一节　过失共同正犯中共同制造法所不允许的危险

所谓危险,是"任何因果关系上可以解释的结果出现之前,就已经存在造成结果是可能的这样一种状态"[3]。因此,在现实结果出现之前,危险的状态实际上始终存在。若在户外行走的人,突然被汽车撞死,或者突然被从天而降的陨石砸死,则他在死亡之前客观上都处于危险之中。所以,任何使被害人去户外行走的人都使其陷于危险之中。正是由于任何

---

[1] 参见〔德〕克劳斯·罗克辛:《德国刑法学 总论(第2卷)》,王世洲等译,法律出版社2013年版,第74页。

[2] 许玉秀:《主观与客观之间:主观理论与客观归责》,法律出版社2008年版,第17页。

[3] 〔德〕沃斯·金德霍伊泽尔:《故意犯的客观和主观归责》,樊文译,载清华法律评论编委会编:《清华法律评论(第三卷 第一辑)》,清华大学出版社2009年版,第155页。

结果发生之前都有一个可能发生结果的危险阶段,造成这个结果的任何一个原因也造成了这个结果的一个危险,[1]所以,以行为人制造了危险来对结果进行客观归责,在客观构成要件上没有进行任何的限制。正是基于此种原因,客观归责理论主张行为人制造的危险必须是法所不允许的,进而制造法所不允许的危险就成为客观构成要件该当性的一个条件。同理,在过失共同正犯的情况下,复数过失行为人共同制造法所不允许的危险也就成为过失共同正犯客观构成要件该当性的一个条件。

一、制造法所不允许的危险的判断资料

(一)判断资料的来源

过失犯是开放的构成要件,过失犯的成立以明确其构成要件的具体内容为前提。由于难以从刑法条文中直接引出过失犯的具体行为准则,所以,援用社会行为准则加以判断成为必要。所谓社会行为准则,范围极其广泛,"不仅法律、命令、规则的成文法规,企业内部规则、服务规程、契约、条理、经验法则乃至健全的社会常识都是刑法上注意义务的根据,对于明确刑法上的注意义务具有作用"[2]。新过失论中,注意义务的违反,"是和过失划等号的概念"[3]。这是因为广泛存在于社会规范中的各种安全规范,提示了危险产生的可能性。违反了相应的注意义务,法益侵害的危险就可能产生。只是此种"划等号"的认定使得过失犯的不法缺乏必要的规范判断,导致据此所划定的处罚范围并不妥当。

与新过失论不同,以客观归责理论架构过失犯的不法,则违反行政法规、习惯、条理上的注意义务并不等于过失犯的制造法所不允许的危险。这是因为刑法外的义务并不等于刑法中的注意义务。有些场合,遵守了刑法外的义务也就意味着遵守了刑法上的注意义务;但在另一些场合,遵守了刑法外的义务无法直接得出不存在违反刑法上注意义务的结论。因此,刑法外的义务不过是刑法上的注意义务的判断基础或者资料而已。基于此种思考,笔者认为存在于法规范、行业规范、职业规范等社会规范中的注意义务

---

[1] 参见〔德〕沃斯·金德霍伊泽尔:《故意犯的客观和主观归责》,樊文译,载清华法律评论编委会编:《清华法律评论(第三卷 第一辑)》,清华大学出版社2009年版,第155页。

[2] 〔日〕谷井悟司:《判例における刑法上の注意義務と刑法外の義務との関係性について》,载《大学院研究年報》46卷(2017)。

[3] 孙运梁:《因果关系与客观归责》,社会科学文献出版社·集刊分社2021年版,第133页。

都是在刑法上制造法所不允许的危险的判断资料。

(二) 判断资料的内容

1. 法律规范

为了保证社会安全、有序地运行,现代社会生活的各个领域中往往存在由行政法规所确立的安全规范。这些安全规范集中存在于交通、消防、医疗、安全生产、食品安全、环境保护等领域,并以行政法规的形式存在。例如,我国在上述相关领域就存在《道路交通安全法》《消防法》《医疗事故处理条例》《药品管理法》《安全生产法》《食品安全法》《水污染防治法》等行政法规。行政法规是基于高度技术化、专业化的知识制定的,其内容提示了社会一般人所应遵循的行为准则,依照行为准则行事,一般即可防止特定领域、行业中安全事故的发生。以《道路交通安全法》为例,该法不仅规定了公安机关交通管理部门对机动车的登记、管理、报废;机动车驾驶证的发放;对驾驶培训学校的管理以及交通事故处理等各项职责,而且对道路通行的规则作了具体规定,诸如机动车、非机动车实行右侧通行;机动车的安全车速与安全距离;机动车对交通信号灯、交通标志、交通标线或者交通警察指挥的遵守;道路交通中行人与车辆的避让关系等。这些规定本质上属于人们在交通领域应当遵循的行为准则,依照行为准则行事保障了交通领域的安全运行。遵守了交通管理法规中的行为准则,一般来说就是遵守了刑法上的注意义务。

2. 行业、企业等的内部规范

行政法规的安全规范尽管为社会各领域的正常运行提供了行为准则,但是有的行政法规仍然是一般化规定,需要对其予以进一步的具体化。而且,还存在行政法规难以触及的领域,需要其他社会规范予以补充。因此,大量存在于特定职业、企业内部、行业内部的安全制度性规范,是行政法规安全规范得以贯彻的载体,也是对其的有益补充。相关行业的从业人员在业务中对这些安全制度的违反,也可能制造法所不允许的危险。例如,医疗领域中的医疗水准,是依据医疗领域的专业知识与实操需求而形成的保障医疗行为安全规范的基本标准,为医疗行业从业人员提供了一般化的行为准则。医疗过失刑事责任的追诉,以医疗行业从业人员应为行为之注意义务的确定为前提,判断时就需要参考医疗水准中的具体行为准则。

此外,相关生产企业内部所制定的安全操作流程、安全管理制度也包含着单位的内部规范。现代的工业生产,分工极其细化。相关生产工序往往由不同的人员进行操作。这些操作尽管存在分工,但是生产中却构成一个整体。为了保障生产的安全,要求操作人员严格按照安全操作规定来进行操作。相反,生产中普遍存在的分工也加剧了数人违反安全操作规定,从而共同制造不被允许的危险的情况产生。日本的"世田谷通信线路火灾案"就是这种情况。同属某公司线路部门的工人A、B,在世田谷电话局地下约130米的地下管道内,进行电话线焊接作业。二人各自使用一个焊接喷灯进行作业。但是,二人在没有确认两个焊接喷灯是否熄灭的情况下,就离开了施工现场,导致火灾发生。法院认定A、B二人构成业务上失火罪的共同正犯。在本案中,A、B二人违反了所在公司关于火灾防止的规则,[①]据此可以判断二人的行为共同制造了法所不允许的危险。

3. 日常生活的习惯和常理

除了行政法规中的安全规范以及行业、企业等的内部规范,尚存在社会一般观念上的规范。"这类注意义务是根据社会共同生活准则形成的。当从事某项职业或处于某种环境时,由行为人的身份、能力及生活或工作常识自然产生某种注意义务。"[②]违反这些规范的行为,仍有可能制造法所不允许的危险。例如,在瑞士发生的著名的"滚石案"中,甲、乙二人在山坡上分别向山下滚巨石,其中一块巨石击中山下的丙,导致其死亡。但是,无法确定是谁滚下的哪一块石头击中了丙。法院最终判定甲和乙构成过失致人死亡罪的共同正犯。该案中,甲、乙二人违反的就是社会一般观念上存在的规范,从而共同制造了法所不允许的危险。

二、共同制造法所不允许的危险的判断标准

何种情况下可以判定数人的行为共同制造了法所不允许的危险,也即过失共同正犯的共同性为何,这是过失共同正犯客观归责的核心问题。

(一)判断共同制造法所不允许的危险的不同方案

1. 基于平等地位的判断

二人以上者实施了制造法所不允许的危险的行为,是否要求二人以

[①] 参见〔日〕金子博:《過失犯の共同正犯について——「共同性」の規定を中心に》,载《立命館法学》4号(2009)。

[②] 姜伟:《罪过形式论》,北京大学出版社2008年版,第231页。

上者处于平等的法律地位,才可以认定他们的行为共同地制造了法所不允许的危险,这在理论上存在分歧。日本学者大塚仁教授认为,只有"共同者处在同一法律地位上"时,才可以承认共同的注意义务。① 以大塚仁教授为代表的平等法律地位说得到了诸多学者的赞同,特别是在我国刑法理论上,一般主张共同行为者之间应当具有平等的法律地位。例如,冯军教授认为:"认定共同注意义务有无的关键,是根据各行为人职务行为的内容看各行为人在法律上是否处于平等地位。只有各行为人在法律上处于平等的地位时,才能说他们之间存在共同注意义务。"②但是,平等法律地位说也存在问题,即"行为人在何种情况下处于法律上的平等地位,是一个相当不确定的问题"③。

我国也有学者提出了平等社会地位说,认为行为人"在由于某一行为或者事件引起的社会关系中处于相同的地位,具有相同的权利义务"④,进而具有共同的注意义务。对此,有学者指出,社会地位本身是一个模糊的概念,它不是一个严格意义上的法律术语,因而很难为其下一个准确的定义。社会地位平等的人并不必然具有相同的权利义务。因为在法治社会中,每个人的社会地位都是平等的。当然,这种意志表达与实践的自由并不意味着当事人在具体社会关系当中的权利义务就是相同的。具有平等社会地位的人仍然是通过法律规范或者一些非法律的规范的创设,并为构建和维护共同的法秩序而形成一个紧密的注意义务共同体。⑤

实际上,难以将法律地位是否平等作为判断过失共同正犯之共同性是否存在的标准。例如,日本的"搞混患者案"中,⑥由于数名医生、护士以及麻醉师的过失行为,将同日预定实施心脏手术的患者 S 和预定实施肺部手术的 H 搞错了,进而实施手术,两名患者受到伤害。本案中,在负责对病房的住院患者进行看护、辅助诊疗等工作的护士 Y,在将 S 和 H 二位患者送至手术室,交给负责辅助手术医生的护士 Z 时,搞错了两名患者的名字,进而将患者送进了错误的手术室。护士 Y 在将病人交给 Z 之前,

---

① 参见〔日〕大塚仁:《刑法概說(総論)》(第四版),有斐阁 2008 年版,第 297 页。
② 冯军:《论过失共同犯罪》,载西原春夫先生古稀祝贺论文集编集委员会编:《西原春夫先生古稀祝賀論文集 第 5 卷》,成文堂 1998 年版,第 718 页。
③ 张明楷:《共同过失与共同犯罪》,载《吉林大学社会科学学报》2003 年第 2 期。
④ 张亚平:《竞合过失下刑事责任的分配》,载《中国刑事法杂志》2006 年第 4 期。
⑤ 参见吴情树、颜良伟:《竞合过失理论的再提倡》,载《中国刑事法杂志》2007 年第 2 期。
⑥ 参见最决平成 19 年 3 月 26 日刑集 61 卷 2 号 131 页。

本来应该通过照片、病例确认患者的同一性,具有防止事故发生的注意义务。但是,Y 却怠于履行注意义务。护士 Z 从 Y 处接手患者时,应该确认患者的同一性,具有防止发生搞错患者事故的注意义务,但是,Z 由于怠于履行注意义务,而将 S 和 H 送错了手术室。对 S 的手术具有完全责任的主刀医生 C,如果手术前在手术室内进行检查,发现了与术前检查结果有显著不同的情况,应该再次确认患者的同一性,明确搞错了患者时应该立即中止手术,其具有防止事故发生的注意义务。但是,C 在助手切开患者胸骨后才进入手术室,而且在发现患者脏器状况与术前检查具有显著差异的情况下,竟然没有采取确认患者同一性的手段,而是继续对 H 进行手术,没有履行注意义务。对 H 的手术负完全责任的主刀医生 D,虽然其在麻醉后便进入手术室,但是,手术前本来应该先确认手术室内的患者 H 再开始手术,即便手术开始后认识到患者状况与术前检查结果不同,也应该再次确认患者的同一性,明确搞错了患者时就应该中止手术。但是,D 怠于履行注意义务,在将 S 误信为 H 时,却继续进行手术,导致事故发生。手术中对患者的全身状况进行管理的麻醉师 B,在麻醉之前本来应该通过患者的外观特征、问诊等确认患者是 H 本人,如果对患者的同一性存在疑问就应该慎重地再次检查患者的身份,发现有误就应该防止手术的进行。但是,其怠于履行注意义务,没有对被搬送至手术室的 S 的同一性进行确认,仅凭姓氏的发音等就轻信是 H,没有对患者的同一性产生疑问就实施了麻醉,最终导致事故发生。[1] 对该案,大塚裕史教授认为,手术患者的同一性确认问题,是进入专业性领域之前的问题,不论是主治医生、主刀医生还是麻醉师在这个问题上都没有区别,因此成立过失共同正犯。但是,对于护士 Y 和 Z,由于护士的行为是医疗辅助或者准备行为,不存在以对医生的行为进行干涉为内容的义务存在,所以否定其与医生共同惹起了结果。[2]

以平等或者对等地位来判断共同性的观点在医疗过失中能够找到相当多的依据。的确,在医疗领域,认定身份不同的医生之间或者医生与护士之间的过失,由于不存在相互的共同义务,就没有成立过失共同正犯的余地。数人之间具有纵向的、垂直的分工的场合,在认定了行为与结果之

---

[1] 参见〔日〕荻原由美惠:《医療過誤と過失犯論(2·完)》,载《中央学院大学法学論叢》21 卷 2 号(2008)。

[2] 参见〔日〕大塚裕史:《チーム医療と過失犯論》,载《刑事法ジャーナル》3 号(2006)。

间因果关系的范围内,基本上涉及的是过失竞合的问题。但是,在水平关系上进行共同操作,职位不同,担当的具体职务内容不同,未必就不具有共同性。特别是在现在广泛存在的团队医疗中,情况更是如此。所谓团队医疗,是指伴随着医疗的高度化、复杂化以及各个领域的专业化、分工的细化,超越诊疗科室和职务种类的界限,由医生、护士、药剂师、各种技师、各种疗法师协力,共同承担一个患者的诊疗的组织医疗。① 团队医疗体制下进行危险手术的场合,手术前进行了数次讨论、协商,不问专业领域,参与者对相互的工作分担有充分的认识与理解。各参与者共同实施手术时,为了避免对患者的危险,具有为了唤起相互的注意而采取必要的建议、监视的义务。② 医生与护士,如果单纯地看二者,存在监督与被监督的关系。但是,他们都不过是医疗团队中的一员,不是单纯的监督与被监督的关系。参加手术等危险行为的成员,为了回避危险,应当超越各自的地位而相互唤起注意,具有相互补充、利用的关系。并不是地位不同注意义务就不能共通。应当根据具体事例判断相互补充、利用关系的存否。③ 因此,如长井长信教授所言,法的地位平等、对等并不是决定性的要素。在具体危险行为状况中,虽然各行为人应为的具体行为样态不同,但是,当实质上被科以作为全体的一个共通的具体注意义务时,如果其共同行为被评价为相互助长、促进不注意的可能,便可以考虑成立过失共同正犯。④

2. 基于相同义务内容的判断

另一种观点认为,应当以相同的注意义务的内容来判断是否具有共同性。例如,松宫孝明教授认为,判断共同注意义务是否存在,"重要的不是法律地位的平等性,而是义务内容的共同性"⑤。

但是,不能否定在复数行为人被赋予的注意义务内容不相同的情况下,也可以共同制造法所不允许的危险。例如,在对病人实施注射时,医

---

① 参见〔日〕荻原由美惠:《医療過誤と過失犯論(2·完)》,载《中央学院大学法学論叢》21卷2号(2008)。

② 参见〔日〕荻原由美惠:《医療過誤と過失犯論(2·完)》,载《中央学院大学法学論叢》21卷2号(2008)。

③ 参见〔日〕土本武司:《過失犯と共犯》,载阿部纯二等编:《刑法基本講座》(第4卷),法学书院1992年版,第148页。

④ 参见〔日〕荻原由美惠:《医療過誤と過失犯論(二·完)》,载《中央学院大学法学論叢》21卷2号(2008)。

⑤ 〔日〕松宫孝明:《「過失犯の共同正犯」の理論的基礎について——大塚裕史教授の見解に寄せて》,载《立命館法学》2011年5·6号(339·340号)。

生由于不注意而给出了错误的医嘱,护士由于不注意而没有向医生指出医嘱中的错误(当然应当在护士所具有的专业知识的范围之内),进而实施了错误的注射行为,导致病人死亡。导致病人死亡的注射行为是由医生和护士共同实施的,尽管两者的注意义务内容不同,却由于各自的不注意行为共同制造了法所不允许的危险,不能以注意义务内容的不同就绝对排除共同制造法所不允许的危险的可能性。

实际上,在日本司法实践中,存在着许多注意义务内容不同,而承认过失共同正犯成立的判例。例如,在"四条铁路道口案"中,铁路道口的守卫员甲,应当在列车预定通过道口时间的五分钟前站在道口观察列车运行状况。守卫员乙则应当在道口附近的安全值班室内,以列车接近显示器和反射镜等确认列车的接近。在列车接近时,两者相互拉手笛通知。乙在接到甲的信号时,应将设置于道口的交通信号灯由绿色经黄色切换为红色,而后放下道口的路杆。事故发生当日,道口附近浓雾弥漫妨碍了视线,并且应该在预定时间通过道口的列车,过了预定时间仍然未通过,但是,任何时候列车都有接近并通过道口的可能性。此时,甲由于轻信列车会有相当长时间的延迟而转移了在线路上的注意力。同时,乙也在列车接近显示器出现故障的情况下轻信其仍在正常运行。二人都没有拉响手笛。结果在列车接近时没有切换交通信号灯和放下路杆,导致了进入道口的汽车与列车相撞,汽车驾驶人死亡的结果。法院认定甲、乙二人成立业务过失致死罪的共同正犯,因为,两名被告人具有相互协力确保道口安全的共同注意义务。[①] 本案中,甲、乙二人所承担的职务行为的内容各不相同,因此,并不是由于注意义务内容的相同而被认定为具有共同性。

3. 基于规范标准的判断

日本学者金子博基于客观归责的规范的共同性立场来探讨过失共同正犯的共同性问题。其认为,"刑法上共同性的根据,是应当回避该当结果的'共同义务的共同违反',对此,不论是正犯还是共犯,都应当客观地进行确定"[②]。"对构成要件实现的事项的答责领域,是从社会的第三者来看,导致结果的各参与者的事前行为具有何种意思,进而决定与这种事

[①] 参见下级裁判所刑事裁判例集·7卷5号855页。
[②] 〔日〕金子博:《過失犯の共同正犯について——「共同性」の規定を中心に》,载《立命館法学》2009年4号(326号)。

前行为的意义相符合而具有何种义务。"① 即从社会期待的角度,如果社会期待共同者共同防止结果的发生,就肯定共同义务的存在。

但是,基于罪刑法定原则,判断共同义务是否存在需要确立明确的标准。而由于"社会"概念的模糊性,使得"社会期待"的标准本身变得不明确。若以这种不明确的标准来判断共同性,则在面对具体案件时,判断者恣意判断的可能性就难以避免。而且所谓"社会期待"的标准在内容上是空洞的,不能完成过失共同正犯类型化的任务,因此,不过是一个需要大量其他内容的标准予以充实的无用概念。

此外,如果仅仅以具有社会期待就承认共同性,会不当扩大共同义务的成立范围。② 过失犯所造成的损害后果的严重性有时并不亚于故意犯,有的过失犯导致的损害结果甚至是灾难性的。例如,2011年发生的温州动车组追尾事故,造成的人员伤亡和财产损失极为严重。面对这些导致严重后果的过失犯罪,社会上的处罚意愿很高,从纯粹规范的观点来探讨共同性存否,则社会认为有处罚必要的场合就会全部认定为共同义务存在,这不当地扩大了过失共同正犯的成立范围。

(二) 共同制造法所不允许的危险的具体判断标准

笔者认为,过失共同正犯的共同性之判断,要借助共同正犯的处罚根据来进行检讨。共同正犯的处罚根据,依照行为支配理论,是共同者对犯罪事实存在机能的行为支配。在机能的行为支配之下,要求共同者的客观行为相互补充、相互促进,以共同实现犯罪。

一般认为,故意犯的场合下,基于意思联络而形成共同实行的合意,为这种相互补充、相互促进的共同支配提供了心理的基础。可是,故意共同正犯所要求的意思联络的内容是以共同实行惹起该当结果。而在对该当结果没有认识的过失犯中,要求具有以共同实行惹起该当结果的意思联络是不可能的。此外,由于过失犯并不存在一般的主观违法要素,在无认识的过失中就不存在对危险行为的认识,也就不可能有关于共同危险行为的意思联络。所以,过失共同正犯对犯罪事实形成机能的行为支配所需具备的意思联络的对象,就不在于该当结果的惹起,而在于危险行为

---

① [日]金子博:《過失犯の共同正犯について——「共同性」の規定を中心に》,载《立命館法学》2009年4号(326号)。

② 参见[日]大塚裕史:《過失犯の共同正犯の成立範囲:明石花火大会步道橋副署長事件を契機として》,载《神戶法學雜誌》62卷1/2号(2012)。

的共同遂行。

在故意犯的场合,如果各行为人之间在主观上没有意思联络,相互补充、相互促进的关系就不能形成,也就无所谓犯罪事实的机能的行为支配。因此,可以认为意思联络是故意共同正犯共同性存在的基础。而在过失犯中,存在有相互的意思联络就能肯定相互补充、相互促进的共同行为的情况,也存在没有相互的意思联络,仍然能够肯定相互补充、相互促进之共同性的场合。例如,在"皮革喷雾剂案"中,缺陷产品未被及时召回导致了消费者受到损害,如果有权决定召回的董事会是以无记名投票的方式来决定是否对缺陷产品进行召回,则由于各董事会成员在投票之前并无意思联络,如果按照共同性认定以意思联络为基础,则不能认定过失共同正犯的成立。反之,如果董事会各成员不召回缺陷产品不是采取无记名投票的方式决定,而是通过协商达成一致的,则又会由于各成员之间具有实施危险行为的意思联络而肯定共同性的存在,进而成立过失共同正犯。① 但是,对上述两种情况作出不同的对待,"在结论上是不均衡的,因而难言妥当"②。尽管不具有意思联络,但是由于各成员之间实际上处于相互依存的地位,只有采取相互补充、相互促进的行为,才能避免结果的发生。因此,仍然不能否认这种情况下共同性的存在。

由此,依照机能的行为支配理论,共同正犯的相互补充、相互促进的客观面才是处罚共同正犯的根本依据。复数行为人主观上相互的意思联络不过是肯定这种相互补充、相互促进关系存在与否的判断资料之一。"共同责任的重心应该是具有相互支援以损害法益的共同客观行为,共同决意只是使得集体行动者间的个别行动,产生相互连带关系的指标之一,即便多数行为人间不具有主观意思联结,但只要有其他可供佐证连带关系的社会事实,仍然可以肯认多数行为人间的共同性,进而证立责任的共

---

① 与德国法不同,我国《刑法》中存在单位犯罪的规定,缺陷产品责任的追诉往往涉及处罚单位犯罪的罪名,因此以单位犯罪的规定予以解决,不会产生类似"皮革喷雾剂案"所面临的归责困境。但是,现实中通过多数表决形成决议,最终导致一个结果产生的情形并非仅限于单位犯罪。例如,《刑法》第409条规定的传染病防治失职罪的犯罪主体是"从事传染病防治的政府卫生行政部门的工作人员",不能构成单位犯罪。复数行为人在表决决定对突发传染病疫情等灾害采取何种预防、控制措施时,就会产生与"皮革喷雾剂案"相类似的归责问题。

② 〔日〕大塚裕史:《過失犯の共同正犯の成立範囲:明石花火大会步道橋副署長事件を契機として》,载《神戸法學雜誌》62卷1/2号(2012)。

同、连带关系。"因此,过失共同正犯的共同性根据,在于复数行为之间相互补充、相互促进的性质。共同者在这种相互补充、相互促进的关系之中实施危险行为,共同制造了法所不允许的危险。如果不存在这种与他人行为之间相互补充、相互促进的关系,就不能认为是共同制造了法所不允许的危险的共同行为,其只不过是过失单独正犯的竞合。例如,德国学者所举的"剧场火灾案"中,剧场支配者 D 具有将消防装置注满水的责任,消防员 F 具有操作这个装置来灭火的义务。但是,剧场发生火灾时,D 没有在上述装置中储水,F 也因为喝醉酒而没有救火,导致被害人在火灾中死亡。德国学者 Knauer 认为,各被告人无论在时间、场所的事实上,还是在实质上都是独立地制造了危险,不能被评价为共同答责的过失共同正犯。[1] 这里,所谓的以实质的差异来判断共同性,进而区分共同正犯与同时犯的见解,对于何为实质的差异,仍然存在不明确之处。笔者认为,按照机能行为支配的观点,上述案例中,D 与 F 在制造法所不允许的危险的过程中,不存在相互补充、相互促进的关系,因而不能认定是共同制造了法所不允许的危险,所以不构成过失共同正犯。

共同制造法所不允许的危险的判断中,以客观上的相互补充、相互促进关系作为标准,与客观归责理论试图将结果归责的问题限定于客观构成要件层面的基本判断思路是一致的。不过,采取客观归责理论仍然需要面对结果归责中所谓行为人"特殊认知"的问题。客观归责理论旨在判断行为人的行为是否制造了法所不允许的危险,是否背离了本应遵守的行为规范而被评价为不法。批判的见解认为,"这个问题仅从客观方面出发是解决不了的,它要求我们必须将行为人的认知也考虑在内,只要这种认识涉及行为人已知悉的、对危险的产生有重要影响的事实情状"[2]。"这里所涉及的认知,也可能是行为人先前业已知悉的某些事物;在行为时虽然没有想到,但应该要想到,因而使得行为人的行为应受非难。"[3]既然行为人的特殊认知包括对事前知悉的事实的认识,那这种认知就无法

---

[1] 参见〔日〕金子博:《過失犯の共同正犯について——「共同性」の規定を中心に》,载《立命館法学》2009 年 4 号(326 号)。

[2] 〔德〕沃尔夫冈·弗里施:《客观归责理论的成就史及批判——兼论对犯罪论体系进行修正的必要性》,陈璇译,载《国家检察官学院学报》2020 年第 1 期。

[3] 〔德〕沃尔夫冈·弗里希:《客观之结果归责——结果归责理论的发展、基本路线与未决之问题》,蔡圣伟译,载《刑事法评论》(第 30 卷),北京大学出版社 2012 年版,第 253 页。

等于行为当时存在的故意、过失。因此,不能将这个"认知"等同于行为人主观上的故意、过失。而基于行为人事前认知的事实来判断行为的不法,由于此种事实在行为时已经成为一种客观情状,因而难言其属于纯粹的主观要素。"当我们在回答'先前获悉特定情状的人当下可否从事某个特定行为'或是'这个行为鉴于其所具备的经验应否评价成受非难的风险制造'这个问题时,所涉及的当然是一种客观的判断。"①综上所述,笔者认为,行为人的特殊认知并不会成为客观归责理论的必然障碍。在对共同制造法所不允许的危险的判断中,起决定作用的因素也是复数行为人的行为在客观上相互补充、相互促进的关系,并不是各行为人之间主观上的认识。

(三)共同制造法所不允许的危险的内容

共同注意义务具有何种内容,在过失共同正犯的场合主要需要探讨的是是否需要相互监视义务的问题。有学者认为,共同注意义务是指共通的注意义务。例如,藤木英雄认为,"承认过失犯的共同正犯以充足的事实为必要。不仅仅是危险作业的共同,在预测危险的状态下,判定存在基于相互利用、补充关系而负有结果回避义务的共通注意义务者的共同义务上的过失时,应当认为具有过失犯的共同实行"②。

但是,共通的注意义务与共同的注意义务是不同的。共同正犯所具有的注意义务是共通的,但是,共通的注意义务并不限于在共同犯罪中才存在,在过失单独正犯竞合的情况下,各行为人之间也会存在共通的注意义务。由此,以共通的注意义务为内容,难以区别过失共同正犯和过失同时犯。所以,"要求各参与人相互之间在注意义务的内容上具有共通的性质是没有必要的"③。例如,在组织体内部,处于上层的管理者 A 与其部下 B 两者所负有的注意义务的内容是不同的,A 的注意义务内容是通过指导 B 的行为以避免结果产生,B 的注意义务内容是避免违反自身的注意义务直接导致结果产生。由于两者所负有的注意义务的内容不同,按照共通的注意义务的见解,A 与 B 之间不可能产生构成过失共同正犯所必需的共同性。

---

① 〔德〕沃尔夫冈·弗里希:《客观之结果归责——结果归责理论的发展、基本路线与未决之问题》,蔡圣伟译,载《刑事法评论》(第30卷),北京大学出版社2012年版,第253页。
② 〔日〕藤木英雄:《刑法演習講座》,立花书房1970年版,第224页以下。
③ 〔日〕照沼亮介:《過失共同正犯の理論の基礎と成立要件》,载《上智法学論集》63卷2号。

在过失共同正犯的场合,由于各行为者间相互补充、相互促进的共同关系的存在,进而适用"一部行为全部责任"的原则,若将他人行为所导致的结果归责于行为人,则行为人就需要有避免他人行为导致结果产生的义务。行为人除了要避免自己的行为导致结果发生,也要防止他人的行为导致结果发生。因此,过失共同正犯中共同注意义务的内容,除了需要有避免自己的行为导致结果发生的注意义务,还包括促使其他人避免其行为导致结果发生的注意义务。这种相互监视义务的存在,是过失共同正犯成立的不可缺少的要件。如上文所述,故意共同正犯的成立以意思联络的存在为必要,而过失共同正犯中意思联络却并不是其成立的本质要素。但是,由于过失犯的本质在于注意义务的违反,则存在于注意义务违反之中的能够影响共同性形成的特征却仍然可能成为影响过失共同正犯相互补充、相互促进的共同关系形成的必要条件。各行为人之间的这种相互监视义务就是共同注意义务中所具有的影响相互补充、相互促进的共同关系存在的注意义务自身的特征。由此,如在"四条铁路道口案"中,铁路道口的守卫员甲、乙二人如果并不存在相互通知对方的义务,则难以认定共同注意义务的存在,不能成立过失共同正犯。

　　需要指出的是,这里的相互监视义务与监督、管理过失中存在的监督、管理者对被监督、管理者的监督、监视义务是不同的。根本区别在于后者的监督、监视义务是单向的,仅仅是监督、管理者对被监督、管理者而言的。而过失共同正犯中的监视义务存在于各行为人之间,是双向的。因此,即便复数行为人存在层级上的差别,注意义务的内容也并不相同,但是相互之间如果存在相互的监视义务,则仍然可能产生相互补充、相互促进的共同关系。例如,当下级成员具有对上级成员采取某种结果回避措施的建议义务的情形时,上下级之间就存在双向的相互监视义务的可能。当然,建议义务作为下级成员注意义务的一部分,自然应当有所限制。"要肯定建议义务,至少以行为人具有采取回避结果发生的具体措施的实质权限为必要。"[1]

　　就监督、管理过失而言,监督者、管理者所负有的监督、监视义务与被监督、被管理者导致结果产生的直接行为所违反的注意义务在内容上并不相同。行为人要对结果承担责任,应当在导致结果的直接原因中寻找

---

[1] 〔日〕平野洁:《雑踏事故における注意義務》,载《人文社会論叢.社会科学篇》26号(2011)。

根据。在否定过失共同正犯成立必要性的同时犯解消说以行为人违反监视义务来认定导致结果产生的过失单独正犯的成立,忽视了导致结果发生的直接原因,偏离了过失犯的本质。过失犯是制造法所不允许的危险的行为,而不是没有防止他人实施制造法所不允许的危险的行为。在过失不法的判断中,需要明确的是行为人违反注意义务的行为与结果之间的因果关系,而不是行为人违反注意义务的行为与他人违反注意义务行为的产生之间的关系。因此,同时犯解消说以违反监视义务作为过失单独正犯成立的全部要件是不妥当的,违反监视义务至多只能在监督、管理过失的特殊构造中发挥确定不法内容的作用,不是导致结果产生的直接行为所违反的注意义务的本质内容。

最后应当指出的是,复数行为人之间存在的这种相互监视义务仅仅是过失共同正犯"共同性"成立的基础性条件,与故意共同正犯中意思联络的功能相一致,其不过是行为人之间存在相互补充、促进关系的判断基础,并不是以"一部行为全部责任"对行为人进行结果归责所需具备的全部要件。

三、共同制造法所不允许的危险的具体判断

客观归责理论是以制造法所不允许的危险来判断过失犯的构成要件行为的,是否制造了法所不允许的危险也是通过行为是否违反注意义务来判断的。客观归责理论之下,违反了上述作为判断资料的各种义务在很大程度上就可以认定制造了法所不允许的危险。以行政法规中存在的安全规范为例,这些规范是根据一般生活经验以及社会总体运行规律对可能产生的不安全进行全面预测的结果。因此,违反这些安全规范往往就会产生危险。违反这些规定就会制造出法所不允许的危险。例如,《刑法》第133条规定:"违反交通运输管理法规,因而发生重大事故,致人重伤、死亡或者使公私财产遭受重大损失的,处三年以下有期徒刑或者拘役;交通运输肇事后逃逸或者有其他特别恶劣情节的,处三年以上七年以下有期徒刑;因逃逸致人死亡的,处七年以上有期徒刑。"这里所谓的"交通运输管理法规"指的就是包括《道路交通安全法》在内的行政法规。因此,违反《道路交通安全法》而超速行驶的,就是制造了法所不允许的危险的行为。

但是,与新过失论不同,这种判断并不是绝对的。新过失论之下,对广泛存在于社会规范中的注意义务的违反就等同于过失犯中的注意义务

的违反,违反注意义务的行为就是过失行为。可以说,在新过失论之下,上述注意义务之违反构成了过失不法的基础。但是,在客观归责理论之下,不是进行这种形式上的等同性的判断,前文所述几种注意义务不过是是否制造法所不允许的危险的判断资料,对行为是否实质上制造了法所不允许的危险还需要进行规范的判断。违反行政法规中的安全规范虽然在绝大多数情况下表明行为制造了法所不允许的危险,但是,也不能绝对地将两者划上等号。就如行为人遵守了交通法规中的规定,但是并不能由此就推定其行为符合刑法规范的要求。"如同未曾遵照某个一般性的谨慎规则并非一个强制性的证明,而只是对举止缺陷的间接的证据那样,遵守一定的保护规定也同样只是行为实行的在交通规则上正确的一个符号。"①所以,既存在着违反行政法规中的安全规范,却没有制造法所不允许的危险的情况;也存在着即使遵守了行政法规中的安全规范,还是有可能制造法所不允许的危险的情况。例如,有学者举例,在煤矿作业中,经营者虽然遵守了相关规定使矿井中的瓦斯浓度保持在低值,爆炸危险极低,但是在经营者明显感觉当日空气压力过大、其他可燃性气体浓度异常,因而导致爆炸的危险明显增加的情况下,如果经营者不及时命令井下作业工人及时撤离而酿成事故的,仍然需要承担责任。②

四、没有制造法所不允许的危险

(一)降低危险

行为人的行为降低或者减少了危险,则不是制造危险的行为,就不具有客观可归责性。例如,上文所举到的例子中,将要被石块砸中头部的被害人推开,行为人通过其行为将因果经过修正为对被害人有利的状况,即免于被击中头部而仅仅被击中肩膀,此时,就是降低了危险,因而排除结果的归责。

在数行为人共同实施危险行为的情况下也会存在降低危险的情况。例如,在治疗"非典"的过程中,因曾经大量使用激素,许多病人在"非典"被治愈之后出现了一侧或者双侧股骨头、股骨干坏死的情况。③ 如果由数

---

① 〔德〕约翰内斯·韦塞尔斯:《德国刑法总论:犯罪行为及其构造》,李昌珂译,法律出版社 2008 年版,第 398 页。
② 参见吕英杰:《客观归责下的监督、管理过失》,法律出版社 2013 年版,第 116 页。
③ 参见杨丹:《医疗刑法研究》,中国人民大学出版社 2010 年版,第 157 页。

名医生组成的医疗小组决定对某位"非典"患者使用大量激素而造成了股骨头、股骨干坏死的结果,尽管使用大量激素是导致结果发生的原因,但是,由于"非典"的高致死性,治疗行为避免了患者的死亡,是降低或者减少危险的行为。因此,不能认为组成医疗小组的数名医生的行为共同制造了法所不允许的危险。也就不能将对患者造成的健康损害的结果归责于该数名医生。

(二)未制造危险

若行为人的行为没有在法所重视的范围内制造或者提高危险,只是促成了社会上一般的正常行为,则不能进行结果的归责。如上文提到的雷击案,表面上看,侄子的劝说行为与叔叔的死亡结果之间存在着条件关系。但是,所劝说他人实施的不过是法律上没有重要意义的日常生活的正常行为。这种行为与散步、爬山、游泳、吃饭一般,并不能进入法律评价的范围,即便这些行为之中具有危险,也是法律所忽视的危险。即使这些行为造成结果,自始就不能进行归责。

但是,对是否制造危险,还需要事后客观地进行判断,即"以一个思虑周到的人在事前是否会认为这样的行为是会造成危险的行为以为断"[①]。

(三)制造了法所允许的危险

如果行为制造的是法所允许的危险,则同样应当排除对行为人的结果归责。如上所述,法所允许的危险理论是新过失论的理论基础,旨在重视危险行为的社会有用性,限制过失犯的处罚范围。而客观归责理论作为新过失论的发展,也继承了这一理论,在行为制造的是法所允许的危险的情况下,排除对行为人的结果归责。问题在于,什么是法所允许的危险,以什么样的标准来判断行为所制造的危险在法所允许的范围之内的呢?

对法所允许的危险的判断,站在行为无价值立场上往往以客观注意义务的欠缺以及减少,或者社会相当性理论为判断依据。而立于结果无价值立场上,则会采取利益衡量的方法进行判断。其中,利益衡量说采取的是"行为时行为的有用性、必要性与行为的危险性之间进行衡量,前者优越的情况下该当行为的遂行是被允许的判断结构"[②]。但是,立于结果

[①] 许玉秀:《主观与客观之间:主观理论与客观归责》,法律出版社2008年版,第17页。
[②] 〔日〕深町晋也:《信赖の原则について》,载齐藤丰治等编:《神山敏雄先生古稀祝贺论文集(第一卷 过失犯论·不作为犯论·共犯论)》,成文堂2006年版,第119页。

无价值立场上的利益衡量说存在疑问。例如,为了抢救负伤者而在道路上超速行驶救护车,按照利益衡量说的见解,则会认为所要抢救的病人的身体健康或者生命利益优于车辆超速行驶给其他车辆或者行人带来的危险。但是,在救护车超速行驶的过程中发生交通事故,造成更多的人受伤或者死亡,对这种行为是否由于法所允许的危险而排除归责是难以通过单纯的法益比较意义上的利益衡量来说明的。

法所允许的危险的判断与其体系地位也存在关系。如果将法所允许的危险视为违法阻却事由,则法所允许的危险就可以与作为构成要件该当性问题上的社会相当性问题相区别。例如,德国学者毛拉赫和齐普夫认为,"社会相当性作为构成要件的一种调节因素,具有优先于被容许的风险这一违法阻却事由的地位。因此,一切具有社会相当性风险的情形都属于社会相当性的范畴,它们所产生的效果就是使构成要件符合性归于消灭。只有当不存在社会相当的风险,即对于风险的评价来说并不存在普遍适用的一般行为准则,而只有根据个别情况才能具体认定行为具有有利于社会的意义时,才能够以被容许的风险为根据阻却行为的违法性"①。而如果认为,法所允许的危险是构成要件该当性上的问题,则其与社会相当性的关系又会存在纠葛。Welzel 就认为,法所允许的危险是社会相当性的一个事例,其与其他社会相当性行为的区别仅仅在于法益侵害危险程度的不同。② 这种观点将法所允许的危险几乎等同于社会相当性,引发了取消法所允许的危险的主张。

笔者认为,如果以客观归责理论对构成要件该当性进行实质化的解释,则制造了法所允许的危险的行为自始就不能作为符合构成要件的行为,因此,法所允许的危险是构成要件该当性上的问题。而在判断构成要件该当行为时,不能仅仅着眼于结果无价值立场进行判断,因为,构成要件该当行为本身就是违反刑法行为规范的行为。构成要件该当性的实质判断不能离开行为无价值立场的标准而仅仅站在结果无价值的立场上独自展开。这也是新过失论注重过失犯的行为无价值,以过失犯的客观行为为中心的理论核心的应有之意。

实际上,行为有用性与危险性的衡量结论,在很多情况下已经被法律定型为一定的行为规范。例如,对建筑物抗震标准的规定,就是在地震时

---

① 陈璇:《刑法中社会相当性理论研究》,法律出版社 2010 年版,第 60—61 页。
② 参见〔日〕前田雅英:《許された危険》,载中山研一、西原春夫、藤木英雄、宫泽浩一编:《現代刑法講座 第 3 卷 過失から罪数まで》,成文堂 1979 年版,第 34 页。

会导致的建筑物倒塌的损害的危险性与廉价、快速、高效地建造建筑物的社会有用性之间进行衡量的结果。在地壳结构稳定,不易发生地震的地区,自然没有必要以高强度的抗震要求来设定标准,指导建筑物的建造。否则,是对有限的社会资源的浪费。因此,为了避免地震可能造成的损害,不是禁止建造一切建筑物,而是应当按照法律规定的抗震标准来建造建筑物。所以,是否是法所允许的危险就是由是否遵守了抗震标准来决定的,这体现的完全是行为无价值立场的判断。

只是,存在着在法律所定型化的典型事例类型之外的特殊事例,对其需要进一步规范化地加以判断。在这些特殊事例中,即便遵守了法律所设的行为规范,仍然可能制造了法所不允许的危险。① 例如,在看到处于交叉道路上的超速行驶的车辆已经接近十字路口时,仍然按照交通信号灯绿灯的指示进入十字路口,造成事故的,也是制造了法所不允许的危险。因为,在这种情况下,并不存在法律所预设的较超速行驶的车辆的司机的生命、身体健康或者财产更优越的利益。此时,根据结果无价值的危险性的衡量仍然是必要的。因此,在判断是否是法所允许的危险的过程中,应该从行为无价值和结果无价值两个方面展开。

(四)假定的因果关系不排除归责

假定的因果关系,是指虽然某个行为导致了结果的发生,但是即使没有该行为,由于其他人或者事件也会产生同样的结果的情况。假定的因果关系是否影响归责,理论上存在不同的见解。多数学者认为,假定的因果关系不影响归责。例如,德国学者 Wessels 认为,"对具有这样的情况,即社会危害性结果也有可能在此后基于其他事件和其他方式同样产生,也不排除产生了作用的实际行为对于结果发生的原因性。'追加'了一些这样的储备原因,认为它们也有可能对结果的出现起到了产生作用,以此方法来略过行为人的行为是不准许的,因为,一个事实上的发生过程,并不因为有其他的一个有可能代替它的,只不过是并未代替它的发生过程的存在,而消失自己的存在和作用"②。

在条件说之下,由于存在假设的因果关系,导致结果发生的行为都会

---

① 参见〔日〕小林宪太郎:《刑法的帰責——フィナリスムス・客観的帰属論・結果無価値論》,弘文堂2007年版,第36页。

② 〔德〕约翰内斯·韦塞尔斯:《德国刑法总论:犯罪行为及其构造》,李昌珂译,法律出版社2008年版,第97—98页。

因此成为在结果发生中可以想象其不存在的条件,从而否定其与结果之间的因果关系。如此,将濒临死亡的人在临近死亡的时刻杀死,则行为人可以主张即使不杀死被害人其也会马上死亡来要求免除其责任。如果认为在假定的因果关系的情况下可以排除结果归责,将导致刑法禁止实施故意杀人行为的行为规范在这种情况下丧失其应有的效力。依照此种判断逻辑,在公共汽车上实施扒窃行为的人就可以主张,在当时的情况下由于公共汽车上还有其他扒窃者,即使自己不盗窃财物,该财物也会被他人盗窃;甚至杀人者可以主张其即使不实施杀人行为,被害人也会由于疾病、意外而死亡等来开脱自己的罪责。此种结论显然是不合理的,也将使刑法所设置的行为规范失去行为指引的功能。正如 Roxin 所言,"如果把垂死之人在其临死前的那一刻杀死而不受到惩罚,不得杀人的禁令就轻易地被打破了,而这是法秩序难以接受的"①。刑法既然规定了禁止实施侵害法益的行为的行为规范,那么只要所保护的法益处于该刑法规范的保护范围之内,就不能以结果必然发生而否定刑法禁止性规范的效力。所以,"不能由于另一个人已经准备好违反法律,就撤销法律制度(对这一个人)的禁令"②。基于笔者规范论的基本立场,从维持行为规范之机能的角度,不能认为假定的因果关系的存在可以排除结果的归责。

第二节 过失共同正犯中实现法所不允许的危险

行为制造了法所不允许的危险,还需要该危险在结果中实现,才能进行客观归责,因此,客观归责理论的第二大支柱是实现法所不允许的危险。而对实现法所不允许的危险的判断,也是通过一系列的排除归责来进行的。需要指出的是,尽管在制造法所不允许的危险上需要数行为人之间存在共同性,即共同地制造法所不允许的危险,但是,从危险实现于结果之中的角度而言,不论是一人行为导致结果还是数人行为共同导致结果均在所不问,这也是共同正犯"一部行为全部责任"的应有之义。

---

① 〔德〕クラウス・ロクシン(Claus Roxin):《ロクシン刑法総論:第一卷[基礎・犯罪論の構造]〔第三版〕(翻訳第一分册)》,平野龙一监修,町野朔、吉田宣之监译,信山社2003年版,第407页。

② 车浩:《假定因果关系、结果避免可能性与客观归责》,载《法学研究》2009年第5期。

一、未实现危险

行为虽然制造了法所不允许的危险,但是结果的发生并不是由该危险所导致的,而是偶然地与危险同时发生的,则排除结果归责。例如,甲意图杀害乙而对其进行枪击,导致乙受伤住院治疗。乙在住院治疗期间死于医院发生的火灾。由于乙的死亡结果并不是甲的枪击行为所制造的危险的实现,所以乙的死亡结果不能归责于甲的枪击行为。此外,对传统刑法因果关系理论中的因果关系流程偏离的问题,也可以根据未实现危险的规则进行判断。由于危险实现的判断是以自然因果力的大小为事实基础的规范判断,所以,因果关系流程偏离并不必然排除归责。

但是,对于上述事例,以往都是通过因果关系的中断或者故意的存否来解决的。在我国,按照传统刑法理论,因果关系流程偏离是在故意的认识错误中解决的问题。例如,行为人意图扼杀被害人,将被害人扼昏后,误以为被害人已经死亡。为逃避罪责,遂将被害人抛入河中。但是,事后查明被害人实际上是被淹死的。按照我国传统的刑法理论,这种所谓的因果关系错误的问题往往是在犯罪主观方面的故意中进行探讨的。"这种情况下,行为人主观上存在着杀害被害人的故意,客观上也实施了杀害行为,被害人死亡结果的发生也确实是由其行为直接造成的,因而其错误认识不应影响行为人的刑事责任,行为人仍应负故意杀人既遂的刑事责任。"[1]

不过,"通说认为,因果关系的错误是是否成立故意的问题,但是由于这个错误与因果关系自身是否存在也有关,所以,在作为错误问题之前,作为因果关系的问题来对待是妥当的"[2]。从实质上来看,将因果关系流程的错误问题置于故意理论之中进行讨论有导致主观不法论的危险。因果关系流程错误的问题到底属于客观构成要件的问题,还是故意的问题,实际上在德国刑法理论上早有探讨。例如,德国学者 Hirsch 认为,"因果流程错误原本是结果经由行为人所认识的途径以外的途径发生,因此行为人应该为该结果负责与否,决定于因果流程偏离情形是否能包含于行为人的故意之中"[3]。针对促使被害人外出旅游,致其遭受坠机而死亡的

---

[1] 高铭暄、马克昌主编:《刑法学》(第十版),北京大学出版社、高等教育出版社 2022 年版,第 122 页。
[2] 〔日〕大谷实:《刑法講義総論》(新版第 4 版),成文堂 2012 年版,第 167 页。
[3] 许玉秀:《主观与客观之间:主观理论与客观归责》,法律出版社 2008 年版,第 169 页。

例子,Hirsch认为,"如果行为人只认识习惯上的、一般的社会生活风险,还不具有有支配作用的意志,只是一个希望,因为包含支配意志的故意,必须对具体的实害现象有认识,而交通工具是否有瑕疵因而依事前判断具有法所不容许的危险,显然决定于行为人对资讯的掌握情况,行为人如明知被害人所搭乘的飞机有故障,他的怂恿行为即制造了危险,这表示法的不容许决定于行为人的主观面,而不是客观面"①。由此,则会认为违法不是客观地由法秩序所设定的,而是依照行为人主观的认识或者意欲而产生的,若行为人主观上没有对客观事实的认识或者意欲,则不能产生违法。"什么样的风险对于结果归责是决定性的风险,不考虑行为人的预想就不可能予以回答。那么,行为人之行为和结果的产生之间是否存在风险联系,可能就不属于客观构成要件的检验,而只属于主观的归责。"②但是,这种以行为人的主观认识或者意欲来决定违法内容的见解属于主观违法论的范畴,因而不能得到赞同。这种在故意中解决因果关系流程偏离的现象在我国传统刑法理论中也存在,这就是所谓的因果关系错误问题。一方面存在主观违法论倾向的危险,另一方面也使得相同类型的问题,在处理上产生了体系上的分割。例如,甲蓄意杀人,某晚在乙外出途中,潜在路边树林中开枪击中乙,乙当时倒地昏迷,甲看到乙不再动弹,以为已将乙杀死而潜逃。过了一段时间,乙苏醒过来,慢慢地往家的方向爬,爬到公路一拐弯处,一辆卡车高速驶来,司机因疏忽大意,发现爬行的乙时已来不及刹车躲避,汽车从乙身上轧过致乙死亡。对这种事例,传统刑法理论一般置于故意理论中通过因果关系错误来解决。③但是,如上述甲杀害乙,乙受伤住院期间死于医院火灾的事例,传统刑法理论则往往会放在因果关系理论之中,通过因果关系中断来进行说明。

按照客观归责理论,所谓因果关系的错误问题,关涉的是行为人的行为与结果之间是否存在关联性,进而是否要将结果归责于行为人的问题。所谓因果关系的错误,并不是行为人的认识与因果关系的流程不一致,而是行为人所制造的不被允许的危险没有经过相当的流程而实现。根据客

---

① 许玉秀:《主观与客观之间:主观理论与客观归责》,法律出版社2008年版,第169—170页。
② 〔德〕沃斯·金德霍伊泽尔:《故意犯的客观和主观归责》,樊文译,载清华法律评论编委会编《清华法律评论(第三卷 第一辑)》,清华大学出版社2009年版,第160页。
③ 参见高铭暄、马克昌主编:《刑法学》(第十版),北京大学出版社、高等教育出版社2022年版,第121—122页。

观归责理论,上述"投尸"案例中,"行为人不但制造了风险,而且所制造的风险'相当地'实现了,因此,并不排除归责"①。相反,在上述另外两个事例中,尽管行为人的行为制造了危险,但是,由于因果关系流程的偏差所制造的危险并没有实现,所以排除结果的归责。行为人的行为只构成故意杀人罪的未遂。

二、未实现法所不允许的危险

行为人的行为制造了法所不允许的危险,只有该危险在结果中具体实现时,才能对行为进行结果的客观归责。但是,如果危险虽然实现了,却并非法所不允许,则仍可排除归责。适用这一规则进行排除归责判断的案例如德国著名的"山羊毛案"。该案中,一家毛刷厂的厂长没有遵守规定事先消毒中国的山羊毛,就给了女工让她们进行加工。四名女工因此感染上炭疽菌而死亡。后来查明,规定的消毒措施对当时欧洲尚不知道的这种细菌本来就是没有作用的。②该案中,如果根据事前的判断,则行为人的行为制造了法所不允许的危险,可是事后查明,即使行为人遵守了规定也不能免除结果的发生,也即,"行为人应尽的义务是无效的义务,因此虽然违反义务而制造了风险,但该风险未实现,因此如果老板故意致女工受感染死亡,或成立杀人未遂,如仅出于过失,则完全不可归责"③。

三、结果不在注意规范的保护范围之内

如果所实现的结果并不在注意规范的保护目的范围之内,则由于结果不是设定的注意义务所要防止的对象,就不能认为是在该结果中实现了违反注意规范的行为所制造的不被允许的危险。"检验规范保护目的,就是在检验被实现的构成要件和防止构成要件被实现的安全规则之间是否有一致的目的关联,为了防止特定构成要件被实现,任何足以导致构成要件实现的危险自然包含在构成要件的禁止范围之内,而促成这种危险行为的模式自然也在禁止范围之内。"④相反,如果结果不在注意规范的

---

① 许玉秀:《主观与客观之间:主观理论与客观归责》,法律出版社2008年版,第196页。
② 参见[德]クラウス・ロクシン(Claus Roxin):《ロクシン刑法総論:第一卷[基礎・犯罪論の構造][第三版](翻訳第一分册)》,平野龍一監修,町野朔、吉田宣之監訳,信山社2003年版,第412页。
③ 许玉秀:《主观与客观之间:主观理论与客观归责》,法律出版社2008年版,第197页。
④ 张亚军:《刑法中的客观归属论》,中国人民公安大学出版社2008年版,第91—92页。

保护目的范围之内,说明结果不可能由禁止规范范围内的行为导致,则行为与结果之间的规范关联被排除,结果就不是该制造不被允许的危险的构成要件该当行为所引起的,应当排除结果归责。

例如,两个骑自行车的人,在晚上骑着没有车灯的自行车前后相随而行。前面那个人由于缺乏照明而撞上了迎面而来的另一个骑车人。但是,这个事故本来是可以避免的,只要后面那个骑车人在自己的车上安装了照明设备。① 德国法上存在有关道路交通照明的规定,那么后面那个骑车人是否要因为违反了有关照明的注意义务而承担这起交通事故的责任呢? 按照结果并不在注意规范的保护目的范围之内则排除归责的原理,有关道路交通照明的规定的目的在于避免自己的车辆与他人的车辆发生交通事故,而不是为了让其他道路使用者避免发生交通事故,或者是为其他道路使用者提供照明,因此,后面的骑车人的行为所制造的危险没有在与行为相关联的构成要件结果中实现,因此不能对行为人进行归责。

四、合法则的替代行为与危险增高理论

合法则的替代行为,是指行为人违反了注意义务,但即便其未违反注意义务而行为,结果仍会发生,此时结果是否可以归责于行为人的问题。前述的"山羊毛案",Roxin 认为是不可归责的,因为如果把这个结果归责于行为人,则要其为违反一项即使履行了也没有用的义务而受刑罚惩罚,这从正义的角度来看是不能被允许的。② 合法则的替代行为的判断,本质上是过失犯中结果避免可能性的问题。尽管理论上对该问题的体系定位存在不同认识,但是在过失犯不法的判断中需要对其予以确认却是理论的共识。一般而言,当合法则的替代行为可以避免结果产生时,肯定结果归责;以及当合法则的替代行为肯定会导致结果产生时,否定结果归责,并不存在较大争议。存在问题的是合法则的替代行为对于结果的避免而言仅仅存在一种可能性的情况,是否应当排除结果归责。

当合法则的替代行为对于结果避免而言并不确定时,其能否排除

---

① 参见[德]クラウス・ロクシン(Claus Roxin):《ロクシン刑法総論:第一巻[基礎・犯罪論の構造][第三版](翻訳第一分冊)》,平野龍一監修,町野朔、吉田宣之監訳,信山社 2003 年版,第 413 页。

② 参见[德]クラウス・ロクシン(Claus Roxin):《ロクシン刑法総論:第一巻[基礎・犯罪論の構造][第三版](翻訳第一分冊)》,平野龍一監修,町野朔、吉田宣之監訳,信山社 2003 年版,第 412 页。

归责就变得不绝对。例如,"货车案"中,货车司机如果保持法律规定的路边距,则有可能不会发生交通事故,进而避免被害人死亡。这种情况下,行为人遵守注意义务的行为对于避免结果的发生而言,在结论上也不是绝对确定的,即其只不过存在一种避免结果发生的可能性。因此,即便以合法则的替代行为作为替换选项,也无法直接判断行为与结果之间的关联性是否确实存在抑或不存在。所以,就会存在此类案件中能否以合法则的替代行为为由否定结果的归责的问题。

总之,上述情况难以通过合法则的替代行为作为替换选项进行判断,直接得出行为与结果之间是否存在关联性的结论,需要借助其他的标准来进一步判断。Roxin 对此问题的解决提出了危险增高理论。Roxin 根据法益保护的思想认为,"只要遵守注意规范能明显提高保护法益的机会,纵使不是绝对肯定有好的结果,立法者也必然会要求遵守此一注意规范"①。例如,在具有重大风险的手术中,医生严重的不注意行为导致了病人的死亡。如果认为必须在符合义务的行为肯定会避免结果发生时才能对医生进行归责,则由于手术所具有的高风险性,即使按照注意规范手术,仍然有发生死亡结果的可能性,这样就会排除结果归责。②但是,从法益保护的角度来看,即便有手术失败的可能性,为了追求导致好的结果的那一部分可能性,仍然会要求医生按照注意规范进行手术,否则不能排除归责。也就是说,"注意义务规范是要降低风险,而不是一定要避免风险"③。反之,如果逾越规范的行为造成了风险的升高,则没有理由排除结果的归责。"如果遵守规范的命令而结果仍然会发生,虽然行为人违反规范的行为实现了风险,立法者可能因为这种风险是他所容许的,而不予归责。但如果行为人已逾越了被容许的风险,不但他制造了风险,也实现了被禁止的风险,则因为行为人的行为升高了风险,仍可归责"④。基于此,"货车案"中的被告人所实施的违反注意义务的行为是使风险升高的行为,所以不能排除结果的归责。

---

① 张亚军:《刑法中的客观归属论》,中国人民公安大学出版社 2008 年版,第 94—95 页。
② 参见张亚军:《刑法中的客观归属论》,中国人民公安大学出版社 2008 年版,第 95 页。
③ 孙运梁:《因果关系与客观归责》,社会科学文献出版社·集刊分社 2021 年版,第 161 页。
④ 许玉秀:《主观与客观之间:主观理论与客观归责》,法律出版社 2008 年版,第 199 页。

五、答责领域论与过失共同正犯的结果归责

(一)传统溯及禁止论存在的问题

对于溯及禁止,Roxin 认为,其所要解决的问题,都可以在客观归责理论之下进行解决,没有将其作为独立的归责阻却原理的必要。第一,就过失参与他人故意自杀、自伤的情况,可以通过构成要件的射程范围排除归责。第二,就所谓的中立行为的帮助的案例,Roxin 主张在作为被允许的危险的下位归责的信赖原则中予以解决。①

但是,就第一点而言,Roxin 的观点是以德国刑法不处罚故意或者过失参与他人故意自杀、自伤行为为出发点的。而且,也是因为 Roxin 所采取的过失犯统一的正犯概念,在所有过失行为均被认为构成过失正犯的情况下,自然难以通过溯及禁止论来排除过失参与他人故意自杀、自伤行为的归责。但是,在刑法处罚故意参与他人故意自杀、自伤行为的情况下,不能通过构成要件的射程范围来排除归责。因为,故意或者过失参与他人故意自杀、自伤的行为本身就被包含在构成要件的射程范围之内。因此,要排除过失参与他人故意自杀、自伤的行为的可归责性,只能通过溯及禁止论来进行。就第二点来说,信赖原则作为被允许的危险的下位规则本身就存在问题。关于信赖原则的内容,笔者将在下文详述之。

传统的溯及禁止理论是为了解决条件说无限溯及的问题而产生的,但是,"实际上,'中断'的根据不在于事实的因果关系本身,而是归责理论对其做出了禁止回溯的评价,即应当从'因果关系的中断'走向溯责禁止"②。这种理论认为,如果自由且有意识的(故意且有责的)行为成为结果发生的条件,则该条件的前条件就不是原因。换言之,对故意且有责的正犯者背后的行为者,是不允许以正犯的刑事责任进行溯及的。但是,传统溯及禁止论将故意正犯背后的过失参与完全排除在归责范围之外,在诸如火灾事故中的责任人的责任认定以及监督、管理过失的理论根据等问题上难以得出妥当的结论。在实践中,即便存在故意正犯行为,其背后的过失行为也不是一概不作为正犯予以归责的。那么,如何划定背后者承担正犯之责的范围呢?笔者认为,应当借助答责领域论进行规范的

---

① 参见〔日〕安达光治:《客観的帰属論の展開とその課題(三)》,载《立命館法学》2000 年 2 号(270 号)。

② 何仁庆:《溯责禁止理论的源流与发展》,载《环球法律评论》2012 年第 2 期。

判断。

(二)答责领域论的归责范围

答责领域论的主要着眼点在于,"在有复数人的行为参与的事例中,通过各行为的支配领域、答责领域的分配,来划定结果归属的范围"①。其理论基础是自律性原理或者自我答责性原理,即能够成为刑法归责主体的仅仅是自由、自律的行为主体。自我答责原理的根据,首先在于刑法的行为规范的本质。刑法规范的本质是对法益保护的方法进行预设,即对规范对象应当遵守的事项以行为规范的形式予以提示,规范对象通过刑法的要求遵守行为规范以避免介入法益侵害。而这只有通过人的规范意识的作用才能奏效。所以,个人只有被认为是具有规范意识的自律决定的主体,才能遵守规范的要求。其次,自我答责性原理要求将具有客观归责可能的人的行为从无限溯及的因果链条中分离出来。② 即,人的自律行为仅限于从其自身开始的事实。

由以上自我答责性原理的内容与根据可见,其并非答责领域论所固有,在构想规范对象遵守事前行为规范的客观归责论中,也以其为理论前提。而且按照自我答责性原理,个人除了在特别事实存在的场合,原则上只对由自己的行为导致的结果负责,没有对他人的行为导致的结果负责的必要。以此为前提,则自己答责地实施发生结果的行为者是正犯,背后者原则上仅仅是共犯。③ 依照过失犯也可以区分正犯与共犯的观点,自然可以排除大部分过失参与的背后者的归责。但是,过失共犯一般是不可罚的,如果以自我答责性原理为基础,机械地适用溯及禁止论,则难以说明过失参与的背后者作为正犯承担责任的情况。

因此,答责领域论尽管以上述自我答责性原理为基础,但是,其固有的特征却较这种自我答责性原理更进一步,成为一种作为溯及禁止原理的结果归责原理。④ 即,背后的行为者行为后,在介入了他人的自律性行为而导致结果发生的场合,若该当结果是对第二行为者作为正犯归责,则

---

① 〔日〕杉本一敏:《相当因果関係と結果回避可能性(五)》,载《早稲田大学大学院法研論集》105号(2003)。

② 参见〔日〕杉本一敏:《相当因果関係と結果回避可能性(五)》,载《早稲田大学大学院法研論集》105号(2003)。

③ 参见〔日〕安达光治:《客観的帰属論——犯罪体系論という視点から》,载川端博、浅田和茂、山口厚、井田良编:《理論刑法学の探究1》,成文堂2008年版,第79—80页。

④ 参见〔日〕杉本一敏:《相当因果関係と結果回避可能性(五)》,载《早稲田大学大学院法研論集》105号(2003)。

对背后者就不能作为正犯进行归责。也就是说,是第二行为者的答责领域,而不是背后者的答责领域。在此,答责领域论是正犯性答责领域的分割原理。不过,尽管行为者原则上可以将他人视为具有法的忠实自律的人格而行为的人,对他人行为所导致的结果不进行归责。但是,如果行为人以自己的意思介入支配可能的事项,而对结果发生具有支配可能性时,则结果仍然是对行为人具有归责可能的他的"成果"。

所以,答责领域论之下,原则上可以适用溯及禁止原则。故意犯的场合,故意正犯背后的故意参与原则上只构成共犯。而过失犯的场合,故意正犯背后的过失参与由于仅仅构成过失共犯而不具有可罚性。但是,笔者认为,也不能对溯及禁止论采取一概适用的立场,适用与否要根据法律或者相关的社会规范所确定的答责领域的分配进行个别的、具体的判断。例如,我国《刑法》第129条丢失枪支不报罪规定,"依法配备公务用枪的人员,丢失枪支不及时报告,造成严重后果的,处三年以下有期徒刑或者拘役"。根据2008年最高人民检察院、公安部《关于公安机关管辖的刑事案件立案追诉标准的规定(一)》第6条规定:"依法配备公务用枪的人员,丢失枪支不及时报告,涉嫌下列情形之一的,应予立案追诉:(一)丢失的枪支被他人使用造成人员轻伤以上伤亡事故的;(二)丢失的枪支被他人利用进行违法犯罪活动的;(三)其他造成严重后果的情形。"此罪为故意犯罪,但是行为人是对他人介入行为所造成的"严重后果"承担正犯的责任。实际上是立法者对答责领域在立法上进行了事先的分配。又如,行为人对被害人实施伤害行为,引起了危及生命的伤害。医生为拯救被害人的生命对其进行手术,医生即便在救治过程中存在重大的过失,导致被害人死亡,第一行为人仍然要对死亡结果负责。以上情况,不能认为背后者的正犯之责被介入者的行为阻断,也即没有溯及禁止原则适用的余地。

就火灾事故中的责任人来说,在无法查明火灾发生是偶然因素导致,还是他人故意放火导致的情况下,由于责任人未遵守消防规定,存在未采用防火建筑材料、设置必要的灭火设施等违反注意义务的行为,那么即便是他人故意放火导致火灾发生,由于作为背后者的责任人本身具有防止火灾发生的义务,其仍然应当基于自身行为对结果的支配可能性构成过失正犯。例如,黑龙江省海伦市联合敬老院火灾案,就是这种情况。尽管火灾发生是由他人故意放火导致的,但是作为背后者的两名责任人违反消防规定,怠于履行义务,对于结果的发生具有支配可能性,因此,仍然构成过失正犯,要对火灾导致的结果承担责任。至于数责任人之间是否构成过失共同正犯,则需要依据其在行为上是否存在共同性进行判断。

第三节 构成要件的保护范围

一、参与他人故意的自我损害行为的归责界限

(一)教唆、帮助自杀行为的可罚性

排除参与他人故意自我损害行为的结果归责原理,主要是为了解决教唆、帮助他人自杀行为的可罚性的问题。在德国,自杀本身不是犯罪行为,因此即便是故意教唆、帮助他人自杀也是不可罚的。在"自杀案"(Selbstmord-Fall)中,如何排除行为人过失帮助他人自杀行为的责任,在对过失犯采取统一正犯概念的德国理论上是一个难题。因此,Roxin 的客观归责理论中将参与他人故意的自我损害行为排除在构成要件保护范围之外,即便在过失犯中采取统一的正犯概念,仍然可以排除过失参与他人自杀行为的可归责性。

但是,这一规则在处罚教唆、帮助他人自杀行为的国家的刑法中是难以成立的。例如,《日本刑法典》第 202 条规定:"教唆或者帮助他人自杀,或者受他人嘱托或者得到他人的承诺而杀之的,处六个月以上七年以下惩役或者监禁。"我国刑法分则尽管没有关于教唆、帮助他人自杀行为独立成罪的规定,但是,我国司法实务界一般认为,教唆、帮助他人自杀的行为,构成故意杀人罪。[①] 与此相应,我国理论通说也认为,教唆者、帮助者应当成立故意杀人罪,只是基于自杀者本身具有的自由意志,而可以从轻处罚。[②] 在这种情况下,教唆、帮助他人自杀的行为本身就包括在构成要件的射程范围之内。要处罚过失教唆、帮助他人自杀的行为,只能从别处寻找理论依据。笔者在过失犯的正犯概念上采取的是限制的正犯概念,认为过失犯中也存在正犯与共犯的区分。尽管故意教唆、帮助他人自杀的行为在我国是可罚的,但是,由于过失犯本身是例外处罚,其处罚范围

[①] 例如,2011 年发生的"帮母自杀"案,参见钟亚雅、许晓君、崔杰锋:《"帮母自杀":罪不可恕,其情可悯》,载《检察日报》2012 年 6 月 6 日第 5 版。

[②] 参见高铭暄、马克昌主编:《刑法学》(第十版),北京大学出版社、高等教育出版社 2022 年版,第 461—462 页;王作富主编:《刑法》,中国人民大学出版社 2007 年版,第 514 页。

较故意犯要小。因此,从刑事政策上来看,过失教唆、帮助行为的可罚性是轻微的,不具有可罚性。进而,过失教唆、帮助他人自杀的行为是不可罚的。由于我国刑法分则并没有关于教唆、帮助他人自杀行为独立成罪的规定,教唆、帮助他人自杀行为只能结合刑法总则有关共同犯罪的规定来具体考虑。所以,教唆、帮助他人自杀行为的可罚性在我国理论上属于共犯论上的问题。

(二)共犯处罚根据的学说

共犯处罚根据旨在探讨为何将没有实施刑法分则基本构成要件行为的共犯(教唆犯、帮助犯)作为犯罪处罚的实质根据的问题。其作为力图为共犯论各问题的解决提供一个统一的合理根据的理论,近年来正在受到我国学者的重视。关于共犯处罚根据,具有以下学说争论。责任共犯说从共犯与正犯的关系中寻求共犯的处罚根据,认为共犯是因为诱使正犯堕落,并进而陷入罪责与刑罚而受到处罚。[①] 违法共犯说认为共犯是因为使正犯陷入反社会的状态,扰乱了社会的正常秩序而受到处罚。正犯违反了"不能杀人"的规范,而共犯者却违反了"不能教唆或帮助他人杀人"的规范。近年来,在共犯处罚根据问题上,基本上体现惹起说内部观点的对立。纯粹惹起说认为,共犯的处罚根据在于共犯者本身独立侵害刑法分则上所保护的法益,共犯的不法完全独立于正犯的不法,是由共犯行为本身产生的,而不是由正犯行为的不法所导出的。[②] 修正惹起说认为,共犯的处罚根据在于对构成要件上的法益侵害的惹起。共犯的不法是由正犯行为的不法所导出,不承认共犯独立的不法要素。[③] 混合惹起说认为,共犯处罚的根据在于共犯透过正犯间接性侵害构成要件上所保护的法益,即从属性地侵害构成要件上所保护的法益。共犯的不法是由作为法益侵害的独立、固有要素与从正犯行为的不法所导出的从属性要素混合构成的。[④]

笔者认为,惹起说主张刑法所应处罚的行为,应与法益侵害的结果具有直接或间接的关系。不仅正犯行为如此,共犯行为亦如此。共犯是因为参与正犯行为,与正犯一同引起了法益侵害的结果而受到处罚。在惹

---

① 参见〔日〕大越义久:《共犯の处罚根拠》,青林书院1981年版,第210页。
② 参见〔日〕高桥则夫:《共犯体系と共犯理論》,成文堂1988年版,第139页。
③ 参见〔日〕高桥则夫:《共犯体系と共犯理論》,成文堂1988年版,第147页。
④ 参见〔日〕高桥则夫:《共犯体系と共犯理論》,成文堂1988年版,第153页。

起说看来,共犯违法与正犯违法在本质上并没有什么不同,都是因为导致了法益侵害的结果而具有违法性。因此,就与法益侵害的关系论及共犯处罚根据的惹起说基本上是妥当的。首先,责任共犯说没有注意到共犯对法益的侵害,而将诱使正犯堕落作为共犯的处罚根据。其不但没有注意到教唆行为与帮助行为在构造上的差异,对于帮助犯如何起到"诱使"的作用难以得出恰当的结论。而且由于其在共犯从属性形式上倾向极端从属性形式,其自德国1943年修改刑法改采限制从属性形式以来,便失去了实定法的支撑,早已退出了历史舞台。其次,惹起说较将共犯处罚根据求之于抽象的反社会状态引起的违法共犯说,更能明确划定共犯处罚的界限。反社会性、法秩序的妥当性这一类概念,由于其自身的抽象性,在内容上是不明确的,这就为法官的恣意判断留下了空间。以行为侵害法益为共犯处罚的根据,可以明确地限定处罚范围。再次,惹起说在本质上与刑法法益保护的基本原则相一致。刑法的目的是保护法益,只有具备法益侵害的行为才能作为犯罪处理,这是近代以来刑法的基本原则。在刑法保护法益的目的上,正犯与共犯并不能有所区别。共犯也是因为惹起了法益侵害而受到处罚。最后,共同犯罪理论的本质在于将正犯的不法(或结果)归属于共同犯罪的各个行为人。因此,在探讨共犯为何需要处罚的实质根据的问题时,自然应当联系到法益侵害结果的惹起。

而在惹起说内部,应当认为混合惹起说是妥当的。德国学者Lüderssen指出"惹起说的结论是,共犯者对自身的不法与责任承担罪责"①。因此,惹起说的基本命题在于共犯对于构成要件该当结果的间接惹起上。② 就此来说,认为共犯并不具有独立的违法要素的修正惹起说实质上难以体现惹起说的本质。共犯也是因为侵害了构成要件上所保护的法益而受到处罚。既然如此,共犯只有在侵害了对其本身来说也受保护的法益时,才具备了处罚的独立不法要素。Roxin就认为共犯的不法不能仅仅依据从属性原理而从正犯不法中导出。共犯的不法只能在共犯侵害了对其本身来说也受保护的法益的限度内,从正犯的不法中独立出来。③此外,修正惹起说在解释论上难以得到妥当的结论。按照修正惹起说,必要的共犯以及未遂教唆的场合是可罚的,这与必要共犯以及未遂教唆不

---

① 〔日〕丰田兼彦:《必要的共犯についての一考察(1)》,载《立命館法学》1999年1号(263号)。
② 参见〔日〕松宫孝明:《刑事立法と犯罪体系》,成文堂2003年版,第280页。
③ 参见〔日〕高桥则夫:《共犯体系と共犯理論》,成文堂1988年版,第159页。

可罚的普遍主张产生冲突。日本学者大越义久更是对修正惹起说提出修正,以便说明未遂教唆的不可罚。主张部分承认违法的相对性的修正惹起说,自称"第三惹起说"。应当看到,修正惹起说对于现实事例的解决缺乏合理解释的能力。而且,需要借助与其自身理论不相容的理由来补充其自身的缺陷,甚至为了解决具体问题需要对理论本身作出不协调、不统一的修正,足见修正惹起说的不完善之处。

由上可见,在共犯对构成要件该当结果的间接惹起这一惹起说的基本内容上,纯粹惹起说与混合惹起说具有共同之处。但是,纯粹惹起说自身存在缺陷,难以得到赞同。笔者认为,混合惹起说的见解是妥当的,笔者在共犯处罚根据上采取的一贯立场是混合惹起说的观点。因此,在判断教唆、帮助自杀行为的可罚性时,也是以共犯处罚根据的混合惹起说为出发点的。

二、教唆、帮助自杀行为的可罚性根据的具体展开

若基于混合惹起说的立场而主张教唆、帮助自杀行为的可罚性,则需要具备由教唆、帮助者自身所固有的不法与由自杀者的不法所导出的从属性要素所构成的共犯不法。

(一)教唆、帮助自杀行为的间接侵害法益性

混合惹起说认为处罚共犯需要共犯自身具备固有的不法。如上所述,共犯也是因为侵害法益而受到处罚。因此,只有在该被侵害的法益对于共犯者来说也是值得保护的法益时,才有可能存在共犯者固有的不法。例如,在《刑法》第363条规定的贩卖淫秽物品牟利罪中,出售方在购买方的要求下购进淫秽物品而卖给该购买者,由于不存在对于该购买者来说也值得保护的法益,不能成立贩卖淫秽物品牟利罪的教唆犯。这种情况还存在于诸如《刑法》第347条规定的贩卖毒品罪中购买毒品的吸毒者;第354条规定的容留他人吸毒罪中的吸毒者;第359条规定的容留卖淫罪中的卖淫者等规定中。在这类片面对向犯的场合,若对向方本身是法律所保护的对象,其即使实施了对向行为,由于不存在对于对向方而言刑法所保护的法益,对向方不可能对法益造成侵害,也就不具有完整的违法性,不能成立共犯。被侵害的法益对于共犯者来说也是值得保护的法益这一点对于共犯的处罚是必要的,只是因为共犯行为不是构成要件的行为,其侵害法益性只能通过共犯行为与法益侵害之间的间接关系来予以

把握。在教唆犯中，教唆者通过教唆行为使得被教唆者决意实施犯罪，通过正犯的行为来引起法益的侵害，间接地与法益侵害有关；在帮助犯的场合，通过使正犯容易实施行为来间接地参与法益侵害。教唆、帮助者正是基于这种对法益的间接侵害的固有不法而获得可罚性。

在教唆、帮助自杀的场合，教唆、帮助者也体现了这种间接侵害法益性。教唆、帮助自杀行为之所以具有固有的不法，是因为仍然要在其与法益侵害的关系中来把握。也即，此时的生命法益对于教唆、帮助自杀者本身而言，仍然是值得保护的法益。法秩序在禁止侵害他人利益这一点上并不会存在疑问。在自杀行为中，对于自杀者之外的他人而言，"即使侵害生命的行为符合自杀者、被杀者的意思，也是违法的。因为产生了较自杀者、被杀者本人当时的意思更为优越的保护生命绝对性价值的要求（父权主义）"①。基于家长主义对生命法益处分的例外干涉，即便自杀者自己决定放弃生命法益，对于教唆、帮助者来说，生命法益仍然是刑法所保护的对象。教唆者通过其教唆行为使得自杀者产生了自杀的决意，帮助者通过其帮助行为使得自杀者的自杀行为更加容易实施，这些行为无疑体现出了对生命法益的间接侵害性。总之，教唆、帮助者通过其行为参与到自杀行为中，间接地引起了法益侵害，因而对法益具有间接侵害性，也就具备了作为共犯所需具备的其自身的不法性。

（二）自杀的违法性与不可罚性

一般认为，基于对个人主义的尊重，"自律""自我决定"有其存在的价值。而生命法益是一身专属的个人法益。若从这一前提出发，则作为法益主体的个人基于诚挚的自我决定而放弃自己的法益，法律就不应当禁止。由此似乎可以得出自杀并不违法的结论。但是如果基于这样的认识，在许多问题上会得出不妥当的结论。第一，如果认为自杀不违法，基于违法的连带性，由于缺少正犯的不法，共犯的不法也就不存在，对教唆、帮助自杀的行为就不能作为故意杀人罪的共犯来处理。如上所述，这与我国理论与实务的观点是相违背的。第二，从对自我决定的绝对尊重的立场出发，自杀者的自杀行为开始以后，作为救助而介入的他人行为就成了对法律所容许的自我决定之行为的妨碍介入，反倒有存在违法性的可能。② 甚至会认为对妨碍自杀者行使权利的行为，自杀者本人或者第三人

---

① 〔日〕山口厚：《刑法各论》（第2版），有斐阁2010年版，第12页。
② 参见〔日〕桥本正博：《自殺は違法か》，载《一橋法学》2卷1号（2003）。

可以进行正当防卫。这样的结论显然是民众一般的法感情所不能接受的。相反,对于自杀者进行积极的救助是社会道德的基本要求。而且对于因为自杀而陷入需要救助的自杀者,负有救助义务的特定人违反救助义务而不予救助的行为成立不作为犯罪。例如,医务人员对于因为自杀而导致生命垂危的自杀者不予救治,致其死亡,成立不作为的故意杀人罪。有学者以我国法律明确规定医师有"尊重患者"的义务为根据,认为与对患者进行创伤性手术前需要取得患者承诺相同,在自杀的情况下,医护人员不负有阻止自杀者死亡的作为义务。① 但是,消极的放弃救治与积极的寻求死亡,在行为的性质上仍然具有区别。在我国,消极地放弃治疗的消极的安乐死大量存在,但是对患者进行积极的安乐死的行为却构成故意杀人罪。因此,自杀者积极寻求死亡的自杀行为与普通患者消极放弃治疗的行为在性质上是不同的。所以,医务人员只有具有救治自杀者的作为义务,其救治义务的履行才符合法律的要求。

因此,在我国对教唆、帮助自杀普遍采取具有可罚性立场的前提下,应当认为自杀行为是违法的。对于自杀行为违法性的说明,有从侵害生命法益的角度予以说明的观点,也有从侵害生命法益以外的其他法益的角度予以说明的观点。前者认为自杀与故意杀人、过失致人死亡等行为相同,侵害的都是生命法益。后者则认为自杀属于风俗犯罪、公共危险犯等犯罪的问题。例如,德国学者 Göbel 基于系统论认为规范不能脱离社会环境而进行解释。社会中的生命处于最高财的位置,禁止侵害他人生命是社会根深蒂固的价值信条。因此,嘱托杀人的可罚性根据就在于对这一社会根深蒂固的价值信条的违背。② 日本学者林干人也指出,认为自杀参与罪的保护法益也为生命法益是不合理的。由于各个人的生命依存于周围人的精神、经济的利益,自杀参与罪保护的是这种法益。③ 但是,认为自杀行为侵害的是生命以外的法益,而教唆、帮助自杀行为侵害的是生命法益,就会与混合惹起说的基本观点矛盾。进而教唆、帮助者从属于自杀者的从属性要素就难以贯彻,会与纯粹惹起说一样产生共犯处罚范围过度扩张的危险。相反,如果认为自杀行为与教唆、帮助自杀行为侵害的都是生命以外的法益,那么,在日本现行法之下,依照将自杀参与罪作为

---

① 参见王钢:《自杀的认定及其相关行为的刑法评价》,载《法学研究》2012 年第 4 期。
② 参见〔日〕谷直之:《自殺関与罪に関する一考察》,载《同志社法學》四四卷六号。
③ 参见〔日〕林干人:《自殺関与罪(ワンポイントセミナー 刑法・各論)》,载《法学セミナー》33 卷 6 号(1988)。

独立犯罪来对待的观点尚有解释的余地,但是结合我国的立法规定则难以妥当说明。我国立法并没有关于教唆、帮助自杀的专门规定,不存在教唆、帮助自杀行为独立成罪的可能。因此,认为自杀行为与教唆、帮助自杀行为侵害的都是生命以外的法益的观点,难以解释为何教唆、帮助自杀的行为构成以生命法益为保护对象的故意杀人罪。此外,所谓的社会根深蒂固的价值信条、周围人的精神的以及经济的利益,都是不明确的概念,其是否是现实存在的刑法保护法益尚不可论,仅就其抽象性的内容来看,并不值得提倡。正如甲斐克则教授所言,这只不过是徒然招致法益的精神化,会导致以社会伦理的心情价值的保护为目标的结果。这已经脱离了生命的保护,成为社会防卫。① 总之,应当认为,自杀行为与教唆、帮助自杀行为侵害的法益都是生命法益,在这一点上两者没有什么区别。应当在侵害生命法益这一点上来探讨自杀行为的违法性。

在侵害生命法益上来探讨自杀行为的违法性也存在不同的观点。一种见解认为,应当从家长主义来说明自杀行为的违法性。例如,曾根威彦教授认为,"自杀是法益主体(自杀人)消灭自己的行为,是侵害自己决定的自由也难以比较的重大法益即生命的行为,因此,从消极家长主义的立场来看,自杀行为即便不可罚,也是违法的"②。另一种见解以生命法益的特殊性、绝对性为由否定生命的处分权。③ 但是为何生命法益优于自我决定自由的权利?这需要存在衡量的理由与标准,但是论者并未就此进行说明,仅从利益衡量的角度来论证生命法益的特殊性是不充分的。笔者认为,对自杀行为进行违法性的评价是国家介入个人行为的家长主义的体现。只是对这种家长主义介入的范围需要通过生命法益的特殊性来加以限定。家长主义只有与生命法益的特殊性结合在一起来考虑,才能充分说明自杀行为的违法性。也即,正是由于生命法益的特殊性才需要国家以家长主义的立场介入自杀行为。家长主义的核心特征在于"为了保护行为人的利益而干预行为人的行为"④。在我国,由于缺乏对家长主义的研究,人们对其怀有偏见。家长主义虽然饱受诟病,但是在我国法律中广泛存在着诸如驾车应当系安全带之类的以限制行为人的行为来保护

---

① 参见〔日〕甲斐克则:《安楽死と刑法》,成文堂2003年版,第30页。
② 〔日〕曾根威彦:《刑法学基础》,黎宏译,法律出版社2005年版,第73页。
③ 参见〔日〕甲斐克则:《自殺患者をめぐる刑法上の問題点》,载《年報医事法学》4号(1989)。
④ 黄文艺:《作为一种法律干预模式的家长主义》,载《法学研究》2010年第5期。

其自身利益的规定,却是不争的事实。此外,家长主义对于禁止赌博、吸毒、卖淫以及淫秽物品传播等行为人自愿的行为都能够提供合理的解释。因此,应当摒弃对家长主义的偏见,而为家长主义的干预限度划定合理的范围。也即合理限定家长主义的干预范围,以防止其对个人自由的过度干涉,才是问题之所在。就自杀行为来说,单纯以家长主义来说明自杀的违法性,可以解决自我决定权与自杀违法性的矛盾。但是没有进一步论证为何以家长主义来干涉行为人的自杀行为是具备正当性的。笔者认为,之所以以家长主义干涉自杀行为,与生命法益的特殊性有关。基于保障人权的考虑,"对于本人而言,基本人权也具有不可让与性和不可放弃性,即行为人本人也不得处分或者放弃这些权利"①。生命是人类自我存在的基础,对个人的尊重也需要以生命的存在为前提。丧失生命,依据个人人格而存在的自己决定权也归于消灭。以个人尊严的保障为终极目标的国家,为了保护个人将来自律生存的可能性,就应当否定个人放弃具有根源性价值的生命。正是基于此,才从家长主义的角度例外认定了自杀行为侵害法益的违法性。基于家长主义保护作为最基本人权的生命权,禁止行为人处分或者放弃生命权,本身具有正当性。

既然自杀是违法的,那么对于实施自杀行为的自杀者本人为何又不以故意杀人罪的正犯论处呢?对此理论界存在着阻却可罚的违法性说与阻却责任说的对立。阻却可罚的违法性说认为,虽然自杀是违法的,但是由于自杀者不存在可罚的违法性,因而不可罚。例如,黎宏教授认为,"自杀未遂的场合,由于自杀者一方面是行为人,另一方面也是被害人,存在被害人同意而降低其社会危害性的情形,使自杀行为没有达到可罚的程度,因此对自杀未遂行为最终也难以作为犯罪处理"②。阻却责任说则认为自杀虽然违法,但是自杀者自身缺乏责任要素,不能对其进行责任的非难。例如,泷川幸辰认为,由于自杀者放弃的是自己的生命法益,较之于违背主体意志的他杀行为,违法性显然减少,但仍是值得处罚的违法行为。然而,强令中止自杀者受罚,就会使得着手实行自杀的人陷入死亡和接受刑罚二者择一的窘境,法并非如此不近情理,其结局,对自杀之人予以非难是残酷的,因此,不可追究责任。③ 笔者认为,主张自杀者不具有可罚的违法性因而不处罚的阻却可罚的违法性说是妥当的。首先,自杀者

---

① 黄文艺:《作为一种法律干预模式的家长主义》,载《法学研究》2010年第5期。
② 黎宏:《刑法学各论》(第二版),法律出版社2016年版,第217页。
③ 参见钱叶六:《参与自杀的可罚性研究》,载《中国法学》2012年第4期。

是在意志自由的情况下实施的自杀行为,且基于对生命法益的保护,不应当允许自杀者轻易放弃自己的生命。在自杀的场合,自杀者实际上具有基于自由意志进行他行为的可能性,这一点是可以被期待的。因此,自杀者并不缺乏责任要素,以阻却责任来否定自杀者的可罚性是不妥的。其次,一般认为对于教唆、帮助自杀行为应当予以减轻处罚。而这种减轻处罚的根据就在于自杀者本身缺乏可罚的违法性,从而使得由自杀行为的不法所导出的违法性程度减轻了,进而影响到了教唆、帮助自杀行为的违法性程度。最后,如果在责任论中探讨自杀行为的不可罚,那么难以说明自杀与承诺杀人之间在违法性上的差别。"自己决定的自由由内心的意思决定自由与外部的行动自由所构成"[1],因此,自杀这种自己决定自由的完全实现与承诺杀人这种通过他人的行为部分实现自由的情况相比,在行为的性质上是存在差异的。在违法的阶段对两种行为作出区分是必要的,自杀行为由于缺乏可罚的违法性而不可罚,而承诺杀人的行为者却具备可罚的违法性。此外,自杀者之所以不可罚还应当从消极的家长主义的立场予以认识。家长主义介入个人行为本身应当被限制在非常狭小的范围之内,以有利于个人行为自由的保障。因此,即便通过家长主义对自杀行为作出违法的评价,这种家长主义也只能被限定在消极的范围之内。除了否定放弃生命法益的自杀行为,不得再对自杀者积极地予以处罚。

(三)教唆、帮助自杀的认定

对教唆、帮助自杀行为可罚性的探讨不仅仅是要达到理论的自洽,更是为了给实践中的通行做法提供理论依据,进而为同类案件的公正处理提供指引,以防止法官的恣意妄为,刑法理论的意义莫过于此。

1. 自杀意思的真实性与教唆、帮助自杀的成立

依据混合惹起说,在共犯要素的从属性问题上应当采限制从属性说。那么,共犯的成立以正犯符合构成要件且违法的行为的存在为前提。因此,教唆、帮助自杀行为要成立故意杀人罪的共犯,需要自杀者首先具备自杀的行为。而"自杀是指基于意志自由,自我决定结束生命的行为"[2]。这就决定了对教唆、帮助自杀行为作为共犯进行处罚的前提是所教唆、帮助的自杀者具备自杀的意思真实性。

---

[1] 〔日〕曾根威彦:《刑法における正当化の理論》,成文堂1980年版,第150页。
[2] 陈兴良:《判例刑法学》(第二版)(上下卷),中国人民大学出版社2017年版,第156页。

意思决定是对一定事实进行认识、评价进而作出决断的过程。就自杀来说,自杀者也是通过对现状的认识、分析,并且基于对将来状况的预测,依据自己的价值观最终做出选择的。但是,不可否认,自杀意思是自杀者内心的行为意思。自杀者以外的第三人要对自杀者的自杀意思形成过程予以再现会存在相当的困难。笔者认为,应当从事实要素与价值要素两个方面来判断自杀意思的真实性。就事实要素来说,自杀者对事实的错误认识可能会影响其自杀意思的真实性。因此,对自杀的决断起作用的一切事实,都是判断的对象。对该类事实要素产生错误认识的场合,应当否定自杀意思的真实性。就价值要素来说,其作用于自杀意思的形成过程中,与自杀者自身所具有的认识能力和判断能力紧密相关。即便对事实要素的认识无误,但是,若通过事实进行的价值判断有误,仍然可能影响自杀意思的真实性。例如,当对疑难病症的恐惧心理使自杀者通常所具有的认识能力显著降低时,对自杀意思的真实性应予否定。

自杀意思的真实性以自杀者具有认识能力与判断能力为前提。一般而言,对自杀意思的真实性进行判断应当以自杀者通常所具有的认识能力与判断能力为基准。尽管如此,在自杀者所具有的认识能力与判断能力较一般人而言极为低下的场合,应当否定自杀意思的真实性。例如,教唆、帮助精神障碍者自杀,由于此时自杀者缺乏一般人的分析能力与预测能力而不具有自杀意思的真实性,教唆、帮助者构成故意杀人罪的间接正犯。因为,在这种场合,自杀者对于放弃被保护法益的意义以及行为的性质并没有正确的认识,也就不可能存在自杀的意思真实性。此外,自杀意思不能具有瑕疵。例如,对于基于欺诈而产生了自杀的意思,由于这种自杀意思是基于对事实或者价值的错误判断而做出的,所以不具有真实性。剥夺他人意志自由的教唆、帮助行为也不构成教唆犯、帮助犯。"虽说教唆的方法、手段只要使他人产生自杀的意思就够了,但是,该方法、手段达到了剥夺他人意志自由程度的时候,就成为杀人罪的间接实行犯。"[①]教唆自杀仅仅限于使得他人产生自杀的意思,如果在妨害他人意志自由的情况下逼迫他人自杀,则不是教唆自杀行为,而是故意杀人罪的间接正犯。

2. 教唆、帮助自杀的减免处罚

教唆、帮助自杀的行为既然具有可罚性,那么应该如何把握对该类行为的具体处罚呢?对教唆、帮助自杀行为的可罚性的探讨不仅应当为该

---

① 〔日〕大谷实:《刑法各论》,黎宏译,中国人民大学出版社2008年版,第17页。

类行为成立犯罪提供依据,还应当为该类行为的具体处罚提供指引。我国刑法总则共同犯罪一章为教唆犯、帮助犯的处罚制定了原则性的规定。但是,就教唆、帮助自杀行为的特殊性来说,还有一些特殊的问题需要考虑。

我国理论与实务界一般认为由于自杀者的自杀意愿而应当对教唆、帮助自杀者减轻或者免除处罚。这种减免处罚也可以从教唆、帮助自杀行为的可罚性根据中找到依据。如上所述,根据混合惹起说,教唆、帮助自杀行为的可罚性根据是由正犯不法所导出的从属性要素以及由共犯固有的不法共同决定的。那么,这两方面的违法性会对教唆、帮助自杀行为的违法性程度产生影响。由于实施自杀行为的行为人本身不具有可罚的违法性,其行为的违法性程度较普通故意杀人罪的违法性程度要低,这就为教唆、帮助自杀者减轻处罚提供了相应的依据。也即由自杀行为的不法所导出的从属性不法要素在违法性程度上是较低的。教唆、帮助自杀行为的违法性程度也相应减少,所以可以减轻处罚。但是,教唆者与帮助者基于其自身所固有的违法性,在具体处罚上还会有所区别。由于惹起说的基本观点在于共犯者是对自身的不法与责任承担罪责,所以,在对教唆、帮助自杀者处罚时,对其自身所具有的不法性也需要予以考虑。例如,2011年发生的"帮母自杀案"中,被告人邓明建之母李术兰因脑中风致半身不遂,生活基本不能自理,久卧病床20年,为了不再拖累儿子遂产生自杀念头。2011年5月16日早上,李术兰要求邓明建为其买农药自杀。邓明建不答应,李术兰就抓着邓明建不放手。为了听母亲的话,帮母亲解脱病痛,邓明建忍痛买了农药,并将买回的农药勾兑后,递给了李术兰。李术兰喝下农药后中毒身亡。最终,被告人邓明建被以故意杀人罪,判处有期徒刑三年,缓刑四年。[①] 在本案中,帮助者虽然实施的是帮助自杀的行为,但是其是为了帮助自己的母亲减轻病痛,并在母亲的坚决要求下才实施了帮助自杀的行为。因此,结合行为的动机、目的以及行为的具体情况,帮助者间接侵害法益的行为所体现出的违法性在程度上就降低了。由于违法性的程度有所降低,对帮助者作出较轻的处罚是适当的。而如果在出于恶的动机与目的实施教唆他人自杀行为的情况下,由于教唆者自身行为所体现出来的违法性程度较高,对其处罚也会相应较重一

[①] 参见钟亚雅、许晓君、崔杰锋:《"帮母自杀":罪不可恕,其情可悯》,载《检察日报》2012年6月6日第5版。

些。在对教唆、帮助自杀行为的具体处罚上,司法人员还需要依据具体的事实予以个别的判定。

3. 其他相关行为的认定

与教唆、帮助自杀行为存在密切关系的是1999年10月20日最高人民法院、最高人民检察院《关于办理组织和利用邪教组织犯罪案件具体应用法律若干问题的解释》(已失效)第4条和2001年6月4日最高人民法院、最高人民检察院《关于办理组织和利用邪教组织犯罪案件具体应用法律若干问题的解释(二)》第9条。对此,多数学者认为,"凭借某种权势或利用某种特殊关系,以暴力、威胁或者其他心理强制方法,使他人自杀身亡的,成立故意杀人的间接正犯"①。"鉴于邪教组织的极大欺骗性和较强的控制性,其成员的精神往往处于一种受压迫、受控制的非自由状态,他们所实施的自杀行为也就不能说是基于其真实意思所作的自主决定。所以,组织、煽动、指使、胁迫、教唆、帮助邪教成员自杀的,应以故意杀人罪的间接正犯论处。"②但是,将该司法解释涉及的情形一律理解为构成间接正犯,笔者认为值得商榷。

如上所述,若教唆、帮助自杀行为成立犯罪,根据混合惹起说需要其所实施的是教唆、帮助的行为,且自杀者应当在其教唆、帮助行为之下,意思真实地实施自杀行为。因此,在自杀者不具备完全真实的自杀意思的情况下,教唆、帮助自杀的行为不能被认定为成立教唆犯、帮助犯,而应当成立故意杀人罪的间接正犯,对此笔者没有异议。但是笔者认为,不能将该司法解释中涉及的情况一律认定为故意杀人罪的间接正犯。邪教组织犯罪案件的特殊性在于其确实存在着对组织成员在精神上的控制,进而存在使其丧失意志自由或者意志自由有所减弱的情况。但是,不能据此一概认为,邪教组织成员的自杀行为是缺少真实意识的。我们仍然应当在具体案件中具体地判断自杀者对于自杀是否具有真实意思。正如论者所述,自杀行为应当基于真实意思所为,即便是对于邪教组织成员的自杀行为,也应当具体判定其是否具有自杀的真实意思,进而认定是成立故意杀人罪的间接正犯还是故意杀人罪的教唆、帮助犯。

(四)参与他人自伤行为不在构成要件的保护范围之内

参与他人自伤行为,由于其已经超出了构成要件的保护范围,不能将

---

① 张明楷:《刑法学》(第六版),法律出版社2021年版,第1112页。
② 钱叶六:《参与自杀的可罚性研究》,载《中国法学》2012年第4期。

他人自伤形成的结果归责于行为人。那么对他人自伤行为和自杀行为进行区别对待,是否有违刑法相同事物相同对待的原则呢?笔者认为,自杀行为与其他自我损害行为尽管都是损害被害人自己利益的行为,但是,在所侵害法益的重要性上存在本质区别。对侵害不同性质法益的行为进行有差别的评价,进而决定刑法介入的范围,本身就是理所应当的。并且,家长主义尽管在法律秩序中现实存在而且具有存在的必要,但是,其存在的范围却不是没有限制的。家长主义意味着对国民自由的干涉,为了避免对自由的过度干涉,划定家长主义的存在范围是法治国刑法的必然使命。近现代意义的刑法所具有的罪刑法定原则的核心就在于限制国家权力,保障自由与人权。生命是人享有其他权利的基础,因此有特别加以保护的必要。因此,家长主义的介入仅限于生命权的保护。侵害生命的行为在保护法益的重要性上具有唯一性,任何法益都不能与生命法益相提并论。这就要求刑法不仅将故意杀人的行为,而且将被害人自杀的行为也评价为违法,这样才能提示国民对保护生命法益的重视。由此,将侵害生命法益的自杀行为与侵害身体健康法益的自伤行为在刑法上区别对待并没有什么不妥。

三、同意他人造成危险

同意他人造成危险,是指某人并不是故意给自己造成危险,而是在意识到他人行为具有危险的情况下,仍然同意他人给自己造成危险。例如,一名乘客让摆渡工将自己摆渡过河。这名摆渡工劝阻他,并指出了在当时的天气条件下摆渡过河所具有的危险性。但这名乘客执意要求将其摆渡过河,摆渡工只好冒险为之,最后船在河中倾覆,乘客死亡。

传统理论通过被害人承诺的法理对这种情况进行处理。但是,Roxin 以被害人承诺的法理来解释上述问题是行不通的。因为,行为人往往认为自己能够幸运地躲过危险,而不是对发生具体危害结果的承诺。[①] 在此情况下,就不能通过被害人承诺对上述问题作出合理的解释。应当认为,同意他人造成危险不在构成要件的射程范围之内,所以排除结果归责。

---

① 参见许玉秀:《主观与客观之间:主观理论与客观归责》,法律出版社 2008 年版,第 202 页。

四、第三人的责任范围

如果结果在他人的责任范围内发生,则由于结果的发生不在属于行为人行为的构成要件射程之内,所以不能对行为人进行归责。例如,德国的"红灯案"(Rotlicht-Fall)。警察指示被告人将其拖斗卡车开到下一个加油站,他自己则会跟着被告人的拖斗卡车行驶,以确保整个过程的安全。但是,在拖斗卡车再次启动之前,警察就将红灯从车道上拿走了。正在此时,另一辆卡车不断驶近,并从后面撞上了被告人的处于无灯状态下的卡车,导致后面卡车的副驾驶受伤而死。①

判断结果发生是否属于第三人责任,对判断过失共同正犯的共同性具有作用。例如,医生与护士协力进行手术时,护士不注意地将没有消毒的手术刀递给医生,医生使用该手术刀进行手术,使患者感染了手术刀上的细菌而死亡。在这种情况下不能认定成立过失共同正犯。因为,护士具有消毒手术器具,防止感染发生的注意义务。手术过程中,不同的人员之间往往具有明确的分工。在这种分工之下,主刀医生对于护士的行为具有充分的信赖,因此,由于对手术器具的消毒义务专属于护士,尽管医生使用了未消毒的手术器具导致患者感染而死亡,但这种死亡结果处于护士的责任范围之内,所以不能归责于医生。医生与护士的行为也不是共同制造法所不允许的危险的行为,不构成过失共同正犯。

但是,如果医生明知负责手术器具消毒的护士在业务上极不熟练,既未要求更换人员,又未对护士是否对手术器具消毒进行特别的注意,则由于医生与护士的不注意的过失行为相互补充、相互促进地共同制造了法所不允许的危险,且这种危险在结果中实现了,二人仍可成立过失共同正犯。

在上述事例中,对医生免于归责,似乎是借助信赖原则进行判断的结果。信赖原则是指,"在复数人参与的事务中,参与该事务的人具有足够的理由相信其他参与者会遵守规则采取适当行动的场合,即便其他人有不遵守规则的不妥当行为,该行为与自己的行为一起引起了构成要件结果,也不能根据该结果而追究自己责任的原则"②。信赖原则是1935年在德国由关于交通事故的刑事判例所确立的,进而被理论上承认,最初主要

---

① 参见〔德〕克劳斯·罗克辛:《德国最高法院判例·刑法总论》,何庆仁、蔡桂生译,中国人民大学出版社2012年版,第3页。

② 〔日〕大谷实:《刑法講義総論》(新版第4版),成文堂2012年版,第191页。

适用于交通运输领域。① 交通运输中存在应当遵守的交通规则,参与道路交通运输活动的人在遵守交通规则的情况下实施行为,可以信赖同样参与其中的他人也会遵守交通规则。如果他人不遵守交通规则而发生交通事故,导致结果发生,则遵守交通规则的人就不承担责任。随着信赖原则理论的发展,其适用范围已经不限于交通领域,在企业生产、医疗救治等活动中,也存在适用这一原则的空间。特别是在医疗领域,不同的行为人往往具有不同的职业分工,这为信赖原则的适用提供了前提条件。

但是,信赖原则的体系地位在刑法理论中存在较多争议,对于其是构成要件阻却事由还是违法阻却事由,理论上众说纷纭。在客观归责理论内部,对信赖原则究竟是制造危险、实现危险还是构成要件的保护范围的下位规则也意见不一。另外,有学者认为,"信赖原则其实毫无用处,直接根据有无义务和是否违反义务,即能决定是否制造了风险"②。从上述案例来看,由于医生对护士的行为具有充分的信赖,所以,其没有与护士共同制造法所不允许的危险。但是,医生之所以可以信赖护士的行为,是以其自身不具有防止结果发生的义务为前提的。因此,认为"信赖原则是限制或排除行为人注意义务的规则的说法,是倒果为因。显然不是因为可以主张信赖原则,所以没有注意义务,而是因为有注意义务,所以不能主张信赖原则,信赖只有在法律的保障之下才可能产生,是法律使权利主体敢于信赖"③。所以,笔者认为,信赖原则确实如学者所言,在客观归责理论上并不是必须的概念。在仅存在行为人一人的行为的情况下,由于其不具有注意义务,即便结果发生,也不能对其进行归责,因为行为人的行为没有制造法所不允许的危险。而在存在数人行为的情况下,如果行为人对结果发生并不存在需要遵守的义务,则其即便与他人共同行为,由于结果是在他人责任的范围内发生的,行为人没有与他人共同制造并实现法所不允许的危险,所以应当排除结果归责。

---

① 参见〔日〕西原春夫:《交通事故と信赖の原则》,成文堂1969年版,第87页。
② 许玉秀:《主观与客观之间:主观理论与客观归责》,法律出版社2008年版,第21页。
③ 许玉秀:《主观与客观之间:主观理论与客观归责》,法律出版社2008年版,第20—21页。

第七章　我国刑法中的过失共同正犯及其适用

第一节　我国过失共同正犯的规范前提

一、《刑法》第 25 条第 2 款的规范构造

为了解决本书第一章中提到的规范解释障碍的困境,笔者认为,需要对《刑法》第 25 条第 2 款进行重新解释,为过失共同正犯在司法论或者解释论上的展开提供规范前提。而就法条的重新解释与判断来说,笔者将借助本书第四章第四节中涉及的规范论的观点来分析《刑法》第 25 条第 2 款的规范构造,进而对该条文进行规范的理解。

（一）第 25 条第 1 款并未间接否定过失共同正犯

《刑法》第 25 条第 1 款规定:"共同犯罪是指二人以上共同故意犯罪。"有学者认为该规定"间接地否定了过失共同犯罪。"[1]笔者认为《刑法》第 25 条第 1 款之规定并未间接否定过失共同正犯。该款按照共同犯罪处理。也即,在故意共同犯罪的情况下,对结果归责按照共同犯罪的一般原则处理,同时表明故意共同犯罪与过失共同犯罪在结果归责的方式上存在差异。为了与该条第 2 款相协调,不以共同犯罪论处的二人以上共同过失犯罪自然不能规定于该条第 1 款之中。

有学者认为,在现有的立法条件下,对共同过失犯罪不以共同犯罪即共同故意犯罪处理,首先在逻辑上没有问题——刑法已经将共同犯罪等同于共同故意犯罪,共同过失犯罪显然不能等同于共同故意犯罪,所以刑法规定对共同过失犯罪不按共同犯罪处理,在这样的逻辑结构中是合理

---

[1] 冯军:《论过失共同犯罪》,载西原春夫先生古稀祝贺论文集编集委员会编:《西原春夫先生古稀祝贺论文集 第 5 卷》,成文堂 1998 年版,第 714 页。

的,其实质就是且仅仅是对共同过失犯罪不能按照共同故意犯罪处理。①也即,认为共同过失犯罪与共同犯罪是两个不同的概念,因此,在处理上理应不同。进而认为,"是否承认过失共同正犯问题的实质和症结在于是否应将过失共同正犯纳入共同正犯(犯罪)的统一概念中来认识"②。对此观点,笔者存有疑问。过失共同正犯是否属于共同正犯不仅仅是概念异同的问题,如果承认过失共同正犯同样要适用"一部行为全部责任"的法理,则难以说过失共同正犯是异于共同正犯的不同事物。因此,从实质上来看,过失共同正犯与故意共同正犯都属于共同正犯,在定罪处罚时,在没有特别规定的情况下都应当按照共同正犯的归责原理进行处理。我国法律规定的特点正是在于对过失共同正犯的处理存在特别规定。

总之,《刑法》第 25 条第 1 款的规定并未间接否定过失共同正犯的成立,其不会成为重新解释过失共同正犯规范前提的障碍。

(二)第 25 条第 2 款的规范构造与意义诠释

如上所述,基于我国立法明确否定过失共同正犯的成立的前提,即使认为刑法承认了过失共同正犯这一事实的客观存在,也不能由这种规范外的事实存在来指导规范的具体适用,甚至是否定规范的原本内容。也即,仅仅以刑法承认过失共同正犯的事实客观存在为由,并不能对过失共同正犯的事例作出规范的评价,进而适用"一部行为全部责任"的法理为实现结果归责提供合法依据。这种自相矛盾的,且有违法之嫌的规范适用是不被允许的。若我国过失共同正犯要在司法论或者解释论上展开,必须对法律规定进行重新解释,为其提供必要的规范前提。笔者认为,对规范的正确适用应当通过对法律的规范理解来实现。因此,如何理解《刑法》第 25 条第 2 款的规定是重新定位过失共同正犯规范前提的关键。

刑法是一种规范,因此应当对刑法条文进行规范的理解。"基于康德对应然与实然命题的区分,法哲学,尤其是新康德法哲学,把法看成是一个命令与禁止的体系,即一个应然规范的体系。法不是对事实的描述,而是对行为的规定,是'规定性'的命题。"③因此,将《刑法》关于过失共同犯

---

① 参见郑延谱、邹兵:《试论过失共同正犯——立法论而非解释论之肯定》,载《中国刑事法杂志》2009 年第 7 期。
② 郑延谱、邹兵:《试论过失共同正犯——立法论而非解释论之肯定》,载《中国刑事法杂志》2009 年第 7 期。
③ 〔德〕齐佩利乌斯:《法学方法论》,金振豹译,法律出版社 2009 年版,第 4 页。

罪的规定仅仅视为法律承认过失共同犯罪这种事物的客观存在,是法律对过失共同犯罪的纯事实的描述,忽视了这一法律条文的规范性意义。笔者认为,这是对刑罚法规规范属性的无视。例如,《刑法》第232条对于故意杀人罪的规定,"故意杀人的,处死刑、无期徒刑或者十年以上有期徒刑;情节较轻的,处三年以上十年以下有期徒刑"。这一条文的规定所采取的完全是事实宣示的形式,没有出现"应当"或者"禁止"这样的词。然而,根据上述言语行为论的见解,我们不能认为这条规定是单纯的事实描述,与行为规范无关。这一条文存在以下两层规范意义:第一,其要求人们不得非法剥夺他人的生命,也即禁止实施侵害他人生命的行为;第二,其要求法官对违反前项禁令的人判处一定的刑罚。这一条文很好地体现了刑罚法规既是行为规范也是裁判规范的特点。由此可见,并不能因为一个法律条文仅仅采用了事实宣示的形式,就否定该法律条文的规范属性。

《刑法》第25条第2款的规定为,"二人以上共同过失犯罪,不以共同犯罪论处;应当负刑事责任的,按照他们所犯的罪分别处罚"。这一条文中所涉及的共同过失犯罪并不仅仅是对现实中存在的共同过失犯罪现象的事实状态的描述,同样是对实践性的法律规范的规定。认为这一法律规定仅仅承认了共同过失犯罪这种现象的客观存在的观点,不能赋予其应有的规范性质,没有把握其作为行为规范以及裁判规范的本质。《刑法》第25条第2款规定在《刑法》总则之中,其与分则条文"……的,处……"的规定结构的不同之处在于,前者作为总则条文不具有具体的法定刑规定。但是,应当看到,在限制的正犯概念之下,《刑法》总则中的共同犯罪部分的规定,本身属于刑罚的扩张事由。如果从刑罚法规规范构造的角度来看,共同犯罪的处理需要结合分则条文所规定的具体犯罪与总则中共同犯罪的一般规定来进行,应当说总则中共同犯罪的规定在行为规范的意义上是对分则所规定的禁止实施侵害法益行为的行为规范的扩张。因此,《刑法》第25条第2款的规定本身具有扩张分则行为规范的性质而包含一定的行为规范。

综上所述,笔者认为,应当回到对法律规定的规范理解当中,把握刑罚法规的规范构造,探明法律规定的真实内容与意图。从这一条文中,可以得出两层含义:第一,实施过失共同犯罪是需要负刑事责任的,因此要求人们不得实施过失共同犯罪。即《刑法》明确禁止实施过失共同犯罪的行为;第二,对于过失共同犯罪,法官不得按照共同犯罪处理,而应当按照各行为人所犯的罪分别定罪处罚。因此,从《刑法》第 25 条第 2 款的规范构造来看,其既是行为规范也是制裁规范。

基于这样的理解,可以认为,《刑法》对于过失共同犯罪这一犯罪形态是持明确禁止的态度,即要求国民不得实施过失共同犯罪行为。实施过失共同犯罪行为是要成立犯罪的。过失共同犯罪既然是《刑法》所明确禁止的行为,也就为国民提供了必要的行动指引。这就是《刑法》第 25 条第 2 款所具有的行为规范性。同时,从这一条文后半段的规定可以看出其也是制裁规范。而行为规范与制裁规范之间的关系,将为我国过失共同犯罪的规范适用提供更为明确的基础。

二、行为规范的内容与《刑法》第 25 条第 2 款的机能

本书在前文中论述了行为规范的内容,认为行为规范中包含有禁止结果的内容,结果并不是与行为规范违反并存的制裁规范的要件。构成要件作为一个整体,在为行为规范的基准提供行为类型的同时,也是制裁规范的前提要件。行为规范与制裁规范在对象上是相同的,制裁规范就是要对违反行为规范的行为进行评价。这也是通过言语行为论来分析刑法条文规范构造的当然结论。[①]

由此,行为规范与制裁规范绝不是毫无关系的存在,行为规范与制裁规范在规范的对象上是相同的。制裁规范就是要对违反行为规范的法益侵害行为进行评价,并最终做出裁判。就《刑法》第 25 条第 2 款的规定来看,在行为规范上其所禁止的是以过失共同犯罪侵害法益的行为。因此,在制裁规范上就应当相应地对这种行为进行评价。"……不以共同犯罪论处;应当负刑事责任的,按照他们所犯的罪分别处罚"的条文规定并不影响作为制裁规范之判断内容的以过失共同犯罪侵害法益的行为。因此,不论最终对过失共同犯罪按照第 25 条第 2 款的规定如何定罪量刑,在制裁规范的评价机能上成为对象的一定是过失共同犯罪行为这种被行为规范禁止的行为。所以,法官在适用作为制裁规范的第 25 条第 2 款时,就应当以被行为规范禁止的过失共同犯罪为评价对象。据此,进一步明确过失共同犯罪行为的界限,准确认定过失共同犯罪的成立。也即在决定各行为人所应承担的刑事责任之前,都应当首先探讨过失共同犯罪的成立问题,以此确定结果是否要被归责于各行为人的行为。而如果认

[①] 参见本书第四章第四节关于规范论的具体论述,此不赘言。

为《刑法》明确肯定过失共同犯罪行为要成立过失共同犯罪,则对其中所包括的过失共同正犯这种形态的犯罪的成立,自然应当按照共同正犯"一部行为全部责任"的法理予以认定。即可以将结果按照"一部行为全部责任"的法理归责于各行为人。共同正犯的本质在于共同者行为的因果性的相互补充、扩张,以及作为正犯的不法(或结果)的归属。[①] 我国《刑法》第25条第2款的规定,同样可以通过行为人因果性的相互补充、扩张来完成结果的归责,其是符合共同正犯本质的规定。在认定过失共同正犯成立的基础上,法律又要求法官对各行为人分别定罪量刑。这就是我国《刑法》中存在的过失共同正犯的规范前提。

三、小结——解释论上的过失共同正犯肯定说及其使命

基于以上对《刑法》第25条的规范构造以及规范理解,可以认为我国《刑法》的规定并没有明确否定过失共同正犯的成立,相反,《刑法》明确禁止过失共同犯罪的行为,并要求法律适用者对这种违反禁令的行为作出适当的裁判。因此,在此规范前提之下,在解释论上采过失共同正犯肯定说成为可能。

如上所述,以往我国刑法理论对待过失共同正犯的前提是将其排斥于现存规范体系之外,这严重束缚了过失共同正犯理论的发展。这种研究路径使得我国刑法理论中的过失共同正犯研究长期停留于过失共同正犯的成立是否有必要以及站在立法论的角度提出修改立法的建议的层面。至于对过失共同正犯怎样成立,应当具备哪些条件以及成立范围如何限定等涉及实践面向的问题却缺少深入的研究。我国刑法中的过失共同正犯理论长期处于停滞不前的状态,理论的现有发展水平无法为司法实践中频繁发生的类似案件提供理论支撑。鉴于此,对作为我国过失共同正犯规范前提的《刑法》第25条第2款进行重新解释,为过失共同正犯论在解释论上的展开提供了前提条件。而解释论上的过失共同正犯肯定说的使命就在于,按照现有的法律规定,进一步探讨过失共同正犯的成立条件,并为其成立范围划定合理的界限。进而为司法实践中涉及过失共同正犯的案件的处理,提供坚实的理论支撑。

[①] 参见[日]井田良:《刑法総論の理論構造》,成文堂2005年版,第360页。

第二节　过失共同正犯与过失竞合

现代社会中科学技术迅猛发展并被广泛运用于各个领域，使得技术风险同时遍布于社会各个角落，风险社会的特征日趋显著。在风险社会的背景之下，人们在对人和物的管理上存在疏忽进而引起大型事故的情况也极为普遍。为了应对此种状况，刑法中以过失竞合的认定为路径，试图实现刑法介入范围的扩张，以增强人们采取风险规避措施的意识。但是，一方面，过失犯处罚范围的扩大会导致社会日常活动的萎缩，与社会发展所需要的活跃性背道而驰。另一方面，过度刑罚化未必能够应对不确定的风险威胁，反而使刑罚的适用丧失正当性。基于此，合理划定过失竞合结果归责的范围，是刑法在风险社会中保持必要理性的当然举措。本节的内容即以过失竞合的限缩处罚为出发点，通过界定过失竞合的范围，在过失竞合结果归责的主体与过失正犯的答责性范围这两方面的基础上展开过失竞合结果归责的构造。

一、过失竞合及其问题之所在

（一）过失竞合概念的界定

过失竞合，是指复数行为人的过失行为导致了一个构成要件结果产生的情况。① 过失竞合依照不同的类型范围有广义与狭义之分。广义的过失竞合，是包括过失共同正犯在内的所有存在复数过失行为的情况。与此相对，狭义的过失竞合仅指复数行为人的过失行为分别单独地符合过失犯构成要件的情形，因而是过失同时犯的竞合。本文所指的过失竞合区别于过失共同正犯的情况，仅限于狭义的过失竞合。

尽管过失竞合与过失共同正犯都是复数过失行为导致一个构成要件

---

① 也有学者认为，过失竞合是一个构成要件结果的发生过程中存在复数过失竞合的情形，即并不将过失竞合限于数行为人的复数过失行为，单个行为人存在复数过失行为时，也是过失竞合［参见［日］大谷实：《刑法総論》（第 5 版），成文堂 2018 年版，第 113 页］。但是，关于一个构成要件结果发生的过程中存在单个行为人的复数过失行为的情况，理论上形成了过失并存说、过失阶段说等学说，本质上属于阶段过失中实行行为认定的问题，与本文探讨的数行为人的复数过失行为竞合所要判断的是结果应当在何种范围的行为人之间进行归责属于不同的问题领域，因此不在本文的论述范围之内。

结果发生的情况,但实际上二者既有联系又有区别,因此理论上一般对二者分而论之。之所以要界分过失竞合与过失共同正犯,归根结底是二者在不法判断的构造上存在本质差别。以肯定过失共同正犯的路径处理复数过失行为的结果归责问题,可以通过复数过失行为之间"共同性"的判断替代单个过失行为与构成要件结果之间因果性的判断,在因果关系的判断上省去了公诉机关的证明责任。① 与此不同的是,过失竞合属于过失同时犯的竞合,各行为人的过失行为要构成过失犯,其与结果之间存在刑法上的因果关系是不可或缺的要件。而在多因一果的案件中,各个行为与构成要件结果之间的因果关系往往难以判断。因此,在肯定过失共同正犯的前提下,将所有复数过失行为导致一个结果产生的情况都通过成立过失共同正犯的方式予以认定,似乎免去了判断过失竞合中各过失行为与结果之间的因果关系的窘境。但是,由于过失共同正犯的成立以"共同性"的存在为前提,当复数过失行为之间不具有"共同性"时,就不具备将复数过失行为认定为过失共同正犯的不法性基础。"在这个意义上,过失共同正犯不是解决过失竞合案件的万能药。"② 正是过失竞合与过失共同正犯在不法构造上的这种差异性,使得两者在结果归责的判断构造上不可能完全一致,应当区别对待。

从实存关系来看,过失竞合与过失共同正犯也不是完全重合的关系,赋予过失竞合以独立的地位存在必要性。结合过失共同正犯与过失竞合的不法构造,当复数过失行为导致一个结果产生时,存在以下几种不同的关系类型:一是仅能成立过失共同正犯的情形,即复数过失行为与结果之间的因果关系不明,且复数过失行为之间存在共同性的情况。"滚石案"即属于这种情况,A、B 二人分别向山下滚落巨石,其中一块巨石将山下的 C 压死,且无法证明是谁滚落的巨石将 C 压死。二是仅能成立过失竞合的情形,即复数过失行为之间不存在共同性,但是各行为与结果之间的因果关系得以证明的情形。属于此种类的典型案件,即所谓监督·管理过失的案例群。三是既可以构成过失共同正犯,又可以构成过失竞合的情况。即复数过失行为之间存在共同性,且各行为与结果之间均存在因果

---

① 参见陈子平:《团队医疗与刑事过失责任(上)》,载《月旦法学杂志》2011 年第 190 期。
② 〔日〕嶋矢貴之:《過失競合と過失犯の共同正犯の適用範囲》,载井上正仁、酒巻匡编《三井誠先生古稀祝賀論文集》,有斐阁 2012 年版,第 225 页。

关系的情况。① 将"滚石案"稍作修改，A、B 二人共同向山下滚落一块巨石，将山下的 C 压死。此时，A、B 二人滚落巨石的行为之间具有共同性，且各自将巨石滚落的行为与结果之间均具有因果关系，因此属于该种情形。四是既不属于过失竞合又不构成过失共同正犯的情形。上述第二种类型中，由于复数过失行为之间不存在共同性，无法通过过失共同正犯的认定来免除各过失行为与结果之间因果关系的判断。所以，此种情形必须通过判断各过失行为与结果之间均具有刑法上的因果关系，可以成立过失同时犯，才可以最终解决结果归责的问题。

综上所述，过失竞合的结果归责问题，集中体现为各过失行为与结果之间的因果关系的问题。但是，从过失竞合的具体类型来看，即便过失行为与结果之间介入第三人过失行为，使得两者之间表现为一种间接因果关系，仍然不会排除结果归责。因果关系在过失竞合结果归责的判断中并非体现为一种事实的、自然的关系，规范的判断充斥其中使得过失竞合的结果归责范围存在不明确之处。以下将对过失竞合的这一核心问题展开进一步的分析。

（二）过失竞合中结果归责判断的核心问题

近年来，在医疗过失、大型火灾事故、踩踏事故等案件中，复数过失行为参与其中的过失竞合极为普遍，过失竞合的结果归责上存在的问题也具有相似性。以安全生产中的责任事故为例，复数过失参与人往往在生产作业中的角色、身份各不相同，如何划定各自的责任范围几乎成为该类型案件共同的难题。可以认为，明确直接作业人员之间、直接作业人员与安全监管人员之间、安全监管人员相互之间分别处于何种关系，是对过失竞合中各过失参与人进行结果归责的前提。例如，在最高人民检察院第97号指导性案例"夏某某等人重大责任事故案"中，2012 年 3 月，在左某某的召集下，"×号"等四艘平板拖船的股东夏某某、刘某某、段某某、伍某某等十余人经协商签订了联营协议，左某某负责日常经营管理及财务，并与段某某共同负责船只调度；夏某某、夏英某、刘某某负责"×号"平板拖

---

① 有学者认为，即便可以按照过失竞合处理的案件也仍然通过成立过失共同正犯予以归责，是由于成立过失共同正犯在量刑、诉讼时效等诉讼法方面存在意义。参见〔日〕大塚裕史：《過失の競合と過失犯の共同正犯の区別：明石花火大会歩道橋副署長事件判決を手がかりとして》，载高桥则夫、松原芳博、松泽伸编：《野村 稔先生古稀祝賀論文集》，成文堂 2015 年版，第 212 页。

船的具体经营。在未依法取得船舶检验合格证书、船舶登记证书、水路运输许可证、船舶营业运输证等经营资质的情况下,上述四艘平板拖船即在湖南省安化县资江河段部分水域进行货运车辆的运输业务。2012 年 12 月 8 日晚 12 时许,按照段某某的调度安排,夏某某、刘某某驾驶的"×号"在安化县烟溪镇十八渡码头搭载四台货运车,经资江水域柘溪水库航道前往安化县平口镇。因"×号"无车辆固定装置,夏某某、刘某某仅在车辆左后轮处塞上长方形木条、三角木防止其滑动,并且未要求驾乘人员离开驾驶室实行"人车分离"。次日凌晨 3 时许,"×号"行驶至平口镇安平村河段时,因刘某某操作不当,船体发生侧倾,致使所搭载的四台货运车辆滑入柘溪水库,沉入水中。该事故造成 10 名司乘人员随车落水,其中 9 人当场溺亡,直接经济损失 100 万元。该案的指导意义为,准确界定因果关系,依法认定投资人、实际控制人等涉案人员及相关行政监管人员的刑事责任。危害生产安全案件往往多因一果,涉案人员较多,既有直接从事生产、作业的人员,又有投资人、实际控制人等,还可能涉及相关负有监管职责的国家工作人员。投资人、实际控制人等一般并非现场作业人员,确定其行为与事故后果之间是否存在刑法意义上的因果关系是个难点。如果投资人、实际控制人等实施了未取得经营资质和安全生产许可证、未制定安全生产管理规定或规章制度、不提供安全生产条件和必要设施等不履行安全监管职责的行为,在此情况下进行生产、作业,导致发生重大伤亡事故或者造成其他严重后果的,不论事故发生是否介入第三人违规行为或者其他因素,均不影响认定其行为与事故后果之间存在刑法上的因果关系,应当依法追究其刑事责任。对发案单位的生产、作业负有安全监管、查处等职责的国家工作人员,不履行或者不正确履行工作职责,致使发案单位违规生产、作业或者在危险状态下生产、作业,发生重大安全事故的,其行为也是造成危害结果发生的重要原因,应以渎职犯罪追究其刑事责任。

上述案件中,司法机关将案件认定的核心聚焦于因果关系,可谓把握住了问题的关键。只不过对与结果远近距离不同的行为缘何被认定为具有刑法上的因果关系,需要区分类型予以进一步明确。此外,还应当注意,因果关系对于过失犯处罚范围的划定未必充分。一般认为,在过失犯的场合,只有介入了对死伤结果具有决定性作用的故意行为,因果关系才有可能被否定,在其他存在一般的介入因素或者介入的是过失行为的情况下,仍然会认定存在因果关系。过失竞合的情况中,往往存在复数过失行为的介入,但最终并不会因为介入因素的存在而否定复数过失行为与结果之间的因果关系。① 因此,实际上过失犯中因果关系的认定存在比故意犯更为容易的倾向。② 过失犯认定上的这种倾向不论出于何种原因,③ 至少可以认为仅仅通过因果关系是无法合理划定过失犯的处罚范围的。

在因果关系之外寻求处罚过失竞合的限定性要素成为理论上的共识。至于应当依据哪些要素具体展开,笔者认为仍然可以从因果关系的相关范畴得到启发。如果认为刑法上的因果关系是实行行为与构成要件结果之间的关联性,则过失竞合中的复数过失行为是否为实行行为是因果关系判断的起点。④ 过失犯的实行行为本质上是违反注意义务的行为,而行为人是否实施过失犯的实行行为以其是否负有注意义务为前提。过失竞合中之所以存在复数过失参与人,是因为法律规范为避免法益侵害结果的发生所设置的复数注意义务之间产生了重叠、交叉。"注意义务的重叠关系是过失竞合的根本性特征。"⑤法规范从法益保护周延性的角度一般性地设置了广泛的注意义务,使得实行行为与非实行行为都具备一种违反注意义务的形式特征。但是,结合具体案件,有的注意义务在整体的注意义务结构中并非处于避免法益侵害结果发生的核心地位,因此履行此类注意义务对法益侵害结果的避免而言未必能够起到支配性的作用。换言之,即便履行了此类义务,法益侵害结果仍然有很大的可能性会发生。所以,违反此类注意义务的行为就不能够引起对法益产生现实紧迫的危险,也就不具备过失犯实行行为的属性。既然如此,在过失犯中就不能毫无选择地将任何违反注意义务的行为都作为其因果关系判断的起点。

另外,过失犯中注意义务的履行旨在避免法益侵害结果的产生,因此法规范期待行为人采取必要的措施防止侵害结果的发生。现实中,行为人未采取任何回避结果的措施,进而导致法益侵害结果产生的情况较为普遍,即过失不作为犯在过失犯的案件中存在较大比例。特别是在过失

---

① 参见〔日〕甲斐克则:《過失の競合》,载《刑法雜誌》52卷2号(2013)。
② 参见〔日〕甲斐克则:《過失犯と因果関係》,载《Law and Practice》2011年第5号。
③ 有学者认为,之所以出现此种情况,是由于过失犯本身处刑较轻且不处罚未遂。参见〔日〕甲斐克则:《過失犯と因果関係》,载《Law and Practice》2011年第5号。但是,笔者认为,过失犯处罚限定的问题,根本上源于过失行为的非定型性,由此任何程度的违反注意义务的行为都具备过失行为的形式特征。
④ 参见〔日〕冈部雅人:《過失競合事例における主体の特定と過失行為の認定》,载《刑法雜誌》55卷2号(2016)。
⑤ 〔日〕古川伸彦:《過失競合事案における注意義務の重疊関係の論定》,载《刑法雜誌》52卷2号(2013)。

不真正不作为犯的场合,行为人是否负有注意义务是以其是否处于保证人地位为前提的。当存在复数行为人时,行为主体的特定问题较单独犯的情况更为复杂。因为在过失不作为竞合的情况下,表面上能够看到的仅仅是什么也没有做的复数的人,要从这些什么也没有做的人当中明确谁应当负有何种注意义务以避免法益侵害结果的发生,其中充斥着假设性的判断,所以极难明确处罚的范围。

综上所述,过失竞合的问题不过在于,"究竟是何人、谁的行为及为什么被作为过失行为而竞合"①? 可以概括为:第一,谁负有注意义务的行为人特定的问题;第二,行为人违反注意义务的行为是否支配了法益侵害结果发生的实行行为性的问题。笔者认为,这二者之间实际上是相互关联的存在。一般认为,实施实行行为者即为正犯,因此过失犯的实行行为性与正犯的成立范围之间的关系是不难想象的。② 但是,两者又存在功能性的差别。行为主体的特定问题是划定了可能进行结果归责的最外部边界。在确定行为主体的前提之下,通过支配性的标准从负有注意义务的行为人中选出作为过失正犯予以处罚的范围,从而形成过失竞合结果归责的对象。

二、过失竞合中结果归责的主体特定

(一)主体特定的根据

在过失竞合结果归责的判断构造中,将结果归责的主体予以特定化是判断的第一步,也是过失竞合结果归责的前提。对主体予以特定,就是要判断哪些行为人对该当构成要件结果的产生负有回避的义务。因此,过失竞合主体的特定问题又可以被进一步转化为结果回避义务缘何产生的根据问题。新过失论被主张以来,过失犯的注意义务已经转向以结果回避义务为核心的客观注意义务的判断,因此,过失竞合的主体特定即客观注意义务的根据问题,本质上是过失犯不法的问题。

之所以需要对过失竞合结果归责的主体进行特定化,是因为在导致一个构成要件结果产生的因果流程中存在复数过失行为人时,其中哪些人是被法规范期待采取结果回避措施的主体在复杂的规范体系中并不是

---

① 〔日〕甲斐克则:《过失·危险的防止与(刑事)责任的承担》,谢佳君、刘建利译,载《刑事法评论(第43卷):刑法的科技化》,北京大学出版社2020年版,第206页。
② 参见〔日〕楠田泰大:《過失の競合に関する一考察》,載《同志社法学》66卷第3号。

明确的。特别是在过失不作为犯的竞合中,往往只存在均未采取任何结果回避措施的复数的人,对谁应当负有注意义务进而被期待采取结果回避措施,存在判断上的困难。因为如果从一系列"无"中选取结果归责的主体,问题的重点将转向由特定的主体来确定其是否应当采取必要的作为。这个问题的解决,在过失不作为犯中即通过保证人地位的主体特定问题来实现。司法实践中,针对过失不作为犯往往只聚焦于注意义务违反的判断,忽视保证人地位的论证,如此可能导致对不负有作为义务者科以注意义务,使得过失犯的处罚范围被不当扩大。[1] 此外,即便注意义务的发生根据相同,法规范期待行为人采取的结果回避措施的内容却由于各行为人的职务、地位以及参与的情况的不同而各异。因此,应当在主体特定的基础之上具体地认定行为人所负注意义务的内容。

由于过失犯存在作为与不作为的不同行为方式,体现在过失竞合中即存在过失作为犯的竞合、过失不作为犯的竞合以及过失作为犯和过失不作为犯构成的竞合。行为方式的不同使得过失作为犯与过失不作为犯在主体特定方面存在注意义务生成根据上的差异。在过失作为犯的场合,行为人以作为的方式积极地制造了法所不允许的危险,是其负有注意义务采取结果回避措施的根据。而在过失不作为犯中,行为人并未以积极的动作制造法所不允许的危险,但是其在制造法所不允许的危险的不法本质上与过失作为犯并不存在不同。过失不作为犯的不法特征在于,行为主体处于消除、防止危险进而回避结果发生的特殊地位,应当采取必要措施回避结果发生却未采取,以不作为的方式消极地制造了法所不允许的危险。因此,过失不作为犯注意义务产生的根据,是行为主体处于消除、防止危险转化为法益侵害结果的地位,即保证人地位。过失作为犯的行为人以积极的动作表征其归责的主体特征;过失不作为犯的行为人则以保证人地位的确立解决其主体的问题。

(二)主体特定的路径

1. 依照刑法规范特定主体地位

刑法规范将行为人置于回避结果的特殊地位,过失竞合结果归责的主体就应当依照该具体的规定予以特定。通过法律的具体规定对主体予以特定化,既可能体现在过失作为犯中,也是过失真正不作为犯中作为义

---

[1] 参见〔日〕谷井悟司:《過失不作為の競合事案における個人の注意義務の論定》,载《大学院研究年报 法学研究科篇》45号(2016)。

务的来源。在我国《刑法》中存在特殊情形的是关于监督管理过失的立法规定。所谓监督过失,是指监督者违反了监督直接行为者不犯过失的注意义务而构成的过失。所谓管理过失则是指,管理者在对物力、人力设备、机械以及人员体制等管理上的不善而构成的过失。有见解将管理过失与狭义的监督过失作为广义监督过失的下位概念,[1]但是一般认为,应当区分监督过失与管理过失,二者的区别主要在于"监督过失的场合应当注意的对象是'人',而管理过失的场合不是'人',是'体制'或者'制度'"[2]。监督管理过失是日本刑法理论上创设的概念,我国刑法中的监督管理过失的特点是不限于理论概念,在刑法立法中存在体现监督管理过失的独立罪名。也即,《刑法》分则罪名已经将许多过失犯罪中处于监督、管理地位的过失行为予以类型化,并通过立法设置独立罪名的方式进行明确规定。这些立法规定的独立罪名赋予处在直接过失行为人背后的监督管理者以主体地位,对于判断过失竞合主体特定问题具有重要意义。

第一,过失作为犯的情形,例如,《刑法》第 134 条第 2 款规定的强令、组织他人违章冒险作业罪。依照最高人民法院、最高人民检察院《关于办理危害生产安全刑事案件适用法律若干问题的解释》的规定,明知存在事故隐患、继续作业存在危险,仍然违反有关安全管理的规定,实施下列行为之一的,应当认定为刑法第一百三十四条第二款规定的"强令他人违章冒险作业":(一)利用组织、指挥、管理职权,强制他人违章作业的;(二)采取威逼、胁迫、恐吓等手段,强制他人违章作业的;(三)故意掩盖事故隐患,组织他人违章作业的;(四)其他强令他人违章作业的行为。可见,本罪的行为方式是作为。强令、组织他人违章冒险作业,违章冒险作业行为导致结果产生的,其将与强令、组织行为就结果构成过失竞合。实施强令、组织行为的行为人依照《刑法》第 134 条第 2 款的规定被特定为归责的主体。

第二,在过失不作为犯的场合,行为人是否处于保证人地位存在由法律明确规定的情况,据此即可对主体予以特定。《刑法》第 139 条规定的消防责任事故罪即是其例。例如,在"孙某等消防责任事故罪案"中,2004 年至 2005 年间,被告人孙某在未经任何审批的情况下,在其承租的一、二层楼房顶层,私自用彩钢板(易燃、可燃材料)搭建房屋。2005 年,被告人

---

[1] 参见张明楷:《刑法学》(第六版),法律出版社 2021 年版,第 390 页。
[2] 〔日〕井田良:《医療事故と刑事過失論をめぐる一考察》,载高橋则夫等编:《曾根威彦先生・田口守一先生古稀祝賀論文集〔上卷〕》,成文堂 2014 年版,第 614 页。

孙某与被告人陈玉民(孙某之妻)注册成立了北京豪雨林家政服务中心(法定代表人为陈玉民),并在上述承租建筑内开展经营活动。2007年间,被告人孙某、陈玉民又将加盖的第三层违建房屋用彩钢板装修成多间隔断房,作为出租房对外进行租赁经营。2011年4月及2012年11月间,消防监督机构在消防监督检查过程中,就上述加盖的第三层违建及使用彩钢板等问题,出具了消防监督检查记录、责令整改通知书等相关文书,并明确要求被告人孙某、陈玉民加以改正,但二被告人并未采取改正措施,继续出租违建房屋进行经营。2013年1月15日16时许,在上述违建307号出租房租住的被告人阮国浩为取暖打开电热扇烘烤房间,并在未关闭电热扇的情况下离开,导致该房间着火,后火势迅速蔓延至整个三层违建出租房,并致使三名租户死亡,同时导致在此租住的多名租客的房间内的物品被烧毁,造成大量财产损失。[①] 本案中,孙某、陈玉民违反消防管理法规,违规管理使用有火灾隐患的违章建筑,并经消防监督机构通知采取改正措施而拒绝执行,以致该建筑发生火灾,造成三人死亡,后果特别严重,其行为均已构成消防责任事故罪;被告人阮国浩因其过失行为引发火灾,并致人死亡,其行为已构成失火罪,三人均被追究刑事责任。由于《刑法》已经对火灾事故中处于监督管理地位的行为单独设置了消防责任事故罪,因此无需在理论上通过监督管理过失的认定追诉孙某、陈玉民的刑事责任,而是直接定消防责任事故罪。

　　由于我国刑法立法的特征,通过法律规范的明确规定对主体予以特定的现象在监督管理过失中有较多体现,但是不能被忽视的是,依照法律规范的明确规定,特定主体的情形并不仅限于监督管理过失的类型。在复数行为人之间存在平行关系的情况下,其主体地位仍然可能依照法律的明确规定予以特定。例如,《建设工程安全生产管理条例》第4条规定,"建设单位、勘察单位、设计单位、施工单位、工程监理单位及其他与建设工程安全生产有关的单位,必须遵守安全生产法律、法规的规定,保证建设工程安全生产,依法承担建设工程安全生产责任"。据此规定,在建设工程生产过程中,法律规范对保障安全生产设置了多重主体,存在注意义务的重叠关系。例如,建设工程中的项目负责人与监理人员都是生产安全的责任人,两者并不存在相互监督的共同关系,所以不能构成过失共同正犯,不过是过失同时犯的竞合。而且两者之间并非监督与被监督的关

[①] 参见北京市海淀区人民法院(2013)海刑初字第2639号刑事判决书。

系,因此属于水平关系上的过失竞合。

2. 依照社会准则特定主体地位

在过失竞合的案件中,主体地位未必都能够通过法律的明确规定予以特定。社会生活纷繁复杂,法律规范不可能将所有事项予以详细规定。在此情况之下,未被法律明确规定的行为,仍然有可能是对法益存在侵害可能性的行为,也应当在刑法禁止之列。在此种情况中难以从法律规定中直接引出过失犯的具体注意义务,因此,援用社会行为准则加以判断就成为必要。所谓社会行为准则,范围极其广泛,"不仅法律、命令、规则的成文法规,企业内部规则、服务规程、契约、条理、经验法则乃至健全的社会常识都是刑法上注意义务的根据,对于明确刑法上的注意义务具有作用"[①]。对于过失作为犯而言,行为人是否违反社会准则所推导出的注意义务,依照其是否以积极的动制造了法所不允许的危险。而在过失不作为犯中,特别是过失不真正不作为犯中,依照社会准则判断行为人是否处于负有注意义务的保证人地位时,需要实质性的判断。

需要指出,通过社会准则确定过失竞合的主体范围,依照社会准则推导出的注意义务未必可以直接等同于刑法上的注意义务,而是需要进一步判断其是否具备刑法上注意义务的特性。例如,《道路交通安全法》第19条第4款规定:"驾驶机动车时,应当随身携带机动车驾驶证。"但是,行为人驾驶机动车时未携带机动车驾驶证的行为并未违反刑法上的注意义务。刑法上的注意义务旨在避免刑法所要保护的法益受到侵害,因此,某种注意义务的违反只有对刑法所要保护的法益产生了危险,才成为刑法评价的对象。因此,对行为人违反刑法以外的社会准则推导出的注意义务是否能够被认定为刑法上的注意义务的违反,需要结合该注意义务与刑法法益保护目的的实现是否有关来进行具体判断。只有对刑法所保护的生命、健康等法益能够产生危险,才能被赋予刑法上的注意义务。[②] "和刑法上一般规范结合来看,个案判断重点尤其在于系争专业或管理规范,有无避免侵害他人生命、身体法益风险的作用? 若有,通常可以推定这些规范具有刑法品质的关联性,违反者同时也会构成刑法上义务的

[①] 〔日〕谷井悟司:《判例における刑法上の注意義務と刑法外の義務との関係性について》,载《大学院研究年報 法学研究科篇》46号(2017)。

[②] 参见〔日〕谷井悟司:《過失不作為の競合事案における個人の注意義務の論定》,载《大学院研究年報 法学研究科篇》45号(2016)。

违反。"①

依照社会准则确立过失竞合的结果归责主体,在我国司法实践中亦被广泛适用。例如,2018 年 1 月 23 日,西安市雁塔区王家村 130 号自建房屋由于租户私拉的电动车充电线在房屋一层空中汇集处发生短路引燃下方可燃物及电动车发生火灾,造成 4 人死亡,2 人重伤,5 人轻伤的严重后果。该房屋为房东张琦、张茹所有,并由张茹实际负责日常管理。张茹在日常管理中未制止租户私拉乱接电线的行为。② 本案中,判决认定张茹的行为构成失火罪,其注意义务的根据就在于未尽管理之责,属于懈怠管理而构成过失犯的情况。至于行为人缘何处于结果归责的主体地位进而负有注意义务,实质的理由即在于其对自建房屋这一物所形成的支配关系。在本案中,行为人对物的支配关系使得其即便处于直接行为人背后,与直接行为人形成过失竞合关系,却仍然可以依照管理过失对构成要件结果进行归责。

前述案例皆是行为人负有结果回避义务的情况,但需要特别说明的是,行为人即使并非有权采取结果回避措施的主体,未必就不属于结果归责的主体。理论上探讨所谓的建议义务,是要确定无权自行采取结果回避措施的人是否具有建议义务,进而是否由于未履行此义务而需要对结果进行归责。理论上对能否将建议义务作为结果归责的根据存在争议,不过从社会现实状况来看,此种义务确实存在。例如,《传染病防治法》第 49 条规定:"疾病预防控制机构应当设立或者指定专门的部门、人员负责传染病疫情信息管理工作,主动收集、分析、调查、核实传染病疫情信息。"该部门及人员仅负责信息的收集及研判,并不具有直接采取传染病防控措施的权限。但是,基于其所处的地位,其负有向有权采取防控措施的部门及人员提供必要信息与预测的义务。因此处于结果归责的主体地位。理论上往往将建议义务的判断置于主体特定的问题中予以解决,③笔者认为,行为人是否处于作出建议的地位与其所建议的事项是否充分是两个不同的问题,同样应当分属主体特定与义务履行两个层面予以判断。

---

① 林钰雄:《新刑法总则》,元照出版公司 2019 年版,第 510 页。
② 参见陕西省西安市雁塔区人民法院 2008 年陕 0113 刑初 1078 号刑事判决书。
③ 参见〔日〕井田良:《大規模火災事故における管理・監督責任と刑事過失論》,载《法学研究:法律・政治・社会》66 卷 11 号(1993);〔日〕齐藤彰子:《進言義務と刑事責任》,载《金沢法学》44 卷 2 号(2002)。

三、过失竞合中结果归责的限定标准

在过失竞合结果归责判断中,行为主体的特定仅仅是将法规范期待采取结果回避措施的人予以明确,划定了负有注意义务的主体的最外部边界。此时,结果归责的范围并未最终确定。这是因为,法规范只是在事前就法益保护的周延性一般性地设定注意义务。但是,在具体案件中,就具体的法益侵害结果的避免而言,未必所有的注意义务的履行都是必要而不可或缺的。因此,我们需要依照一定的标准对过失竞合中结果归责的范围予以限定,将那些应当作为过失正犯对结果进行答责的过失行为从复数过失行为中选出来。不具备作为过失正犯进行答责的行为人不过是过失共犯,应当被排除在刑罚处罚范围之外。所以,也可以认为,过失竞合结果归责的限定标准是过失犯正犯性的判断标准。

(一)复数过失参与人答责性标准之争

过失犯的正犯性是划定哪些过失行为人应当对结果承担责任的标准,特别是在背后者实施过失行为的情况下,结果却由直接行为者的行为导致时,背后者的结果归责是否被直接行为者的介入行为阻断,就特别成为问题。针对是否应当将结果归责于背后者,传统理论在故意犯中采取的是溯及禁止论的判断方法。即如果自由且有意识的(故意且有责的)行为成为结果发生的条件,则该条件的前条件就不是原因。换言之,对故意且有责的正犯者背后的行为者,是不允许进行作为正犯的刑事责任之溯及的。溯及禁止论一方面仅限于故意犯的判断,未将过失犯纳入判断的范围;另一方面,其主张排除所有背后者的正犯之责,在结果归责的判断上过于机械。鉴于此,理论上主张基于自我答责原理对溯及禁止论进行修正,以行为人是否处于答责领域具体判断背后者是否应当对结果进行归责。例如,德国学者 Hruschka 认为,"理解人类的行为可以有两个视角,自然的视角和自由的视角。自然地看,结果由无数个条件引起,诸条件间是等价的;自由地看,在因果链中,人的自由可以创设一个决定性的原因,从而区别于其他条件。其中,自由是行为可归责的前提,不承认自由和可归责性,就没有答责性……如果承认了自由行为之意义,那么一个自由的行为就是终极原因,是不能再被其他条件引起的"[①]。答责性标准

[①] 何庆仁:《溯责禁止理论的源流与发展》,载《环球法律评论》2012 年第 2 期。

的构建,本质上是将溯及禁止论推向了更为规范化的判断,相较以限制条件说为目的却又陷于与条件说相同的自然主义认识路径的溯及禁止论,更契合结果归责判断中所需要的规范判断。

基于此种规范化构建答责领域的路径,在过失犯正犯性范围的认定上形成了结果回避的优越地位说与因果经过支配可能性说的对立。采取结果回避的优越地位说的德国学者 Renzikowski 认为,在直接行为者非故意且有责地实施行为的场合,需要依据参与者是否较直接行为者具有优越的回避能力来判断其是过失正犯还是过失共犯。优越回避能力存否的判断,依据的是参与者是否具有更详细的危险认识,参与者在直接行为人的行为中是否处于保证人的地位,直接行为者是否具有被强制或者错误等欠缺归责的要素等。如果参与人被判断为具有优越回避能力,则其仍要作为过失正犯予以处罚。[①] 而采取因果经过支配可能性说的德国学者 Otto 认为,可罚的过失正犯的成立要件,除了因果关系、结果的预见可能性及回避可能性,还必须具备规范意义上的"因果经过的支配(操纵)可能性"。正犯只对处于自己支配可能性之下的事项负有答责性。支配可能性的对象,不是导致结果的全部事态经过,只是可以引起法益侵害的危险创出或者增加。同时,支配可能性还受到自我答责性原理的制约。过失犯的正犯性根据是,在自我答责的领域之下,创出或者增加危险而实现了构成要件该当的结果,且行为人对危险创出或者增加的因果经过存在支配可能性。[②]

此外,日本学者甲斐克则教授提出了解决过失竞合问题的路径,主张基于相当因果关系说的因果作用力判断+过失犯的脱离理论进行两个方面的判断。就前者而言,甲斐克则教授指出,"立足于客观相当因果关系说,并坚守当重大过失行为作为介入事由时,就中断当初的过失行为与结果之间的因果关系……此时,我们应当充分考虑因果关系的向量,即各行为人的行为在因果链中具有什么程度的强弱及大小。例如,我们应当探讨首先确定哪个是'河流干流',支流是不是被'河流干流'吸收后形成了合流。若支流被'河流干流'完全吸收的话,支流的因果关系则被中断。

[①] 参见〔日〕安达光治:《客観的帰属論の展開とその課題(三)》,载《立命館法學》2000 年 2 号(270 号);〔日〕松宫孝明:《過失犯論の現代的課題》,成文堂 2004 年版,第 261—262 页。

[②] 参见〔日〕安达光治:《客観的帰属論の展開とその課題(三)》,载《立命館法學》2000 年 2 号(270 号)。

只有明确的干流才是正犯"①。就后者而言,甲斐克则教授主张借鉴共犯的脱离理论建构过失犯的脱离理论,②认为"被卷入该因果关系链的行为人,基于个别事由使其向消灭危险(并未走向完全消灭)尽到一定程度的相当的注意义务时,至少可以使其从正犯的地位降格为狭义的共犯(从犯),从而不受处罚,使其从因果关系中解放出来"③。甲斐克则教授的观点表述尽管形象,但是仍然存在判断标准不明确的问题。例如,何为"干流"何为"支流"实际上最终取决于因果力的大小,在判断标准上将存在明显的模糊之处。不过,从甲斐克则教授注重因果作用力的观点来看,其主张接近因果经过支配可能性说的见解。

(二)因果经过支配可能性的判断标准之提倡

在过失犯正犯性的标准上,笔者赞同因果经过支配可能性说的见解。这是因为,第一,结果回避的优越地位说混淆了义务主体与义务违反之间的界限。依据结果回避的优越地位说得出的结论是谁对于结果回避而言处于更为优越的地位,这实际上与过失不作为犯中谁处于负有避免结果发生义务的保证人地位的问题如出一辙。对于优越地位的判断,需要结合背后者对行为的危险性是否拥有专门的知识;直接行为人是否可以信赖背后者所作指示的正确性;背后者对直接行为人是否存在法律制度或者职务上的命令权限等进行综合性的判断,而这些因素本质上都是对不作为犯中保证人地位存在与否的判断。鉴于此,笔者认为,采取结果回避的优越地位说将使原本复杂的过失不作为犯的作为义务与注意义务之间的关系变得更为模糊。第二,因果经过支配可能性说是行为支配理论在过失犯正犯性问题上的具体体现。如果认为故意犯中的正犯性标准是行为支配的话,那么在过失犯中也应当采取一致的判断标准。因果经过支配可能性说将行为支配的观点纳入溯及禁止的定式,④赋予故意犯与过失犯统一的正犯性标准,⑤在这一点上具有体系的一贯性。第三,依据结果

---

① 〔日〕甲斐克则:《医疗事故与刑法》,谢佳君译,法律出版社 2017 年版,第 131—132 页。

② 参见〔日〕甲斐克则:《医疗事故与刑法》,谢佳君译,法律出版社 2017 年版,第 143 页。

③ 〔日〕甲斐克则:《医疗事故与刑法》,谢佳君译,法律出版社 2017 年版,第 132 页。

④ 参见曹菲:《管理监督过失研究——多角度的审视与重构》,法律出版社 2013 年版,第 313 页。

⑤ 参见〔日〕北川佳世子:《過失の競合と責任主体の特定問題》,载《刑法雜誌》52 卷 2 号(2013)。

回避的优越地位说并不能准确划定过失正犯的范围。即便背后者不存在结果回避的优越地位,也并不能一概否认其正犯性。例如,在交通肇事二重碾压的案件中,第一行为人将被害人撞成重伤后逃逸,第二行为人又因为没有注意到倒在路上的被害人而再度碾压,将被害人轧死。就死亡结果来说,第一行为人虽然并不比第二行为人处于结果回避的优越地位,但无疑应当肯定第一行为人交通肇事致人死亡的正犯责任。① 我国司法实践中,对于交通肇事二次碾压的案件,一般不会否认第一行为人对死亡结果的归责,②所以在过失竞合的结果归责判断中采取的并非结果回避的优越地位说的见解。第四,结果回避的优越地位说对复数过失行为人处于平行关系时形成的过失竞合难以划定归责范围。当复数过失行为人处于平行关系时,很难认为谁处于更为优越的地位,最后将得出所有过失行为人均应当对结果承担责任的结论。这与单纯基于因果关系判断过失竞合结果归责的结论如出一辙。此外,也有学者认为,"因果经过的控制可能性说和结果回避的优越地位说不存在本质上的差别,而是分别属于对应当归责的监督过失行为所进行的事实性描述和规范性表述"③。笔者认为,该观点值得商榷,如上所述,因果经过支配可能性说的提出,是为了在规范的立场上划定正犯性的标准,因此其本质仍然是划定过失正犯答责性的规范标准,并不是自然意义上的事实性描述。

运用因果经过的支配可能性判断过失正犯的范围,需要结合具体案件事实,依照影响因果经过支配可能性的诸多要素进行综合性的判断。具体判断所依据的事实主要包括:各过失行为对结果的原因力、各行为人掌握信息的情况、防止结果发生是否委于他人、行为人是否从所在组织中脱离、行为人是否尽到建议义务等。例如,在日本发生的"明石步道桥事故案"中,在明石市举办的烟花大会结束时,人行天桥上的大量游客跌倒并挤压垒叠在一起,最终因踩踏导致11人死亡、183人受伤。法院认定,与安保事务有关的警察地方官、安保公司分公司经理、主办方的公务员都以业务上过失致死伤罪被追究刑事责任。对此,甲斐克则教授认为将明

---

① 参见〔日〕岛田聪一郎:《管理・監督過失における正犯性、信頼の原則、作為義務》,载〔日〕山口厚编著:《クローズアップ刑法総論》,成文堂2003年版,第91—92页。

② 参见殷一村、周永敏、毛曼谕:《邵大平交通肇事案[第1118号]——交通肇事撞伤他人后逃离现场,致被害人被后续车辆碾压而死的如何定性》,载最高人民法院刑事审判一、二、三、四、五庭主办:《刑事审判参考》(总第105集),法律出版社2016年版,第22—23页。

③ 徐然:《重大责任事故罪的责任归属与过失竞合——以上海静安"11·15"特大火灾案为展开》,载《刑事法判解》2015年第1期。

石市的公务员作为过失正犯处罚过于苛刻,并试图通过过失共犯的认定来解决这个问题。① 但是,对于如何将这些公务员认定为过失共犯,却未能提供明确的判断标准。与此不同的是,大塚裕史教授指出,"虽说因时间段的不同而有所不同,但支配因踩踏事故发生死伤结果的因果经过的应当是安保公司或警察中的任一方。对于已经将安保管理业务委托给拥有防止踩踏经验的安保公司的明石市职员而言,不能将其与安保的专业人员且能够出动机动队的警察署地方官员相提并论而被视为'正犯'"②。本案中,明石市的公务人员通过将安保管理业务委托给安保公司,防止结果发生的要求已经委于其他主体,由此在事故发生的因果经过中已经丧失了支配可能性,其不过是过失共犯。

我国司法实践的判决中有关因果经过支配可能性说的基本立场也多有体现。例如,在"龚晓玩忽职守案"中,1999 年,时任车辆管理所负责驾驶员体检工作的被告人龚晓收到蒋明凡申请换证的相关材料后,在既未对蒋明凡进行体检,也未要求蒋明凡到指定的医院体检的情况下,违反规定自行在其《机动车驾驶证申请表》上的"视力"栏中填上"5.2",在"有无妨碍驾驶疾病及生理缺陷"栏中填上"无",致使自 1995 年左眼即已失明的蒋明凡换领了准驾 B 型车辆的驾驶证。此后,在 2000 年、2001 年及 2002 年的年度审验中,蒋明凡都通过了彭水县公安局交通警察大队的年度审验。2002 年 8 月 20 日,蒋明凡驾驶一辆中型客车违章超载 30 人(核载 19 座)从长滩乡驶向彭水县城,途中客车翻覆,造成乘客 26 人死亡、4 人受伤和车辆报废的特大交通事故,蒋明凡本人也在此次事故中死亡。裁判理由指出:"由于被告人龚晓为蒋明凡出具的虚假体检结论的效力只有 1 年,如果蒋明凡驾驶的汽车在其换证的当年由于其本人的原因而发生了交通事故,毫无疑问,该损害结果与被告人龚晓的玩忽职守行为之间存在刑法上的因果关系,其应对损害结果负责。在龚晓出具虚假体检结论之后的年度审验中,蒋明凡能够通过审验,完全是由于他人体检失职行为所致,而非龚晓的失职行为所致,因为龚晓的体检行为在 1 年之后已经归于无效。在其后的年度审验中,相关人员如果认真履行了职责,则蒋明凡不可能通过审验,其当然也就不可能合法地从事驾驶工作,'8·20'特

---

① 参见〔日〕甲斐克则:《不作为的过失竞合》,谢佳君译,载赵秉志主编:《刑法论丛》(2018 年第 3 卷·总第 55 卷),法律出版社 2019 年版,第 339 页。
② 〔日〕大塚裕史:《過失不作為犯の競合》,载《三井誠先生古稀祝賀論文集》,有斐閣 2012 年版,第 161 页。

大交通事故也可能就不会发生。就龚晓的失职行为和其后的失职行为对交通事故发生的影响力而言,前者对结果的发生在法律上已经不具有影响力。"[1]从裁判理由可见,认为龚晓不构成玩忽职守罪的原因并不在于其没有实施玩忽职守的行为,而是在导致结果发生的因果流程中,由于他人失职行为的存在,且对事故的发生处于支配地位,而龚晓的失职行为所能够起到的作用在行为一年以后即已不再处于支配性的地位,丧失了因果经过支配的可能性。此时,龚晓的失职行为被认为"对结果的发生在法律上已经不具有影响力",并不是认为其对于结果回避而言没有处于一种优越的位置,而是认为其行为完全不具备回避结果的可能性。也即,事故发生之时,龚晓的过失行为已经处于导致结果发生的支配性因果作用的范围之外,不能与直接行为者就所发生的构成要件结果构成过失同时犯。

上述案件,被告人龚晓的行为与他人的失职行为属于平行关系,属于平行关系型过失竞合。平行关系型的过失竞合中,由于复数行为人的过失行为与构成要件结果间的因果性存在同层次的重叠,无法进行相互剥离的单独判断,所以极有可能有意忽视对限定性要素的判断而将所有与构成要件结果之间具有因果性的行为认定为过失犯。通过对因果经过支配可能性的判断,将不具备支配性可能性的过失行为排除在处罚范围之外,可以限定平行关系型过失竞合的归责范围。与此相对,在监督管理过失的垂直型过失竞合的结果归责判断中同样可以运用因果经过支配可能性说得出妥当结论。例如,在"段某某等重大责任事故案"中,重庆家乐福商业有限公司沙坪坝店筹划举办周年店庆打折促销活动。时任该店防损部经理的被告人向某某全面负责此次店庆活动的安全工作,向某某安排时任该店防损部经理助理的被告人段某某负责活动期间外围入口的安全保障工作。向某某会同重庆家乐福有限公司旗下的其他三家分公司的防损部负责人制定了周年店庆活动安全防范预案,其中规定要尽量打开所有的入口,对不牢固的防护栏加固,要移开主入口有安全隐患的设施设备,确保主通道的通畅。段某某未按照预案要求,自行决定在家乐福沙坪坝店三个店门的入口下行楼梯处摆放桌子,以控制人流。次日,向某某在例行检查安全工作中发现东门入口下行楼梯处有桌子堵住入口的情况,但未提出异议。之后,大量购物群众涌入家乐福沙坪坝店东门,将入口处

---

[1] 于天敏、王飞:《龚某玩忽职守案[第294号]——渎职犯罪的因果关系判断》,载最高人民法院刑事审判第一庭、第二庭编:《刑事审判参考(总第37集)》,法律出版社2004年版,第82页。

摆放的桌子挤倒,部分群众被桌子绊倒,大量群众相继跌倒,发生了严重踩踏事故。① 本案中,作为防损部经理的向某某对于其助理段某某而言处于监督的地位。向某某尽管将安全保障工作安排给段某某负责,但是其职责范围就包括对段某某的监督,并且在例行检查中亦发现存在安全隐患。在此过程中,向某某并不存在可以将结果回避完全委于他人的情况,其仍然对事故的避免存在支配力,因此其仍然应当构成过失不作为正犯,并承担相应的刑事责任。

此外,与"段某某等重大责任事故案"类似,如果处于下级地位的行为人并无采取结果回避措施的权限,当依照主体特定的判断认为其具有向上级人员提出采取必要措施的建议以避免结果发生时,仅仅提出建议并不足以排除下级人员的结果归责。因为行为人所负有的建议义务,本质上是要推动其他主体采取结果回避的措施。所以,仅仅向有权采取措施的人提出建议,却未积极促使其采取结果回避的措施,不能认为行为人履行义务已经充分,足以从导致结果发生的因果流程中脱离出来。例如,行为人所提供的用于作出判断的信息并不充分、基于自身观察所汇报的情况并不准确等,在此情况之下,对于有权采取措施者难以起到促进其采取结果回避措施的作用,因此不能排除对行为人的结果归责。当然,行为人如果尽到了建议义务,有权采取措施的人却未采纳最终导致结果发生,行为人应当被排除在结果归责的范围之外。② 也即,在行为人履行建议义务的情况下,对其排除结果归责并不以他人采纳建议并采取措施为必要条件。

第三节　结果加重犯的共同正犯

结果加重犯是指,实施基本犯的行为,却发生了基本犯构成要件结果之外的加重结果,刑法因而规定了加重法定刑的犯罪形态。基于责任主义的要求,行为人只有在对加重结果具有主观罪过的情况下,才能构成结果加重犯。如果认为,结果加重犯中行为人对加重结果至少存在过失,当复数参与人对加重结果主观上存在过失,并且需要通过成立结果加重犯的共同正犯来实现结果归责时,结果加重犯的共同正犯就与过失共同正

---

① 参见重庆市第一中级人民法院(2008)渝一中法刑终字第307号刑事判决书。
② 参见〔日〕齐藤彰子:《進言義務と刑事責任》,载《金沢法学》44卷2号(2002)。

犯的问题纠缠在一起。本节内容将以"故意基本犯+过失加重结果"的结果加重犯类型为对象,集中探讨结果加重犯的共同正犯中加重结果的归责问题。

一、结果加重犯的共同正犯的教义学功能

(一)结果加重犯的共同正犯的必要性之争

在刑法教义学上有无必要肯定结果加重犯的共同正犯,关键需要明确在符合刑法基本原则的前提之下,不通过共同正犯的成立能否完成复数参与人对加重结果的归责。将加重结果的归责重心置于基本犯的见解认为,基本犯的共同正犯自然引起加重结果的连带归责,有学者将其称为基本犯中心论。① 我国传统刑法理论中就存在此种见解,例如,有学者认为"当结果加重犯的重结果,由共同犯罪人中的部分人的行为所造成时,其他共同犯罪人对此重结果的发生也应负责任"②。基于此种归责路径,只要复数参与人就基本犯构成共同正犯,自然导致加重结果在各参与人之间的相互归责。由此,也就没有必要探讨结果加重犯的共同正犯。以基本犯的共同正犯直接引导出加重结果的归责,完全不考虑针对结果的因果关系以及主观罪过的判断,必然导致结果加重犯处罚范围的不当扩大。

例如,在"黄海问、唐普雄故意伤害、非法拘禁案"中,李朝旭为发展下线,以做服装加工生意为由将被害人刘某骗至惠安县的非法传销窝点。覃贞祥、陈留德、胡钰英、刘珍奇、唐普雄、谭强、莫升钦等人为迫使刘某加入传销组织,以二十四小时不间断、人盯人看管、"上课"等方式将刘某拘禁在该非法传销窝点内。此后,黄海问获悉胁迫刘某加入传销组织没有进展后,进入该传销窝点,以刘某不配合"考察"为由,指使唐普雄、谭强、莫升钦等人控制住刘某的四肢,摆成头朝下、双脚朝上的姿势,脸紧贴装水大脸盆。其间,黄海问多次将刘某的头面部按入装有水的脸盆中,直至刘某出现身体瘫软、脉搏微弱等状况,才将刘某送往惠安县医院抢救。经当班医生检查,刘某被送至医院时已确认死亡。经法医鉴定,被害人刘某的死因系溺水。公诉机关指控未参与暴力伤害的五被告人与实施暴力行

---

① 参见邓毅丞:《结果加重犯在共同参与中的归责问题研究》,载《清华法学》2017年第1期。

② 马克昌主编:《犯罪通论》,武汉大学出版社1999年版,第528页。

为的四人均构成非法拘禁罪并致人死亡的结果加重犯。人民法院的判决则认为,李朝旭、覃贞祥、陈留德、胡钰英、刘珍奇均未参与实施强制闷水等暴力伤害,被害人的死亡与该五被告人的非法拘禁行为之间不存在刑法上的因果关系。在非法拘禁过程中,黄海问、唐普雄、谭强、莫升钦还对被害人实施暴力伤害,致被害人死亡,黄海问、唐普雄、谭强、莫升钦的行为均已构成故意伤害罪,且致一人死亡;李朝旭、覃贞祥、陈留德、胡钰英、刘珍奇的行为均已构成非法拘禁罪。① 本案中,九名被告人皆已构成非法拘禁罪的共同正犯,如果认为据此即可将死亡结果归责于所有参与人,则明显与死亡结果之间不具有因果关系的行为也会被认为构成结果加重犯,如此就不当扩大了加重结果的归责范围。

从我国司法实践的状况来看,判决中往往只论及基本犯的共同犯罪,但是除了在结果加重犯的成立上不存在争议的案件,当因果关系、主观罪过、实行过限等方面有疑问时,还需要针对加重结果的归责范围进行进一步的认定。可见,我国司法实践针对加重结果的归责,并非采取基本犯中心论的立场,对加重结果是否归责于复数参与人需要在基本犯的共同犯罪基础之上再行判断。与此类似,现在我国刑法理论的多数见解也是以加重结果归责的判断为核心展开复数参与人是否构成结果加重犯的探讨。②

不同的是,在加重结果中心论之下,针对加重结果在复数参与人之间的归责是否需要通过成立结果加重犯的共同正犯来予以实现,理论上的看法并不一致。从最典型的"故意基本犯+过失加重结果"的结果加重犯类型来看,如果肯定结果加重犯的共同正犯的成立,意味着复数参与人针对加重结果需要成立过失共同正犯。囿于我国《刑法》第25条第2款的规定以及我国理论上普遍否定过失共同正犯成立的立场,否定结果加重犯的共同正犯的观点属于多数说。否定说认为结果加重犯无需成立共同正犯,依照结果加重犯的构造判断每一个参与人是否就加重结果进行归责即可。例如,有学者认为:"在结果加重犯的场合,就加重结果而言,基本犯的参与者只存在是否成立犯罪的问题,并不需要区分正犯与共犯,在

---

① 参见福建省泉州市中级人民法院(2017)闽05刑初3号刑事附带民事判决书。
② 参见李世阳:《结果加重犯的共同正犯》,载《浙大法律评论》(2018年卷),浙江大学出版社2019年版;邓毅丞:《结果加重犯在共同参与中的归责问题研究》,载《清华法学》2017年第1期;王若思:《结果加重犯的共同犯罪研究:以危险性本质说为基底的展开》,载江溯主编:《刑事法评论(第42卷):刑法方法论的展开》,北京大学出版社2019年版;等等。

这个意义上,成立共同正犯抑或单独正犯不会影响刑罚裁量。"①周光权教授更是明确地指出:"在出现加重结果的场合,基本的处理原则是:对于基本犯而言,成立共同正犯;对于加重结果而言,成立'同时犯',由各行为人各自对结果负责。"②问题在于,各参与人构成同时犯的根据何在?特别是在各参与人的行为与加重结果之间的因果关系不明的情况下,不能满足同时犯的成立条件,要求各参与人各自对加重结果承担责任,就只能在基本犯的共同正犯中寻找依据,这无疑回到了基本犯中心论的立场上去了。

(二)结果加重犯的共同正犯的理论机能

对结果加重犯的共同正犯是否有成立的必要,应当以共同正犯的理论机能为切入点进行探讨。即理论上通过成立共同正犯是为了解决何种问题,以及此种问题是否在结果加重犯的加重结果归责中同样存在?且在结果加重犯的加重结果归责中是否必须通过共同正犯的成立解决该问题?如果回答是肯定的,那么结果加重犯的共同正犯的成立就成为必要。从事实的层面来看,共同正犯不同于单独犯之处在于,其是复数参与人的行为共同导致一个法益侵害结果的产生。其中各参与人的行为未必全部完整地满足构成要件,使得行为与结果之间往往存在因果关系不明确的现象。因此,在规范的层面上,为了实现一个结果在复数参与人之间的归责,需要通过成立共同正犯并发挥其理论机能,即"以数参与人之间是否存在共同性的判断替代了单个参与行为与结果之间因果性的判断"③,以因果性的扩张实现结果在复数参与人之间的相互归责。

基于共同正犯的理论机能,如果认为结果加重犯的共同正犯的成立也有必要,就应当明确在结果加重犯中同样存在需要通过共同正犯的理论机能方可解决的问题,且通过其他路径难以解决。探讨的核心还可以进一步转化为在结果加重犯中是否需要讨论基本犯的行为与加重结果之间因果关系的问题。如果回答是肯定的,则在复数参与人的行为与加重

---

① 张伟:《结果加重犯之共同正犯研究》,载陈兴良主编:《刑事法评论(第39卷):刑法规范的二重性论》,北京大学出版社2017年版,第124页。
② 周光权:《刑法总论》(第四版),中国人民大学出版社2021年版,第356页。
③ 谭堃:《共犯的限制从属性说之坚持——以共犯违法相对性的扩张为视角》,载《法律科学(西北政法大学学报)》2019年第5期。

结果之间的因果关系无法判明的情况下,就需要通过共同性的判断来使复数参与人依照"部分行为全部责任"的原则对加重结果承担责任。刑法中的因果性,是作为刑事责任最低限度的要件发挥作用的。① 因果性成为刑事责任的限定要件之一,是近代以来刑法实现自由保障机能的基本经验。基于行为主义的考量,刑法并不处罚单纯的思想,只有当表现于外的行为引起了客观外部世界的某种变动时,才有发动刑罚权的余地。这种客观外部世界的变动正是刑法所禁止的侵害结果,因此,行为主义在实体上又被称为"侵害行为主义"。② 如果要以结果作为谴责行为的理由,则行为必须与侵害结果之间存在因果关系。实际上,否定结果加重犯的共同正犯的见解也认为,基本犯的行为与加重结果之间需要具备因果关联。例如,有学者认为,"在结果加重犯之基本行为与加重结果之关联性上,首先仍需回归因果关系之本源,继而导入刑法之价值判断。申言之,应当区分客观归因与客观归责,在客观归因层面坚持条件因果关系说,在此基础上以客观归责理论为指导,检验基础行为与加重结果之间的危险实现关系"。③

既然如此,当基本犯的行为与加重结果之间的因果关系存疑时,不通过成立共同正犯对因果性进行扩张,应当如何判断各参与行为的结果归责呢?主要存在以下几种情况:第一,复数参与人的行为与加重结果之间的因果关系无法判明的情况。例如,甲、乙二人以伤害的故意殴打A,导致A内脏破裂而死亡,却无法查明是谁的行为导致其死亡。第二,部分行为人实施了超过最初意思联络范围的行为,进而导致加重结果的产生。例如,甲、乙二人谋议伤害A,在殴打过程中,甲掏出随身携带的刀具将A捅死。第三,部分行为人实施导致加重结果产生的行为时,其他行为人不在现场的情况。例如,甲、乙、丙、丁与A、B斗殴,在此期间丁受伤,由丙将其送往医院。二人离开后,甲、乙与A、B继续斗殴,导致A死亡,无法证明谁的行为导致其死亡。

针对上述几种情况,当各参与行为与加重结果之间的因果关系无法判明时,加重结果如何在各参与人之间进行归责,正是结果加重犯的共同

---

① 参见〔日〕伊藤嘉亮:《共同正犯の因果性拡張機能》,载《早稲田大学大学院法研論集》152 号(2014)。

② 参见〔日〕松原芳博:《刑法総論》,日本评论社 2013 年版,第 20 页。

③ 张伟:《结果加重犯之共同正犯研究》,载陈兴良主编:《刑事法评论(第 39 卷):刑法规范的二重性论》,北京大学出版社 2017 年版,第 119 页。

正犯真正需要探讨的重要问题。① 理论上主张以过失犯统一正犯概念的角度认定每个参与人对加重结果的独立归责,实际上难以解决因果关系存疑时的问题。因为,即便各参与人皆构成过失单独正犯,也无法免去各参与人的行为与加重结果之间具备因果关系的判断。"例如,甲以杀人的故意、乙以伤害的故意共同对丙实施暴力,导致丙死亡,但不知道致命伤由谁造成。不管采取什么样的参与体系,都需要回答甲、乙是故意伤害罪的共同正犯,还是故意杀人罪的共同正犯,抑或甲、乙是共同正犯但甲成立故意杀人既遂、乙成立故意伤害致死这样的问题。换言之,不管是采取单一制正犯体系,还是采取区分制共犯体系,都需要讨论甲与乙是否构成'共同'犯罪的问题。"②也正是基于结果加重犯中存在因果关系判断的问题,笔者认为有必要通过共同正犯的因果扩张机能来实现加重结果的归责。在肯定结果加重犯的共同正犯的必要性的前提之下,如何具体判断其是否成立是构造论上的问题,对其需要在明确结果加重犯的共同正犯的规范构造的基础上进一步判断。

二、结果加重犯的共同正犯的构造特征

(一)结果加重犯"基本犯+过失结果"的构造之反思

结果加重犯的共同正犯的构造特征依附结果加重犯单独正犯构造的明确。基于责任主义原则,一般认为实施基本犯的行为人主观上对加重结果至少应当存在过失,加之结果加重犯的类型中"故意基本犯+过失加重结果"最为典型,由此,难免将结果加重犯形式化地理解为具有一种"基本犯+过失结果"的构造,即认为结果加重犯是基本犯与过失结果的集合,是两者通过简单相加、机械总和的结果。

笔者认为,基于以下理由,传统结果加重犯的"基本犯+过失结果"构造存在难以自圆其说的理论和实践难题,应当予以否定。第一,基本犯与过失结果的简单相加无法解释结果加重犯加重处罚的程度。也即结果加重犯的法定刑远远超过基本犯与过失结果相加之和,"基本犯+过失结果"构造无法为结果加重犯的法定刑幅度提供合理说明。例如,抢劫致人

---

① 参见〔日〕十河太朗:《結果的加重犯の共同正犯》,载《同志社法学》69 卷 7 号(2018)。
② 张明楷:《共同正犯的基本问题——兼与刘明祥教授商榷》,载《中外法学》2019 年第 5 期。

死亡中,抢劫罪基本犯的法定刑是"三年以上十年以下有期徒刑,并处罚金",过失结果的法定刑依照过失致人死亡罪的基本犯为"三年以上七年以下有期徒刑"。两者简单相加,无论如何也难以达到抢劫罪结果加重犯"十年以上有期徒刑、无期徒刑或者死刑,并处罚金或者没收财产"的法定刑幅度。因此,基于结果加重犯的"基本犯+过失结果"构造,结果加重犯加重处罚难以获得正当化根据。第二,如果采取结果加重犯"基本犯+过失结果"的构造,则刑法完全没有必要设置结果加重犯。例如,对故意伤害致人死亡的情况,就可以以故意伤害罪与过失致人死亡罪的想象竞合予以处断。如此,结果加重犯在刑法中的规定完全可以被废止。第三,采取"基本犯+过失结果"的构造,进而如第二点所述以想象竞合处断结果加重犯,由于想象竞合犯的处断原则是择一重处断,其中轻处断之罪实际上为重处断之罪所吸收,无法对产生加重结果的情况进行充分的评价。[1]第四,忽视基本犯与加重结果之间的规范性关联,致使结果加重犯的处罚范围有过度扩张的危险。依照"基本犯+过失结果"的构造把握结果加重犯,则行为人在实施基本行为之后导致了加重结果产生时,被径直认定为结果加重犯的情况在司法实践中多有发生,使得结果加重犯的成立范围丧失了必要的界限。

(二)结果加重犯固有不法属性之提倡

1. 危险性说与结果加重犯的固有不法属性

与传统见解不同的是,现在理论上认识到对结果加重犯的成立范围进行限制的必要性,并试图通过赋予结果加重犯以固有不法内容来实现限制处罚范围的目的。"基本行为与加重结果之间存在'特殊危险及直接的关联性',因而具有特别的不法内涵。"[2]此种见解即探讨结果加重犯刑之加重根据时所采取的危险性说。危险性说既是刑法设置结果加重犯时立法采取的选择依据的体现,[3]也是对结果加重犯构造特征的准确把握,这使危险性说成为理论上的通说。

第一,立法对加重结果选择加重其刑的依据是基本犯行为产生加重结果的高度危险性。从刑法设置结果加重犯的角度来看,是否具有固有不法产生的可能性也是立法者选取在某种犯罪中设置结果加重犯的考量

---

[1] 参见〔日〕榎本桃也:《結果的加重犯論の再検討》,成文堂2011年版,第34页。
[2] 林钰雄:《新刑法总则》,元照出版公司2019年版,第94页。
[3] 参见〔日〕内田浩:《結果的加重犯の構造》,信山社2005年版,第138页。

标准。立法对结果加重犯加重其刑是出于一种一般预防的目的。① 现行法上之所以规定结果加重犯这种特殊犯罪类型,并不是基于所有的基本犯均导致了加重结果发生的客观事实本身,而是着眼于在经验上对类型化的、高度的危险性的判断,即只要实施基本犯就通常会导致加重结果的发生。当行为人所实施的基本犯在经验上就存在导致加重结果产生的高度危险性时,刑法通过立法加重其刑,②以提示准备实施基本犯的行为人不要实施该种具有导致加重结果产生的高度危险性的行为。由于基本犯中含有产生加重结果的典型的危险,实施这种基本犯的行为并使得危险在结果中予以实现,进而加重其刑。此种预防类型化的、典型的危险转化为加重结果的考量,最终是为了实现避免实施基本行为而产生重结果的一般预防。③ 这种类型化的、典型的危险是区别于基本犯不法的独立不法内容,为理论上探讨结果加重犯的固有不法内容提供了规范上的根据。

第二,危险性说有利于准确把握结果加重犯的规范构造。结果加重犯中行为人实施基本犯的行为并非必然导致加重结果产生,而只是存在产生加重结果的高度危险性。也即,现实中存在即便实施基本犯的行为也没有产生加重结果的情况。由此可见,加重结果并不处于基本犯构成要件的规制范围之内。结果加重犯中加重结果的归责之所以存在与责任主义相冲突的问题,就是因为加重结果已经超出了基本犯构成要件的规制范围,也就无法被基本犯的罪过涵盖。既然结果加重犯是在基本犯构成要件之外产生了其他不法结果,无法通过基本犯构成要件实现对加重结果的规范评价,那么就需要将加重结果置于独立的不法类型中予以判断。危险性说赋予结果加重犯以固有不法内容,并通过建立基本犯行为与加重结果之间的规范关联实现加重结果的归责,这与结果加重犯的构造特征具有契合性。

既然认为结果加重犯具有固有的不法内容,理论上就需要进一步明确在固有不法内容的前提之下其具体的罪质构造应当为何?由于结果加重犯是基于自身固有的不法内容而获得了独立的构造,所以,其罪质构造自然应当以结果加重犯特有的不法内容为切入点进行判断。对此,理论上存在不同的见解,可谓莫衷一是。基于危险性说,行为人实施基本犯的

---

① 参见〔日〕榎本桃也:《結果的加重犯論の再検討》,成文堂2011年版,第37页。
② 参见〔日〕丸山雅夫:《結果的加重犯の構造と成立要件・成立範囲》,载《理論刑法学の探究(2)》,成文堂2009年版,第155页。
③ 参见〔日〕山中敬一:《刑法総論》(第三版),成文堂2015年版,第179页。

行为就是通过立法予以类型化的具有造成加重结果的高度危险的行为。因此,就加重结果的发生而言,行为人所实施的基本犯行为就是制造了法所不允许的危险的行为。当然,行为制造了法所不允许的危险对于结果归责来说并不充分,还需要该危险最终在加重结果中实现,方可就加重结果对行为人进行归责。那么,危险在加重结果中实现与否的判断,在结果加重犯的构造中处于何种位置呢?笔者认为,这需要结合危险性说中的直接性要件予以阐明,以下将详述之。

2. 直接性要件的体系地位

目前,以限制结果加重犯成立范围为目的的危险性说得到了理论上的较多支持,在德日刑法中,危险性说处于通说地位,我国刑法理论中危险性说也获得了多数学者的支持。[1] 但是,也应当看到,仅仅阐明结果加重犯具备固有不法属性,不对用于表征结果加重犯固有不法内容的危险性进行判断构造上的建构,就想要实现结果加重犯处罚范围的限制纯属空谈。基于判断危险性的需要,刑法理论又提出了"直接性要件"的判断以明确危险性说的具体内容,并且受到了司法实践的认可。[2] 只是,从学者们关于直接性要件的论述来看,直接性要件与危险性说的关系未必是明确的,对其在结果加重犯的固有不法判断中处于何种体系地位也存在不同的看法。因此,要试图通过直接性要件的判断使得结果加重犯固有之危险性得以具体化,首先需要明确直接性要件的体系地位。

理论上关于直接性要件与危险性说的关系的见解,较多的是将直接性要件等同于危险性说,即认为直接性要件是危险性说的具体化,或者认为两者具有共通性的基础。[3] 基于此种见解,直接性要件就不具有独立于危险性说的体系地位。例如,有学者指出,"在结果加重犯中,直接性要件

---

[1] 采取危险性说立场的包括:李邦友:《结果加重犯基本理论研究》,武汉大学出版社2001年版,第83页以下;邓毅丞:《结果加重犯的基本原理与认定规则研究》,法律出版社2016年版,第63页以下;张明楷:《严格限制结果加重犯的范围与刑罚》,载《法学研究》2005年第1期;张伟:《结果加重犯之共同正犯研究》,载陈兴良主编:《刑事法评论(第39卷):刑法规范的二重性论》,北京大学出版社2017年版,第117页;徐岱:《论结果加重犯的因果关系——基于刑法理论与司法实践关系的反省》,载《法律科学(西北政法大学学报)》2018年第2期;王若思:《结果加重犯的共同犯罪研究:以危险性本质说为基底的展开》,载江溯主编:《刑事法评论(第42卷):刑法方法论的展开》,北京大学出版社2019年版;等等。

[2] 我国司法实践中,较多涉及结果加重犯的判决提到了"直接",虽然用语上往往与直接因果关系划等号,这一点未必准确,但是从具体判断基本犯行为与加重结果之间关联性的角度来看,无疑受到了理论上关于直接性要件讨论的影响。

[3] 参见〔日〕丸山雅夫:《結果の加重犯論》,成文堂1990年版,第175—179页。

是判定基础犯罪行为自身危险性,即引起重的结果发生的危险性的重要标准"①。有学者指出:"两者属于表里关系。危险性说是直接性要件的理论根据,直接性要件则是危险性说在认定结果加重犯过程中的具体化。"②依照此种见解,危险性说的内容将被转化为对直接性要件的判断,直接性要件就不具有独立于危险性说的体系地位。问题在于,这种见解将直接性要件等同于对基本犯行为的危险性判断,使得直接性要件存在的必要性存疑。或者说直接性要件与危险性说二者择一即可,何须以直接性要件对危险性说予以具体化呢?更为深层次的疑问是,在结果加重犯中直接性要件到底是一个危险性存在与否的判断标准,还是其自身也具有独立于危险性的内容,需要进行判断呢?

在否定直接性要件独立体系地位的前提之下,学者们对于直接性要件的实质功能也存在不同看法。第一,将直接性要件等同于直接因果关系。即将直接性要件理解为基本犯的行为直接造成了加重结果,如此,直接性要件体现为一种"因果关系"要件。"只有当具有造成加重结果高度危险的基本行为直接造成了加重结果时,或者说,只有当基本犯与加重结果之间具有'直接性关联'时,才能认定为结果加重犯。"③我国司法实践中,也有将直接性要件理解为直接因果关系的见解。例如,在"王静、汤安桂等非法拘禁案"中,被告人王静、汤安桂、靳青峰伙同被告人汪先军、杜南南为索要债务,从 2016 年 5 月 28 日 17 时许至 2016 年 6 月 1 日凌晨 1 时 30 分许,先后在宁波市江东区嘉顿咖啡店、汉庭宁波儿童公园酒店、维也纳国际酒店等地非法限制陈某的人身自由。其间,五名被告人轮流看管陈某,不让其离开。2016 年 6 月 1 日凌晨 1 时 30 分许,陈某从维也纳国际酒店 1515 房间坠楼身亡。人民法院认为,非法拘禁致人死亡是非法拘禁的加重处罚情节,客观上行为人的非法拘禁行为与被害人的死亡结果之间须具有刑法的直接因果关系,即直接性要件。本案中被害人在被告人实施基本行为之时从拘禁地点的十五楼坠楼身亡,在案证据不能证实该结果系五被告人的拘禁行为直接所致,因缺乏直接性要件,不宜认定为结果加重犯。④ 第二,将直接性要件等同于法律因果关系的判断。"直

---

① 李邦友:《结果加重犯基本理论研究》,武汉大学出版社 2001 年版,第 78 页。
② 邓毅丞:《结果加重犯的因果关系判断——以被害人行为的介入为例》,载《政治与法律》2017 年第 2 期。
③ 张明楷:《严格限制结果加重犯的范围与刑罚》,载《法学研究》2005 年第 1 期。
④ 参见浙江省宁波市鄞州区人民法院(2016)浙 0212 刑初 1709 号刑事判决书。

接性的判断重在考察结果加重犯的产生是基本构成要件行为本身所固有的、内在的危险造成的,还是附随的危险造成的问题。"①笔者认为,赋予直接性要件以规范判断的属性,符合直接性要件在规范上限缩结果加重犯的成立的初衷。只是,仅仅在因果关系的范畴之内是否足以实现加重结果归责的判断,仍然存在疑问。第三,将直接性要件等同于客观归责论中的规范保护目的。德国学者 Roxin 教授主张,将直接性要件纳入客观归责理论的规范保护目的,因此,直接性要件不具有独立于客观归责论的独立地位。②但是,罗克辛教授又认为,与保护目的的关联性并不总是通过直接性要件来体现,而只能从各个构成要件的分析中得出具体的结论。③

笔者针对危险性说中直接性要件的体系地位有如下见解:第一,不能将危险性说中直接性要件等同于直接因果关系。这首先需要明确直接性是指直接引起吗?对直接性要件中的"直接"应作字面含义的理解吗?有学者指出,"从某种意义上来说,'直接关联性'已经体现出'法律因果关系'或者'归责'的思想。也就是说,'直接关联性'的提出,使得结果加重犯因果关系实现了'从归因到归责'的转变"④。笔者认同此判断,直接性要件的判断是归责的判断,并不能仅仅在自然的、事实的层面理解"直接"的蕴含,而应该从规范的层面将其作为归责性判断的要件。如果将直接性要件理解为基本犯的行为直接造成加重结果产生的直接因果关系,则在行为人实施基本犯的行为之后,介入了被害人自伤、自杀行为,进而直接导致加重结果产生的场合,行为人将无需对与其行为之间不具有直接因果关系的结果承担责任。这不当地缩小了加重结果的归责范围,也不符合司法实践的基本认识。第二,直接性要件应当有别于危险性的判断而具有独立的体系地位。有学者将直接性要件分为第一直接性要件和第二直接性要件。前者是指基本犯行为的危险性于基本犯结果的危险性中实现;后者是指创设的危险在加重结果中实现。只有两者同时具备,才能

---

① 徐岱:《论结果加重犯的因果关系——基于刑法理论与司法实践关系的反省》,载《法律科学(西北政法大学学报)》2018 年第 2 期。

② 参见〔德〕クラウス・ロクシン(Claus Roxin):《ロクシン刑法総論:第一巻[基礎・犯罪論の構造][第三版](翻訳第一分冊)》,平野龙一监修,町野朔、吉田宣之监译,信山社 2003 年版,第 358 页。

③ 参见〔德〕クラウス・ロクシン(Claus Roxin):《ロクシン刑法総論:第一巻[基礎・犯罪論の構造][第三版](翻訳第一分冊)》,平野龙一监修,町野朔、吉田宣之监译,信山社 2003 年版,第 358 页。

④ 刘灿华:《结果加重犯直接关联性理论的本源性反思》,载《现代法学》2017 年第 1 期。

肯定结果加重犯的直接性要件。① 但实际上,所谓第一直接性要件不过是判断实施基本犯的行为是否产生了危险,因而是制造危险的判断。而制造危险的判断是立法拟制的行为危险是否现实产生的问题,没有必要将其纳入直接性要件。笔者认为,危险性说之下加重结果的归责体现为"制造危险+实现危险"的判断构造,即在客观归责的架构之下具体判断结果加重犯的不法。其中危险性是用于表征行为属性的要件,即只要实施了基本犯的行为,一般而言就制造了导致加重结果发生的法所不允许的危险。但是,仅仅具有对行为是否制造了法所不允许的危险的判断对于加重结果的归责而言并不充分,这将使加重结果的归责回到基本犯中心论的立场上去。鉴于此,行为人制造的危险是否在加重结果中具体实现是加重结果归责判断必不可少的阶段。而危险是否在加重结果中实现在危险性说之下就被归结为直接性要件的判断。由此,直接性要件就获得了不同于危险性判断的独立体系地位。第三,直接性要件并非对规范保护目的的表征。Roxin 教授既主张将直接性要件纳入规范保护目的的范畴,又认为规范保护目的最终需要通过具体构成要件的解释方能获得,那么直接性要件实际上就不仅仅是在客观归责论中没有独立的地位,而是根本没有存在的必要。笔者认为,直接性要件并非隶属于规范保护目的的判断,因为两者在客观归责中所起的作用并非相同。既然认为结果加重犯具有自身固有的不法属性,即属于独立的不法类型,则直接性要件的判断就不仅仅是规范保护目的的问题,而应当依照"制造危险+实现危险"的构造进行判断。

(三)结果加重犯的共同正犯的不法属性

成立结果加重犯的共同正犯的目的在于将加重结果归责于复数参与人的行为。以上述结果加重犯的不法构造为基础,结果加重犯的共同正犯的不法属性亦是类型化的、典型的危险在加重结果中的实现。成立共同正犯就是要判断被实现的类型化的、典型的危险应当归属哪些参与人的行为。鉴于此,要判断复数参与人共同实施基本犯的行为,是否应当就加重结果承担责任,就是要判断是否共同实现了危险性。因此,结果加重犯的共同正犯的不法判断的构造包括以下几方面的内容:第一,复数参与人必须共同制造法所不允许的危险。也即,在实施基本犯的行为时,复数

---

① 参见〔日〕佐伯和也:《結果的加重犯における「基本犯」と「重い結果」との関係について:傷害致死を中心に》,载《関西大学法学論集》52 卷 3 号(2002)。

参与人应当就基本犯构成共同正犯。基于基本犯行为的危险性,复数参与人就基本犯成立共同正犯,一般而言就共同制造了针对加重结果的法所不允许的危险。第二,复数参与人的行为所制造的危险应当在加重结果中实现。即复数参与人的行为应当与加重结果之间具备直接性要件。鉴于复数参与人的行为与加重结果之间的因果关系常常存在难以判明的情况,首先需要判断复数参与人的行为就加重结果亦构成共同正犯,进而判断共同行为是否与加重结果之间存在直接性要件。通过共同制造法所不允许的危险以及危险在加重结果中实现的判断,可以划定加重结果在复数参与人之间进行结果归责的范围。

依照结果加重犯的共同正犯的上述不法特征,对结果加重犯的共同正犯的不法判断也应当遵循"制造危险+实现危险"的客观归责构造具体展开。即在结果加重犯的共同正犯的情况下,当复数参与人在实施基本犯时构成基本犯的共同正犯,复数参与人在共同实施基本犯的行为的过程中制造了法所不允许的危险。当这种共同行为所制造的法所不允许的危险延展至加重结果中实现时,需要判断危险的实现是否在各参与人之间也形成了相互补充、相互促进的共同性。因此,对结果加重犯的共同正犯中直接性要件的判断,是共同行为制造的危险是否在加重结果中予以实现的判断。当某一参与人无法与其他参与人就加重结果的归责形成共同性关系时,将在结果实现的直接性要件的判断中被排除在结果归责的范围之外。

在客观归责的架构之下判断结果加重犯的共同正犯的不法,进而实现加重结果在复数参与人之间的归责,既与结果加重犯的共同正犯的不法属性契合,也能够在统一的判断体系之下为危险性理论与直接性要件找到妥当的体系地位,值得提倡。以下,笔者将就结果加重犯的共同正犯中加重结果的客观归责构造展开具体的论述。

三、结果加重犯的共同正犯的结果归责

(一)共同制造法所不允许的危险

1. 制造危险的判断标准

尽管在结果加重犯中,一般只要实施了基本犯的行为,就可能产生导致加重结果的类型化的、高度的危险。但是,此种类型化的、一般性的判断并不是绝对的、不存在例外的。现实中存在在具体案件中行为人即便

实施了基本犯的行为,也完全没有产生加重结果的可能性的情况。因此,危险性的判断,"不仅要考虑行为本身是不是内含有导致结果的危险,被害人的特殊情况以及行为时的周边环境也是判断行为是否具有引起加重结果危险的重要因素"[①]。

具体到结果加重犯的共同正犯,由于复数参与人针对基本犯是否构成共同正犯,进而是否对加重结果的产生制造了法所不允许的危险在现实中的情况也极为复杂,所以,不能一概采取类型化的判断。例如,在"蒋晓敏、董丹维、胡梁故意伤害案"中,被告人董丹维在酒吧喝酒时遇到女同学黄如意。黄如意告知其车钥匙被网友许侃拿走,董丹维即找到许侃欲要回黄如意的车钥匙,因许侃不肯,两人发生争执、推搡,被旁人劝开。此后,董丹维遇见刚到爵色酒吧的网友被告人蒋晓敏及其朋友被告人胡梁,董丹维因自感吃亏,即对蒋晓敏称许侃打了自己,要蒋晓敏帮其打回来。蒋晓敏即上前责问并与许侃扭打。胡梁也上前帮助扭打,并踢了许侃两脚。其间,蒋晓敏掏出随身携带的尖刀朝许侃的胸腹部连刺 3 刀,致被害人许侃心脏破裂,急性大失血而死亡。蒋晓敏、胡梁见许侃倒地后随即逃离现场。后董丹维发现许侃倒地也逃离现场。[②] 本案中,三行为人并未就故意杀人在主观上形成意思联络,无法构成故意杀人罪的共同正犯。问题在于构成故意伤害罪的董丹维、胡梁二人是否需要对死亡结果承担责任。故意伤害致人死亡固然也是立法者对基本犯行为造成死亡结果所存在的高度危险性的肯定。如果认为董丹维、胡梁二人与蒋晓敏在故意伤害的范围内成立共同正犯,是否就可以认定三人的行为对死亡结果的产生共同制造了法所不允许的危险呢?

笔者认为,在复数参与人就不同的罪名之间形成共同正犯的情况下,如故意杀人罪与故意伤害罪之间构成共同正犯,死亡结果未必只能归属于实施故意杀人行为的参与人。不能以实施故意伤害行为的行为人主观上不存在杀人的故意,就直接对其排除死亡结果的归责。也即不能以主观要件的判断替代客观要件的判断,更何况,在此种情况下,行为人主观上即便没有杀人的故意,也可能存在致人死亡的过失。因此,在这种情况下仍然应当依照客观归责"制造风险+实现风险"的判断构造来具体认定。例如,在上述案件中,需要结合董丹维、胡梁二人行为时的行为方式

[①] 黎宏:《刑法学总论》(第二版),法律出版社 2016 年版,第 320 页。
[②] 参见浙江省高级人民法院(2007)浙刑三终字第 134 号刑事判决书。

进行具体的判断,其中主要包括打击的部位、打击的频次、打击的力度等诸多客观事实。经过上述客观事实的综合判断,如果认为行为完全没有导致死亡结果发生的可能性,则应当认为行为没有就死亡结果的产生共同制造法所不允许的危险。

有学者指出:"客观归责理论的危险判断无论是基于折中说还是基于客观说,其都是基于行为的具体状况而考虑具体行为和周边事态后进行的具体判断。而直接性关联的危险是立法者基于客观经验法则的累积对某种行为发生某种结果的类型化预测其判断不依赖于被假定的后续事态(即法益侵害和其危殆化),也与客观周边环境和具体状况并不关连。"[1]笔者认为,此种观点值得商榷。结果加重犯的立法尽管是立法者基于经验所作的类型化的规定,但这并不意味着结果加重犯中的危险不需要依据具体的状况进行判断。"基本犯是否具有发生重结果的类型化危险,不仅是立法上的规定形式,同时也被认为是应当进行实质解释的典型。"[2]传统理论上将结果加重犯中的基本犯视为抽象危险犯,对其危险性的判断采取形式化的判断方式,即坚持"具体危险犯是实质的,抽象危险犯是形式的"图式。[3]但是,形式说由于不考虑现实有无发生危险,将造成处罚范围被不当地扩大。因此,这种见解自20世纪70年代后期开始饱受批判。[4]现在理论上趋向即便是抽象危险犯,对危险性也应当进行实质化的判断,以限制刑罚处罚的范围。对结果加重犯中基本犯是否产生危险性,也应当结合具体案件中的状况进行实质性的判断,否则将导致结果加重犯的成立范围被不当地扩大。在实质上不存在导致加重结果产生的危险的情况下肯定结果加重犯的成立,恐怕与立法时试图实现的一般预防目的并不相符。

2. 排除行为制造了危险

基于是否共同制造法所不允许的危险的判断,以下情况应当认为行为人的行为没有制造法所不允许的危险,排除结果的归责:

第一,未共同制造危险。结果加重犯的共同正犯的成立,以存在共同

---

[1] 李晓龙:《论结果加重犯的直接性关联》,载《法学》2014年第4期。
[2] 〔日〕内田浩:《结果的加重犯の构造》,信山社2005年版,第139页。
[3] 参见〔日〕佐伯和也:《「抽象的危险犯」における可罚性の制限について(一)》,载《關西大學法學論集》46卷1号(1996)。
[4] 参见谢煜伟:《风险社会中的抽象危险犯与食安管制——"搀伪假冒罪"的限定解释》,载《月旦刑事法评论》2016年第1期。

性为前提,从制造危险的角度来看,复数参与人必须共同制造了法所不允许的危险。由于相互补充、相互促进的共同关系是共同正犯的本质要素,复数参与人过失地导致加重结果的产生,共同性的判断也以相互之间形成补充、促进的关系为依据。结果加重犯中复数参与人过失地导致加重结果的产生,这种相互补充、相互促进的关系体现为对共同注意义务的共同违反。例如,甲、乙、丙三人共谋伤害A,在殴打A时不知道谁一脚将A打死。此种情况,甲、乙、丙三人在殴打A时,对于A的死亡结果就存在共同的注意义务。三人基于共同性对死亡结果承担责任,无需判断到底是谁的行为导致死亡结果的产生。由此可见,复数参与人在实施基本犯的行为时,只有构成基本犯的共同正犯时,才可以认为对加重结果的产生共同制造了法所不允许的危险。"在共同意思之下共同实施具有惹起重结果危险性的基本犯的实行行为,原则上就存在应当共同防止重结果产生的注意义务。"① 反之,如果复数参与人之间并未就基本犯成立共同正犯,不能认为就加重结果的产生共同制造了法所不允许的危险。实施基本犯行为的复数参与人中未实施制造危险的行为的,应当对该部分参与人排除归责。

不过需要注意,存在即便构成基本犯的共同正犯,也未在加重结果中共同制造法所不允许的危险的情况。例如,前述"黄海问、唐普雄故意伤害、非法拘禁案"中,李朝旭、覃贞祥、陈留德、胡钰英、刘珍奇五人自始未参与对被害人实施强制闷水等暴力伤害行为,在非法拘禁罪的共同正犯中未对死亡结果共同制造法所不允许的危险。行为没有共同参与制造危险,自然无所谓危险在加重结果中实现的问题。因此,对于五人的行为无需进入行为与加重结果之间直接性要件的判断也能排除加重结果的归责。相反,如果认为行为与他人的故意杀人行为共同地制造了法所不允许的危险,则对加重结果是否归属于实施故意伤害行为的行为人,还需要通过危险是否在加重结果中实现予以进一步判断。

此外,是否共同制造危险并不以各参与人均在现场为前提。例如,在"郭玉林等抢劫案"中,被告人郭玉林、王林、李建伏和陈世英合谋欲行抢劫,其中王林、李建伏各携带一把尖刀。陈世英提出其认识一名住在光林旅馆的中年男子赵某,可对其抢劫,其余三人均表示赞成。四名被告人于

---

① 〔日〕十河太朗:《結果的加重犯の共同正犯に関する一考察》,载《同志社法學》69卷7号(2018)。

当晚商定,用陈世英的一张假身份证另租旅馆,然后由陈世英以同乡想见赵某叙谈为幌子,将赵某诱至旅馆,采用尼龙绳捆绑、封箱胶带封嘴的手段对其实施抢劫。次日上午,郭玉林、王林、李建伏和陈世英到位于光林旅馆附近的长城旅馆开了一间房,购买了作案工具尼龙绳和封箱胶带,陈世英按预谋前去找赵某,其余三人留在房间内等候。稍后,赵某随陈世英来到长城旅馆房间,王林即掏出尖刀威胁赵某,不许赵某反抗,李建伏、郭玉林分别对赵某捆绑、封嘴,从赵某身上劫得人民币 50 元和一块光林旅馆的财物寄存牌。接着,李建伏和陈世英持该寄存牌前往光林旅馆取财,郭玉林、王林则留在现场负责看管赵某。李建伏、陈世英离开后,赵某挣脱了捆绑欲逃跑,被郭玉林、王林发觉,郭玉林立即抱住赵某,王林则取出尖刀朝赵某的胸部等处连刺数刀,继而郭玉林接过王林的尖刀也刺赵某数刀。赵某被制服并再次被捆绑住。李建伏、陈世英因没有赵某的身份证而取财不成返回长城旅馆,得知了赵某被害的情况,随即拿了赵某的身份证,再次前去光林旅馆取财,但仍未得逞。赵某因大失血死亡。[①] 本案中,尽管李建伏、陈世英二人在郭玉林、王林对被害人实施伤害行为时不在现场,但是该行为并未超出四人谋议实施的抢劫罪的构成要件,李建伏、陈世英二人中途返回得知赵某被害也未表现出任何反对,因此,可以认为共同抢劫的行为制造了法所不允许的危险,不能排除李建伏、陈世英二人对死亡结果的归责。

第二,制造的危险并非导致加重结果的固有的、典型的危险。复数参与人就基本犯成立共同正犯,实施了制造危险的行为,但是所制造的危险并非能够导致加重结果产生的危险,即便发生了加重结果也应当排除归责。同样,在非法拘禁的案件中,如果复数参与人在非法拘禁过程中实施殴打、侮辱行为,则已经制造了危险,但是该危险未必是能够导致加重结果产生的危险。如果行为人在非法拘禁过程中只实施了轻微殴打或者侮辱行为,所造成的伤害根本不具有致人死亡的危险性,则不能认为行为人的行为制造了导致死亡结果产生的危险。[②] 例如,在"胡思文、周兵勇故意伤害案"中,被告人周兵勇、胡思文在吃夜宵时结识了被害人胡某,聊天过程中,周兵勇、胡思文对胡某的言谈举止看不顺眼,于是二人商议要教

---

① 案例来源参见最高人民法院刑事审判一至五庭主办:《中国刑事审判指导案例 1(刑法总则)》,法律出版社 2017 年版,第 115—116 页。

② 参见〔日〕佐伯和也:《結果の加重犯における「基本犯」と「重い結果」との関係について:傷害致死を中心に》,載《關西大學法學論集》52 卷 3 号(2002)。

训胡某。凌晨4时许,周兵勇、胡思文带胡某至村红绿灯路口后,对胡某实施殴打,胡某逃向公路中间,被告人周兵勇、胡思文进行追赶。此时,被告人朱某驾驶吊车迎面驶来,胡某拦下吊车后,爬上吊车驾驶室门,但被告人周兵勇、胡思文追来将胡某拉下吊车继续殴打。被告人朱某驾车继续前行,胡某挣脱后又追赶上吊车并再次爬上驾驶室门,被告人朱某发觉后仍继续驾车行驶。行驶中,胡某从吊车上掉下被碾压,当场死亡。① 判决指出,周兵勇、胡思文实施的行为本身不具有足以造成危害结果产生的效力,更不是被害人死亡的主要原因,这即指复数参与人制造的危险并非导致加重结果的固有的、典型的危险,因此排除归责。

(二)共同制造的危险实现于加重结果中

复数参与人就基本犯构成共同正犯,共同制造了导致加重结果产生的法所不允许的危险,要完成加重结果在复数参与人之间的归责,还需要判断该种危险是否在加重结果中具体实现了。对此种危险是否在加重结果中实现的判断,即直接性要件的判断。判断结果加重犯中,危险是否在加重结果中实现,重点是判断当存在第三人、被害人以及行为后的事实等因素介入的情况下加重结果如何归责。与单独犯判断规则相同,在结果加重犯的共同正犯中,危险在加重结果中实现的判断同样以具备直接性要件为依据。与单独犯不同的是,结果加重犯的共同正犯中除了介入因素的存在可能排除加重结果的归责,当复数参与人就加重结果的归责不存在共同性时也可能产生排除归责的效果。

1. 危险未在加重结果中实现

当复数参与人所实施的基本犯行为与第三人、被害人以及行为后的事实等因素介入存在支配力时,不能因为加重结果与基本犯行为之间不具有直接引起的关系,就排除结果的归责。若基本犯行为对介入因素的产生具有支配作用,则加重结果即便是由介入因素直接导致的,介入因素对加重结果所制造的危险也应当被纳入基本犯行为的归责范围。此种情况,仍然存在基本犯行为与加重结果之间的直接性要件。例如,在非法拘禁的案件中,被害人的逃跑、自杀行为导致死亡结果产生的,未必都可以将该结果归责于复数参与人。当基本犯的行为不足以引起被害人以高危险的方式逃跑或者选择自杀的,应当排除加重结果的归责。反之,如果被

---

① 参见浙江省安吉县人民法院(2015)湖安刑初字第199号刑事判决书。

害人的逃跑、自杀是长时间被拘禁并被殴打进而产生恐惧导致的,可以认为基本犯行为制造了导致加重结果的法所不允许的危险。例如,在"秦某某等六人非法拘禁案"中,"被害人被长时间拘禁并殴打,产生恐惧而慌不择路逃跑,其逃跑的行为、逃跑路线的选择均系非法拘禁行为直接引发"①,因此,六人的非法拘禁行为制造了导致死亡结果产生的危险,不能排除结果的归责。

反之,如果复数参与人的基本犯行为并不具有引起介入因素的支配作用,则其产生与基本犯的行为之间不存在规范上的关联,所导致的加重结果不能归责于复数参与人。② 此种情况,介入因素作为一个独立于基本犯行为的危险,对加重结果的产生独自发挥了作用力,由此所造成的加重结果应当被排除在基本犯行为的归责范围之外。例如,"林杰非法拘禁案"中,被告人林杰之母林某因与其前夫孙某存在经济纠纷,遂与林杰商量把孙某骗至自己家中要其还钱。林某打电话将被害人孙某骗至自己家中,且在家中一直催要孙某偿还所欠的10万元。当晚凌晨4时许,孙某趁被告人林杰等人熟睡,翻窗逃跑,从8楼不慎跌落至4楼空中花园内,后孙某经医治无效死亡。③ 诸如此类案件,行为人实施非法拘禁行为时,没有殴打、长期拘禁的情形,难以认为对被害人选择跳楼逃跑产生心理上的支配力,因此所产生的介入因素独立制造了新的危险,排除基本犯行为的结果归责。

特殊的情况在于,当独立的介入因素与基本犯行为在加重结果中存在叠加的作用时,能否将加重结果归责于基本犯行为呢? 例如,在"彭广杰故意伤害案"中,被告人彭广杰与高某均与女学生郑某有恋爱关系。某日,彭广杰到网吧找到郑某与高某,并在让郑某选择与谁谈恋爱的问题上发生矛盾。后在该网吧门口,彭广杰即对高某进行殴打,并持刀捅高某左颈部一刀。高某倒地后,彭广杰等人将其送往当地医院救治,后转市区医院,经抢救无效死亡。经鉴定,高某系被他人用单刃锐器捅刺颈部致左锁骨下动脉断裂大失血死亡。此外,高某的死亡与医院诊疗行为中的过错之间存在一定的因果关系。④ 本案中,难以认为医院的过错与行为人的伤害行为之间具有支配关系,也即介入因素制造了独立作用于死亡结果的

---

① 参见陕西省西安市中级人民法院(2017)陕01刑终7号刑事裁定书。
② 参见〔日〕丸山雅夫:《結果的加重犯論》,成文堂1990年版,第213页。
③ 参见湖南省安化县人民法院(2018)湘0923刑初65号刑事判决书。
④ 参见江苏省徐州市铜山区人民法院(2016)苏0312刑再2号刑事判决书。

危险。但是,行为人对被害人造成的动脉血管损伤属于致命伤,其行为具有致被害人死亡的高度危险,即便不存在医疗过错,死亡结果仍然有很大的可能性会发生,因此不能排除基本犯行为对死亡结果的归责。可见,对此种情况,需要结合基本犯行为与介入因素在加重结果中的作用力规范地、综合地进行判断。

2. 危险非共同性地在加重结果中实现

复数参与人共同实施基本犯行为,除了上述所造成的危险整体性地没有在加重结果中实现,进而以否定直接性要件来排除加重结果归责,尚存在部分参与人在危险实现过程中由于缺乏导致加重结果的共同性,因而被排除归责的情况。有学者指出,"共同者主观上对于加重结果存在'共同之注意义务'(主观之共同),在客观上之共同行为与加重结果具有相当因果关系(客观之共同),因此各共同者皆得以成立结果加重犯之共同正犯"①。因此,结果加重犯的共同正犯中,加重结果在复数参与人之间的归责,除了需要具备直接性要件,还必须是复数参与人共同性地将危险实现于加重结果中。这是因为,"为了成立结果加重犯的共同正犯,仅仅有导致重结果发生的共同义务违反是不够的,还应当要共同实现结果加重犯的固有不法内容"②。

例如,在"蒋华国、蒋忠证故意伤害案"中,钟某与被害人欧某、谭某、周某等人在玉湖砂锅粥店吃消夜。被告人蒋华国、蒋忠证来到玉湖砂锅粥店附近,发现钟某吃完消夜独自离开,欧某追上去要求送钟某回家。蒋忠证见状便冲上去将欧某踹倒在地,蒋华国用拳头殴打欧某,欧某爬起来后跑回玉湖砂锅粥店叫谭某、周某等人前来帮忙。随后双方在玉湖砂锅粥店对面的路口相遇后殴打起来,蒋华国慌乱中从地上捡起一把小刀对着欧某等人乱捅,蒋忠证从路边捡起一根木棍殴打谭某等人,被对方夺去木棍后仍追打欧某,欧某被捅伤后倒地不起,随后被送至医院经抢救无效死亡。③ 本案系偶然突发的打架斗殴,蒋忠证虽然捡到一根木棍参与了斗殴,殴打被害人谭某、欧某等人,但是,被害人欧某的死亡结果是由蒋华国在斗殴过程中临时从地上捡起一把小刀并实施捅刺行为所致,蒋忠证不

---

① 陈子平:《结果加重犯与结果加重犯之共同正犯(下)——学说与判例、判决之分析检讨》,载《月旦法学杂志》2015 年第 246 期。

② 〔日〕十河太朗:《结果的加重犯の共同正犯に関する一考察》,载《同志社法學》69 卷 7 号(2018)。

③ 参见广东省高级人民法院(2017)粤刑终 929 号刑事裁定书。

能对该死亡结果承担责任。原因就在于,二人的行为构成故意伤害罪的共同正犯,已经共同制造了法所不允许的危险,但是加重结果的发生并非二人共同实现危险的结果,排除蒋忠证的加重结果归责,二人不能构成结果加重犯的共同正犯。

第四节 交通肇事罪的共同正犯

2000年11月10日最高人民法院《关于审理交通肇事刑事案件具体应用法律若干问题的解释》(以下简称《解释》)第5条第2款规定"交通肇事后,单位主管人员、机动车辆所有人、承包人或者乘车人指使肇事人逃逸,致使被害人因得不到救助而死亡的,以交通肇事罪的共犯论处"。针对该司法解释的规定,否定过失共同犯罪的见解认为其与《刑法》第25条第2款之间存在难以调和的矛盾。基于本书过失共同正犯肯定说的立场,这种与立法相冲突的问题自然能够得以解决。但是,对具体案件中行为人是否构成过失共同正犯,抑或仅仅构成不可罚的过失共犯仍然需要进一步探讨。

一、交通肇事罪共犯的理论争议

(一)混合罪过说

尽管一般认为,交通肇事罪属于典型的过失犯罪,但是,为了与《解释》中交通肇事罪共犯的规定相协调,将交通肇事罪视为混合罪过形式的犯罪就成了重要的路径之一。例如,有学者指出,"交通肇事罪既可以由过失构成又可以由间接故意构成,其罪过形式是一种复合罪过形式,可以以交通肇事罪一个罪名来定罪量刑。交通肇事罪具有共犯也就有了其理论前提"[1]。

黎宏教授结合《解释》的规定认为,逃逸行为不仅是量刑情节,在某些情况下也是成罪条件,因此"交通肇事罪并不完全是一个过失犯罪,在一定条件下,也可能成为故意犯罪。即,在过失引起了一定结果(过失致1人以上重伤,负事故全部或者主要责任)的场合,如果又故意逃逸(即出于

---

[1] 但小红:《关于交通肇事罪共犯的认定——兼谈最高人民法院有关司法解释的理论依据》,载《国家检察官学院学报》2003年第4期。

逃避法律追究的目的)的话,就构成交通肇事罪"①。依照《解释》第 2 条第 2 款第 6 项的规定,交通肇事致一人以上重伤,负事故全部或者主要责任,并且为逃避法律追究逃离事故现场的,以交通肇事罪定罪处罚。单纯从结果要件上来看,此种情形还不具备构成交通肇事罪的条件,必须附加逃逸的条件,才能符合成罪条件。在此情况下,"行为人之所以构成交通肇事罪,主要是因为行为人故意实施了不作为行为。因此,'单位主管人员、机动车辆所有人、承包人或者乘车人'在他人交通肇事后,教唆他人逃逸,致使被害人死亡的场合,他们之间具有共同的逃逸行为和逃逸故意,完全具备成立共同犯罪的条件,可以成立共同犯罪"②。

(二)复数行为说

劳东燕教授认为,"交通肇事后逃逸的场合涉及行为复数,即存在交通肇事行为与逃逸(不救助)行为两个行为"③。交通肇事罪的共犯是针对故意逃逸行为而言,与过失共同犯罪无关。"在指使逃逸的情况下,被害人的死亡显然并非由作为先行为的过失的交通肇事行为造成,而是由作为后行为的故意的'逃逸'行为所导致。指使逃逸行为的处理根本不涉及过失共同犯罪的问题也无需以承认过失共同犯罪的成立为前提因而只要讨论故意为之的逃逸行为是否成立犯罪以及构成何罪的问题。"④可见,复数行为说也是试图从故意行为的共同出发解决交通肇事罪共犯的问题,与混合罪过说的不同点在于前者明确界分交通肇事行为与逃逸行为为两个独立的行为。

但是,将交通肇事罪的共犯界定为故意逃逸行为的共同犯罪,笔者认为这种解释路径并不能成功。因为,第一,故意与过失以结果为对象。行为人主观上是故意还是过失,所指向的对象是结果,即行为人主观上对结果所采取的态度。"逃逸致人死亡"以死亡结果的发生为成立条件,需要判明行为人主观上对结果的态度才能确定是故意还是过失,而不是单纯依据对行为的态度进行判断。否则,过失犯中行为人往往对自己所实施的行为是有意为之的,可能成立故意犯。正如有学者指出,这种见解"混

---

① 黎宏:《论交通肇事罪的若干问题——以最高人民法院有关司法解释为中心》,载《法律科学(西北政法学院学报)》2003 年第 4 期。
② 黎宏:《论交通肇事罪的若干问题——以最高人民法院有关司法解释为中心》,载《法律科学(西北政法学院学报)》2003 年第 4 期。
③ 劳东燕:《交通肇事逃逸的相关问题研究》,载《法学》2013 年第 6 期。
④ 劳东燕:《交通肇事逃逸的相关问题研究》,载《法学》2013 年第 6 期。

淆了主观罪过的概念,将过失犯罪中对于注意义务违反的故意等同于对危害后果所持的态度"[1]。第二,"逃逸致人死亡"依据司法解释的规定是"以交通肇事罪的共犯论处"。此处的"交通肇事罪的共犯"是限定了构成共犯关系前提之下的适用罪名,而不是仅指复数行为人在事实上所形成的共犯关系。因此,即便认为复数行为人就故意逃逸行为构成共同犯罪,仍然无法解释为何适用的是作为过失犯罪的交通肇事罪的罪名。第三,司法解释仅规定逃逸致人死亡的情况构成交通肇事罪的共犯,却对交通肇事后逃逸构成交通肇事罪的共犯未作规定,可见死亡结果在是否构成交通肇事罪共犯的判断中具有重要意义。肇事后逃逸处于逃逸致人死亡的前阶段,且仅仅以实施逃逸行为为必要,完全可能存在单位主管人员、机动车辆所有人、承包人或者乘车人指使逃逸的情况,司法解释对此却未作规定。由此可见,交通肇事罪的共犯无法仅仅针对共同实施逃逸行为加以认定。

综上可见,不论是混合罪过说还是复数行为说,尽管在肇事后逃逸的构造上存在不同看法,但是,将交通肇事逃逸视为故意,进而单位主管人员、机动车辆所有人、承包人或者乘车人等指使人将与肇事人形成故意犯的共同犯罪。但是,如上所述,依照故意、过失是对危害结果所持态度的立场出发,肇事后逃逸并不必然属于故意。试图在故意共同犯罪的框架之下处理交通肇事罪的共犯问题,是不能成功的。依照本书的基本立场,交通肇事罪的共犯问题得以在过失共同正犯的范围内予以解决。

二、交通肇事逃逸的规范保护目的与交通肇事罪的过失共同正犯

准确界定交通肇事罪共犯规定的属性,需要首先明确交通肇事逃逸的规范保护目的。在交通肇事案件中,能够对被害人展开及时救助的首先是处于交通肇事现场的肇事人。而且,被害人所受伤害也是由肇事人的肇事行为所导致的。不论从救助的可能性出发,还是从应予救助的义务性考虑,肇事人都应当对被害人展开积极的救援行动。《刑法》之所以加重对交通肇事逃逸以及逃逸致人死亡的处罚,根本原因是要促使肇事人积极承担起救援的义务,结合救助的可能性判断,交通肇事逃逸的规范保护目的在于将交通肇事行为已经造成的损害尽可能地降至最低。"'逃

---

[1] 刘源、杨诚:《交通肇事罪共犯问题辨析》,载《法学》2012年第4期。

逸'这一规范并不是对可能产生的新的风险的归责,而是对既有的法益损害的控制,即在其可能进一步扩大的情况下控制其扩大,即对伤者的救助(对于因不保护现场、报告而导致财产损失进一步扩大,则不应视为'逃逸',可视情形成立'特别恶劣情节'),但是,对于新出现的风险,则不应该包含在该加重情节的范围内。"①

既然交通肇事逃逸的规范保护目的在于将交通肇事行为已经造成的损害尽可能地降至最低,那么何者对于此一目的的实现存在义务是判断交通肇事罪共犯成立的关键。结合规范保护目的,逃逸致人死亡是指被害人由于肇事人逃逸而得不到救助进而死亡。也即,期盼肇事人在肇事之后采取救助措施避免危险扩大是规范欲达到自身目的所要求的行为。因此,在逃逸致人死亡中,肇事人表现为一种不作为。不作为的成立(作为义务的判断)是前提。单位主管人员、机动车辆所有人、承包人或者乘车人尽管是以指使的"动"来实施行为的,但根本上也是未履行救助的义务,属于一种不作为。那么,单位主管人员、机动车辆所有人、承包人或者乘车人的作为义务何在呢?

司法实践中,认定单位主管人员、机动车辆所有人、承包人构成交通肇事罪的共犯,往往将其与车辆的所属关系、与肇事人的雇佣关系等作为判断的前提。但是,单位主管人员、机动车辆所有人、承包人与肇事人的雇佣关系并不意味着单位主管人员、机动车辆所有人、承包人构成的是监督、管理过失,也不意味着与肇事人之间形成过失竞合。单位主管人员、机动车辆所有人、承包人基于对车辆的所有关系、与肇事人的雇佣关系等获得保证人地位,进而负有作为义务。由于交通肇事案件中已然产生的危险是由肇事车辆造成的,作为肇事车辆的单位主管人员、机动车辆所有人、承包人基于对危险物的管控而产生救助义务,以避免由自己所管控的车辆所造成的危险进一步扩大。基于此,如果单位主管人员、机动车辆所有人、承包人指使肇事人逃逸,则将与肇事人就共同制造的危险承担共同的责任。

指使人中唯独乘车人的责任需要特别加以说明,因为乘车人并不对肇事车辆存在管控的义务,所以也就不可能以对危险物的管控为理由要求其与肇事人共同避免产生新的危险。单纯共乘车辆并不是导致乘车人构成交通肇事罪共犯的原因,而是由于前者实施了指使的行为。因此,乘

---

① 姚诗:《交通肇事"逃逸"的规范目的与内涵》,载《中国法学》2010年第3期。

车人与肇事人形成共犯关系是由于前者指使的先行行为。基于此种先行行为产生了救助的义务后,不但不予救助,反而通过指使肇事人逃逸,一同将被害人置于危险之中,故而成立交通肇事罪的共犯。

三、交通肇事罪共同正犯的成立范围

在肯定交通肇事罪的共犯是指过失共犯的前提之下,交通肇事罪的共犯成立,尚存在以下几个特殊的问题需要予以具体说明。

(一)逃逸致人死亡之外的交通肇事罪共犯

若基于肯定过失共同正犯的立场,则交通肇事罪的共犯就不能仅限于逃逸致人死亡的情况。也即,针对交通肇事罪基本犯亦有成立交通肇事罪共犯的可能性。依照《解释》第7条,"单位主管人员、机动车辆所有人或者机动车辆承包人指使、强令他人违章驾驶造成重大交通事故",以交通肇事罪定罪处罚。该规定虽然未规定构成交通肇事罪的共犯,但是单位主管人员、机动车辆所有人或者机动车辆承包人的指使、强令行为缘何成立交通肇事罪呢?

例如,"张国军与张振国交通肇事案"中,被告人张振国无证驾驶不符合安全技术标准的罐式半挂车在行驶至某处时,因采取措施不当驶入对向车道与赵聪智驾驶的小型轿车发生碰撞,造成赵聪智及王永峰、王军、贾俊廷、朗果果五人死亡,两车受损的道路交通事故。判决认定,被告人张国军作为车辆的实际所有人,明知张振国无驾驶资格,仍雇佣张振国为驾驶员,将不具备安全条件的车辆投入运营,实质上是指使张振国违章驾驶,因而发生交通事故,其行为亦构成交通肇事罪。[①] 本案中,被告人张国军形式上并无指使、强令行为,判决将其雇佣行为认定为实质上的指使行为,可见,《解释》中"指使"的内容为何本身即需要明确的问题。笔者认为,《解释》中的"指使",体现的是单位主管人员、机动车辆所有人或者机动车辆承包人对肇事人、车辆所形成的支配关系。此种支配关系的形成,并不以行为人形式上具有指使、强令的话语表现作为条件。而应当通过单位主管人员、机动车辆所有人或者机动车辆承包人所处的地位、职责、所在单位运行机制等进行实质判断。

此外,对单位主管人员、机动车辆所有人或者机动车辆承包人与肇事

---

① 参见山西省朔州市中级人民法院(2018)晋06刑终146号刑事判决书。

人之间是构成监督管理过失类型的过失竞合,还是构成交通肇事罪的共犯,还需要依照其他要件进一步判断。如果指使、强令行为对肇事人形成支配关系,则处于肇事人背后的单位主管人员、机动车辆所有人或者机动车辆承包人将以过失正犯背后的正犯的形式构成交通肇事罪。此时,单位主管人员、机动车辆所有人或者机动车辆承包人基于其所处的支配地位,对肇事人形成监督管理的关系,因此,其是由于未履行自身的监督管理职责而对肇事结果承担责任。此种情况下,单位主管人员、机动车辆所有人或者机动车辆承包人与肇事人之间形成的是过失竞合关系。反之,如果指使、强令行为未达到支配肇事人的程度,只是通过指使、强令行为与肇事人之间形成共同实施违法行为的相互促进关系,两者具备了在过失犯之间所形成的"共同性"的特征,则单位主管人员、机动车辆所有人或者机动车辆承包人将以共犯的形式与肇事人构成交通肇事罪的共犯。

(二)交通肇事罪共犯与过失竞合的区分

交通肇事罪共犯的成立,以共同性为前提,即肇事人与单位主管人员、机动车辆所有人、承包人或者乘车人之间应当存在相互利用、相互促进的关系。交通肇事罪的共犯应当与不存在共同性的过失竞合相区别。过失竞合在交通肇事案件中较为常见,例如,在"二次碾压"类型的案件中,介入第二人的碾压行为时,第一人的行为如何归责就存在问题。此种情况不存在成立交通肇事罪共犯所需的共同性,应当在过失竞合领域予以解决。

例如,"张永旺、武建云犯交通肇事案"中,被告人张永旺、武建云等4人在饭店吃饭饮酒,18时许,武建云明知张永旺饮过酒仍让其驾驶自己的面包车回家。张永旺驾车带武建云等3人由南向北行至某处时,与同向骑电动自行车行驶的徐某追尾肇事。肇事后,张永旺下车逃逸。武建云下车后发现车前躺着被碰撞的徐某,在徐某生死不明的情况下,武建云继续驾车逃逸。在逃逸过程中,车前拖挂徐某向北行驶900余米,左转弯进入金山铺村时,徐某被遗留在金山铺牌楼下,武建云驾车逃回金山铺家中。案发后,徐某死亡。公诉机关指控二被告人系共同犯罪。但判决认为,共同犯罪是指二人以上共同故意犯罪。二人以上共同过失犯罪,不以共同犯罪论处。交通肇事罪系过失犯罪,故二被告人不以共同犯罪论处。张永旺违反道路交通安全法规,饮酒后驾驶机动车发生交通事故,肇事后逃逸,负事故全部责任;事故发生后,武建云在明知饮酒后不允许驾驶机动车的情况下,继续驾驶机动车拖挂生死未卜的被害人逃逸,二人的行为共同致被害人死亡,其行为均构成交通肇事罪。①

本案中,尽管判决使用了"共同致被害人死亡"的表述,但是从判决否定共同犯罪成立的立场来看,此处的"共同"并非指成立交通肇事罪共犯所需的共同性,而应当是指在一个结果产生的过程中存在的复数过失行为,各自均在结果中发挥了作用,因而属于过失竞合。

(三)交通肇事罪的教唆、帮助不可罚

探讨交通肇事罪是否存在教唆、帮助犯及其可罚性时,首先需要明确上述条款所规定的"以交通肇事罪的共犯论处"中所指的"共犯"的范围。交通肇事罪是过失犯罪,按照笔者主张在过失犯中采取限制的正犯概念的观点,过失犯中也可以区分正犯与共犯,因此,《解释》在交通肇事罪这种过失犯罪中使用共犯的概念并不存在不妥之处。但是,需要明确的是,此处的"共犯"是否等于作为狭义的共犯的教唆、帮助犯。我国刑法立法与司法解释中存在许多"共犯"的用语。例如,《刑法》第198条第4款规定,"保险事故的鉴定人、证明人、财产评估人故意提供虚假的证明文件,为他人诈骗提供条件的,以保险诈骗的共犯论处。"又如,2003年4月16日,最高人民检察院在《关于非司法工作人员是否可以构成徇私枉法罪共犯问题的答复》中指出,"非司法工作人员与司法工作人员勾结,共同实施徇私枉法行为,构成犯罪的,应当以徇私枉法罪的共犯追究刑事责任"。理论上认为,这些"共犯"的规定并非专指狭义的共犯,行为人既可能构成相关罪名的共同正犯,也可能构成教唆犯、帮助犯。②

笔者认为,上述规范性文件中的"共犯"并不仅仅指狭义的共犯,而是指包括共同正犯和狭义的共犯在内的广义的共犯概念。由于我国刑法总则共同犯罪一章并无"共犯"的概念,立法与司法解释中所规定的"共犯"并非与正犯相对应存在的范畴,因此其不能被认为等同于狭义的共犯。我国司法实践中,对规范性文件所规定的共犯的理解,也是基于广义的共犯概念。例如,"蒋勇、唐薇受贿案"的裁判理由指出,"这种由特定关系人直接出面接受请托事项,并由特定关系人直接收受财物的方式,虽然形式上不属于国家工作人员直接收受财物,但蒋勇与唐薇有共同的受贿故意,客观上相互配合实施了为他人谋取利益和收受贿赂的行为,二人的行

---

① 参见山西省忻州市中级人民法院(2016)晋09刑终54号刑事附带民事裁定书。
② 参见张明楷:《刑法学》(第六版),法律出版社2021年版,第1609页。

为应当认定为共同受贿"①。仅仅将接受请托事项并收受贿赂的唐薇认定为受贿罪的帮助犯显然是不合理的,其由于实施了受贿罪的部分实行行为,在受贿罪的实现中起到支配性的作用,应当与蒋勇构成受贿罪的共同正犯。

具体到过失犯,一般认为过失犯中的教唆、帮助行为距离法益侵害结果较远,所以其不具有可罚性。因此,交通肇事罪中的"共犯"如果仅仅是指狭义的共犯,则涉及的单位主管人员、机动车辆所有人、承包人或者乘车人就全部构成过失共犯而不可罚,这将使得该条款的规定失去实际的意义。将这里的"共犯"理解为广义的共犯,则上述人员中的一部分存在成立共同正犯的余地,进而应当对肇事结果承担刑事责任。所以,应当将《解释》中的"共犯"作为广义的共犯。从广义的共犯的角度来理解交通肇事罪中的"共犯",则既包括交通肇事罪的共同正犯,也包括交通肇事罪的教唆、帮助犯。

依照笔者所采取的过失的教唆、帮助行为不可罚的立场,就需要区分交通肇事罪的过失正犯与教唆、帮助犯,以明确刑罚处罚的范围。有学者认为,"虽然指使、强令行为从形式上看没有驾驶的实行行为,但对货车司机驾驶的实行行为起到支配、控制的作用"②。支配性的判断尽管是正犯性判断的重要标准,但是,不能认为指使行为一概具有此种作为正犯性基础的支配性。也即,需要结合案件当时的具体情况,分析指使人对肇事人的逃逸行为是否存在支配作用,而不是通过指使行为的类型作形式化的判断。实践中,单位主管人员、机动车辆所有人、承包人或者乘车人的态度尽管在一定程度上对车辆驾驶人具有影响,但是并不必然在交通肇事后的逃逸的行为中具有支配作用。如上所述,过失犯的正犯性在于其以直接侵害法益的规范违反行为对法益侵害危险的创出或者增加起到支配作用,并最终导致了构成要件该当结果的产生。如果单位主管人员、机动车辆所有人、承包人或者乘车人在交通肇事后的逃逸中具有这种支配作用,就具备了过失犯的正犯性,按照答责领域论,这些行为人就需要对结果的发生承担正犯的责任,因此可以与肇事人构成过失共同正犯而受到处罚。但是,如果单位主管人员、机动车辆所有人、承包人或者乘车人的行为并不具有支配作用,就不具有过失犯的正犯性,不能与肇事人构成过

---

① 《刑事审判参考》[第585号]蒋勇、唐薇受贿案。
② 秦婉君:《交通工具管理者因监督过失构成交通肇事罪主体的定性分析——以江苏无锡高架桥坍塌事件为例》,载赵秉志主编:《刑事法判解研究》(第39辑),人民法院出版社2020年版,第92页。

失共同正犯。可以按照其行为属于教唆抑或帮助,分别成立过失教唆犯或者过失帮助犯,只是过失共犯不具有可罚性。

第五节 我国司法实践中具体案例的认定

一、误射行人案

"误射行人案"中,行为人使用同一杆枪,交替实施射击行为,最终导致结果发生。由于难以判定到底是哪一个行为人的射击行为导致被害人死亡结果的发生,也即难以判定行为与结果之间的因果关系,是较为典型的需要通过过失共同正犯原理来解决的案例。

该案中,行为人之间在实施射击行为上具有认识,但是这种对射击行为的认识所形成的意思联络并不是过失共同正犯成立的本质要件。因为,过失犯是对结果发生的不注意,行为人在结果发生上不可能存在意思联络。所以,如上文所述,过失犯不存在主观的构成要件要素。不过,行为人之间在射击行为上的认识,在判断过失共同正犯的成立上并不是完全没有用处。正如 Roxin 所言,行为者的认识不过是客观归责判断的要素,即不过是客观构成要件的判断要素而已。[①] 在本案中,行为人之间在共同实施射击行为上存在的共同认识,是判断其在制造不被允许的危险上具有共同性的要素。也即,正是由于两名行为人在共同实施射击行为上的共同认识,使得两人在行为上存在相互补充、相互促进的共同关系,进而两人共同支配了犯罪的实现。因此,误射行人案中的两名行为人的行为共同制造了不被允许的危险,而且该危险在具体的结果中实现了,各行为人都需要对结果负责,成立过失共同正犯。也即,可以将被害人死亡的结果按照"一部行为全部责任"的法理归责于各行为人,在判定各行为人成立犯罪的前提下,进行分别的定罪量刑。

二、央视大火案

"央视大火案"涉及被告人 21 人,一审法院认为,此 21 人构成共同过失犯罪,分别以危险物品肇事罪定罪处罚。二审中,上诉被驳回,维持原

[①] 参见〔日〕松宫孝明:《クラウス・ロクシン「目的性と客観的な帰属」》,载《法と政治》42 卷 2 号(1991)。

判。但是，笔者认为，对 21 名被告的行为能否构成过失共同犯罪，进而就结果进行归责是需要明确的。

其中被告人薛继伟、张炳建仅仅实施了使用没有烟花爆竹运输资质的厢式货车将烟花及燃放设备运至央视新址这一燃放地点的行为，而没有参与其他燃放烟花爆竹的行为，将这两名被告认定为危险物品肇事罪的过失共同正犯，对最终的结果负责，是存在疑问的。尽管被告人薛继伟、张炳建实施了制造不被允许的危险的行为，但是，所发生的结果并不是这种不被允许的危险的实现。因为，在运输烟花爆竹的过程中，被告人的这种制造危险的行为并没有产生危害结果，也即结果不是由于使用不具备运输资质的运输工具进行运输的行为而产生的。就最终的结果发生来看，被告人薛继伟、张炳建的运输行为与导致结果发生的共同制造不被允许的危险的行为之间也不具有共同性。因此，被告人薛继伟、张炳建不能构成危险物品肇事罪的过失共同正犯，也就不能将结果归责于行为人，不存在分别依照危险物品肇事罪进行定罪处罚的可能性。

同样，被告人刘桂兰为 A 级烟花及燃放设备存放提供只具备 C 级仓储资质的供销社仓库的行为也难以被认定为危险物品肇事罪的过失共同正犯行为。被告人刘桂兰尽管实施了制造不被允许的危险的行为，但是该危险并未在具体结果中实现。而且，被告人刘桂兰的行为与其他被告人的行为并不存在相互补充、相互促进的共同关系，不具有过失共同正犯共同制造不被允许的危险的共同性，因此，其不能对最终产生的结果承担责任。所以，被告人刘桂兰不能构成危险物品肇事罪的过失共同正犯，不能就结果对其进行归责，同样不具备分别依照危险物品肇事罪进行定罪处罚的前提。

而对上述三人之外的其他被告人，主要可以分为以下几种类型：第一，组织、策划实施烟花燃放的人，包括徐威、沙鹏、李小华、刘发国、宋哲元、曾旭；第二，央视内部具有阻止在央视新址燃放烟花，防止火灾发生的义务的人，即央视新址办、国金公司负责人及具有相关安全管理职责的工作人员，包括王世荣、高宏、胡德斌、耿晓卫、邓炯慧、戴剑宵；第三，央视新址施工方具有保证消防安全义务的人，即中建央视新址项目部、城建央视新址承包部的负责人及具有相关安全管理职责的工作人员，包括田可耕、高耀寿、李俊义、刘军、陈代义、陈子俊。上述三类被告尽管在行为上存在差异，各自所负有的注意义务也未必完全一致，但是，这些被告人的行为存在相互补充、相互促进的关系,共同支配了犯罪的实现,在制造不被允许的危险中存在共同性,并且所制造的危险最终在结果中予以实现,因此,需要就最终结果进行归责。也即,上述18人构成危险物品肇事罪的过失共同正犯,应当将结果按照"一部行为全部责任"的法理归责于行为人。基于此,可以按照危险物品肇事罪定罪,并依据各行为人在犯罪中所起的作用分别量刑。

三、上海静安特大火灾事故案

(一)案件的基本事实①

2010年5月,上海市静安区建设和交通委员会(以下简称静安建交委)主任高伟忠等人决定将本市静安区胶州路728号、718弄2号和常德路999号三幢教师公寓大楼(以下简称教师公寓)列入2010年既有建筑节能减排改造项目(以下简称节能改造项目)。上海佳艺建筑装饰工程公司(以下简称佳艺公司)经理、安全生产第一责任人黄佩信在得知上述信息后,明知本公司仅具有建筑装修装饰工程专业承包二级资质,不符合建筑总承包资质的要求,仍向高伟忠提出欲承接该项目,并通过高伟忠违法决定以佳艺公司的上级单位,即具有房屋建筑工程施工总承包一级资质的上海静安区建设总公司(以下简称静安建总)出面参加虚假招投标,中标后再以转包的方式,达到佳艺公司实际负责教师公寓节能改造项目施工的目的。之后,黄佩信又找到静安建总总经理、安全生产第一责任人董放及负责生产的副总经理、安全工作小组组长瞿幼棣,要求以静安建总的名义通过招投标的方式帮助承接工程,董放、瞿幼棣二人明知上述做法严重违法违规仍表示同意并提供帮助。

2010年7月22日,静安建总出具盖有单位公章和法定代表人董放印章的委托书,由佳艺公司员工顾某某全权代表静安建总参与教师公寓节能改造项目虚假招投标的相关事宜。次日,静安建交委通知静安建总中标。同年9月15日,瞿幼棣代表静安建总与静安建交委签订总额为3000万元人民币的《施工合同》和《安全管理协议》,由静安建总作为总承包方负责教师公寓节能改造项目的工程施工。同年9月18日,瞿幼棣又代表静安建总以签订分包合同等形式,将该工程整体违法转包给佳艺公司,致使总承包方在合

---

① 参见上海市第二中级人民法院(2011)沪二中刑初字第81号刑事判决书。

同中承诺的安全监管职责缺失。之后,瞿幼棣签发任命通知书,任命被告人范某某1为教师公寓节能改造工程的项目经理,被告人沈大同为项目副经理(执行经理),被告人曹某、陶忱为项目安全员。范某某1接受任命并签收任命文件后,既不落实安全生产措施,也未至施工现场履职。静安建总负责安全监管的副总经理、安全工作监督小组组长周峥仅与沈大同签订安全责任状,但未再依职责督促制订、落实安全保障计划。

佳艺公司违法承接教师公寓节能改造项目后,黄佩信伙同佳艺公司负责生产安全的副经理马义镑和沈大同将该工程违法再分包。2010年9月22日至10月12日,沈大同代表佳艺公司将教师公寓节能改造项目中的脚手架施工工程违法分包给不具有建筑企业资质、挂靠上海迪姆物业管理有限公司(以下简称迪姆公司)的沈建丰、支上邦。

2010年9月27日上午,经马义镑同意,沈大同在教师公寓节能改造项目未取得施工许可且范某某1不到场的情况下,未经上海市静安建设工程监理有限公司(以下简称静安监理公司)派驻现场的总监理工程师、项目监理机构全权代表张永新签发开工令,且工程施工方案及脚手架施工方案未完成审批程序,就宣布工程开工。张永新和静安监理公司派驻现场的安全监理卫某某明知违规施工,仍未加制止和报告相关部门。2010年10月下旬,为赶工期,经马义镑同意,沈大同在未制订新施工方案的前提下,就在工程例会上宣布搭建脚手架和喷涂外墙保温材料交叉施工,张永新等人对此严重违规做法均未表示反对。卫某某、陶忱知晓该情况后,也未加以制止。

2010年11月15日14时许,在未经动火许可、未做好电焊防护的情况下,无有效特种作业操作许可证的电焊工吴国略、电焊辅助工王永亮在胶州路728号公寓大楼10层电梯前室北窗外的脚手架上违规实施电焊作业,引发大火,发生特别重大火灾事故,造成58人死亡、71人受伤等严重后果。

(二)裁判理由与结果

在脚手架搭设施工过程中,存在未经审批动火,电焊作业工人无有效特种作业操作证,进行电焊作业时未配备灭火器、接火盆等严重安全事故隐患。

施工期间,被告人黄佩信、董放分别作为佳艺公司和静安建总安全生产的第一责任人,被告人马义镑、瞿幼棣、周峥分别作为佳艺公司和静安建总生产管理和安全监管的负责人,没有落实安全生产管理制度,对工地存在的重大安全事故隐患未进行检查及督促整改。

被告人张永新作为监理公司派驻现场的总监理工程师,未认真审查施工单位的资质;对教师公寓节能改造项目施工组织设计和专项施工方案没有完成审批就已经开工等问题,未及时采取停工等有效措施进行整改,还事后审批开工报告、施工方案;对现场动火等安全风险点失察失管,未审核施工人员安全教育的落实情况,未审核电焊作业等关键岗位施工人员的资格证书。

被告人卫某某作为监理公司派驻现场的安全监理员,未审核施工人员安全教育的落实情况,未审核电焊工的特种作业操作证,对现场违规动火等安全隐患未有效制止。被告人范某某1被静安建总任命为项目经理后,从未到岗履行组织施工和安全生产的职责,致使工程项目经理职责虚置。被告人曹某被静安建总任命为项目安全员后,未按规定履行安全员的职责。被告人沈大同作为项目副经理(执行经理),未认真落实工地安全生产制度,对施工现场存在的无证上岗、无证动火及安全教育不落实等问题未加以有效整改。被告人陶忱作为项目安全员,未认真审核电焊工的特种作业操作证,未按照规定对施工人员进行安全教育,对无证上岗、无证动火等问题未及时制止。

由于上述各被告人违反有关安全管理规定,致使教师公寓节能改造项目施工组织管理混乱,施工安全监管缺失,重大安全事故隐患未能及时排除。

(三)本案结果归责的特点与问题

本案中,对所产生的火灾事故结果存在复数过失参与人的行为,且各行为人之间存在多层级、多类型的过失竞合关系,因此,在结果归责的问题上呈现出复杂性。尽管判决最终以各行为人违反各自的注意义务为由认定成立重大责任事故罪,但是由于现实中基于违反注意义务的认定而被认为制造了法所不允许的危险的行为范围极为广泛,只是依据各行为人违反注意义务的行为就认定其需要对特定的损害结果承担责任恐怕尚不充分。这是因为,在存在复数过失行为人的情况下,各行为人所处的层级不同,相互之间的关系各异,各行为人的行为与损害结果并非处于直接引起关系的情况更属平常。在此情况下,与结果之间处于间接关系的行为人是否应对结果承担责任,这一问题的解决以厘清各行为人所处的层级、与其他参与人的关系以及所负注意义务的内容等为前提。总之,单纯通过违反注意义务与否来认定有可能使得归责范围被不当扩大,所以从结论来说有可能是不充分的。各行为人是否以及如何对结果承担责任,以厘清案件中各行为人之间的相互关系为前提。本案中,复杂的主体关系较好地体现了上述过失竞合中结果归责的特点。

本案中,复数过失参与人之间存在多层级的复杂关系,主要可以分为以下几种类型:

第一,导致火灾发生的直接行为人。电焊工吴国略、王永亮二人在电焊时违规作业,造成火灾发生,是导致结果发生的直接行为人。且二人在共同作业时存在相互补充、相互促进的共同性,因此应当构成过失共同正犯。本案中对吴国略与王永亮二人的结果归责与日本"世田谷通信电缆火灾案"中,两名实施焊接作业的工作人员违规操作导致火灾发生的情况极为类似。

第二,安全施工监管人员。陶忱、曹磊为项目安全员,对该工程项目的安全生产负有管理、检查的职责,对施工过程中发现的违章行为应当予以制止。依照国务院《建设工程安全生产管理条例》(以下简称《条例》)第23条第2款的规定:"专职安全生产管理人员负责对安全生产进行现场监督检查。发现安全事故隐患,应当及时向项目负责人和安全生产管理机构报告;对于违章指挥、违章操作的,应当立即制止。"由此可见,尽管二人的行为并非导致火灾发生的直接行为,却对吴国略、王永亮二人的现场施工具有直接的监管职责。陶忱、曹磊与吴国略、王永亮属于上下级关系,且吴国略、王永亮对陶忱、曹磊不具有监督义务,也即双方的监督关系是单向的,不具有共同性的要件,因此不能构成过失共同正犯。

第三,企业安全责任人员。除了上述两类过失参与人,本案中还有一类过失参与人员是在企业中负有安全监管职责的人员。主要包括:静安建总安全生产第一责任人董放、分管公司工程安全监管工作的周峥和瞿幼棣、佳艺公司安全生产第一责任人黄佩信、分管公司工程安全监管工作的马义镗。《条例》第21条第1款的规定,"施工单位主要负责人依法对本单位的安全生产工作全面负责。施工单位应当建立健全安全生产责任制度和安全生产教育培训制度,制定安全生产规章制度和操作规程,保证本单位安全生产条件所需资金的投入,对所承担的建设工程进行定期和专项安全检查,并做好安全检查记录"。另外,《条例》第24条第1款规定,"建设工程实行施工总承包的,由总承包单位对施工现场的安全生产负总责"。因此,作为总承包方的静安建总对佳艺公司还存在监督管理的关系,两个企业的安全责任人员并非处于平行关系的责任人员。

(四)本案复数过失参与人的结果归属

第一,静安建总的工程整体转包中行为人的结果归责。上海"11·

15"特大火灾案中,静安建总作为总承包单位,将工程整体转包给不具备相应资质的佳艺公司,因此,作为静安建总负责人的董放、瞿幼棣、周峥三人,明知工程整体转包违法且佳艺公司不具备相应资质,仍然进行转包,制造了法所不允许的危险,且三人的行为自始处于导致火灾事故发生因果流程的支配地位,应当就最终实现的结果进行归责。

第二,佳艺公司工程分包中行为人的结果归责。依据《条例》第24条第1款的规定,建设工程实行施工总承包的,由总承包单位对施工现场的安全生产负总责。但是,总承包单位并不是在任何时候均对安全生产承担主要责任。《条例》第24条第4款规定,分包单位应当服从总承包单位的安全生产管理,分包单位不服从管理导致生产安全事故的,由分包单位承担主要责任。因此,即便总承包单位对安全生产负总责,应当履行监督、管理的责任,但是,当分包单位不服从总承包单位的管理,使得总承包单位在导致构成要件结果发生的因果经过中已经丧失了支配可能性,则仍然可以将其排除在结果归责的范围之外。不过,此种排除归责的条件只适用于合法分包的场合,如果总承包单位将施工工程分包给不具备相应资质的单位,则由于其自始对分包单位的安全生产能力瑕疵负有责任,对致结果发生的因果流程始终处于支配地位,所以不能排除对其的结果归责。

第三,直接行为者量刑从轻的依据。以往对监督、管理过失采取否定态度的观点认为,过失犯的处罚借由监督、管理过失而得以扩张。的确,追究直接行为者背后的监督、管理者的责任,无异于承认正犯背后的正犯,使得过失犯的处罚范围甚至有可能大于故意犯。但是,也有学者指出,监督、管理过失理论在减轻直接行为者的注意义务方面的作用在理论上被忽视了。[1] 在上海"11·15"特大火灾案的判决中,在对具体行为人的量刑上对此有所体现。作为火灾事故的直接行为者,吴国略和王永亮二人的量刑低于其他负有监管职责的行为人,是该案中处罚最轻的行为人。在构成要件结果的惹起上具有直接因果性的直接行为者,按理说是结果发生的直接原因,但是量刑却低于处在其背后的过失参与人。此种量刑结果正是通过监督、管理过失理论对风险进行了重新的分配,由监督、管理者分担了部分的责任。

---

[1] 参见〔日〕佐久间修:《刑法総論》,成文堂2009年版,第156页。

结　　论

　　行文至此，笔者对我国过失共同正犯中的诸多争议问题形成了自己的结论。实践中广泛存在的过失共同正犯事例，是理论上探讨过失共同正犯问题的原动力。囿于《刑法》第25条第2款的规定，我国的理论较多地在立法论上展开对过失共同正犯的讨论。但是，依照《刑法》第25条第2款的规定，过失共同正犯本身就是被立法禁止的犯罪行为。法官在面对过失共同正犯的事例时，要先对数行为人的过失行为是否构成过失共同正犯进行判断，以确定是否要将结果归责于各行为人。在此基础之上，再依照各行为人的行为分别定罪量刑。因此，我国过失共同正犯也是需要在解释论上展开的问题。

　　通过对过失共同正犯理论学说的分析可以看到，传统理论往往套用了故意共同正犯的原理来探讨过失共同正犯的问题。由此，则会认为过失共同正犯的成立也以意思联络的存在为必要。肯定过失共同正犯的观点将主要的注意力集中在过失共同正犯意思联络的证成上。但是，由于过失犯的构造与故意犯具有本质的区别，过失共同正犯就不可能存在对结果实现的意思联络。所以，一方面，传统理论中的肯定说在意思联络的问题上陷入了理论的瓶颈，常常难以自圆其说；另一方面，也为否定过失共同正犯成立的学说提供了批判的依据。笔者认为，既然过失犯与故意犯具有不同的构造，那么在过失共同正犯的成立上就应当有别于故意共同正犯而独立地加以探讨。过失共同正犯的共同性需要回到共同正犯的处罚根据上进行考察。如果认为，共同正犯采取"一部行为全部责任"原理进行结果归责的根据在于数行为人通过相互补充、相互促进的共同行为支配了犯罪实现，那么，不论是故意犯还是过失犯，都应当在这种相互补充、相互促进的关系中来探寻共同性。只不过，故意共同正犯的成立基于故意犯的构造，以意思联络为必要要件，没有意思联络就难以形成相互补充、相互促进的共同性关系。与此不同，过失共同正犯的成立与过失犯的构造相适应，不以意思联络的存在为条件。但是，过失行为本质中的某些要素却有可能成为影响过失共同正犯之共同性成立的条件。这主要体现在过失共同正犯共同注意义务的内容上,以相互监视义务的存在为必要。这种相互监视义务除了包括避免自己的行为导致结果发生的注意义务,还包括促使其他人避免其行为导致结果发生的注意义务,即行为人除了要避免自己的行为导致结果发生,还要防止他人的行为导致结果发生。基于此,过失共同正犯问题就不再以意思联络的存在为核心议题,而是要回到过失犯自身的构造上来进行单独的讨论。

尽管本书就过失共同正犯构造上的正犯性、共同性以及因果性等问题进行了体系化的展开,解决了过失共同正犯成立的必要性与可能性的问题。但是,不可否认这些研究仅仅是过失共同正犯问题研究的开始。过失共同正犯论处于共同犯罪理论与过失犯理论的交叉点上,是异常复杂的问题,还具有广阔的发展空间和理论探讨的余地。结合德日刑法理论中过失共同正犯论的现状与发展趋势,笔者认为,肯定与否的争论在今后较长的时期内不会消除,但是肯定过失共同正犯的见解会逐渐占据优势,当然这又是以肯定说自身能够不断完善和成熟为前提的。就本书的研究范围来看,在以下方面尚有进一步深入研究的必要:

第一,需要结合本书所提出的过失共同正犯的构造特征,来具体检讨我国司法实践中过失共同正犯的事例,以检验理论的合理性与妥当性。据此就可以看出本书所提出的理论在过失共同正犯的成立条件上是否明确,所划定的过失共同正犯的成立范围是否合理,以及过失共同正犯与过失同时犯的区分是否清晰。

第二,本书是采用客观归责理论来判断过失共同正犯的构成要件符合性的。众所周知,客观归责理论并不能与我国传统的犯罪论体系相容。如果说共犯论是犯罪论体系的试金石,那么如何将本书在过失共同正犯问题上的理论结论贯彻到犯罪论体系之中,或者说应当采取何种犯罪论体系,则是更为复杂与宏大的问题。

参考文献

一、著作

(一)中文著作

1. 曹菲:《管理监督过失研究——多角度的审视与重构》,法律出版社2013年版。
2. 程皓:《注意义务比较研究——以德日刑法理论和刑事判例为中心》,武汉大学出版社2009年版。
3. 车浩:《刑法教义的本土形塑》,法律出版社2017年版。
4. 陈家林:《外国刑法通论》,中国人民公安大学出版社2009年版。
5. 陈家林:《外国刑法:基础理论与研究动向》,华中科技大学出版社2013年版。
6. 陈家林:《共同正犯研究》,武汉大学出版社2004年版。
7. 陈璇:《刑法中社会相当性理论研究》,法律出版社2010年版。
8. 陈兴良:《教义刑法学》(第三版),中国人民大学出版社2017年版。
9. 陈兴良:《共同犯罪论》(第三版),中国人民大学出版社2017年版。
10. 陈兴良:《判例刑法学(下卷)》(第二版),中国人民大学出版社2017年版。
11. 邓毅丞:《结果加重犯的基本原理与认定规则研究》,法律出版社2016年版。
12. 高铭暄、马克昌主编:《刑法学》(第十版),北京大学出版社、高等教育出版社2022年版。
13. 高铭暄编著:《中华人民共和国刑法的孕育和诞生》,法律出版社1981年版。
14. 何庆仁:《义务犯研究》,中国人民大学出版社2010年版。

15. 黄荣坚:《基础刑法学(下)》,元照出版公司 2012 年版。
16. 江溯:《犯罪参与体系研究——以单一正犯体系为视角》,中国人民公安大学出版社 2010 年版。
17. 姜伟:《罪过形式论》,北京大学出版社 2008 年版,第 231 页。
18. 柯耀程:《变动中的刑法思想》,中国政法大学出版社 2003 年版。
19. 廖北海:《德国刑法学中的犯罪事实支配理论研究》,中国人民公安大学出版社 2011 年版。
20. 李邦友:《结果加重犯基本理论研究》,武汉大学出版社 2001 年版。
21. 劳东燕:《风险社会中的刑法:社会转型与刑法理论的变迁》,北京大学出版社 2015 年版。
22. 黎宏:《日本刑法精义》(第二版),法律出版社 2008 年版。
23. 黎宏:《刑法学总论》(第二版),法律出版社 2016 年版。
24. 黎宏:《刑法总论问题思考》(第二版),中国人民大学出版社 2016 年版。
25. 李海东主编:《日本刑事法学者(下)》,中国·法律出版社、日本·成文堂 1999 年版。
26. 吕英杰:《客观归责下的监督、管理过失》,法律出版社 2013 年版。
27. 林钰雄:《新刑法总则》,元照出版有限公司 2019 年版。
28. 马克昌主编:《犯罪通论》,武汉大学出版社 1999 年版。
29. 舒国滢:《法学的知识谱系》,商务印书馆 2020 年版。
30. 孙运梁:《因果关系与客观归责》,社会科学文献出版社·集刊分社 2021 年版。
31. 王作富主编:《刑法》,中国人民大学出版社 2007 年版。
32. 许玉秀:《当代刑法思潮》,中国民主法制出版社 2005 年版。
33. 许玉秀:《主观与客观之间:主观理论与客观归责》,法律出版社 2008 年版。
34. 杨丹:《医疗刑法研究》,中国人民大学出版社 2010 年版。
35. 邹兵:《过失共同正犯研究》,人民出版社 2012 年版。
36. 周光权:《行为无价值论的中国展开》,法律出版社 2015 年版。
37. 周光权:《刑法总论》(第四版),中国人民大学出版社 2021 年版。
38. 周桂田:《风险社会典范转移:打造为公众负责的治理模式》,远流出版事业股份有限公司 2014 年版。

39. 张明楷:《刑法学》(第六版),法律出版社 2021 年版。

40. 张明楷:《刑法分则的解释原理(下)》(第二版),中国人民大学出版社 2011 年版。

41. 张明楷:《行为无价值论与结果无价值论》,北京大学出版社 2012 年版。

42. 张明楷:《外国刑法纲要》(第三版),法律出版社 2020 年版。

43. 张明楷:《犯罪构成体系与构成要件要素》,北京大学出版社 2010 年版。

44. 张亚军:《刑法中的客观归属论》,中国人民公安大学出版社 2008 年版。

45.《奥地利联邦共和国刑法典》,徐久生译,中国方正出版社 2004 年版。

46. 最高人民法院中国应用法学研究所编:《人民法院案例选·刑事卷(1992 年—1996 年合订本)》,人民法院出版社 1997 年版。

47. 最高人民法院刑事审判一至五庭主办:《中国刑事审判指导案例 1(刑法总则)》,法律出版社 2017 年版。

48. 最高人民法院刑事审判一至五庭主办:《中国刑事审判指导案例 2(危害国家安全罪·危害公共安全罪·侵犯公民人身权利、民主权利罪)》,法律出版社 2017 年版。

49. 最高人民法院刑事审判一至五庭主办:《中国刑事审判指导案例》(第 6 卷),法律出版社 2017 年版。

50. 最高人民法院刑事审判一、二、三、四、五庭主编:《刑事审判参考》(总第 105 集),法律出版社 2016 年版。

(二) 中文译著

1.〔日〕川端博:《刑法总论二十五讲》,甘添贵监译,余振华译,中国政法大学出版社 2003 年版。

2.〔日〕大谷实:《刑法各论》,黎宏译,中国人民大学出版社 2008 年版。

3.〔日〕大木雅夫:《比较法》,范愉译,法律出版社 2006 年版。

4.〔日〕大塚仁:《犯罪论的基本问题》,冯军译,中国政法大学出版社 1993 年版。

5.〔日〕甲斐克则:《医疗事故与刑法》,谢佳君译,法律出版社2017年版。

6.〔日〕曾根威彦:《刑法学基础》,黎宏译,法律出版社2005年版。

7.〔德〕保罗·约翰·安塞尔姆·里特尔·冯·费尔巴哈:《德国刑法教科书》,徐久生译,中国方正出版社2010年版。

8.〔德〕恩施特·贝林:《构成要件理论》,王安异译,中国人民公安大学出版社2006年版。

9.〔德〕格吕恩特·雅科布斯:《行为 责任 刑法——机能性描述》,冯军译,中国政法大学出版社1997年版。

10.〔德〕冈特·施特拉滕韦特、〔德〕洛塔尔·库伦:《刑法总论Ⅰ——犯罪论》,杨萌译,法律出版社2006年版。

11.〔德〕京特·雅科布斯:《规范·人格体·社会——法哲学前思》,冯军译,法律出版社2001年版。

12.〔德〕汉斯·海因里希·耶赛克、〔德〕托马斯·魏根特:《德国刑法教科书》,徐久生译,中国法制出版社2017年版。

13.〔德〕卡尔·拉伦茨:《法学方法论》(全本·第六版),黄家镇译,商务印书馆2020年版。

14.〔德〕克劳斯·罗克辛:《德国最高法院判例·刑法总论》,何庆仁、蔡桂生译,中国人民大学出版社2012年版。

15.〔德〕克劳斯·罗克辛:《德国刑法学 总论(第1卷)》,王世洲译,法律出版社2005年版。

16.〔德〕克劳斯·罗克辛:《德国刑法学 总论(第2卷)》,王世洲等译,法律出版社2013年版。

17.〔德〕弗兰茨·冯·李斯特:《李斯特德国刑法教科书》,〔德〕埃贝哈德·施密特修订,徐久生译,北京大学出版社2021年版。

18.〔德〕齐佩利乌斯:《法学方法论》,金振豹译,法律出版社2009年版。

19.〔德〕乌尔里希·贝克:《风险社会:新的现代性之路》,张文杰、何博闻译,译林出版社2018年版。

20.〔德〕约翰内斯·韦塞尔斯:《德国刑法总论》,李昌珂译,法律出版社2008年版。

21.〔英〕J. L. 奥斯汀:《如何以言行事——1955年哈佛大学威廉·詹姆斯讲座》,杨玉成、赵京超译,商务印书馆2012年版。

22.〔丹麦〕梅兰妮·弗里斯·詹森等编:《丹麦刑事法典(第三版)》,魏汉涛译,武汉大学出版社 2011 年版。

(三)外文著作

1.〔日〕川端博:《刑法講話Ⅰ総論》,成文堂 2005 年版。

2.〔日〕川端博:《疑問からはじまる刑法Ⅰ(総論)》,成文堂 2006 年版。

3.〔日〕川端博:《刑法総論講議》(第 3 版),成文堂 2013 年版。

4.〔日〕草野豹一郎:《刑法總則講議(第一分冊)》,南郊社 1935 年版。

5.〔日〕草野豹一郎:《刑法改正上の重要問題》,严松堂书店 1950 年版。

6.〔日〕大谷实:《刑法講義総論》(新版第 4 版),成文堂 2012 年版。

7.〔日〕大谷实:《刑法総論》(第 5 版),成文堂 2018 年版。

8.〔日〕大越义久:《共犯の処罰根拠》,青林书院新社 1980 年版。

9.〔日〕大塚仁:《刑法概説(総論)》(第四版),有斐阁 2008 年版。

10.〔日〕大塚裕史:《刑法総論の思考方法》,早稲田経営出版 2012 年版。

11.〔日〕丰田兼彦:《共犯の処罰根拠と客観的帰属》,成文堂 2009 年版。

12.〔日〕宫本英修:《宫本英脩著作集》(第六卷),成文堂 1990 年版。

13.〔日〕高桥则夫:《共犯体系と共犯理論》,成文堂 1988 年版。

14.〔日〕高桥则夫:《刑法総論》(第 3 版),成文堂 2016 年版。

15.〔日〕高桥则夫:《刑法総論》(第 4 版),成文堂 2018 年版。

16.〔日〕龟井源太郎:《正犯と共犯を区別するということ》,弘文堂 2005 年版。

17.〔日〕冈田朝太郎:《刑法問答録》,早稲田出版部 1905 年版。

18.〔日〕冈野光雄:《刑法要説総論》(第 2 版),成文堂 2009 年版。

19.〔日〕花井哲也:《過失犯の基本構造》,信山社 1992 年版。

20.〔日〕榎本桃也:《結果的加重犯論の再検討》,成文堂 2011 年版。

21.〔日〕甲斐克则:《安楽死と刑法》,成文堂 2003 年版。

22.〔日〕甲斐克则:《責任原理と過失犯論》,成文堂 2005 年版。

23.〔日〕金尚均:《危険社会と刑法——現代社会における刑法の機

能と限界》,成文堂 2001 年版。

24. 〔日〕井田良:《犯罪論の現在と目的的行爲論》,成文堂 1995 年版。
25. 〔日〕井田良:《刑法総論の理論構造》,成文堂 2005 年版。
26. 〔日〕井田良:《変革の時代における理論刑法学》,庆应义塾大学出版会 2007 年版。
27. 〔日〕泷川幸辰:《犯罪論序説》,有斐阁 1947 年版。
28. 〔日〕立石二六:《刑法総論》(第四版),成文堂 2015 年版。
29. 〔日〕木村龟二:《犯罪論の新構造(上)》,有斐阁 1966 年版。
30. 〔日〕木村龟二:《刑法総論》,阿部纯二增补,有斐阁 1978 年版。
31. 〔日〕米田泰邦:《機能的刑法と過失》,成文堂 1994 年版。
32. 〔日〕牧野英一:《改訂日本刑法》,有斐阁 1932 年版。
33. 〔日〕内海朋子:《過失共同正犯について》,成文堂 2013 年版。
34. 〔日〕内田浩:《結果的加重犯の構造》,信山社 2005 年版。
35. 〔日〕平野龙一:《刑法総論Ⅰ》,有斐阁 1972 年版。
36. 〔日〕平野龙一:《犯罪論の諸問題(上)》,有斐阁 2005 年版。
37. 〔日〕桥本正博:《「行爲支配論」と正犯理論》,有斐阁 2000 年版。
38. 〔日〕泉二新熊:《改正日本刑法論》,有斐阁 1908 年版。
39. 〔日〕齐藤金作:《共犯理論の研究》,有斐阁 1954 年版。
40. 〔日〕齐藤金作:《刑法總論》(改订版),有斐阁 1955 年版。
41. 〔日〕前田雅英:《刑法総論講義》(第 6 版),东京大学出版会 2015 年版。
42. 〔日〕前田雅英:《刑法の基礎(総論)》,有斐阁 1993 年版。
43. 〔日〕松宫孝明:《刑事立法と犯罪体系》,成文堂 2003 年版。
44. 〔日〕松宫孝明:《過失犯論の現代的課題》,成文堂 2004 年版。
45. 〔日〕松宫孝明:《刑事過失論の研究》(补正版),成文堂 2004 年版。
46. 〔日〕松宫孝明:《刑法総論講義》(第 5 版),成文堂 2017 年版。
47. 〔日〕山口厚:《問題探究 刑法総論》,有斐阁 1998 年版。
48. 〔日〕山口厚:《刑法総論》(第 2 版),有斐阁 2007 年版。
49. 〔日〕山口厚:《刑法各論》(第 2 版),有斐阁 2010 年版。
50. 〔日〕山口厚:《刑法総論》(第 3 版),有斐阁 2016 年版。
51. 〔日〕松原芳博:《犯罪概念と可罰性——客観的処罰条件と一身

的処罰阻却事由について》,成文堂1997年版。

52. 〔日〕松原芳博:《刑法総論》,日本评论社2013年版。

53. 〔日〕山中敬一:《ロースクール講義:刑法総論》,成文堂2005年版。

54. 〔日〕山中敬一:《犯罪論の機能と構造》,成文堂2010年版。

55. 〔日〕山中敬一:《刑法総論》(第3版),成文堂2015年版。

56. 〔日〕藤木英雄:《過失犯の理論》,有信社1969年版。

57. 〔日〕藤木英雄:《刑法演習講座》,立花书房1970年版。

58. 〔日〕団藤重光:《刑法綱要総論》(第三版),創文社1990年版。

59. 〔日〕丸山雅夫:《結果的加重犯論》,成文堂1990年版。

60. 〔日〕小林宪太郎:《刑法的帰責——フィナリスムス·客観的帰属論·結果無価値論》,弘文堂2007年版。

61. 〔日〕小泉英一:《刑法総論》(新订版),敬文堂1968年版。

62. 〔日〕西田典之、山口厚、佐伯仁志、桥爪隆:《判例刑法総論》(第7版),有斐阁2018年版。

63. 〔日〕西田典之:《刑法総論》(第二版),弘文堂2010年版。

64. 〔日〕西原春夫:《刑法総論》,成文堂1977年版。

65. 〔日〕西原春夫:《交通事故と信頼の原則》,成文堂1969年版。

66. 〔日〕野村稔:《未遂犯の研究》,成文堂1984年版。

67. 〔日〕佐伯千仞:《共犯理論の源流》,成文堂1987年版。

68. 〔日〕曾根威彦:《刑法における正当化の理論》,成文堂1980年版。

69. 〔日〕曾根威彦:《刑法の重要問題(総論)》,成文堂1996年版。

70. 〔日〕曾根威彦:《刑事違法論の研究》,成文堂1998年版。

71. 〔日〕曾根威彦:《刑法総論》(第四版),弘文堂2008年版。

72. 〔日〕曾根威彦:《刑法における結果帰属の理論》,成文堂2012年版。

73. 〔日〕佐久間修:《刑法講議(総論)》,成文堂1997年版。

74. 〔日〕佐久間修:《刑法総論》,成文堂2009年版。

75. 〔日〕振津隆行:《刑事不法論の研究》,成文堂1996年版。

76. 〔日〕中山研一:《口述刑法総論》,成文堂2005年版。

77. 〔日〕中山研一、浅田和茂、松宮孝明:《レヴィジオン刑法ℓ共犯論》,成文堂1997年版。

78.〔日〕植松正、川端博、曽根威彦、日高义博:《現代刑法論争Ⅰ》,劲草书房 1983 年版。

79.〔日〕竹田直平:《法規範とその違反》,有斐阁 1961 年版。

80.〔日〕照沼亮介:《体系的共犯論と刑事不法論》,弘文堂 2005 年版。

81.〔德〕クラウス・ロクシン(Claus Roxin):《ロクシン刑法総論 第 1 巻[基礎・犯罪論の構造][第 3 版](翻訳第 1 分冊)》,平野龙一监修,町野朔、吉田宣之监译,信山社 2003 年版。

82.〔德〕クラウス・ロクシン(Claus Roxin):《ロクシン刑法総論〈第 2 巻 犯罪の特別現象形態〉[翻訳第 1 分冊]》,山中敬一监修,信山社 2011 年版。

83.〔德〕Hans・Welzel:《目的的行爲論序説——刑法体系の新様相》,福田平、大塚仁译,有斐阁 1979 年版。

84.〔德〕Günther・Jakobs:《犯罪論の基礎》,松宫孝明编译,成文堂 2014 年版。

85.〔德〕Karl・Engisch:《刑法における故意・過失の研究》,庄子邦雄、小桥安吉译,一粒社 1989 年版。

二、论文

(一) 中文论文

1. 车浩:《假定因果关系、结果避免可能性与客观归责》,载《法学研究》2009 年第 5 期。

2. 陈航:《刑法论证及其存在的问题》,载《环球法律评论》2008 年第 2 期。

3. 陈建旭:《论过失犯的实行行为与危险》,载刘明祥主编:《过失犯研究——以交通过失和医疗过失为中心》,北京大学出版社 2010 年版。

4. 陈珊珊:《过失共同正犯理论的重新审视》,载刘明祥主编:《过失犯研究——以交通过失和医疗过失为中心》,北京大学出版社 2010 年版。

5. 陈璇:《不法与责任的区分:实践技术与目的理性之间的张力》,载《中国法律评论》2020 年第 4 期。

6. 程新生、汤媛媛:《共同过失犯罪与刑法因果关系——从"误射行人案"切入》,《法律适用》2008 年第 9 期。

7. 陈一榕:《过失共同犯罪的定性》,载胡驰、于志刚主编:《刑法问题与争鸣(第3辑)》,中国方正出版社1999年版。

8. 陈子平:《结果加重犯与结果加重犯之共同正犯(下)——学说与判例、判决之分析检讨》,载《月旦法学杂志》2015年第246期。

9. 陈子平:《团队医疗与刑事过失责任(上)》,载《月旦法学杂志》2011年第190期。

10. 陈子平:《论正犯与共犯之概念》,载《政大法学评论》1993年第48期。

11. 但小红:《关于交通肇事罪共犯的认定——兼谈最高人民法院有关司法解释的理论依据》,载《国家检察官学院学报》2003年第4期。

12. 邓毅丞:《结果加重犯的因果关系判断——以被害人行为的介入为例》,载《政治与法律》2017年第2期。

13. 邓毅丞:《结果加重犯在共同参与中的归责问题研究》,载《清华法学》2017年第1期。

14. 冯军:《论过失共同犯罪》,载胡驰、于志刚主编:《刑法问题与争鸣(第3辑)》,中国方正出版社1999年版。

15. 冯军:《论过失共同犯罪》,载西原春夫先生古稀祝贺论文集编集委员会编:《西原春夫先生古稀祝贺論文集 第五卷》,成文堂1998年版。

16. 侯国云、苗杰:《论共同过失犯罪》,载胡驰、于志刚主编:《刑法问题与争鸣(第3辑)》,中国方正出版社1999年版。

17. 何庆仁:《溯责禁止理论的源流与发展》,载《环球法律评论》2012年第2期。

18. 黄文艺:《作为一种法律干预模式的家长主义》,载《法学研究》2010年第5期。

19. 黄奕文:《重新检视过失共同正犯之难题——以德国学说为讨论中心》,载《兴大法学》2016年第20期。

20. 刘灿华:《结果加重犯直接关联性理论的本源性反思》,载《现代法学》2017年第1期。

21. 劳东燕:《交通肇事逃逸的相关问题研究》,载《法学》2013年第6期。

22. 黎宏:《"过失共同正犯"质疑》,载《人民检察》2007年第14期。

23. 黎宏:《论交通肇事罪的若干问题——以最高人民法院有关司法解释为中心》,载《法律科学(西北政法学院学报)》2003年第4期。

24. 梁根林:《责任主义原则及其例外——立足于客观处罚条件的考察》,载《清华法学》2009 年第 2 期。
25. 刘洪:《我国刑法共犯参与体系性质探讨——从统一正犯视野》,载《政法学刊》2007 年第 4 期。
26. 刘克河、金昌伟:《危险物品肇事中共同过失犯罪的认定——"央视大火"案法律评析》,《人民司法》2010 年第 16 期。
27. 刘明祥:《论中国特色的犯罪参与体系》,载《中国法学》2013 年第 6 期。
28. 李世阳:《结果加重犯的共同正犯》,载《浙大法律评论》(2018 年卷),浙江大学出版社 2019 年版。
29. 李希慧、廖梅:《共同过失犯罪若干问题研究》,载《浙江社会科学》2002 年第 5 期。
30. 李晓龙:《论结果加重犯的直接关联性》,载《法学》2014 年第 4 期。
31. 林亚刚:《论共同过失正犯及刑事责任的实现(下)》,载《江西公安专科学校学报》2001 年第 3 期。
32. 刘永贵:《过失共同正犯研究》,载胡驰、于志刚主编:《刑法问题与争鸣(第 3 辑)》,中国方正出版社 1999 年版。
33. 刘源、杨诚:《交通肇事罪共犯问题辨析》,载《法学》2012 年第 4 期。
34. 马海良:《言语行为论》,载《国外理论动态》2006 年第 12 期。
35. 孟庆华:《从央视大火案看共同过失犯罪的成立》,载刘明祥主编:《过失犯研究——以交通过失和医疗过失为中心》,北京大学出版社 2010 年版。
36. 秦婉君:《交通工具管理者因监督过失构成交通肇事罪主体的定性分析——以江苏无锡高架桥坍塌事件为例》,载《刑事法判解研究》(第 39 辑),人民法院出版社 2020 年版。
37. 钱叶六:《参与自杀的可罚性研究》,载《中国法学》2012 年第 4 期。
38. 舒洪水:《共同过失犯罪的概念及特征》,载《法律科学(西北政法学院学报)》2005 年第 4 期。
39. 舒洪水:《论共同过失犯罪》,载《当代法学》2006 年第 3 期。
40. 孙军工:《〈关于审理交通肇事刑事案件具体应用法律若干问题

的解释〉的理解与适用》,载最高人民法院刑事审判第一、二庭编:《刑事审判参考(第12辑)》,法律出版社2001年版。

41. 童德华:《共同过失犯初论》,载《法律科学(西北政法大学学报)》2002年第2期。

42. 谭堃:《共犯的限制从属性说之坚持——以共犯违法相对性的扩张为视角》,载《法律科学(西北政法大学学报)》2019年第5期。

43. 谭堃:《论网络共犯的结果归责——以〈刑法〉第287条之二为中心》,载《中国法律评论》2020年第2期。

44. 王钢:《自杀的认定及其相关行为的刑法评价》,载《法学研究》2012年第4期。

45. 吴情树、颜良伟:《竞合过失理论的再提倡》,载《中国刑事法杂志》2007年第2期。

46. 王若思:《结果加重犯的共同犯罪研究:以危险性本质说为基底的展开》,载《刑事法评论·第42卷:刑法方法论的展开》,北京大学出版社2019年版。

47. 徐岱:《论结果加重犯的因果关系——基于刑法理论与司法实践关系的反省》,载《法律科学(西北政法大学学报)》2018年第2期。

48. 许恒达:《论瑕疵商品与共同过失责任》,《兴大法学》2011年第10期。

49. 熊琦:《论客观归责理论的规范维度——兼析本体论、价值论因果关联与客观归责的本质区别》,载赵秉志主编:《刑法论丛》,法律出版社2012年第3卷。

50. 徐然:《重大责任事故罪的责任归属与过失竞合——以上海静安"11·15"特大火灾案为展开》,载《刑事法判解》2015年第1期。

51. 熊万林:《共同过失犯罪浅析》,载胡驰、于志刚主编:《刑法问题与争鸣(第3辑)》,中国方正出版社1999年版。

52. 谢煜伟:《风险社会中的抽象危险犯与食安管制——"搀伪假冒罪"的限定解释》,载《月旦刑事法评论》2016年第1期。

53. 姚诗:《交通肇事"逃逸"的规范目的与内涵》,载《中国法学》2010年第3期。

54. 周光权:《客观归责理论的方法论意义》,载《中外法学》2012年第2期。

55. 张明楷:《共同过失与共同犯罪》,载《吉林大学社会科学学报》

2003年第2期。

56. 张明楷:《"客观的超过要素"概念之提倡》,载《法学研究》1999年第3期。

57. 张明楷:《共同正犯的基本问题——兼与刘明祥教授商榷》,载《中外法学》2019年第5期。

58. 张明楷:《严格限制结果加重犯的范围与刑罚》,载《法学研究》2005年第1期。

59. 张伟:《结果加重犯之共同正犯研究》,载《刑事法评论·第39卷:刑法规范的二重性论》,北京大学出版社2017年版。

60. 张伟:《过失共同正犯研究》,载《清华法学》2016年第4期。

61. 郑延谱、邹兵:《试论过失共同正犯——立法论而非解释论之肯定》,载《中国刑事法杂志》2009年第7期。

62. 张亚平:《竞合过失下刑事责任的分配》,载《中国刑事法杂志》2006年第4期。

(二) 中文译文

1. 〔日〕冈田朝太郎:《责任更新论》,吴宇经译,载《冈田朝太郎法学文集》,法律出版社2015年版。

2. 〔韩〕金日秀:《关于犯罪论体系的方法论考察》,郑军男译,载赵秉志主编:《刑法论丛(第30卷)》,法律出版社2010年版。

3. 〔日〕甲斐克则:《过失·危险的防止与(刑事)责任的承担》,谢佳君、刘建利译,载《刑事法评论·第43卷:刑法的科技化》,北京大学出版社2020年版。

4. 〔日〕甲斐克则:《不作为的过失竞合》,谢佳君译,载《刑法论丛》(第55卷),法律出版社2018年版。

5. 〔日〕松原芳博:《刑法总论专题研究(三)》,王昭武译,载《河南省政法管理干部学院学报》2010年第6期。

6. 〔德〕汉斯·韦尔策尔:《近百年的德意志刑法学理与目的行为论(1867—1966)》,蔡桂生译,陈泽宪主编:《刑事法前沿(第六卷)》,中国人民公安大学出版社2012年版。

7. 〔德〕Ingeborg·Puppe:《反对过失共同正犯》,王鹏翔译,载《东吴法律学报》2006年第3期。

8. 〔德〕克劳斯·罗克辛:《德国犯罪原理的发展与现代趋势》,王世洲译,载梁根林主编:《犯罪论体系》,北京大学出版社2007年版。

9. 〔德〕克劳斯·罗克辛:《关于组织支配的最新研讨》,赵晨光译,载陈兴良主编:《刑事法评论(第35卷)》,北京大学出版社2015年版。

10. 〔德〕骆克信:《客观归责理论》,许玉秀译,载《政大法学评论》1994年第50期。

11. 〔德〕Schünemann:《刑罚体系与刑事政策》,王效文译,许玉秀、陈志辉编:《不移不惑献身法与正义——许迺曼教授刑事法论文选辑》,新学林出版股份有限公司2006年版。

12. 〔德〕沃尔夫冈·弗里施:《客观归责理论的成就史及批判——兼论对犯罪论体系进行修正的必要性》,陈璇译,载《国家检察官学院学报》2020年第1期。

13. 〔德〕沃尔夫冈·弗里希:《客观之结果归责——结果归责理论的发展、基本路线与未决之问题》,蔡圣伟译,载《刑事法评论》(第30卷),北京大学出版社2012年版。

14. 〔德〕沃斯·金德霍伊泽尔:《故意犯的客观和主观归责》,樊文译,载清华法律评论编委会编:《清华法律评论(第三卷 第一辑)》,清华大学出版社2009年版。

(三)外文论文

1. 〔日〕安达光治:《客観的帰属論の展開とその課題(一)》,载《立命館法學》1999年第268号。

2. 〔日〕安达光治:《客観的帰属論の展開とその課題(二)》,载《立命館法學》2000年第269号。

3. 〔日〕安达光治:《客観的帰属論の展開とその課題(三)》,载《立命館法學》2000年第270号。

4. 〔日〕安达光治:《客観的帰属論——犯罪体系論という視点から》,载川端博、浅田和茂、山口厚、井田良编:《理論刑法学の探究1》,成文堂2008年版。

5. 〔日〕北川佳世子:《我が国における過失共同正犯の議論と今後の課題》,载《刑法雑誌》1998年第38卷第1号。

6. 〔日〕北川佳世子:《過失の競合と責任主体の特定問題)》,载《刑法雜誌》2013年第52卷第2号。

7. 〔日〕北川阳祐:《過失犯の共同正犯について》,载《法学研究》

2011年第13号。

8. 〔日〕长井圆:《日本における過失犯の正犯・共犯の基礎理論》,载《比較法雜誌》2016年第50卷第3号。

9. 〔日〕岛田聪一郎:《管理・監督過失における正犯性、信頼の原則、作為義務》,载〔日〕山口厚编著:《クローズアップ刑法総論》,成文堂2003年版。

10. 〔日〕嶋矢貴之:《過失犯の共同正犯論(一)》,载《法学協会雜誌》2004年第121卷第1号。

11. 〔日〕嶋矢貴之:《過失犯の共同正犯論(二)》,载《法学協会雜誌》2004年第121卷第10号。

12. 〔日〕嶋矢貴之:《過失の共同正犯論》,载《刑法雜誌》2006年第45卷第2号。

13. 〔日〕嶋矢貴之:《過失競合と過失犯の共同正犯の適用範囲》,载《三井誠先生古稀祝賀:現代刑事法学の到達点》,有斐阁2012年版。

14. 〔日〕荻原由美惠:《医療過誤と過失犯論(二)》,载《中央学院大学法学論叢》2008年第21卷第2号。

15. 〔日〕大塚仁:《過失犯の共同正犯の成立要件》,载《法曹時報》1991年第43卷第6号。

16. 〔日〕大塚裕史:《チーム医療と過失犯論》,载《刑事法ジャーナル》2006年第3号。

17. 〔日〕大塚裕史:《過失犯の共同正犯》,载《刑事法ジャーナル》2011年第28号。

18. 〔日〕大塚裕史:《過失犯の共同正犯の成立範囲:明石花火大会歩道橋副署長事件を契機として》,载《神戸法學雜誌》2012年第62卷第1・2号。

19. 〔日〕大塚裕史:《過失不作為犯的競合》,载《三井誠先生古稀祝賀論文集》,有斐阁2012年版。

20. 〔日〕大塚裕史:《過失の競合と過失犯の共同正犯の区別——明石花火大会歩道橋副署長事件判決を手がかりとして》,载《野村稔先生古稀祝賀論文集》,成文堂2015年版。

21. 〔日〕丰田兼彦:《必要的共犯についての一考察(1)》,载《立命館法学》1999年第263号。

22. 〔日〕冈部雅人:《過失競合事例における主体の特定と過失行為

の認定》,载《刑法雑誌》2016年第55巻第2号。

23.〔日〕古川伸彦:《過失競合事案における注意義務の重畳関係の論定》,载《刑法雑誌》2013年第52巻第2号。

24.〔日〕谷井悟司:《判例における刑法上の注意義務と刑法外の義務との関係性について》,载《中央大学大学院研究年報(法学研究科篇)》2017年第46号。

25.〔日〕谷井悟司:《過失不作為の競合事案における個人の注意義務の論定》,载《中央大学大学院研究年報(法学研究科篇)》2016年第45号。

26.〔日〕谷井悟司:《過失共同正犯の必要性に関する一考察》,载《比較法雑誌》2020年第54巻第3号。

27.〔日〕甘利航司:《過失犯の共同正犯についての一考察》,载《一橋論叢》2005年第134巻第1号。

28.〔日〕高桥则夫:《共同正犯の帰属原理》,载西原春夫先生古稀祝賀论文集编集委员会编:《西原春夫先生古稀祝賀论文集 第二巻》,成文堂1998年版。

29.〔日〕高桥则夫:《共犯論と犯罪体系論——違法の連帯性を中心に》,载《刑法雑誌》2000年第39巻第2号。

30.〔日〕冈野光雄:《共同意思主体説と共謀共同正犯》,载《刑法雑誌》1990年第31巻第3号。

31.〔日〕谷直人:《自殺関与罪に関する一考察》,载《同志社法學》,1993年第44巻第6号。

32.〔日〕甲斐克则:《「認識ある過失」と「認識なき過失」》,载西原春夫先生古稀祝賀论文集编集委员会编:《西原春夫先生古稀祝賀论文集 第二巻》,成文堂1998年版。

33.〔日〕甲斐克则:《自殺患者をめぐる刑法上の問題点》,载《年報医事法学》1989年第4号。

34.〔日〕甲斐克则:《過失犯と因果関係》,载《Law and Practice》2011年第5号。

35.〔日〕甲斐克则:《過失の競合》,载《刑法雑誌》2013年第52巻第2号。

36.〔日〕今井康介:《過失犯の共同正犯について(1)》,载《早稲田大学大学院法研論集》2012年第143号。

37. 〔日〕今井康介:《過失犯の共同正犯について(2)》,載《早稲田大学大学院法研論集》2012年第144号。

38. 〔日〕今井康介:《過失犯の共同正犯について(3)》,載《早稲田大学大学院法研論集》2013年第148号。

39. 〔日〕井上正治:《いわゆる結果回避義務につて——平野教授に答える》,載《法政研究》1967年第34巻第1号。

40. 〔日〕井上正治:《過失における注意義務——秋山教授に答える》,載《法政研究》1952年第20巻第1号。

41. 〔日〕井田良:《注意義務をめぐる諸問題》,載《刑法雑誌》1995年第34巻第1号。

42. 〔日〕井田良:《刑法における因果関係論をめぐって——相当因果関係説から危険現実化説へ》,載《慶應法学》2018年第2号。

43. 〔日〕井田良:《医療事故と刑事過失論をめぐる一考察》,載高橋則夫等編:《曽根威彦先生・田口守一先生古稀祝賀論文集[上巻]》,成文堂2014年版。

44. 〔日〕井田良:《大規模火災事故における管理・監督責任と刑事過失論》,載《法學研究:法律・政治・社会》1993年第66巻第11号。

45. 〔日〕金子博:《過失犯の共同正犯について——「共同性」の規定を中心に》,載《立命館法学》2009年第326号。

46. 〔日〕林幹人:《自殺関与罪》,載《法学セミナー》,1988年第402号。

47. 〔日〕林陽一:《刑法における相当因果関係(四)》,載《法学協会雑誌》1987年第104巻第1号。

48. 〔日〕木村亀二:《過失犯の構造》,載植松正等編:《瀧川先生還暦記念——現代刑法學の課題(下)》,有斐閣1955年版。

49. 〔日〕楠田泰大:《過失の競合に関する一考察》,載《同志社法学》2014年第66巻第3号。

50. 〔日〕内田文昭:《過失共同正犯の成否》,載《北海道大學法學会論集》1958年第8巻第3・4号。

51. 〔日〕平野洁:《雑踏事故における注意義務》,載《人文社会論叢.社会科学篇》2011年第26号。

52. 〔日〕桥本正博:《自殺は違法か》,載《一橋法学》2003年第2巻第1号。

53. 〔日〕前嶋匠:《合議決定に基づく犯罪——過失の共同正犯を中心に(1)》,載《法経論集》2018 年第 124 号。

54. 〔日〕齐藤金作:《共犯立法について》,載《早稲田法学》1958 年第 33 卷第 3·4 号。

55. 〔日〕齐藤彰子:《進言義務と刑事責任》,載《金沢法学》2002 年第 44 卷 2 号。

56. 〔日〕前田信二郎:《群集犯,集团犯,组织犯——集合犯の類型と机能》,載植松正等编:《齊藤金作博士還暦祝賀——現代の共犯理論》,有斐阁 1964 年版。

57. 〔日〕前田雅英:《許された危険》,載中山研一、西原春夫、藤木英雄、宫泽浩一编:《現代刑法講座(第三卷)過失から罪数まで》,成文堂 1979 年版。

58. 〔日〕日高義博:《管理·監督過失と不作爲犯論》,載齐藤丰治等编:《神山敏雄先生古稀祝賀論文集(第一卷):過失犯論·不作爲犯論·共犯論》,成文堂 2006 年版。

59. 〔日〕杉本一敏:《相当因果関係と結果回避可能性(五)》,載《早稲田大学大学院法研論集》2003 年第 105 号。

60. 〔日〕杉本一敏:《規範論から見たドイツ刑事帰属論の二つの潮流(上)》,載《比較法学》2004 年第 37 卷第 2 号。

61. 〔日〕十河太朗:《結果的加重犯論の共同正犯に関する一考察》,載《同志社法学》2018 年第 69 卷第 7 号,第 956 頁。

62. 〔日〕松宫孝明:《「明石步道橋事故」と過失犯の共同正犯について》,載《立命館法學》2011 年第 338 号。

63. 〔日〕松宫孝明:《「過失犯の共同正犯」の理論的基礎について——大塚裕史教授の見解に寄せて》,載《立命館法學》2011 年第 339·340 号。

64. 〔日〕松宫孝明:《クラウス·ロクシン「目的性と客観的帰属」》,載《法と政治》1991 年第 42 卷第 2 号。

65. 〔日〕石井彻哉:《共同正犯に関する一考察》,載西原春夫先生古稀祝賀论文集编集委员会编:《西原春夫先生古稀祝賀論文集 第二卷》,成文堂 1998 年版。

66. 〔日〕山口厚:《過失犯の共同正犯についての覚書》,載西原春夫先生古稀祝賀论文集编集委员会编:《西原春夫先生古稀祝賀論文集 第二卷》,成文堂 1998 年版。

67. 〔日〕松生光正:《客観的帰属論と過失共犯》,載《刑法雑誌》2010 年第 50 巻第 1 号。

68. 〔日〕神山敏雄:《過失不真正不作爲犯の構造》,載福田雅章等編:《大塚仁、福田平博士古稀祝賀:刑事法学の総合的検討(上)》,有斐閣 1993 年版。

69. 〔日〕三上正隆:《ヨアヒム・レンツィコフスキー「規範理論と刑法解釈」》,載《早稲田法学》2009 年第 84 巻第 2 号。

70. 〔日〕深町晋也:《信頼の原則について》,載斉藤丰治等編:《神山敏雄先生古稀祝賀論文集(第一巻 過失犯論・不作爲犯論・共犯論)》,成文堂 2006 年版。

71. 〔日〕山中敬一:《犯罪論体系における行為規範と制裁規範》,載三井誠等編:《鈴木茂嗣先生古稀祝賀論文集(上巻)》,成文堂 2007 年版。

72. 〔日〕山中敬一:《過失犯における「回避可能性」の意義》,載《研修》2007 年第 704 号。

73. 〔日〕山中敬一:《客観的帰属論の立場から》載《刑法雑誌》1998 年第 37 巻第 3 号。

74. 〔日〕土本武司:《過失犯と共犯》,載阿部纯二等編:《刑法基本講座》(第四巻),法学书院 1992 年版。

75. 〔日〕町野朔:《惹起説の整備,点検——共犯における違法从属性と因果性》,載松尾浩也、芝原邦尔編:《内藤謙先生古稀祝賀——刑事法学的现代的状况》,有斐閣 1994 年版。

76. 〔日〕丸山雅夫:《結果的加重犯の構造と成立要件・成立範囲》,載《理論刑法学の探究(2)》,成文堂 2009 年版。

77. 〔日〕小島秀夫:《共犯論における客観的帰属と故意帰属——いわゆる中立的行為による幇助の事例をめぐって》,載《法学研究論集》2010 年第 32 号。

78. 〔日〕西田典之:《共謀共同正犯論——肯定説の立場から》,載《刑法雑誌》1991 年第 31 巻第 3 号。

79. 〔日〕西原春夫:《共同正犯における犯罪の実行》,載植松正等編:《齊藤金作博士還暦祝賀——現代の共犯理論》,有斐閣 1964 年版。

80. 〔日〕西原春夫:《過失犯の構造》,載中山研一、西原春夫、藤木英

雄、宫泽浩一编:《現代刑法講座(第三巻)過失から罪数まで》,成文堂1979年版。

81.〔日〕西原春夫:《刑法学会の五〇年と刑法理論の発展》,載《刑法雑誌》2000年第39巻第2号。

82.〔日〕伊东研祐:《「相当因果関係説の危機」の意味と「客観的帰属論」試論》,載《現代刑事法》1999年第4号。

83.〔日〕伊藤嘉亮:《共同正犯の因果性拡張機能》,載《早稲田大学大学院法研論集》2014年第152号。

84.〔日〕佐伯和也:《「抽象的危険犯」における可罰性の制限について(一)》,載《關西大學法學論集》1996年第46巻1号。

85.〔日〕佐伯和也:《結果的加重犯における「基本犯」と「重い結果」との関係について——傷害致死を中心に》,載《關西大學法學論集》2002年第52巻第3号。

86.〔日〕曽根威彦:《相当因果関係説の立場から》,載《刑法雑誌》1998年第37巻第3号。

87.〔日〕曽根威彦:《客観的帰属論の規範論的考察》,載《早稲田法学》1999年第74巻第4号。

88.〔日〕増田丰:《〈紹介〉Günter Stratenwerth「刑法における結果无価値の重要性について」》,載《法律論叢》1977年第50巻第1号。

89.〔日〕増田丰:《共犯的規範構造と不法の人格性の理論——共犯の処罰根拠と処罰条件をめぐって》,載《法律論叢》1999年第71巻第6号。

90.〔日〕照沼亮介:《過失共同正犯の理論的基礎と成立要件》,載《上智法学論集》2019年第63巻第2号。

91.〔德〕Armin Kanfmann:《人的不法論の現状について》,〔日〕川端博译,載《法律論叢》1982年第54巻第4号。

92.〔德〕Luis Greco:《過失の共同正犯?——一つの批判》,〔日〕佐藤拓磨译,載《法學研究:法律・政治・社会》2019年第92巻第4号。

93.〔德〕Hans・Joachim・Hirsch:《Welzel以降の西ドイツ刑法学(上)》,〔日〕福田平、井田良译,載《ジュリスト》1989年第934号。

94.〔德〕Hans・Joachim・Hirsch:《ドイツにおける理論刑法学の現状について(上)》,井田良译,載《刑事法ジャーナル》2007年第6号。

95.〔德〕Hans・Joachim・Hirsch:《過失犯の不法》,〔日〕振津隆行

译,载《金沢法学》2010 年第 52 卷第 2 号。

96. 〔德〕Renzikowski:《過失共同正犯》,〔日〕内海朋子译,载《法學研究:法律・政治・社會》2019 年第 92 卷第 2 号。

97. 〔德〕Walter・Gropp:《過失における共同作用——「相互に」と「同時に」を考慮して》,〔日〕山本紘之译,载《比較法雜誌》2009 年第 43 卷第 3 号。

98. 〔奥地利〕Reinhard・Moos:《過失における不法要素としての主観的注意違反(上)》,吉田敏雄译,载《北海学園大学法学研究》2005 年第 41 卷第 2 号。

三、学位论文

1. 李进荣:《共同正犯之未遂》,政治大学 1999 年硕士学位论文。
2. 施勇全:《过失共同正犯问题之研究》,成功大学 2009 年硕士学位论文。
3. 张凌:《论过失犯罪中的监督过失责任》,吉林大学 1995 年博士学位论文。

四、网络文献

陈瑞华:《如何做好博士论文》,东方法眼网:http://www.dffyw.com/faxuejieti/zh/200512/20051231221218.htm(已失效),最后访问日期为:2014 年 3 月 31 日。

五、报纸文献

钟亚雅、许晓君、崔杰锋:《"帮母自杀":罪不可恕,其情可悯》,载《检察日报》2012 年 6 月 6 日第 5 版。

博士学位论文后记

一

经过近两年的研究与写作,博士学位论文终于完稿了。在论文写作后期较长的一段时间里,我时常打算在论文完稿之后以一篇后记来记述论文写作的艰辛历程。但是,真正提笔写后记时,脑子里却一片空白。也许当被一件事"折磨"得太久后,要用精确的语言来表达感受,本来就是一件难事。此时,唯一值得庆幸的是,自己对刑法学理论的研究仍然抱有满腔的热情,并且将怀着这种热情走向人生的下一个阶段。

不可否认,我的论文选题具有一定的偶然性。那是在郑军男老师的一次读书会上,讨论到过失犯的问题。郑老师指出,过失犯理论在我国属于刑法理论研究中的薄弱环节,今后必然有广大的发展空间。会后我向郑老师请教博士学位论文的选题,郑老师认为博士学位论文的选题最好符合自己的兴趣爱好。此后,我从自硕士阶段以来对共同犯罪问题的热忱出发,结合郑老师对过失犯理论发展的看法,心想何不以过失共同正犯为博士学位论文的选题?博士学位论文选题这种严肃的事情,竟然是在这种突发奇想之下决定的,以至于此后的写作过程中,每当遇到理论上的难题时,我都会嘲笑甚至责备自己当时选题时的不慎重与欠考虑。但是,在论文完稿之时,尽管经历了各种磨难,我却认为,过失共同正犯的选题是正确的。因为,过失共同正犯问题在国内外刑法理论中都是颇具争议的问题,至今在理论上不仅没有达成共识,甚至连较为成熟的一家之言都是极少存在的。可以说,过失共同正犯问题是现今世界刑法理论的前沿问题,需要我国学者予以必要的关注。表面上看,我的论文选题与刑法理论发展的潮流契合,但是,就我个人而言,这实际上不过是一个偶然。当然,其中也包含着某些必然的因素,导师李洁教授在论文的选题上给予了坚定的支持,可谓极具理论前瞻性。

二

博士论文写作期间,我在过失犯的正犯概念问题上接触到了德日刑法中的一些真实案例。主要是在大型火灾的背后,建筑物的监管者往往对于防火义务的履行有所懈怠,那么,如果火灾是由第三人故意放火引起的,建筑物的监管者是否要对火灾所造成的损害结果承担刑事责任呢?这就是故意正犯背后的过失参与的问题。德日刑法理论中关于过失犯的正犯概念的讨论就是由这类真实案例引起的。那么,我国是否有讨论过失犯的正犯概念问题的余地呢?在思考这一问题的过程中,发生了黑龙江省海伦市联合敬老院火灾案。火灾是由第三人故意放火导致的,且该人在火灾中已经死亡。养老院的责任人在防火义务的履行上存在重大过失。可以说,这一案件与上述德日刑法中的案件是类似的。作为一个刑法学人,能够在我国司法实践中发现支撑自己理论研究的真实案例该是多么令人兴奋的事情。但是,冷静地想一想,为我们的理论研究提供素材的现实案例,是多么鲜血淋漓啊。由此,我常常告诫自己,要善待自己所从事的刑法学理论研究事业,绝不能将其作为自己的营生手段而肆意践踏。

三

在即将结束求学生涯之际,我要感谢我的恩师李洁教授。我自进入吉林大学法学院攻读硕士研究生学位以来,一直是李洁老师指导的学生。老师学识渊博、治学严谨、爱生如子。不仅在学术研究上时常能够给我启发,在生活上也是关怀细微。在硕士研究生毕业之后,老师又给我继续深造的机会,让我能够在所热爱的刑法学理论研究上不断向前迈步,对此我常常对老师怀有感激之情。正因如此,我在学业上从来不敢懈怠,以不辜负老师的厚望。

感谢吉林大学法学院郑军男老师长期以来对我的帮助。论文的写作参考了众多的日文资料,其中许多都是郑老师提供的。特别是 2013 年郑老师赴日讲学,为我收集了最新的日文资料并邮寄给我,对论文的后期写作有极大的帮助。此外,在我学习日语的过程中,郑老师及其爱人长春工业大学日语系的龙慧星老师给了我诸多支持和鼓励,在此一并表示感谢。

感谢吉林大学法学院张旭教授、徐岱教授、闵春雷教授、李韧夫教授以及西北政法大学冯卫国教授给予的诸多关怀与指导。感谢国家检察官学院的吴飞飞副教授给予我的各种关心和帮助。感谢吉林大学法学院王志远教授、王充教授，清华大学法学院劳东燕教授以及扬州大学法学院高永明教授等在百忙之中抽出宝贵的时间阅读我的论文，并提供了极富价值的修改意见和建议。

感谢攻读博士研究生阶段的同学们长期以来对我的帮助和关心。特别感谢海南省人民检察院的彭迪总是不厌其烦地阅读我所写的论文各章的初稿。天津社会科学院的于阳年长我许多，从事学术研究多年。在博士研究生阶段，于阳就理论研究、论文写作与发表以及学术交流等方面给予我诸多帮助、指导与提携，在此深表感谢。

最要感谢的是我的父亲和母亲。母亲在三十年前的今天将我带到这个世界上。在此后的三十年中，父母将我养育成人，在人生的各种挫折中勉励我、支持我，让我心无旁骛地走到了今天。十年寒窗苦、万里求学路，一直漂泊在外，陪伴父母的时间太少，实在心感愧疚。又感慨自己已至而立之年却一事无成，难免心生急切，唯有继续努力以求学以致用，尽早定位自己的人生坐标，这许是父母的最大欣慰之事，亦是对自己多年求索的一个交代。

谭　堃
2014 年 3 月 27 日凌晨
于吉林大学南校区文九寓所

出版后记

　　本书是在同名博士学位论文的基础上修改而成的。答辩得以顺利通过，并被评为吉林大学 2014 年优秀博士学位论文和吉林省 2015 年优秀博士学位论文。距离博士学位论文通过答辩已经过去十年。十年间无数次起意、着手，试图对文稿进行大幅度的修改，却皆以"未遂"告终。这一方面是由于琐事缠身、疏于思考，另一方面也是因为我对过失共同正犯问题的基本看法并未发生根本性的改变。十年间，关于博士学位论文的出版，有许多来自师长的催促和同人提供的机会，我都迟迟下不了正式拿到大家面前的决心。如今，这个"难产儿"终于要面世了。

　　需要指出的是，交付出版的这个版本，修改幅度也不可谓不大。因为本书较博士学位论文而言，尽管在基本框架以及基本立场方面并未有实质性的调整，但是在整体篇幅上却增加了近十万字。增加的内容主要包括以下几个方面：第一，2014 年以来，借助境外访学和西北政法大学刑法学资料中心的建设，我得以掌握一些新的文献。我利用这些新文献，充实了文稿中关于过失共同正犯理论学说的介绍。第二，对最后一章的内容作了大幅的扩充，有的可以说是在博士学位论文的基础上所展开的新的研究，旨在将博士学位论文中提出的理论观点贯彻于实际问题的应用中。这也是对当时答辩委员会提出的论文不足之处的回应。还需要说明的是，在校对全文的过程中，我对存在新版本的文献尽量作了更新和替换，以体现本研究的时效性。

　　十年间，发生了很多事，让人成长、让人参悟、让人释怀、让人心中变得毫无波澜。尽管如此，仍然有许多不曾放弃的事情需要坚守。作为一名普通的刑法学人，挣扎在理论难题的攻坚过程中，我是快乐的；作为一名普通的教师，忙碌在日常的教学和培养学生的工作中，我是满足的；作为一名普通的父亲，奔波在一双儿女的成长和教育中，我是欣慰的。希望自己在不惑之年能够不惑，做好想做的每件事，过好生活的每一天。

　　关于本书的出版，要先感谢清华大学法学院劳东燕老师帮忙联系出版事宜。2023 年 9 月，我获得教育部资助，以中西部高等学校青年骨干教师国内访问学者的身份到清华大学法学院访学，劳老师同意并接受指导我的访学工作，为我提供了优越的访学条件。访学期间，有幸聆听了张明楷老师、黎宏老师、周光权老师的课程，参加了劳老师组织的研究生读书会，受益良多。漫步在清华校园，与优秀学子同行，我的内心获得了久违的平静，重新思考了人生的方向。与劳老师谈及博士学位论文的出版时，劳老师主动提出可以帮忙联系北京大学出版社的蒋浩老师，使得文稿出版正式提上日程。劳老师多年来对我的关怀和帮助，让我难以忘怀，感激之情，无以言表。同时要感谢北京大学出版社的蒋浩老师、杨玉洁老师在本书出版过程中提供的诸多帮助。

最后，我想要对多年来给予我帮助的师长、家人、同事和学生们表达最衷心的感谢。感谢我的导师李洁教授赋予我学术生命。感谢我的家人长期无私的陪伴与付出。感谢母校吉林大学法学院对我的培养。感谢西北政法大学刑法学科诸位老师对我的关心和爱护。感谢我的学生们对我的支持和认可。还要感谢我的研究生王熙、赵春雪、高俞、薛鹏举、周弘苑在论文校对过程中给予的帮助。

谭堃
2022 年 10 月 3 日于长安寓所
2024 年 3 月 1 日修改于清华园

图书在版编目(CIP)数据

过失共同正犯研究 / 谭堃著. -- 北京：北京大学出版社, 2025.6. -- ISBN 978-7-301-36232-7

Ⅰ.D924.114

中国国家版本馆 CIP 数据核字第 2025RJ8401 号

书　　　　名	过失共同正犯研究
	GUOSHI GONGTONG ZHENGFAN YANJIU
著作责任者	谭　堃　著
责 任 编 辑	闫　淦　方尔琦
标 准 书 号	ISBN 978-7-301-36232-7
出 版 发 行	北京大学出版社
地　　　　址	北京市海淀区成府路 205 号　100871
网　　　　址	http://www.pup.cn　http://www.yandayuanzhao.com
电 子 邮 箱	编辑部 yandayuanzhao@pup.cn　总编室 zpup@pup.cn
新 浪 微 博	@北京大学出版社　@北大出版社燕大元照法律图书
电　　　　话	邮购部 010-62752015　发行部 010-62750672
	编辑部 010-62117788
印 刷 者	大厂回族自治县彩虹印刷有限公司
经 销 者	新华书店
	650 毫米×980 毫米　16 开本　20.5 印张　381 千字
	2025 年 6 月第 1 版　2025 年 6 月第 1 次印刷
定　　　　价	79.00 元

未经许可，不得以任何方式复制或抄袭本书之部分或全部内容。
版权所有，侵权必究
举报电话: 010-62752024　电子邮箱: fd@pup.cn
图书如有印装质量问题，请与出版部联系，电话: 010-62756370